KB241500

초고속 시대의 경영전략
실시간기업(RTE)

한국기업문화연구소

실시간기업(RTE)

지은이 이명환 · 김홍기 · 김성희 · 박상진

1판 1쇄 발행 2005. 8. 30
1판 5쇄 발행 2006. 1. 2

펴낸곳 한국기업문화연구소
펴낸이 이명환

전화 010-3160-3455
이메일 myunghlee@unitel.co.kr
홈페이지 mhlee.pe.kr / mhlee.name

값 25,000원

copyright ⓒ 2005 한국기업문화연구소
만든곳 21세기북스

※ 잘못 만들어진 책은 구입하신 서점에서 교환해드립니다.

초고속 시대의 경영전략

실시간기업(RTE)

CONTENTS

CONTENTS

CONTENTS

CONTENTS

CONTENTS

표 목차

그림 목차

CONTENTS

우리가 맞이하고 있는 시대는 어지러울 정도로 여러 가지로 표현되고 있다. 디지털 시대·인터넷 시대·네트워크 시대·벽이 없는 (Boundaryless) 시대·정보공유 시대·글로벌 시대·열린 시대·새로운 코드 시대 등등으로. 그러나 한 가지 분명한 사실은 지금 어디를 향하여 가고 있는지 아무도 점칠 수 없는, 말하자면 기관사 없이 더욱이 브레이크도 없이 광속으로 달리고 있는 초고속열차를 우리가 타고 있다는 점일 것이다.

당장이라도 "Stop! Stop!" 이라고 외치고 싶다.

우리는 지금 어떤 세상에 살고 있는가? 한 가지 예로, 은행에서 대출을 받고 싶으면 자동차 운전 중이라도 바로 은행에 전화를 걸어 몇 가지만 은행원과 이야기하면 바로 대출을 받을 수 있다. 불과 몇 년 전만 해도 은행을 직접 찾아가서 대출관계 담당자를 만나 상담할 수 있는 시간을 며칠 전에 예약한 후 몇 차례의 서류제출을 통해 간신히 대출을 받을 수 있지 않았던가?

그러나 이 초고속 시대에 우리는 진정 만족하고 있는가?

만일 당신이 백화점 지하의 식료품 매장에서 식품들을 골라 카트에 담은 후, 계산을 하기 위하여 계산대 앞에 대여섯 명이 먼저 와서 대기하고 있는 줄의 끝에 서게 되었을 경우, 맨 앞에서 계산이 끝난 노파가 떨리는 손으로 천천히 지갑에서 돈을 꺼내고 있다면 당신의 혈압은 조금 올라갈 것이다. 노파가 간신히 계산을 끝낸 후, 다음번 노인이 여러 신문사와 잡지사에서 보내준 할인 쿠폰을 꺼내어 품목을 하나하나 대조하고 점원이 또 쿠폰의 유효기간을 일일이 파악하려 할 때, 당신은 혈압이 올라감은 물론 소리라도 치고 싶을 것이다. 이제 간신히 당신 차례가 되어 카트에서 물건을 끄집어내어 계산대에 얹어 놓으려 할 때, 옆에 있던 관리자가 이 계산대의 점원이 교대 시간이 되었으니 옆 계산대로 가라고 할 경우, 옆 계산대의 대기 줄 맨 끝에 서서 다시 고통스러운 기나긴 기다림이 시작된다면 아마도 당신은 속이 뒤집힐 정도로 화가 날 것이다.

또 다른 예로, 요즈음 많은 전화안내가 기업의 인건비 절감과 고객에 대한 적극대응이라는 구호 아래 자동으로 응답하는 ARS 시스템으로 전환되어, 오히려 우리에게 답답함을 더욱 가중시키고 있다. 응답자와 단 1분에 한 번이면 끝날 통화를 수많은 시도 끝에 간신히 접속한 후, 안내방송에 따라 전화번호를 지속적으로 누르다가 한번이라도 틀리면 또다시 시도해야 하는 과정을 거치면서 결국은 실제 전화안내원과 직접 통화를 하고서야 끝나게 되는 시스템을, 기업 특히 공공기관이나 공기업이 자랑스럽게 운영하고 있다.

왜 이러한 일들이 일어나고 있는 것인가?

지하 식품매장은 첨단 정보기술로 무장이 되어, 계산대의 바코드 스캐너(POS 시스템)를 물건이 하나하나 통과할 때마다 삑삑 소리를 내면서 계산이 종합적으로 계산기 상단에 표시됨은 물론, 그 물건을 만든 회사의 종합 상황판에는 어디서 무슨 물건이 얼마나 팔리고 있는가가 바로 실시간으로 뜨고, 이를 바탕으로 물건의 제조 및 운송관계를 통제하고 있을 정도로 실시간 체제를 위한 완벽한 시스템을(그들이 보기에) 갖추고 있는데도 불구하고, 왜 매장에 있는 우리들 고객은 몸을 비틀면서 서 있어야 하는가? 그 대답은 간단하다. 실제로 많은 기업의 하부 운영체계는 실시간으로 잘 구성되어 있으나, 조직구조의 상위로 올라갈수록 실시간 경영 시스템이 안 되어 있기 때문이다. 정작 회사의 많은 부가가치는 아래의 단순 업무를 처리하는 하부조직보다는 상부조직의 전략적 결정에서 판가름 나는데도 말이다.

당신이 기업의 사장이라고 가정하자. 지금 당신이 살고 있는 아파트의 천장을 보면, 언제라도 불이 나거나 연기가 많이 나면 이를 감지하여 불을 끄기 위해 스프링클러가 실시간으로 24시간 작동되고 있다. 아파트의 창문 벽을 보면, 도둑이 침입하는 것을 감지하기 위해 설치해놓은 경보장치가 실시간으로 작동되고 있다. 그리고 출근을 위해 주차장에 나가 자동차에 시동을 걸면, 자동차의 모든 작동 상태가 자동차 앞면 대시보드에 실시간으로 뜨고 있다. 또 회사에 출근하여 정문을 들어와 경비실을 들여다보면, 경비원이 혹시 복도나 사무실에 이상한 사람이 있는가 모니터를 통해 실시간으로 조회하고 있다. 그러나 막상 당신 방인 사장실에 들어와 보면, 당연히 보여야 할 당신 회사의 경영 실제상황을 보여주는 것은 불행하게도 아무것도 없다.

이 책은 당신 회사의 모든 정보를 전부 실시간으로 처리해야 한다는 것을 강조하지는 않는다. 당신 회사의 일상적이거나 사소한 사건이 아닌, 심각한 사건에 관련된 정보가 사전에 어떻게 하부에서 상부까지 실시간으로 공유되어, 실시간 대응전략을 도출할 수 있도록 할 것인가에 초점이 맞추어져 있다. 이는 마치 우리 몸에서 심장이 정상적으로 박동하고 있음을 늘 실시간으로 감지하여 확인하도록 한다는 개념이 아니라, 심장에 심각한 문제가 생기기 시작하는 시점에 이를 즉시 감지하여 조기 대응할 수 있도록 하는 시스템을 구현시키려는 것과 같은 개념이다.

영화 〈타이타닉〉에서 빙산에 부딪혀 난파하기 10여 분 전에 하부 기관수가 선체 앞에 이상한 거대물체가 있다고 선장에게 바로 보고하려 하였으나, 선장이 갑판 무도장에서 춤을 추고 있어 부선장이 이를 보고받고도 묵살하는 장면을 보았을 것이다. 부선장이 보고를 묵살하지 않고 조금만 더 신경을 써서 상황을 빨리 판단하였더라면, 운신의 폭이 넓어 대처할 수 있는 많은 대안을 통해 재난을 피할 수 있었을 것이다. 사례를 통해 알 수 있듯 무엇이 우리 조직에서 중요한 사건(Event)인가를 가려내어, 부정확한 정보라도 지체 없이, 오히려 나쁜 정보일수록 더 빨리 상부까지 보고·공유하여, 대응전략을 수립·실행할 수 있어야 지금과 같은 예측불허의 시대에 살아남을 수 있을 것이다. 실시간 기반의 조기경보체계를 갖추지 못한 채, 어디로

가는지도 모르면서 운전사도 없고 브레이크도 없는 초고속열차를 타고 간다면, 이는 분명 무모한 자살행위임에 틀림없다. 수십만 명의 아까운 인명이 희생된 후에야 지진해일(Tsunami)에 대비하기 위해 조기경보 시스템을 설치하는 사후 약방문과 같은 일은 이제는 더 이상 없어야 한다.

그런 뜻에서, 이 책은 이러한 시간상의 지체를 제거하여 신속성과 유연성을 확보함으로써 경쟁력을 강화해나가려는 일반 경영관리자와 실시간기업 경영전략에 관심이 있는 정보기술 관계자들을 위해 마련되었으며, 경영현장에서 곧바로 참고·적용할 수 있도록 일반적인 개념의 서술뿐만 아니라 실시간기업의 구현을 위한 실제 방법론도 애써 실어누었음을 밝혀둔다.

2005년 8월 지은이
이명환 · 김홍기 · 김성희 · 박상진

제1장

RTE의 대두

RTE의 의미

 오늘날 경영환경의 변화는 그 속도와 복잡성에 있어서 전에 없이 격심해져 가고 있어, 기업이 경쟁력을 강화하여 생존을 영위해나가기 위해서는 혁신적인 경영전략의 수립과 실행을 위한 해법을 끊임없이 모색하지 않으면 안 되게 되었다. 이러한 환경 속에서 각기 다른 시각의 시간기반 경영기법들이 다양하게 등장하고 개별적으로 발전되어, 21세기에 접어들어서는 RTE(Real-Time Enterprise)[1]라는 개념으로 비교적 총체적이고 실전적인 모습으로 가시화되고 있다. 기업은 이제 경영의 실시간화, 즉 RTE화를 통해 기업의 하부 실무자에서부터 최고의사결정권자인 CEO에 이르기까지 모두가 정보와 지식을 실시간으로 공유하여, 기업생존에 결정적으로 영향을 미치는, 죽어 있는 데이터가 아니라 역동적인 사건(Event)을 적시에 파악하고 조기에 경보함으로써, 경쟁기업보다 먼저 보고 · 먼저 결정하

---

1. **RTE(Real-Time Enterprise)** 업무처리를 실시간으로 함으로써 경쟁력을 극대화하는 기업

고·한 발 앞서 실행에 옮기는 선견(先見)·선결(先決)·선행(先行)
경영을 모색하는 것이 가능해지고 있다.

　본 절에서는 우선 RTE의 기본 개념을 소개하고, 다음으로 과거의
시간기반 경영기법들이 어떻게 RTE 개념으로 수렴되고 있는지를
살펴보도록 한다.

1. 1
RTE의 등장배경

　인터넷을 비롯한 IT에 기반한 e-비즈니스가 가져온 사회적 변화
는 기업경영에 있어서도 엄청난 위협과 기회로 다가왔다. 초기의 e-
비즈니스가 점차 성숙된 모습으로 기업환경에 자리 잡아 가게 되면
서, 경영자들은 새로운 기술을 통하여 시간을 절약할 수 있을 뿐 아
니라 비용 역시 절감할 수 있다는 것을 학습하게 되었다. 프로세스
의 지연시간 축소를 통한 시간절약은 다만 비용절감의 측면뿐만 아
니라 경영프로세스의 질적인 향상도 실현할 수 있게 해주는 바, 그
러한 역량의 궁극적인 모습으로 제시된 것이 기업의 RTE화이다. 가
트너그룹[2]은 이미 몇몇 소수의 기업이 RTE의 가치를 깨닫고 있으
며, 점차 많은 기업이 빠르게 변하는 환경에서 생존을 위하여 그 흐
름에 동참하게 될 것이라고 예측한 바 있다. 예를 들면, IBM의 'On-
demand'·HP의 'Adaptive Enterprise'·SAP의 'In-Time Business'

---

2. **가트너그룹(Gartner Group)** 세계 유수의 IT관련 시장 조사 및 컨설팅업체
　(www.gartner.com)

는 RTE의 개념을 나름대로 비즈니스 개념으로 해석한 것이다.

이러한 흐름에서 가장 중요한 것은 '속도' 이다. 속도야말로 RTE의 핵심적인 방향성이라 할 수 있다. 또한 속도의 핵심은 '변화' 이다. 그러므로 '변화의 속도' 가 관건인 것이다. '변화의 속도' 란 '적응력' 에 대한 것으로 이해될 수도 있다. 곧 시장의 변화 및 소비자의 요구 변화를 비롯한 기업 내외부의 상황변화에 대응해서 얼마나 빠르게 적응할 수 있는가 하는 것이 RTE의 핵심요건이라고 볼 수 있다.

사실 경영환경을 논할 때 이러한 '적응력' · '속도' · '변화' 등의 키워드를 강조해온 것은 어제 오늘의 일이 아니다. 다만 인터넷의 발전으로 이러한 강조가 보다 일반화되고 그 필요성이 증폭된 것으로 볼 수 있다. 변화의 속도가 계속 고조됨에 따라 기업경영의 입장에서 보다 빨리 적응해야 하는 상황에 직면하게 된 것이다. 경쟁의 치열함 역시 마찬가지로, 없던 경쟁이 발생한 것이 아니라 그 정도가 가중되고 있는 것이다. 언제 어디서 어떤 형태의 경쟁자가 나타날지 예측할 수 없고, 또한 생존을 위하여 언제 어디서 어떤 고객과 어떤 상품 혹은 어떤 서비스로 이윤을 창출해야 할지 예측하기도 어렵거니와, 모든 경쟁과 가능성에 대비하여 인력과 기술 · 자본을 축적해놓는 것 역시 가능하지 않다. 이러한 여건 때문에 내외부의 변화에 실시간으로 대응하는 것만이 현재 주어진 상황 하에서 가장 적절한 대책이 될 것이다.

유연성 · 빠른 대응력 · 위기대처능력이 없는 기업은 심화되는 글로벌 경쟁에서 도태될 수밖에 없다. 특히 많은 국내 기업은 운영(Operation) 측면에서는 이미 선진 수준에 도달하였으나, 관리(Management) 측면에서는 그동안 관심과 노력이 상대적으로 취약했다. 게다가 M&A · 전략적 제휴 등을 통한 기업의 그룹화 · 협업화 현상의 가속화로, 정보를 빠르게 공유하고 대응하는 것이 중요한 요건으로 부각되고 있다. 기업 내부적인 측면을 강조한 기능(Function) 중심의 최적화만으로는 이제 더 이상의 경쟁우위를 확보하기 어렵다는 것을 인식하게 됨에 따라, 외부 파트너 및 공급자와의 연계를 통한 가치창출의 중요성 측면이 부각되고 있다. 이러한 상황은 많은 도전과제에 직면하고 있는 오늘날의 기업에 있어서 경쟁우위 확보를 위한 새로운 기회라고 볼 수도 있는 것이다.

이미 1990년대부터 IT인프라에 대한 지속적인 관심과 투자가 이루어져 왔으며 이를 통한 성과가 일부분 확인되고 있다. 또한 일반적으로 시간기반의 경쟁우위를 확보한다는 경영기법의 접근방식에 대해서도 우호적인 관심이 자리를 잡아가고 있는 상황이다. 또한 기술적인 측면에서는 통합성의 부족으로 인해 목표달성에 실패한 많은 IT 시스템의 단점을 보완하기 위해, 유연성과 확장성이 보강되어 신속한 의사결정체계를 지원할 수 있는 새로운 기술들이 등장하고 있다.

이제는 각각의 영역에서 나름대로 진행되어왔던 노력들을 하나로 통합해야 하는 시기가 되었다. 즉 비즈니스 프로세스 혁신(BPR; Business Process Reengineering)[3]이나 핵심역량(Core Competence) 강화 등 경영학에서 강조하는 표어들, 웹이나 이동통신 등의 IT를 이용하여 새로운 시대변화에 적응하려는 여러 가지 기술적인 노력들을 이제는 하나로 융합하여 새로운 가치를 창출하는 재도약이 요구되고

---

3. BPR(Business Process Reengineering) 기업 업무 프로세스의 혁신적 재설계

있는 것이다. IT를 통해서 기업이 최종적으로 갖추게 될 마지막 종착역은 어떠한 형태일까? 이는 바로 RTE라고 할 수 있다. 다시 말하면, RTE 개념은 21세기 기업의 경쟁력을 강화하고 환경변화에 능동적으로 대처해 나가는 최적의 경영수단인 것이다.

1. 2
RTE의 개념정의

가트너는 RTE를 "비즈니스 환경에 영향을 주는 근본적인 문제나 잠재적인 기회를 제때에 모니터링하여 발견하고, 그 원인과 결과를 분석한 최신의 정보를 이용하여, 경영층을 포함하는 모든 계층이 지연시간을 점진적으로 줄여나가면서 중대한 프로세스를 실행하며 경쟁하는 기업"이라고 정의하고 있다. 가트너가 말하는 RTE의 의미를 키워드 중심으로 되짚어보면 다음과 같다.

| 최신의 정보를 이용하여 |
정보 활용의 가장 이상적인 형태는 데이터가 수집되어 정보가 생성되는 동시에 필요한 곳으로 곧바로 전송되는 것이다. 비록 이상적이지는 못하더라도 이와 비슷하게 정보가 수집되고 이를 필요로 하는 곳에 적시에 전달되도록 하는 것이 중요하다. 굴지의 기업은 이미 최신의 IT시스템을 보유하고 있어, 최신의 정보를 기업 전체에 실시간으로 전파하는 일이 가능하다. 문제는 이를 제대로 '활용'하느냐에 있다. 훌륭한 정보기술도 이를 통해 얻어진 정보가 사람 또는 프로세스에 영향을 미치지 못한다면 아무런 쓸모가 없는 것이다.

| 경영층을 포함하는 모든 계층이 |

이제까지는 공급사슬망(SCM; Supply Chain Management)[4] 등과 같이 운영수준에 관련된 것들이 많이 거론되어왔다. 하지만 많은 기업, 특히 이미 운영에 관련된 IT시스템을 도입한 기업은 지식근로자에서부터 경영층에 이르기까지 RTE에 관련된 많은 논의와 노력을 경주하는 것이 대단히 유익하다는 것을 알고 있다.

| 지연시간을 점진적으로 줄여 |

RTE는 단지 몇 개월 동안의 프로젝트만으로 이룰 수 있는 것이 아니고, 지속적으로 노력을 해야 가능한 것이다. 단 한 번의 시도를 통해서 프로세스의 끝에서 끝까지(End-to-End)의 사이클이 현 상태에서 최적의 상태로 바뀔 수 있는 것이 아니므로, 지속적으로 지체시간을 줄여나가는 노력을 해야 한다는 의미이다. 여기에서 의미하는 지연시간은 단지 프로세스 간에 발생하는 지연시간만을 의미하는 것이 아니라, 전체 프로세스 중에서 병목현상(Bottleneck)이 생기는 프로세스상에서 발생하는 지연시간을 내포하는 바, 지연시간을 줄이기 위해서는 병목 프로세스를 분석하여 지체시간을 줄이는 노력이 요구된다.

현대사회에서 경쟁우위는 지속될 수 있는 것이 아니다. 즉 어떤 기업이 비용과 시간을 줄이는 데 성공한다면, 경쟁기업 역시 비슷

---

4. **SCM(Supply Chain Management)** 공급망 관리

한 노력으로 따라올 수 있는 것이다. 경쟁사회에서 기업은 끊임없는 새로운 기술의 탐구와 실행으로 시간에 관련된 비즈니스 프로세스에 많은 개선과 성과를 이뤄야 한다.

| 중대한 프로세스를 |

기업이 시간기반 변화를 동시에 동일한 의지와 노력으로 모든 프로세스에 적용시킬 수 있는 것은 아니며, 또한 그리 생산적인 일도 아닐 것이다. 즉 가치와 중요성이 큰 프로세스에 집중하여, 그 성과가 가장 효과적으로 영향을 발휘하게끔 하는 것이 중요하다.

| 경쟁하는 |

비록 RTE가 총체적인 사업전략은 아닐지라도, RTE는 직접 또는 간접적으로 경쟁우위를 갖는 것을 목표로 한다. 신속한 고객서비스를 통해 경쟁우위를 획득하는 것이 직접적인 방법이라면, 간접적인 측면으로는 RTE화를 통해 비용절감을 이룸으로써, 제품 또는 서비스 가격을 낮추어 경쟁에서 앞서가는 접근방법이라고 말할 수 있다.

또한 가트너는 RTE에 대해 "또 다른 기술을 의미하는 것이 아니라 6시그마[5] · JIT(Just In Time)[6] 제조기법 · ERP Ⅱ · BPM[7] 등 다양한 기법과 기술이 제공하는 통찰력과 방법론 · 원칙을 결합하는 것"이라고 설명하였다.

RTE는 특정 기술을 지칭하는 것이 아니라 다양한 IT나 인터넷 기

---

5. **6시그마(6σ)** 품질혁신과 고객만족을 달성하기 위해 전사적으로 실행하는 기업경영전략
6. **JIT(Just In Time)** 도요타 자동차 회사의 생산방식을 도입 · 발전시킨 부품 즉시 조달기법
7. **BPM(Business Process Management)** 프로세스 관리를 지원하는 도구와 서비스

술을 이용해 업무 프로세스를 실시간(Real-Time)으로 구현하는 것이라고 할 수 있다. RTE가 특수기술은 아니지만 RTE로 나아가기 위해서는 다양한 IT를 접목해야 한다고 강조한다. 또 IT의 발전에 따라 RTE를 심화시켜나갈 수 있다고 밝히고 있다. RTE를 위한 정보기술로는 인스턴트 메시징 · 무선데이터 처리기술 · EAI(Enterprise Application Integration)[8] · 웹서비스 등의 통합기술, 콘텐츠 관리 · 데이터웨어하우스(DW; Data Warehouse)[9] · 비즈니스 인텔리전스(BI; Business Intelligence)[10] 등의 정보관리기술 등이 포함된다.

이러한 최신 정보시스템을 보유하고도 기업이 이를 제대로 활용하지 못하면 쓸모가 없다는 점과, 정보는 생성과 동시에 필요로 하는 곳으로 전달되어야 그 의미가 있다는 점에 RTE의 탄생 배경이 있다. 가트너의 RTE 정의에 정보기술, 즉 IT라는 단어가 들어 있지 않은 것은 이러한 개념을 가능하게 하는 것이 오직 IT밖에 없기 때문이라고 볼 수 있다. 즉 RTE는 새로운 기술이나 시스템이라기보다는 경영혁신 및 경쟁우위 획득을 위한 전략(Value to Advantage)인 것이다.

기업경영에 있어서 상위경영층이 어떠한 문제에 대해 의사결정을 내리면, 그에 따라 중간경영층이 신속하게 처리방안을 마련하여, 이를 실무담당자가 처리하는 데까지 걸리는 시간을 최소화 하여 실시간 또는 실시간에 가깝게 이루어지게 하는 것이 바로 RTE화하는 것이다.

---

8. **EAI(Enterprise Application Integration)** 서로 다른 애플리케이션을 프로세스 차원에서 통합하는 기술
9. **DW(Data Warehouse)** 분석용 데이터베이스
10. **BI(Business Intelligence)** 기업의 비즈니스 의사결정을 지원하는 기술

개인의 주식투자 예를 들어보자. 개인은 실시간으로 주가 현황을 점검할 수 있고, 관심 있는 종목의 변동사항과 관련된 공시를 파악하여 즉시 매수 또는 매도를 할 것인지 의사결정을 내린 후, 간단한 컴퓨터 조작을 통하여 이를 실행에 옮길 수 있다. 일련의 개인행동을 잘 살펴보면, 이상적인 RTE의 모습과 일맥상통한다. 우선 의사결정이 행동으로 옮겨지는 데까지 걸리는 시간이 매우 짧은 것을 알 수 있다. 개인이 아니라 수많은 조직원을 거느리는 기업이 어떤 문제 또는 상황에 대해서 신속한 의사결정과 행동이 이루어질 수 있다면, 확실한 경쟁우위를 갖는다고 말할 수 있다. 주식투자에서 개인이 의사결정을 내리고 실행에 옮기는 데까지 걸리는 시간을 획기적으로 줄일 수 있는 것은 IT의 역할이 크다는 점을 잊어서는 안 된다. 단지 개인의 머릿속에서 이루어진 의사결정이 손끝에서 실행으로 이루어져 시간을 최소화하는 것이 아니라, 인터넷과 컴퓨터 기술의 발전에 힘입어 컴퓨터를 통해 의사결정을 내리기 위해 필요한 각종 정보를 실시간으로 파악할 수 있고, 주식을 사고파는 행동을 몇 번의 마우스 클릭과 키보드 조작으로 가능하게 해주는 인터넷 증권거래 프로그램(HTS; Home Trading System)의 도움이 있기에 가능한 것이다. 이렇듯 RTE의 개념을 꼭 기업만을 대상으로 생각할 필요는 없다. 정부나 정부기관, 학교, 나아가 개인까지도 RTE가 말하는 조직의 모습을 갖추어야 한다는 것이 RTE를 논하는 의의이다.

그렇다면, 가트너가 말하는 RTE의 기본원칙을 살펴보자.

● 우선 가장 기본적인 가치창출 영역을 향상시켜야 한다. 시간기반 변신(Time-Based Transformation)은 기업이 가치를 창출하기 위하여 가장 우선시 해야 하는 항목이며, 견실하고(Solid) · 신

뢰성 있고(Credible)·쉽게 이해되는 프로세스를 가지고 있는 기업이라야 한다. 즉 프로세스의 효율성이 수익성과 중요한 상관관계를 가지고 있는 것이다.

● 사람(People)·프로세스(Process)·조직(Organization)·시스템(System)의 관점에서 시간관리가 이루어져야 한다. RTE의 실현은 이들로부터 발생하는 이벤트에 얼마나 효율적으로 대처하느냐에 달려 있고, 이를 위해 관리자는 이벤트의 종류와 이를 처리하는 데에 걸리는 시간 등을 관리해야 한다.

● 소요(경과)시간을 기업의 경쟁력으로 인식하고, 소요시간 위주의 관리를 해야 한다. 대부분의 기업이 비용위주의 관리를 하고 있지만, RTE는 소요시간 관리를 최우선순위로 두어야 한다. 고객서비스의 향상과 원가절감을 위한 생산성 향상을 위해서, RTE는 소요시간의 근원적이고 과감한 단축에 초점을 두어야 한다.

● 수평·수직·교차적으로 관점을 넓혀서 생각해야 한다. RTE는 기업의 민첩성 향상을 위해서 수직적·수평적인 위치에 있는 공급자 및 파트너 등과 함께하는 협업프로세스의 여러 측면도 함께 고려해야 한다.

● 검증되고 성숙된 IT를 활용해야 한다. 인터넷 시대에 기업은 정보의 흐름과 업무자동화의 스피드를 향상시키기 위하여 효과적인 IT투자를 통해 업무의 효율성을 높여야 한다.

● 간단한 측정으로 이점을 살려야 한다. 현장에서 저렴하고 손쉽게 활용할 수 있는 시간체크 수단인 타임스탬프(Timestamp)를 이용하는 것을 비롯하여 효율적인 재고관리와 분석 등의 툴을 활용하여 기업의 경영활동을 분석해야 한다.

● 경영활동의 신속한 보고가 이루어져야 한다. 보다 효과적인 의사결정과 기업의 투명성 확보 및 윤리경영을 확산시키기 위해서는 신속한 내부보고·자동화·데이터에 대한 자유로운 접근이 이루어져야 한다.

1. 3
RTE의 효과성

가트너는 RTE를 통해 얻을 수 있는 가장 큰 이점으로 드러나지 않은 잠재적인 문제점을 조기에 발견할 수 있다는 점을 들고 있다. 즉 수요변화에 대한 정보나 경쟁사들의 혁신적인 움직임 등을 보다 빨리 인식할 수 있을 뿐만 아니라, 자재비용 절감·효율성 증대·제품과 고객서비스 경쟁력 강화·잠재적 문제점의 조기발견·의사결정의 효율성 제고 등을 기대할 수 있다는 것이다.

은행·항공·통신 등과 같은 특정산업에서는 이미 예약·고객관리·공장운영 등과 같은 영역에서 운영관리 시스템을 도입하여 사용하고 있다. 그럼에도 불구하고 이러한 시스템을 보유하고 있는 회사 중에서 프로세스가 완전히 실시간으로 이루어지고 있는 곳은

별로 없다. RTE의 원칙과 개념을 현재의 프로세스에 적용시킬 수 있는지 분석하고 이를 통해 프로세스 타임의 단축·향상을 얻게 된다면 다음과 같은 효과를 기대할 수 있다.

전통적인 항공회사들의 경우, 실시간 항공운영 시스템을 가지고 있으나 고객의 주문으로부터 실제로 현금을 수금하는 데까지 많은 시간이 걸리고 있다. 이는 여행사와 같은 중간상인을 경유하는 여행상품 판매루트에 따른 것으로, 웹을 통한 직접판매와 같은 방법으로 '주문에서 수금(Order-to-Cash)' 까지의 소요시간을 몇 분으로 줄일 수도 있다.

고객을 상대로 하여 금융업을 하는 기업은 주 업무를 정보시스템으로 대부분 처리하지만, 대출 및 담보 프로세스의 경우 실제 업무는 많은 서류심사를 거치게 되므로 많은 시간이 소요되고 있다. 이를 실시간화할 경우 고객이 얻는 만족도는 크게 향상되어 경쟁우위를 확보하는 원동력이 될 것이다.

유통산업에서 가장 중요한 프로세스는 물품의 공급 및 판매를 원활히 하여 상품의 판매기회를 놓치지 않게 하는 것이다. 상품의 재고 파악 및 공급에 걸리는 시간을 최소화하는 것이 유통산업에서 RTE가 갖는 최우선 목표이다.

대규모의 제조업체는 자사의 공장에 대해 실시간 모니터링 시스템을 보유하고 있음에도 불구하고 '수요에서 서비스(Demand-to-Service)' 및 '주문에서 처리까지(Order-to-Process)' 의 시간에서 향상의 여지가 매우 많다. 수요가 급증 또는 급감하는 경우 이에 대처하는 생산량 조절에 몇 주가 걸리고, 고객의 주문으로부터 생산이 시작되는 데까지 여전히 오랜 시간이 걸린다는 문제가 있다. 고객수요와 부품 공급자와의 관계를 실시간으로 관리할 수 있는 IT시스템의 구축이 필요하다.

모든 비즈니스 프로세스에 대한 성과에 있어서, RTE의 기여도가 100%라고 말할 수는 없을 것이다. 기업이 시간과 밀접하게 관련된 프로세스 개선을 통해 가장 직접적인 효과를 얻을 수 있는 부분은 실시간경보(Real Time Alerts)·이벤트관리(Event Management) 또는 리얼타임 비즈니스 인텔리전스(Real-Time Business Intelligence)이다. 이것은 실시간기업을 위해 필요한 경영관리 접근법으로써, 사용자들이 수동적인 반응에서 능동적인 반응으로 전환할 수 있도록 해준다. 단지 어떠한 사실이 발생한 후에 사실에 대한 보고만을 실시간으로 제공하는 것이 아니라, 성과에 영향을 미치는 심층적인 원인을 조기에 발견하고 적절한 대안을 강구하도록 해주는 것이다.

〈표 1-1〉 전통적 모델과 리얼타임 모델의 비교

전통적 모델	리얼타임 모델
과거의 성과에 대한 보고	실시간으로 문제 및 원인 발견
보고서를 읽고 이슈를 발견하기까지 조치를 취할 수 없음	관련되어 있는 사람에게 즉각적으로 공지사항을 전파
조치가 시스템 외부 예컨대 전화나 메모 등을 통해 수행됨	온라인에 의한 문제 전달 및 즉각적인 조치 강구
예외사항·근본원인 및 솔루션에 대한 누적 데이터 부재	모든 예외사항·근본원인 및 솔루션에 대한 데이터베이스 보유
예외사항을 추적할 수 있는 공식적인 시스템이 없어 조직학습을 촉발하지 못함	이해관계자에 대한 교정조치의 자동 전달로 조직학습을 촉발함

예를 들어, 실시간경보와 이벤트관리 시스템을 활용하여 고객서

비스를 개선하는 사례를 들어보자. 수십억 달러의 매출규모를 갖고 있는 한 네트워킹 장비회사는 고객서비스에 있어서 적시배달(On-time Delivery)이라는 목표를 달성하려는 숙제를 안고 있었다. 이 회사의 목표는 주문에 대하여 적시배달을 99% 이상 달성하는 것이나, 실제로는 90%대를 밑도는 수준이었다. 이는 그들의 경쟁력과 고객만족 측면에서 최대의 난제 중 하나였다. 고객 주문을 받고난 후에 가능 납기를 측정하는 것은 프로세스에 영향을 주기에는 시간적으로 너무 늦다. 또한 주문이 배송되기 전까지는 프로세스가 지체되는지, 적기에 배달되고 있는지를 예측할 수 없다.

고객서비스담당 부사장은 고객서비스를 개선하고 고객서비스에 영향을 주기 위해서는 다른 패러다임이 필요하다는 것을 깨달았다. 주문처리가 지연되어 위험에 빠질 것으로 우려되는 경우 조기경보나 이벤트관리 시스템을 가동하여 사전에 그 위험성을 감지하고 이에 대한 후속 프로세스에 예방조치를 취할 수 있겠다는 점에 착안한 것이다. 그는 이러한 측면에서 문제의 실마리를 찾고 다음과 같은 지표를 중심으로 사전적인 징후나 주요 원인들을 발견할 수 있었다.

- 재무부서에 의해 신용이 제지된 주문
- 2일 이상 생산이 중지된 주문
- 시작일로부터 2일 이내에 시작되지 않은 주문
- ERP 시스템에서 할당된 부품을 보유하고 있지 않은 주문
- 스케줄보다 2일 이상 지체된 주문

이러한 기준에 해당되는 주문이 발견되면 문제해결을 위해 지역별·조직별로 재무·생산관리 및 판매 등을 추적하도록 하였다. 이러한 모든 협업은 인터넷상에서 온라인으로 수행되도록 하였다. 현

재의 상태를 실시간으로 항상 접근하도록 하는 것이다. 문제가 해결되었을 때 주문현황이 자동으로 갱신되고 모든 원인들이 이후의 개선노력에 활용될 수 있도록 수집되고 저장된다.

리얼타임 민첩성과 온라인 협업의 가장 큰 영향은 고객주문 처리가 지체되기 전에 그러한 문제들을 조기에 해결할 수 있도록 발견하는 것이다. 그 결과 고객서비스는 계획보다 8%가량 향상되는 성과를 보였다.

리얼타임 모니터링과 문제해결 시스템으로부터의 투자효과(ROI)[11]는 다음 3가지 측면에서 분석될 수 있다.

첫째, 자동화된 발견 및 공지 프로세스를 통하여 사용자가 매일 보고서를 읽고 문제점을 발견하며, 정보를 얻기 위해 다른 사람에게 전화하고 경영진이나 이해관계자에게 보고하는 데 소요되는 시간의 10~20%를 절감할 수 있다.

둘째, 비즈니스 룰을 확고히 함으로써 재고량을 넘는 주문접수를 방지하거나 가격할인의 적절한 구사 등으로 재고가 있는 타제품의 주문을 유도함으로써 상당한 비용을 절감할 수 있다.

마지막으로, 초기에 대처가 불가능한 기접수 주문을 취소하거나 공급자의 공급지연 등 외부의 문제들을 발견함으로써 고객서비스를 제고할 수 있고, 내부적인 운영의 효율성 및 비용의 절감을 가져올 수 있다.

일반적으로 RTE의 실질적인 효과로써 시간기반 프로세스의 변화를 통해 15~25%의 이윤을 향상시킬 수 있다고 말한다. 가장 중요한

---

11. ROI(Return On Investment) 기업이 투자하여 얼마의 이익을 올리는지를 알아보는 지표

것은 이러한 효과를 얻기 위해서 최고경영층의 역할이 크다는 것을 알아야 한다는 점이다. RTE의 리더십은 최고경영층으로부터 나오고, RTE가 성공하기 위해서는 최고경영층의 강력한 의지가 절대적으로 필요하다.

1. 4
RTE의 선진 사례

가트너는 "광범위한 영역에서 RTE 리더십을 가진 회사는 아직 없지만 특정 업무프로세스 분야에서 대표적인 성공사례들은 많다"고 밝혔다. 대표적인 사례로 고객으로부터 공급업체까지 전체적인 공급망관리 프로세스를 잘 구현한 델(Dell), 실시간 웹캐스팅 시스템을 갖춘 시스코시스템즈(Cisco Systems), 구매부분 공급망관리 체계를 잘 갖춘 월마트(Wal-mart) 등을 들었다. 보다 자세한 사례는 본 서의 마지막 장에서 다루기로 한다.

시간기반 경영기법과 RTE

앞 절에서 소개한 RTE의 개념에 대해 그것이 전례에 없었던 전혀 다른 개념의 경영철학인가, 혹은 진부한 과거의 경영기법을 단지 화려한 포장만으로 감싼 것에 불과한 것은 아닌가 하는 의문을 가질 수 있다. 결론부터 말하자면 RTE는 과거에 존재하지 않았던 전혀 새로운 개념의 것은 아니며, 동시에 과거 경영기법의 답습 또한 아니라는 것이다. 그보다는 한 시대의 경영환경이 요구하는 기업의 대응노력을 각기 다른 측면에서 분절된 시각으로 해석하던 과거의 시간기반 경영기법들이, RTE라는 모습으로 상호보완적으로 귀결되고 있다고 보는 것이 옳다.

1980년대 보스턴컨설팅그룹은 많은 기업들을 대상으로 타임베이스 경쟁에 대해 분석한 결과, 시간 경쟁력을 통해 얻어지는 여러 가지 효과를 경험적으로 파악할 수 있게 되었다. 이 가운데 3×2의 법칙은 타임베이스 경쟁을 실행하는 기업과 그렇지 않은 기업 사이에는 업계 평균 3배의 성장률과 2배의 이익률 차이가 생긴다는 이론이다. 결국 이익성장률에 있어 6배 정도의 차이가 생긴다는 경험적 법칙인 것이다.

예를 들어 미국의 한 건설자재 제조사는 경쟁사가 주문대응에 30~45일을 소요하는 데 비해 모든 고객의 어떠한 주문에 대해서도 10일 미만으로 대응할 수 있도록 만들었다. 주문의 대부분은 발주로부터 1~3일 만에 고객배송을 완결하게 되었으며, 과거 10년간의 업계 평균성장률이 연 3%를 밑도는 상황 속에서 이 기업은 연 10%가 넘는 성장을 기록했고 시장의 선두주자가 되었다. 이 기업의 순자산 세금공제 전 이익률은 80%로, 업계 평균의 2배가 넘는다.[1]

본 절에서는 기존의 시간기반 경영기법으로서의 스피드경영·시나리오경영·비즈니스 프로세스 리엔지니어링(Business Process Reengineering)·디지털신경망 시스템(DNS; Digital Nervous System)[12]등을 그 등장배경·개념적 정의·효과성·선진사례의 측면에서 조망해보고, RTE와 어떤 관계를 가지고 있는지에 대해서 논하도록 한다.

2. 1
스피드경영

(1) 스피드경영의 등장배경

환경변화 대응력에 대한 중요성 인식이 높아지면서 20세기 종반부터 스피드경영이 거론되기 시작했다. 이제 21세기를 맞이하여 미래

---

12. DNS(Digital Nervous System) 마이크로소프트의 혁신적 패러다임. 기업이 새로운 환경과 변화 추세에 능동적으로 대응하기 위해서 정보의 신속하고 정확한 흐름을 지원하는 체계

학자들은 향후 10년의 변화 속도가 과거 100년의 변화보다 빨라질 것으로 내다보고 있다. 예측이 가능한 연속적인 것이 아니라, 무엇이 어떻게 변할지 모르는 단절적인 변화의 양상으로 인하여 기업차원에서 미래를 예측하는 일은 더욱 힘들어질 것이다. 사회가 점차 미래에 대한 예측이 어려워지고 정보화시대로 성숙되어감에 따라 시간과 공간의 장벽이 무너지면서 경쟁 패러다임도 변화되어, 기업에는 양과 질에 스피드를 더한 환경변화 대응력이 절실히 요구되고 있다.

(2) 스피드경영이란?

첫째, 스피드경영은 "급변하는 경영환경에 대한 대응력을 극대화함으로써 고객이 만족하는 제품 및 서비스를 남보다 빠르게 제공하는 경영"이라 정의할 수 있다.

둘째, 물리적인 스피드는 출발점에서 종점까지 얼마나 '빨리' 도달하는가를 나타내는 척도이지만, 기업활동에서 '빨리'만으로 설명하기는 곤란한 점이 있다. 간단한 예로 스포츠에서 그러하듯이 동시에 주자가 출발하는 것이 아니므로, 기업경영에 있어서는 '먼저' 출발하면 경쟁자보다 종점에 빨리 도착할 수 있다.

셋째, 고객과의 약속은 약속시점을 '제때' 준수하는 것이 스피드경영에서 말하는 스피드의 의미이다.

마지막으로, 스피드경영은 종점에 제때 도착하기 위해 과정을 '자주' 체크하는 것을 말한다.

삼성경제연구소는 스피드경영에서 스피드의 의미와 기업의 대응 방향에 대해서 다음 4가지로 정리한 바 있다.

● 먼저(기회선점 경영) : 빠른 출발 및 시장 선두의 의미로써, 구체

적으로 미래 유망사업의 조기발굴·사전준비·선행투자를 의미
하며, 경쟁사 대비 신상품 조기출시의 예를 들 수 있다.

● 빨리(시간단축 경영) : 빠른 의사결정을 의미하는 것으로써, 리드
타임 단축·상품개발시간 단축의 예를 들 수 있다.

● 제때(타이밍 경영) : 적시성(Just In Time)을 의미하는 것으로써, 부
품의 적기조달·납기준수의 예를 들 수 있다.

〈그림 1-1〉 스피드경영이란?

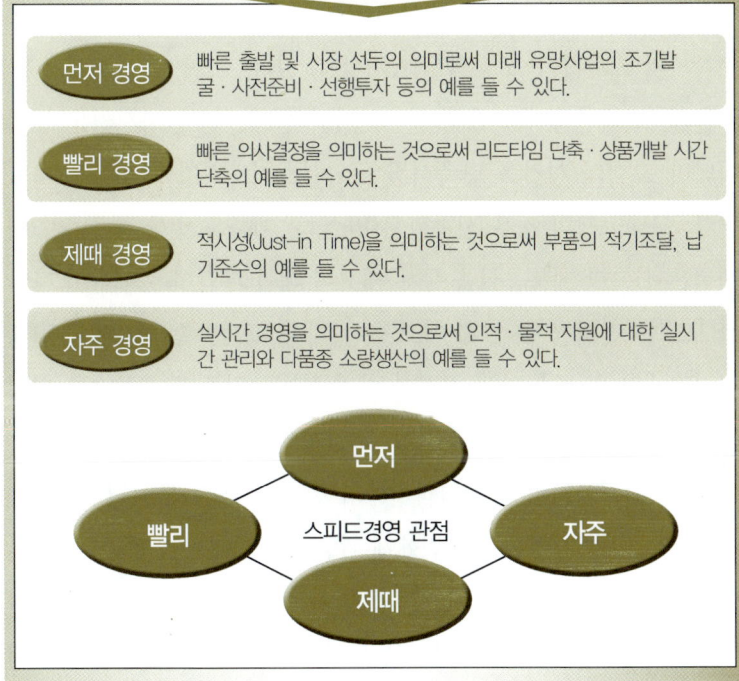

출처 : 〈스피드경영〉, 《CEO Information》 제81호, 삼성경제연구소

● 자주(유연 경영) : 실시간경영을 의미하는 것으로써, 인적·물적 자원에 대한 실시간 관리와 다품종 소량생산의 예를 들 수 있다.

(3) 스피드경영의 효과

스피드경영의 효과는 크게 3가지 측면에서 나타날 수 있다.[2]

첫째, 경영성과 측면을 들 수 있다. 기회를 선점함으로써 신규시장을 창출함과 동시에 한계사업을 제때 정리할 수 있다. 경영의 관리주기를 단축시켜 장기예측 시 발생하는 위험을 감소시킬 수 있고, 업무처리 시간의 단축은 생산성 향상에 크게 기여한다. 제품생산 측면에서는 신상품 조기출시 및 개발기간 단축으로 고객만족에 기여하고, 신속한 고객대응을 통해 최신상품·고급상품의 이미지를 부각시켜 고가격 및 고수익을 기대할 수 있다.

둘째, 고객만족 측면으로 볼 때 기업의 시간만 단축시키는 것이 아니라 고객의 시간을 단축시킴으로써 스피드경영의 효과가 나타난다. 구매고객의 경우 신속한 서비스 및 제품을 받을 수 있고, 대리점은 신속한 제품공급을 통해 재고에 대한 부담이 줄어들어 다양한 모델을 전시할 수 있게 되고 이는 다시 고객만족으로 이어진다. 협력업체와의 관계 역시 철저한 납기준수로 발주변경에 따른 위험을 감소시켜 결국 비용을 절감할 수 있게 된다.

마지막으로, 기업자체 임직원들의 만족도 역시 향상될 수 있을 것이다. 스피드경영은 임직원에게 과중한 업무부담을 주는 것이 아니라, 일을 제때 빨리 끝나게 유도하여 불필요한 근무시간을 줄일 수 있고, 비효율적인 업무보다는 보다 가치 있는 업무수행의 기회를 제공하고, 조직 전체적으로 신속한 정보공유 및 처리가 활성화되어 자긍심과 소속감이 고취되고 불만이 줄어들게 된다.

(4) 스피드경영의 선진사례

선진 기업의 스피드경영 사례를 3가지 산업별로 들어보자.

1) 제조 : 인텔

인텔의 기본적인 전략은 시장을 선도하는 데 있다. 경쟁자보다 '먼저' 차세대 제품을 개발하고 스스로 세대교체를 유발함으로써 시장을 독점할 수 있었던 것이다. 스피드경영에서 '먼저'의 의미를 가장 잘 실현한 기업이다.

신제품을 남보다 먼저 출시하는 점에서는 개발비보다 개발스피드를 경영의 최우선 목표로 정하고 동시병행형 연구체제를 구축하였다. 기본모델 개발센터는 미국 내 두 개 지역에 동일한 규모로 두고 상호독립적으로 신모델 개발에 착수하게 한다. 한 곳에서 차세대 제품을 개발하면 다른 곳에서는 차차세대를 개발하는 형식을 적용하여 통상적으로 4~5년 걸리는 제품 출시기간을 절반으로 단축하였다.

2) 유통 : 월마트

월마트가 경쟁업체인 K마트를 추월하게 된 가장 큰 비결은 상품 공급을 '자주' 하여 회전율을 높인 데 있다. 1988년까지는 K마트가 월마트보다 큰 규모였지만, 1주에 상품을 2회 공급하여 2주에 1회 공급하는 K마트에 비해 재고를 줄이고 소비자 선택의 폭을 배로 늘릴 수 있는 체계를 구축하여 성공하였다.

이를 위해서 본사에서는 판매실적을 실시간으로 체크하고, 매주

지역별 책임자 회의를 통해 영업전략을 수시로 변경하여 경쟁자보다 신속하게 고객의 요구에 대응하게 하였다. 여기에는 잦은 상품 공급으로 하루에 한 번 이상 제품구성을 변경할 수 있는 능력이 뒷받침되었다. 상품을 자주 공급하는 것뿐만 아니라, 공급자와 점포를 POS로 연결하여 리드타임을 줄이는 노력도 있었다. 월마트는 오래전부터 세계적인 생활용품 업체인 프록터&갬블(P&G)과 정보 네트워크로 구성되어 있을 만큼 정보시스템의 도입에 적극적이었다.

3) 금융 : 시티뱅크

시티뱅크는 고객서비스를 최우선으로 하는 기업인 만큼 신속한 고객 대응 스피드를 핵심경쟁 요소로 활용함으로써 현재 미국의 주택담보 대출 분야에서 수위를 달리고 있다. 시티뱅크는 원래 이 분야에서 100위 이하에 속해 있는 기업이었다. 시티뱅크는 고객의 개념을 부동산업자까지 확대하였는데, 이는 대부분의 대출자가 가장 유리한 조건으로 자금을 빌려주는 금융기관이 어디인지 부동산업자에게 자문을 구한다는 것에 착안한 것이다. 부동산업자가 처리속도와 담당자 처리능력을 중요시하는 점을 간파한 시티뱅크는 이에 자사의 능력을 집중하였다. 일단 대출기간을 줄이기 위한 프로젝트를 실시하여 통상적으로 대출 소요시간이 45일이었던 것을 정보 네트워크 구축을 통해 대출자의 신용정보를 공유하고 심사서류 절차를 간소화하였다. 이로써 대출에 걸리는 시간을 3분의 1로 줄이면서 연 100% 이상 고속성장 성과를 거두었다. 여기서 중요한 것은 단지 대출에 걸리는 시간을 줄이고 간소화한 것뿐만 아니라 대출자의 신용정보를 정확하고 빠르게 파악하여 양질의 대출자를 구분할 수 있는 능력을 키웠다는 데에 있다.

2. 2
시나리오경영

(1) 시나리오경영의 등장배경

시나리오경영이 주목을 받게 된 이유는 급변하는 경영환경과 그로 인한 기존 예측모델의 한계에 있다고 볼 수 있다. 현대의 경영환경은 정치 · 경제 · 사회 · 문화 · 기술의 모든 면에서 급격한 속도로 변화하고 있다. 기업은 국내외 경쟁 · 각국 정부규제 · 경기흐름 · 환율변동 · 자원부족 · 환경오염 · 시장변화 · 기술 및 제품의 수명주기 단축 · 기술표준화경향 등 시시각각으로 급변하는 환경변수에 대응해야 하는 상황에 놓이게 되었다. 이러한 외부 경영여건의 변화는 그 변화의 폭과 복잡성이 커짐으로 인해서 환경이 변한 후에 대응방안을 강구하고자 한다면 적절한 대응기회를 상실하게 된다. 스피드경영의 경우 급격한 환경변화 속에서 기업이 기회를 선점할 수 있는 경영기법에 해당하기는 하나 빠른 스피드만을 중요하게 여길 경우 불확실성으로 인해서 생기는 기업의 리스크가 커질 우려가 있는 것도 사실이다. 따라서 현대의 기업은 향후 전개될 정세변화의 흐름을 파악하고 분석하여 급변하는 상황에 신속히 대처할 수 있는 역량을 필요로 하게 되었다.

이에 따라 기업은 급변하는 환경변화 속에서 미래의 시장을 선점하기 위해 다양한 경영기법들을 도입하고자 하고 있다. 그러나 여러 가지 상황변화에 대한 가정 없이 한 가지 상황만을 전제하여 준비를 할 경우, 해당 상황이 예상대로 전개되면 문제가 없겠으나 예측하지 못한 환경변수가 발생할 경우 기업의 사전준비는 무의미한 것이 되고 만다. 대부분의 기업에서 3년 내지 5년을 내다보는 중·장기 계획의 실효성이 떨어지는 것은 급변하는 상황에서 기존의 예측방법이나 모델만으로는 미래를 예측하는 데에 한계가 있기 때문일 것이다. 특히 정보통신산업과 같이 새롭게 부각되고 기술발전의 속도와 폭이 큰 분야에서는 한 가지 상황만을 가정하고 예측모델을 적용할 경우 실효성 있는 중·장기 전망이 어렵게 된다. 따라서 몇 가지 상황을 설정하고 각각의 상황별로 적절한 대응책을 준비해 둘 필요가 있는 바, 시나리오경영은 이러한 요구에 부응하는 경영기법 중 하나라고 볼 수 있다.

(2) 시나리오경영이란?

"미래의 불확실한 경영환경의 변화를 가능한 한 최대한 감안하여 향후에 전개될 변화과정을 시나리오로 그려보고, 각 상황에 따라 미리 준비된 대안(Alternative)에 따라 유연하게 대처하는 경영방식"을 시나리오경영이라고 한다. 시나리오경영기법은 한 가지 상황만을 가정하여 기업이나 조직을 운영해나가는 것이 아니라 미래에 발생 가능한 다양한 변수들을 고려하여 몇 가지 시나리오 속에서 미래의 흐름을 읽는 기법이다. 즉 불확실성 속에서 그 불확실성에 커다란 영향을 주는 환경요인을 도출하고, 그 요인들이 가져다줄 수 있는 미래의 상황을 예측하여, 기업이 그와 같은 미래 경영환경에 어떻게 대처해야 하는가를 복수의 전략 시나리오로 구성하는 방법이다.

〈그림 1-2〉 시나리오경영이란?

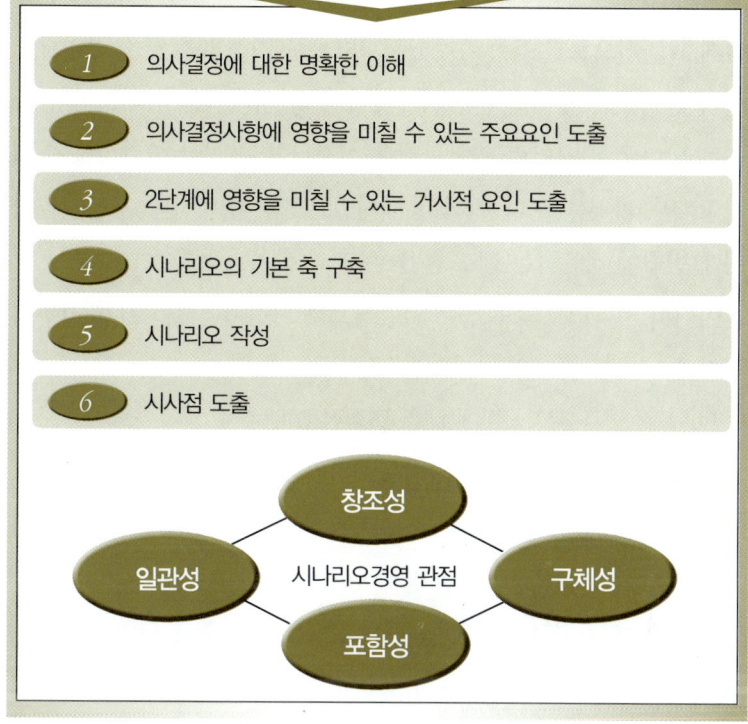

시나리오경영?

"미래의 불확실한 경영환경의 변화를 최대한 감안하여 향후에 전개될 변화과정을 시나리오로 그려보고, 각 상황에 따라 미리 준비된 대안(Alternative)에 따라 유연하게 대처하는 경영방식"

1 의사결정에 대한 명확한 이해

2 의사결정사항에 영향을 미칠 수 있는 주요요인 도출

3 2단계에 영향을 미칠 수 있는 거시적 요인 도출

4 시나리오의 기본 축 구축

5 시나리오 작성

6 시사점 도출

창조성

일관성   시나리오경영 관점   구체성

포함성

출처 : 〈시나리오경영이란〉, 《CEO Information》 제40호, 삼성경제연구소

시나리오경영기법은 제2차 세계대전 당시 미 공군이 적군의 행동을 예상하고 그에 따라 작전계획을 수립하는 데에 사용된 군사전략기법으로 걸프전 등에 활용되었고 시나리오기법을 사용한 경험이 있는 군의 전략참모들이 민간기업에 들어오게 되면서 기업경영에

도입되게 되었다.

시나리오경영기법은 ①대안개발형·②사건전개형 그리고 ③미래로부터 온 편지기법 등이 있다. 대안개발기법은 대안을 개발해두고 이들 중 각각을 선택할 경우에 대한 분석을 하는 방식으로 시나리오경영기법 중 흔히 사용되는 기법이다. 사건전개형의 경우 보다 폭넓게 효과적으로 사용될 수 있는 기법으로 미래의 상황을 그려감으로써 환경변화를 예측해나가는 것이다. 편지기법은 미래로부터 현재로 날아온 편지처럼 인과관계를 실감나게 구성한 줄거리를 통해 사건 전개과정을 보다 정확히 제시함으로써 경영자와 구성원들이 미래 변화에 적응하는 데 도움을 준다.

이러한 시나리오의 작성은 일반적으로 다음 6단계를 거쳐 이루어진다.

제1단계: 의사결정 사항에 대한 명확한 이해

최종적인 의사결정 사항·범위·기간 등을 명확히 하는 것으로써, 시나리오 구성의 주요 초점이 될 의사결정 책임자 차원에서의 의사결정 사항을 정의하는 단계이다.

제2단계: 의사결정 사항에 영향을 미칠 수 있는 주요 요인 도출

브레인스토밍(Brain Storming) 등의 방법을 통해 의사결정 사항에 직접적인 영향을 미치는 요인(Decision Factor)을 도출하고 이들을 3~5개의 유형별로 구분한 후 각 유형에 대해 공통 주요 요인(Key Decision Factor)을 정의한다.

제3단계: 제2단계에 영향을 미치는 거시적 요인 도출

주요 요인의 미래상태를 결정지을 수 있는 거시적 요인을 파악한다. 미래의 사건들은 지속형·점진적 변화형·전이적 변화형의 3

가지로 볼 수 있는데, 기업의 입장에서는 이 가운데 불확실성과 영향도가 높은 전이적 변화에 대처할 수 있는 능력이 중요하다.

제4단계: 시나리오의 기본 축 구축

제3단계에서 도출된 불확실성과 영향도가 높은 항목들을 같은 유형별로 구분하여 도출된 공통어를 불확실성 축(Uncertainty Axes)이라고 하는데 이는 핵심 외부 요인에 근거해야 한다.

제5단계: 시나리오 작성

불확실성 축의 수가 n개이면 이들의 조합에 따라 2^n개의 시나리오가 생성되며, 이 중 일어날 가능성이 전혀 없는 경우·유사한 상황인 경우 그리고 중요도가 다소 떨어지는 시나리오를 제외하여 2~4개의 시나리오를 작성한다. 관계자의 욕구와 의문점들을 중심으로 현실감 있게 나타내는 것이 바람직하다.

제6단계: 시사점 도출

각 상황에 내재된 기회요소와 위협요인을 도출하여 이에 효과적인 대처방안을 마련한다.

위와 같은 방식으로 작성된 시나리오는 4C로 정리되는 특성을 충족시킬 경우 좋은 시나리오로써의 가치를 지닌다. 4C는 ①내용의 일관성(Consistent)·②미래의 모든 상황의 포함(Comprehensive)·③창조성(Creative), 그리고 ④구체성(Concrete)을 포함한다.

(3) 시나리오경영의 효과

기업이 시나리오경영기법을 활용하는 목적은 미래상황 예측·대안 선택 등 기업마다 그 활용 목적을 달리하고 있으나, 공통적인 것은 미래상황 전개에 대한 흐름을 알기 위한 것이다. 미래상황 전개에 대한 흐름 파악은 크게 경영자의 의사결정에 도움을 준다는 점과 전체 구성원으로 하여금 가치관을 공유하게 한다는 두 가지 측면의 효과가 있다.[3]

시나리오경영기법의 우선적인 목표는 최고경영자의 의사결정을 지원하는 것으로써, 모든 예측과정은 경영자가 수행하고자 하는 의사결정 내용을 근거로 진행된다. 따라서 시나리오경영기법은 무엇보다도 최고경영자의 의사결정에 필요한 도움을 주는 것을 목표로 한다. 기업환경의 변화가 가져올 수 있는 위험을 단순히 경영자에게 알리기보다는 각 상황별로 현실감 있는 시나리오를 동반하여 보고하게 되면 상황대처를 위한 더 효과적인 의사결정으로 연결될 수 있을 것이다.

한편 조직책임자 및 스태프들이 예측 · 기획을 하는 데에 필요한 장기적인 정보 및 자료를 제공하고, 관리자들이 사업을 바라보는 시야를 보다 폭 넓게 확대시켜준다. 기업이 처한 상황 속에서 기획 · 생산 · 영업 · 기술 등 관련 분야의 사람들이 모여 향후 상황과 기업이 나아갈 방향에 대해 시나리오를 작성하고, 예상되는 문제점에 대한 대응방안을 함께 작성하는 과정을 통해 구성원들은 조직이 나아가야 할 방향과 각자의 역할에 대해 공감대를 형성할 수 있는 기회를 가진다. 이렇게 공유된 가치관으로부터 관련부서 간의 협조와 전체 조직 속에서 각자의 역할에 대한 인식이 선명해짐으로써 상황변화에 대한 대처능력이 향상될 수 있다. 이러한 과정을 통해 배양된 학습능력은 실제 위기상황 발생 시 작성된 시나리오의 재현으로 인식되므로 더 나은 위기관리 능력의 밑바탕이 된다.

(4) 시나리오경영의 선진사례

　세계적 정유회사인 쉘 사는 1968년 당시, 유가가 안정되어 있어 유가상승을 예상하지 못하던 시절이었음에도 불구하고 미국의 석유 보유량이 바닥을 보이고 있다는 점과 1967년 6일 전쟁 이후 석유 산유국(OPEC)이 서방세계의 이스라엘 지원에 대한 반발로 정치적 결속을 강화할 것이라는 징후를 바탕으로 하여 에너지위기 시나리오를 작성하였다.

　유가가 안정되기 위해서는 아랍 이외의 지역에서 새로운 유전이 발견되어야 하나, 이는 거의 기적에 가까운 일이므로 보다 가능성 있는 시나리오는 OPEC이 에너지위기를 일으킨다는 것이었다. 그 시기에 있어서도 1975년에 있을 OPEC의 유가재협상 이전에 있을 수 있다고 예측하였는데, 놀랍게도 1973년 10월 중동전쟁 발발로 인해 전 세계에 에너지위기가 닥쳤다.

　그러한 상황에서 사전에 이를 예측하고 준비해 왔던 쉘 사만이 급격한 환경변화에 대응할 수 있었기에, 당시 7대 정유회사 중 최하위권에서 업계 2위의 정유회사로 발돋움했으며, 가장 많은 이익을 내는 기업이 되었다.

2.3
비즈니스 프로세스 리엔지니어링(BPR)

(1) BPR의 등장배경

　BPR은 Business Process Reengineering 혹은 Redesign의 약어로,

1990년 미국에서 처음 개념화된 혁신기법이다. IBM을 비롯한 미국을 대표하는 거대기업이 쇠퇴하면서 제조업의 생산성이 일본에 뒤처지게 되자 이를 만회하기 위한 혁신적인 경쟁력제고의 방안으로 도입되었다. 이 기법의 적용으로 각 기업의 생산성이 크게 제고되면서 실효성을 인정받아 일본과 유럽으로 확산되어왔다.

경영환경의 변화가 가속화되고 있는 요즈음 변화에 빠르게 적응하기 위한 인프라 · 업무처리 생산성 향상 · 내부역량 강화 · 경쟁력 확보 등에 기업의 관심이 집중되고 있다. 최근 대기업을 중심으로 시도되고 있는 6시그마 경영혁신과 특히 RTE에 대한 눈에 띄는 관심 등이 이러한 사실을 입증하는 예라 할 수 있다. BPR은 이러한 기업의 경영개선과 매우 밀접한 관련이 있는 도구이자 방법론으로도 설명할 수 있다.

BPR은 그 이전의 경영기법과는 다르다. 우선 리엔지니어링은 품질향상 · 전사적 품질관리(TQM; Total Quality Management)[13] 또는 현대적 품질관리 운동과는 차이가 있다. 품질향상 프로그램은 계속적이고 점진적인 개선을 통해 그 프로세스를 개선시키고자 하는 것인 반면, 리엔지니어링은 이미 존재하는 프로세스들을 개선하는 것이 아니라 이것들을 과감히 버리고 완전히 새로운 프로세스로 대체함으로써 획기적인 향상을 추구하는 것이다.

또한 리엔지니어링은 조직구조 개편이나 다운사이징(Downsizing)과 다른 개념이다. 다운사이징은 단지 보다 적은 자원을 가지고 일을 보다 적게 하는 것으로, 수요감소에 대처하기 위하여 생산용량

---

13. **TQM(Total Quality Management)** 전사적 품질관리 기법

을 축소하는 것을 듣기 좋게 표현한 것에 불과한 것이다. 반면에 리엔지니어링은 보다 적은 자원을 가지고 보다 많은 일을 하는 것을 의미한다. IT가 경영혁신에서 수행하는 역할이 상당히 크지만 리엔지니어링은 자동화와 동일한 것은 아니다. 자동화가 단지 보다 효율적으로 수행하는 방법을 제공하는 것이라면, 리엔지니어링은 근본 프로세스를 변화시키는 것이다.

(2) BPR이란?

BPR에 대해서 마이클 해머는 "비용·품질·서비스·속도와 같은 핵심적 성과에서 극적인 향상을 이루기 위해 업무 프로세스를 기본적으로 다시 생각하고 근본적으로 재설계하는 것"이라고 정의를 내렸다. 물론 기업의 상황 및 BPR을 추진하려는 배경에 따라 다소 과정에는 차이가 있을 수 있다. BPR의 정의를 더 정확하게 의미를 새겨본다면 다음과 같다.

1) 기본적인(Fundamental)

먼저 기업이 무엇을 해야 할지를 결정하고, 그 다음 그것을 어떻게 할지를 결정한다. 리엔지니어링에서는 아무것도 당연한 것으로 여기지 않는다. 리엔지니어링에서는 '지금 있는' 것을 무시하고, '반드시 있어야 할' 것에 집중한다.

2) 근본적인(Radical)

리엔지니어링에서 근본적인 재설계는 현존하는 모든 구조와 절차를 버리고, 완전히 새로운 업무처리 방법을 만들어내는 것을 의미한다. 리엔지니어링은 업무를 개선시키거나 향상시키거나 또는 변경시키는 것이 아니라 다시 만들어내는 것이다.

〈그림 1-3〉 BPR이란?

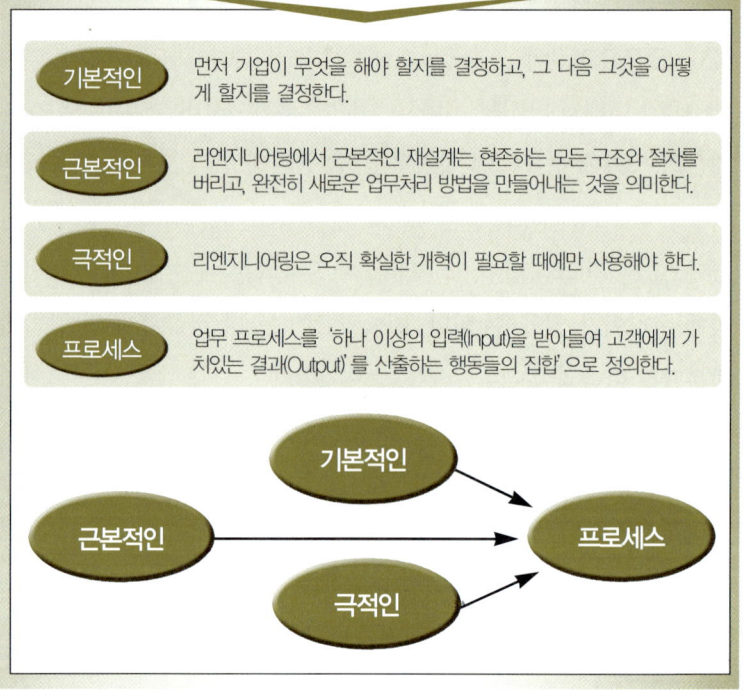

BPR?

"비용·품질·서비스·속도와 같은 핵심적 성과에서 극적인 향상을 이루기 위해 업무 프로세스를 기본적으로 다시 생각하고 근본적으로 재설계하는 것"

기본적인 먼저 기업이 무엇을 해야 할지를 결정하고, 그 다음 그것을 어떻게 할지를 결정한다.

근본적인 리엔지니어링에서 근본적인 재설계는 현존하는 모든 구조와 절차를 버리고, 완전히 새로운 업무처리 방법을 만들어내는 것을 의미한다.

극적인 리엔지니어링은 오직 확실한 개혁이 필요할 때에만 사용해야 한다.

프로세스 업무 프로세스를 '하나 이상의 입력(Input)을 받아들여 고객에게 가치있는 결과(Output)를 산출하는 행동들의 집합'으로 정의한다.

기본적인 → 프로세스
근본적인 →
극적인 →

3) 극적인 (Dramatic)

리엔지니어링은 오직 확실한 개혁이 필요할 때에만 사용해야 한다. 점진적인 개선은 미세 조정을 필요로 하지만, 극적인 개선은 낡은 것을 날려버리고 새로운 어떤 것으로 대체해야만 이룰 수 있다.

4) 프로세스(Process)

대부분의 경영자들은 '프로세스 지향적'이지 않다. 그들은 프로세스가 아니라 과업·직무·사람·구조들에 초점을 맞추고 있다. 리엔지니어링에서는, 업무 프로세스를 '하나 이상의 입력(Input)을 받아들여 고객에게 가치 있는 결과(Output)를 산출하는 행동들의 집합'으로 정의한다.

BPR의 효과를 극대화하려면 다음의 성공 요소들을 고려해야 한다.

우선 최고경영층의 강한 리더십이 전제되어야 한다. 리엔지니어링의 특징은 부서별로 혁신을 꾀하지 않고, 목표에 관련된 전체 프로세스를 대상으로 혁신을 꾀하는 데 있다. 따라서 프로세스의 전 과정을 철저히 감독하고 통제할 수 있는 최고경영자가 모든 관련부서의 일급요원으로 구성한 핵심팀을 이끌고 리엔지니어링을 수행해야 한다.

사업의 CSF(Critical Success Factor)[14]와 연계되어야 한다. 즉 사업목적 또는 기업전략을 달성하는 데 가장 중요한 요소가 무엇인지를 판단하고 이를 강화시키는 방향으로 리엔지니어링을 추진해야 하는 것이다. CSF가 어디에 있는지를 인식해야만 리엔지니어링은 최대의 효과를 발휘할 수 있다. CSF를 구체적으로 확인하지 않고 관계없는 프로세스만을 개혁하는 경우에는 결코 효과적인 리엔지니어링 성과를 기대할 수 없을 것이다.

리엔지니어링에서 추구하는 것은 부서별 혁신이 아닌 조직 전체적인 프로세스 관점에서의 혁신이다. 이러한 프로세스 중심의 리엔

---

14. **CSF(Critical Success Factor)** 경영상 중요한 성공 요인

지니어링에서 유의해야 할 점은 재설계되는 프로세스의 폭과 깊이다. 폭(Breadth)이란 프로세스 내에 얼마나 많은 활동이 포함되느냐하는 문제이며, 비용절감 및 고객에 대한 가치증대 등 혁신적 성과와 향상을 이룰 수 있도록 프로세스의 범위를 결정하는 것이다. 깊이(Depth)란 재설계 시 기업의 핵심이며, 조직 구성원의 행동을 변화시키는 근본요소인 역할과 책임·성과 측정과 보상·조직구조·IT·공유가치·스킬 등의 요소를 모두 포함시켜 실제적인 변화를 추구하는 것을 의미한다.

기존의 사고방식에만 의존해오던 기업은 오늘날같이 고객을 최우선으로 하는 고객우선 시대를 맞이하여 더 이상 살아남을 수 없게 되었다. 리엔지니어링의 궁극적인 목적은 이러한 고객우선시대 속에서 살아남기 위해 고객지향적인 기업체질을 만드는 것이다. 이를 위해서는 리엔지니어링의 출발선인 무의 상황을 기업 내부의 아이디어가 아닌 고객의 절실한 욕구로 채워 넣는 고객참여의 리엔지니어링이 이루어져야 한다.

(3) BPR의 효과

일반적으로 BPR의 기대효과를 논한다면 다음과 같은 특징을 언급할 수 있다.

- 업무 효율성 향상을 통한 간접비용 절감
- 전략구매 활동을 통한 직접 조달 비용의 감축
- e-비즈니스 추진을 위한 전사적 정보 인프라 구축
- 경영자의 신속한 의사결정체계 구축에 따른 시장 대응력 향상

리엔지니어링은 현재 하고 있는 내용에 초점을 맞추어 업무를 바

꾸는 것이 아니라, 불필요한 업무를 제거하고 동시에 단순화하는 것이다. 불필요한 승인과정들을 제거하여 업무흐름을 급격히 단순화할 수가 있다. 또한 단순히 업무처리 과정만을 변화시키는 것이 아니라, 기업 내 여러 관련 부문에 많은 변화를 가져온다. 따라서 업무를 재설계할 때는 반드시 직무내용·조직구조·관리 시스템 등 업무처리 과정에 관계되는 모든 경영요소를 전사적인 차원에서 재구성해야 할 필요가 있다.

리엔지니어링은 케이스 전담자 혹은 팀들이 복수의 연속적인 과업을 수행함으로써 프로세스를 수평적으로뿐만 아니라 수직적으로 압축시킨다. 수직적 압축이란 예전에는 작업자들이 하나의 문제점 해결을 위해서 관리위계상의 상위 부문에까지 올라가야 했던 것을 업무 프로세스의 각 부문에서 그들 스스로 결정 내리게 되었다는 것을 의미한다. 실제 작업에서 의사결정을 분리시키는 것이 아니라 의사결정 자체가 작업의 한 부분으로 된다. 작업자들은 공식적으로 관리자들이 수행했던 작업의 한 부분을 그들 스스로가 수행하게 된다.

대량생산 패러다임의 가정은 작업을 실제 수행하고 있는 사람들이 그것을 관찰하거나 통제할 시간도 의지도 없고, 또 관련 의사결정에 필요한 지식수준이 낮다는 것이었다. 수직적 관리구조의 구축이라는 업계 관행은 이러한 가정에서 나온다. 회계사·감사원 그리고 감독관들은 작업을 확인하고 기록하고 관찰한다. 이제 이러한 가정과 그 결과물들은 없애버려야 한다.

수평적으로뿐만 아니라 수직적으로 작업을 압축시키는 것의 효과는 작업지연의 축소·낮은 관리비용·보다 좋은 고객반응 그리고 작업자들에 대한 보다 많은 권한부여 등을 들 수 있다.

그리고 비즈니스 리엔지니어링을 하게 되면 작업은 그것이 가장 잘 이해되는 곳에서 수행되고, 확인과 통제가 줄어들고 조정이 최소화된다. 또한 IT를 도입함으로써 회사들은 지역현장들의 관료주의적 성격을 제거하고 판매요원들의 자율성과 권한위임을 고취함과 동시에, 판매가격과 조건에 대해 회사가 가지는 통제력을 향상시키도록 하기 위해 판매 프로세스를 재설계할 수도 있게 된다. 따라서 조직을 집중화함으로써 형성된 규모의 경제를 얻는 한편, IT는 점점 더 회사들로 하여금 그들의 개별적 단위가 완전히 자율적인 것처럼 운영되도록 할 수 있다.

(4) BPR의 선진사례

1980년대 초반 미국 자동차 시장의 산업구조적 요인과 그 경기부진의 상황을 타개하고자 하는 기업 내부적 요인이 복합적으로 작용하여 포드 자동차의 최고 경영진은 경리부서를 포함한 모든 부서의 비용절감을 단행하게 되었다. 400명의 인원을 목표로 경리부서의 정비를 준비하던 포드 사는 합작관계에 있는 마쯔다의 경리부가 단지 5명의 인원으로 구성되어 있음을 발견하였는데, 이는 포드 사와 마쯔다의 규모를 감안하더라도 포드 사의 1/5에 불과한 규모였다. 이에 충격을 받은 포드 사의 경영진은 목표를 상향 조정하고 기존업무 시스템을 분석하는 작업을 하게 되었다.

기존 경리부서에서는 물품의 구입을 위하여 구매부서에서 보내온 구매원장과 자재부에서 물품을 접수한 후 보낸 인수증, 물품 공급업자가 보낸 송장 등 3개의 문서를 대조하여 총 14가지의 항복늘이 일치하여야 물품대금을 지급하고 있었다. 따라서 경리부서는 대부분의 시간을 3개의 문서 간에 발생하는 불일치를 규명하는 데 사용하고 있었다. 포드 사는 문서 간의 불일치가 원천적으로 생기지 않도록 송장 없는 업무처리 시스템을 구축하였다. 즉 구매부서에서 물품을 주문하고자 할 경우 구매부서의 온라인 데이터베이스에 구매정보를 입력하면 물품은 자재부의 창고로 배달되고, 자재부에서는 물품을 접수하고 거래정보를 컴퓨터에 입력한다.

만약 배달된 물품이 입력된 구매정보와 일치하지 않을 경우에는 단순히 물건을 돌려보내면 된다. 물품의 접수가 끝나면 컴퓨터가 자동으로 부품번호·수량·공급자코드의 3개 항목(과거에는 14개 항목)만을 대조하여 그것들이 일치하면 경리부에서 공급업체에 지급할 대금을 준비한다.

포드 사는 이와 같은 업무처리 개선을 통하여 75%의 인원절감 효과를 얻을 수 있었을 뿐 아니라, 경리자료와 실제 재고 사이의 불일치가 해소됨으로써 물품관리가 보다 단순해졌으며, 회계정보가 정확해지는 부수적인 효과도 얻게 되었다. 이러한 성과는 1980년대 중반 이후 포드 사가 GM을 제치고 미국 자동차 업계의 선두 자리를 차지하는 계기를 마련해주기도 하였다.

미국의 8대 보험회사인 MBL 사는 보험증을 발급하기 위하여, 신용도 조사·건강상태 조사·평가·보험료 계산·보험증서 발급 등 30개의 과정, 5개의 부서 총 19명의 인력이 필요했다. 다단계의 업무 전문화와 직렬의 조직형태로 인하여, 부분적인 자동화에도 불구하고 부서 간의 정보교환에 많은 시간이 소요되었고, 이로 인하여 보험증 발급에 5일 내지 25일의 시간이 걸리게 되었다.

MBL 사는 고객이 보험증 수취에만 관심을 가진다는 데 착안하여

'케이스 매니저' 개념을 도입하였고, 고객의 정보를 데이터베이스화하여 이를 전사적으로 공유하게 하였다. 특정 고객이 보험을 신청하면 보험증 발급에 관한 모든 처리과정이 화면에 나타나고 한 사람의 케이스 매니저가 전문가 시스템의 도움을 받아 모든 작업을 처리하게 되었다. 주의를 요하는 상황에는 경고 화면이 나타나기도 하고 전문가의 조언이 필요한 경우에는 통신 네트워크를 통하여 즉답을 얻을 수 있도록 하였다. 발급과정을 한 사람이 통합관리하게 됨으로써 보험증 발급시간도 5분 이내로 단축시켜 고객에게 2시간 내에 보험증을 전달할 수 있게 되었고, 100여 명의 인원을 감축하면서도 100%의 생산성 향상효과를 거둘 수 있었다. 한 사람이 전체 업무 프로세스를 책임지고 있기 때문에 고객에 대한 서비스도 향상되게 되었고, 데이터베이스와 전문가 시스템 등의 활용으로 신속성은 물론 오류의 획기적 감소 효과도 거두게 되었다.

2. 4
디지털신경망시스템(DNS)

(1) 디지털신경망시스템(DNS; Digital Nervous System)의 등장배경

마이크로소프트 사의 빌 게이츠 회장은 2000년대가 속도의 시대가 될 것으로 전망하며, 비즈니스의 본질이 매우 빠른 속도로 변화할 것이고 비즈니스의 처리 속도 또한 빨라질 것으로 보았다. 실제로 컴퓨터와 네트워크의 보급으로 인한 정보검색의 용이성은 소비자의 생활

양식과 비즈니스에 대한 그들의 기대치가 바뀌게끔 하였으며, 그에 따라 기업의 입장에서는 제품의 질적인 향상과 더불어 비즈니스 과정 또한 획기적으로 개선해야 하는 압력에 직면하게 되었다.

그러나 메인프레임15 및 퍼스널컴퓨터의 시대를 거쳐 1990년대에 들어서야 네트워크 컴퓨팅의 시대로 접어든 IT아키텍처의 역사는 분산된 조직 간의 협업을 통해 빠르게 변하는 시장환경에 대응함에 있어서 '호환성이 결여된 시스템들의 확산'으로 인한 구조적 문제를 안고 있었다. 1950~1970년대 환경에서는 효율성과 기존 프로세스의 자동화를 강조하는 수직구조의 기업이 일반적이었으며, IT아키텍처에 있어서는 메인프레임 시대였다. 1970년대 말에서 1980년대에 걸쳐서는 개인 및 그룹의 효과성을 강조하는 분산조직 또는 수평조직 기업의 시대였으며, 또한 퍼스널컴퓨터의 시대였다. 이러한 시기를 거치며 기업은 업무효율성과 신뢰성 제고를 위해 주요 업무자동화에 몰두하여, 각 기업 및 기업 내부의 여러 조직들은 각자의 자동화에 필요한 다양한 솔루션을 무분별하게 도입하게 되었다.

그 결과 많은 기업들은 조직전반에 흩어져 있는 각종 애플리케이션 및 솔루션들의 이질성과 비호환성의 문제로 네트워크 시대의 고객 기대수준에 부응하며 급변하는 경영환경에 대응함에 있어서 어려움을 겪었다. 각 그룹·팀·영업소가 필요 시스템을 독립적으로 구축해온 이유로 인해 전사적 관점에서 원활한 서비스 프로세스 수행이 어려운 현실이었다. 즉 각각의 시스템은 독자적으로는 원활하게 운영되지만 데이터 및 정보들이 각각 고립되어 다른 시스템들에

---

15. **메인프레임(Mainframe)** 다양한 데이터 처리를 할 수 있는 대형 컴퓨터

통합되지 않는 상황에 처하게 된 것이다. 이러한 문제는 기업 내부뿐 아니라 기업 간의 협업이 요구되는 경영환경에서는 더욱 큰 문제로 다가오게 된다.

이렇듯 각기 다른 모습으로 분절되어 있는 애플리케이션 포트폴리오를 기민하게 조율되어 있는 하나의 시스템으로 연계통합함으로써 위기상황이나 기회에 빠르게 대응하고, 직원들에게 값진 정보를 빠르게 전달하는 한편, 신속하게 고객과 상호작용하도록 인간의 각 신체기관을 조율해주는 신경계와 같은 체계를 갖출 필요가 있다. 이러한 필요성에서 대두된 개념이 디지털신경망시스템(DNS; Digital Nervous System), 또는 기업신경망시스템(ENS; Enterprise Nervous System)이다.[4]

(2) 디지털신경망시스템이란?

디지털신경망시스템이란 "기업으로 하여금 사업환경을 인지하고 그에 대응하게 해주며, 경쟁적인 도전과 소비자들의 요구를 감지하게 해주고 시기적절한 반응을 조직하게 해주는 일단의 디지털 프로세스"를 말한다. 이는 사업지원에 기술을 이상적으로 이용하자는 의도로 개발한 개념으로써, 통신망을 활용해 외부로부터 다양한 정보와 데이터를 수집·가공해 기업경영의 질을 높이고, 정보를 공유함으로써 경쟁력을 높이고자 하는 것이다.

디지털신경망은 1998년 초까지만 해도 초고속정보통신망을 사람의 신경계에 비유한 색다른 용어의 하나로 받아들여졌으나, 최근에는 국가경쟁력 강화와 기업의 효율적인 운영이라는 요소가 결합된 개념으로 이해되고 있다. 빌 게이츠는 그의 저서 《Business @ the

〈그림 1-4〉 디지털신경망시스템이란?

DNS?

"기업으로 하여금 사업환경을 인지하고 그에 대응하게 해주며, 경쟁적인 도전과 소비자들의 요구를 감지하게 해주고 시기 적절한 반응을 조직하게 해주는 일단의 디지털 프로세스"

지식관리

· 의사소통을 전자화
· 판매관련 자료를 온라인상에서 분석/공유하여, 차별화된 서비스를 제공
· 지식노동자들의 분석능력을 정보작업(Information work)에 투입
· 정보기술을 활용하여 부서를 초월한 가상팀을 구현
· 서류작업의 디지털 프로세스화를 통해 직원들을 더 중요한 과업에 투입

사업운영

· 단순작업 · 비효율적인 작업을 제거하거나 고부가가치 작업으로 전환
· 디지털 피드백 루프를 구축
· 나쁜 소식 및 고객의 불만이 발생할 경우 담당자에게 즉시 전달
· 고객/시장의 반응을 즉시 파악하여 현행 비즈니스의 성격/영역을 즉시 재설정

상거래

· 디지털 상거래 도입으로 적시(Just in Time) 출하체제 전환
· 전자상거래를 통해 중간상을 제거, 중간상의 경우 IT를 활용하여 차별화된 부가가치를 생성해야 생존 가능
· IT를 활용하여 고객 스스로 문제를 해결하게끔 지원, 고객과의 직접적인 접촉은 더 부가가치가 크거나 복잡한 요구를 해결할 때에 국한

근본적인 기본적인 프로세스

출처 : 《Business @ the Speed of Thought Using a Digital Nervous System》, Warner Books, NY, USA speed of thought(생각의 속도로 움직이는 비즈니스)》에서 디지털신경망은 인간의 신경체계를 기업에 적용한 디지털 신경체계로써, 적절하게 통합된 정보의 흐름을 꼭 필요로 하는 부서에 적시에 제공해준다고 했다. 디지털신경망을 구성하고 있는 프로세스들은 기업이 자신의 외부환경을 인식해 반응할 수 있도록 해주고, 경쟁사의 도전과 고객의 요구를 감지할 수 있도록 해주며, 이러한 것들에 대해 시기적절하게 대응할 수 있도록 해준다는 것이다.

빌 게이츠는 조직이 디지털신경망으로 전환하여 생각의 속도로 경영하는 모습을 다음과 같이 세 측면에서 논하고 있는데 이를 정리해 보면 다음과 같다.

1) 지식관리(Knowledge Management) 측면

- 사업환경의 변화에 즉각 대응할 수 있도록 조직 내의 의사소통을 이메일 등을 활용해 전자적으로 이뤄지도록 한다.
- 판매관련 자료를 온라인상에서 분석하고 그 결과를 공유함으로써, 고객의 기호와 취향에 맞는 차별화된 서비스를 제공한다.
- 지식노동자들의 분석능력을 정보작업(Information Work), 즉 제품 및 서비스 개선 · 수익성 증대에 직결되는 고부가가치 작업에 투입한다.
- 직원들이 IT를 활용하여 세계 어디서나 실시간으로 데이터를 축적하고, 아이디어를 공유할 수 있게끔 부서를 초월한 가상팀을 만든다.
- 모든 서류작업을 디지털 프로세스화하여 직원들이 문서작업에서 벗어나 더 중요한 과업을 수행할 수 있게끔 한다.

2) 사업운영(Business Operation) 측면

- 단순·비효율적인 작업을 제거하거나 지식노동자들의 역량을 활용하는 고부가가치 작업으로 전환한다.
- 일상의 주요 작업이 어떻게 실행되고 있는지 모든 직원들이 파악하고, 물리적인 프로세스의 효율을 높일 수 있도록 디지털 피드백 루프를 구축한다.
- 나쁜 소식 및 고객의 불만이 발생할 경우 당해 제품과 서비스를 개선할 수 있는 담당자에게 즉시 전달되도록 한다.
- 고객 및 시장의 반응을 즉시 파악할 수 있도록 하여 현행 비즈니스의 성격과 영역을 즉시 재설정할 수 있게끔 한다.

3) 상거래(Commerce) 측면

- 공급사슬상의 모든 공급자 및 파트너들과 디지털 상거래를 함으로써 비즈니스 프로세스를 적시(Just In Time) 출하체제로 바꾼다.
- 전자상거래를 통해서 고객과의 거래에 있어서 제품 및 서비스의 공급사슬 상에서 중간상을 제거하거나, 중간상은 IT를 활용하여 차별화된 부가가치를 생성할 수 있도록 한다.
- IT를 활용하여 가능하면 고객이 스스로 문제를 해결할 수 있도록 지원하고 고객과의 직접적인 접촉은 더 부가가치가 크거나 복잡한 요구를 해결할 때로 국한한다.

따라서 디지털신경망이라는 개념은 어떤 특정 IT나 솔루션이 아닌, 새로운 비즈니스 환경 속에서 경쟁력을 확보하기 위해 IT를 적극적으로 활용하고자 하는 경영철학이나 문화로 해석할 수 있겠다.

하지만 구체적인 실행의 측면에서 봤을 때, 활용 가능한 IT자원들을 어떤 방식으로 조합하여 구현할 것인가 하는 실제적인 문제에 봉착하게 된다. 가트너의 경우에는 그러한 개념을 ENS, 즉 기업신경망시스템(Enterprise Nervous System)이라는 시스템 용어를 빌려서 논하고 있다. 이는 RTE(Real-Time Enterprise), 즉 실시간기업의 구현 모습에서 후에 자세히 언급될 터이나 간단히 언급하면 다음과 같다.

기업신경망시스템은 이질적인 조직 및 주요 비즈니스 파트너들의 상태를 지속적으로 모니터링하면서 정보를 전달하거나, 해당 정보의 중요도에 기반해서 필요한 프로세스가 작동되도록 함으로써 개개 시스템들의 목적을 상위조직의 목적과 부합되도록 해주는 미들웨어[16]로 볼 수 있다. 이는 구성 애플리케이션 간의 아키텍처 스타일 및 데이터 저장방식 등에 있어서의 차이로 인해 발생하는 문제를 해결해준다. 따라서 기업신경망체계를 통해 조직은 기술 및 조직기능에 있어서의 기민성 · 실시간 정보에 기반한 프로세스 구축 · 내/외부 조직간 상호연계 환경을 기대할 수 있는 것이다. 결국 기업신경망체계는 디지털신경망이라는 개념의 또 다른 명칭이자 핵심 기술기반이라고도 볼 수 있다.

(3) 디지털신경망시스템의 효과

디지털신경망의 개념이 IT를 활용하여 기업경영 전반의 혁신을 도모하고자 하는 개념인 만큼 그 효과에 대해서 언급하기에는 다소 광범위한 것이 사실이나, 업무효율성 제고와 상황변화에 대한 유연성 제고의 측면에서 그 잠재적 효과를 논하면 다음과 같다.

우선 업무의 효율성 제고를 기대할 수 있다. 기업의 비즈니스 활동에 있어서는 반드시 수행되어야만 하는 기본적인 일상업무들이 있다. 원자재의 구매·생산·마케팅·판매·고객지원을 포함하는 주업무를 비롯하여, 재무·회계·연구개발·인사관리 등의 지원업무 및 기업의 가치사슬상의 제반 활동들은 그 각각이 효율적으로 이루어져야 함은 물론, 업무영역을 초월하여 부서·기능 간, 더 나아가서는 외부의 비즈니스 파트너들과도 협업을 필요로 한다. 디지털신경망의 기본적인 취지가 부서 간·업무 담당자 간의 즉각적인 정보 및 아이디어를 전자적으로 공유한다는 것이므로, 가치사슬상의 업무 간 연계를 통한 기본업무의 효율성 제고를 기대할 수 있는 것이다. 예를 들어 연구·개발 업무는 신제품·서비스를 개발함에 있어서 단순히 신기술을 적용한 제품 또는 아이디어를 내놓는 것으로 가치를 창출했다고 할 수 없을 것이다. 판매부서나 고객지원 부서로부터 대상 제품에 대한 반응이나 마케팅실의 시장조사 및 향후 전망 등의 정보를 반영해야 할 뿐 아니라, 잠재 수익성을 고려해야 한다는 측면에서는 생산라인의 업무담당자 및 원자재 공급 담당자들 또는 공급업체들과의 정보교류가 필수적인데, 이것이 바로 기업의 디지털신경망화가 달성하고자 하는 것이다.

이와 더불어 기업디지털신경망이 가져다줄 수 있는 또 하나의 효과는 예기치 않은 상황에 즉각적으로 대처할 수 있는 능력이다. 생산공정의 차질이나 제품결함 발생 등 기업 내부의 모니터링뿐 아니라, 환율 및 유가변동·고객반응 및 시장변화 그리고 경쟁사의 동태 등을 수시로 모니터링하고 이를 기업 내부에 전파하는 역량은 예기치 않은 외부 경영여건 변화의 조짐을 빠르게 간파하고 조직역량을 결집시켜 대처할 수 있게 해준다. 특히나 기업의 생존 여부에 위협이 될 소지가 있는 나쁜 소식들을 조기에 파악하고 대처하는 능력은 이미 경제대란을 겪었던 한국 기업의 입장에서는 자동화를 통한 효율성 제고와는 전혀 다른 차원의 가치를 가지게 될 것이다.

(4) 디지털신경망시스템의 선진사례

싱가포르의 트레이드넷(TradeNet) 사례는 디지털신경망이 어떤 모습을 띠고 있을지에 대해 단적으로나마 엿볼 수 있게 해준다. 트레이드넷은 EDI를 활용하여 무역업자들이 정부에 관련문서를 전자적으로 제출할 수 있게 해주며, 해당 허가신청서가 승인되면 허가통보가 신청자에게 전자적으로 회신되도록 만든 세계 최초의 거래문서를 위한 전자 시스템이다. 영리법인인 SNS가 설립되어 추진하였는데, IBM이 시스템 통합사업자로서 총괄책임을 지고 싱가포르 CSA 사 등과 협력하여 시스템을 개발하였다. 1989년 시행 이래 이 시스템을 통한 전체 무역문서 처리 비율은 1989년 45%, 1990년 90%, 1991년 95%로 크게 증가하였다. 트레이드넷의 도입을 통해 싱가포르의 무역문서 처리시간은 2~4일에서 15~30분으로 경이로운 단축을 이룰 수 있었다. (관련 사이트: www.tradenet.gov.sg)

2. 5
RTE로의 내재화

스피드경영 · 시나리오경영 · 비즈니스 프로세스 리엔지니어링 · 디지털신경망시스템의 개념은 그 등장배경 · 개념적 정의 · 효과성에 있어서 RTE의 그것과 유사한 점들을 보이고 있음을 알 수 있다. 과거 기법들과의 이러한 유사성은 자칫 RTE가 가지는 매력과 신선함을 반감시키는 것으로 여겨질 수도 있을 것이다. 그러나 이들 각각의 개념이 서로 정확히 일치하는 것은 아니며, 총체적으로 RTE의 개념을 완전히 포괄하는 것으로 보기도 어렵다. 과거의 시간기반 경영기법들의 개념은 비록 일부 공통된 면이 없지는 않으나 각각 강조하는 점이 다른 바, 이들은 모두 RTE의 개념에 총체적으로 내재되어 있는 것으로 해석하는 것이 타당할 것 같다. 기존 시간기반 경영기법의 개념들과 RTE의 관계를 정리해보면 〈그림 1-5〉와 같다.[5]

각 개념의 등장배경을 종합해보면 급격한 경영환경의 변화와 이에 대한 기업의 대응능력을 강조하고 있다는 점에서 대동소이하다. 이를 정리하면 다음과 같다.

우선 국가 간 무역장벽이 사라짐에 따라서 자국 내 경쟁자들뿐만 아니라 해외 선진기업과 글로벌마켓에서 치열한 경쟁우위 다툼을 하지 않을 수 없는 상황에 놓이게 되었다. 국내기업의 입장에서 보면 이러한 글로벌 경쟁은 20세기 말부터 가속화되기 시작하여 21세기에 들어서면서부터는 제조 · 금융 · 서비스 시장 등의 모든 산업에서 선진기업과의 전면전에 돌입한 상황이다. 이러한 글로벌 경쟁은 칼의 양날과도 같아서 한편으로는 국내시장의 잠식이라는 위협요인으로

〈그림 1-5〉 시간기반 경영기법과 RTE

급격한 경영환경의 변화

글로벌 경쟁의 심화, 불확실성으로 인한 위험관리 필요성 급증, 가치사슬의 붕괴와 재구성으로 인한 조직 내외부 간 협업 필요성 대두

스피드경영
· 급변하는 경영환경에 대한 대응력을 극대화함으로써 고객이 만족하는 제품 및 서비스를 남보다 빠르게 제공하는 경영
· 경영성과 제고(기회선점, 생산성 향상, 신상품 조기출시), 고객 및 직원 만족도 제고

기민화(Agility)

시나리오경영
· 미래의 불확실한 경영환경의 변화를 최대한 감안하여 향후에 전개될 변화 과정을 시나리오로 그려보고, 각 상황에 따라 미리 준비된 대안에 따라 유연하게 대처하는 경영방식
· 경영자의 의사결정 지원, 구성원 학습능력 배양을 통한 위기관리 능력 제고

RTE
· 최신 정보를 활용하여 핵심 비즈니스 프로세스의 관리, 실행에서의 지연시간을 최소화하여 경쟁력을 극대화하는 기업
· 잠재적 문제점 조기 발견, 의사결정 효율성 제고, 업무 지연요소 최소화를 통한 기민성 확보

시각화/지능화/기민화
(Visiblity/
Intelligence/Agility)

지능화(Intelligence)

디지털신경망체계(DNS)
· 사업환경을 인지하고 그에 대응하게 해주며, 경쟁적인 도전과 소비자들의 요구를 감지하게 해주고 시기적절한 반응을 조직하게 해주는 일단의 디지털 프로세스
· 기업 내외부 파트너 간 기본업무 효율성 제고, 상황변화에 대한 유연성 제고

기민화(Agility)

비즈니스 프로세스 혁신 (BPR)
· 비용, 품질, 서비스, 속도와 같은 핵심적 성과에서 극적인 향상을 이루기 위해 기업 업무 프로세스를 기본적으로 다시 생각하고 근본적으로 재설계하는 것
· 업무 효율성 향상을 통한 간접비용 절감, 전략구매 활동을 통한 직접 조달비용 절감, e-비즈니스 추진을 위한 전사적 정보 인프라 구축, 경영자의 신속한 의사결정체계 구축을 통한 대응력 향상

다가올 수도 있지만, 기업혁신을 통해 경쟁우위를 확보해둔 기업의 경우에는 오히려 시장의 확대라는 기회요인으로 거론되고 있다.

둘째로, 경영환경변화의 속도와 범위가 커짐으로 인해서 불확실성이 증대되고 있으므로, 이에 대처할 수 있는 기업의 위험관리 역량이 요구되고 있다. 외부 상황변화의 사전 감지를 위한 예측 및 상황별 대처방안·학습역량 제고·조직구조 및 비즈니스 프로세스의 유연하고 탄력적인 개선이 요구되고 있는 것이다.

끝으로 기존 가치사슬의 붕괴와 재구성을 들 수 있다. 시장개방화와 IT인프라의 확충으로 인해 공급자에 대한 정보 획득 및 접근이 용이해짐으로써, 고객의 제품·서비스 품질 및 차별화에 대한 기대수준이 높아졌다. 또한 디지털 산업의 활성화로 인해 B2B 마켓플레이스·애플리케이션 서비스 제공자(Application Service Provider) 등 기존에 없던 새로운 서비스 공급자들이 출현함으로 인해서 현대의 기업은 자발적으로든 타의에 의해서든 기업 외부의 파트너들과의 상호교류를 피할 수 없게 된 상황이다. 한 기업이 공급사슬 내의 모든 부문을 독식할 수는 없게 됨으로써, 차별성 있는 핵심역량을 중심으로 하여 기존의 가치사슬을 분해하고 서로 간에 시너지를 창출해낼 수 있는 외부의 파트너들을 찾아 협업을 꾀하는 시스템으로 산업의 개편이 이루어지고 있다. 분절되어 있던 다수의 비즈니스 개체들이 하나의 유기체처럼 조화를 이루기 위해서는 단절 없는 정보·물류·자금의 흐름기반을 구축해야 하는 상황이다.

기존의 시간기반 경영기법의 개념적 정의 측면에서 RTE의 그것과 비교를 해보면 각각의 개념은 서로 강조하는 바에 있어서는 서로 다르나, RTE의 개념하에 융화되어 내재되고 있다는 점을 알 수 있다.

우선 스피드경영의 개념이 강조하고 있는 점은 말 그대로 경쟁기업 보다 빠른 제품 및 서비스 제공에 있다. 스피드경영에서 의미하는 속도는 무차별적으로 빠름의 의미가 아닌 ①먼저 · ②빨리 · ③제때 · ④ 자주의 의미를 담고 있다. RTE에서 실시간(Real-Time)의 의미 역시 사건의 발생과 인지의 동시성이라고 일차적인 해석을 하기 쉬우나, 가트너는 모든 프로세스에 있어서의 실시간화를 의미하지는 않는다고 했다. 결국 RTE의 실시간화란 스피드경영에서 말하는 세분화된 속도의 의미를 내포하고 있는 것으로 해석하는 것이 더 적합하다. 이렇듯 세분화된 의미에서의 속도를 강조하는 스피드경영은 RTE 실천을 위한 기민화(Agility)의 요소로써 내재된다고 볼 수 있겠다.

시나리오경영의 개념적 핵심은 예측하기 어려운 미래상황 전개를 그려봄으로써, 상황이 현실로 나타났을 때 미리 준비된 대안에 따라 유연하게 대처한다는 위기관리 측면에 있다. 미래상황 예측과 학습효과를 통한 위기관리의 측면은 지능화(Intelligence)라는 RTE 실천요소로써 내재되어 있다. 물론 시나리오경영에서 다루는 불확실성은 다소 상위차원의 추상적인 개념들을 포함하고 있는 경향이 있으나, RTE의 지능화요소는 조직의 지휘(Lead) 수준뿐 아니라 관리(Manage) 및 운영(Operate) 수준의 지능화를 포함하는 것이며, 이는 정보시스템의 지능화로부터 실현 가능하게 된 것이다. 각종 상황별로 다른 대처를 할 수 있게끔 프로세스를 관리해주는 룰엔진 및 미들웨어의 발전은 조직의 모든 수준에 걸친 지능화를 실천 가능하도록 해준다.

BPR의 경우 조직 핵심성과의 관점에서 현재의 업무 프로세스를 근본적으로 재설계한다는 것이 개념적 핵심으로써, RTE의 기민성

(Agility)으로 내재되어 있다고 볼 수 있다. RTE의 경우 핵심 프로세스에 초점을 맞추어 외부 자극의 감지에서 반응까지의 대응시간을 최소화한다는 것을 RTE 비즈니스 프로세스의 핵심으로 하고 있다. 따라서 BPR은 개념상으로는 RTE의 가장 핵심적인 특성과 맞물려 있다고 할 수 있다. 다만 다른 점은 실시간화라는 RTE의 성격에 있는데, 이는 진보된 IT의 뒷받침을 필요로 한다. RTE의 시스템 아키텍처로써의 서비스 지향 아키텍처(SOA)[17] 및 이벤트 중심 아키텍처(EDA)[18]는 비즈니스 프로세스에 있어서의 유연성 및 즉시성을 실현 가능하게 해주며, 실제 비즈니스 운영에 있어서는 BPM 시스템이 비즈니스 프로세스에 유연성을 부여함으로써 혁신을 가능하게 해주고 있다.

디지털신경망체계(DNS)의 경우 처음에는 초고속 정보통신망을 일컫는 신조어의 하나로 받아들여졌으나 기업운영의 요소가 가미되면서 그 의미가 확장되었다. 디지털신경망체계의 개념은 RTE의 근간이 되는 기업신경망시스템(ENS)과 거의 동일한 것으로 해석해도 될 것으로 보인다. 즉, RTE라는 경영철학을 구현 가능하도록 해주는 정보네트워크 기반의 디지털 프로세스 정도로 이해하면 된다.

각 기법들의 효과성 측면에서 보면 기본운영에 있어서의 효율성·경영의사결정 지원·조직유연성 확보·위기관리 능력 제고 등을 추구한다는 점에서 대동소이한 모습을 보이고 있다. 위와 같은 효과성들은 결국 RTE에 있어서 ①가시화(Visibility)·②지능화(Intelligence)·③기민화(Agility)의 축으로 대변될 수 있는 것들이다.

---

17. **SOA(Service Oriented Architecture)** 서비스 지향 아키텍처
18. **EDA(Event Driven Architecture)** 이벤트 중심 아키텍처

제2장

RTE로의 전환

RTE 이해 및 추진방안

e-비즈니스 환경에서 많은 기업은 지속적인 경쟁력을 유지하기 위하여, 다양한 IT를 도입하여 비즈니스 프로세스를 개선시켜왔다. 이러한 기존의 프로세스 개선은 대부분 상향식(Bottom-Up) 방식으로 추진되어 왔으며, 단위업무를 중심으로 통합되지 못한 채 진행되었다. 따라서 e-비즈니스의 활용수준은 높아지고 있지만 전사적인 관점에서의 근본적인 문제는 해결되지 못했다. 즉 프로세스들의 부분적인 통합과 비연결성은 IT의 중복투자로 이어졌고, 운영상의 효율성과 의사결정의 효과성은 투자에 비해 낮은 수준에 머물러 있다.[6]

이에 가트너는 전사적 차원에서 IT를 사용하여 조직 전체에 걸쳐 발생하는 주요 이벤트나 업무처리 주기를 단축하고, 이를 통해 비즈니스의 환경변화에 조직이 신속하게 대응하게 하는 RTE를 제시하였으며, 이를 지원하는 프레임워크이 바로 사이클론 모델이다.

1. 1
사이클론 모델이란?

비즈니스 프로세스는 일정한 목적을 달성하기 위한 일련의 활동들로 이루어져 있으며, 각 활동은 수많은 이벤트에 의해 발생한다. 또한 이벤트가 발생하면 이에 대한 응답 사이클은 전체 조직에 걸쳐서 진행된다. RTE는 이벤트가 발생하는 즉시 그 이벤트의 근본원인을 파악하고, 모니터링하고, 분석함으로써 핵심 비즈니스 프로세스의 지연을 최소화한다. 여기서 IT는 발생한 이벤트에 대한 대응시간을 줄이기 위해 사용된다. 또한 IT는 가치사슬 내에서 연계된 프로세스들을 실행시키며 문제나 기회가 발견되었을 때 응답과 해결책을 조직화하고, 커뮤니케이션 비용을 줄이고, 협업을 조율·촉진시킴으로써 지연시간을 줄여 프로세스 진행속도를 빠르게 한다. 하지만 이러한 효과는 전사적으로 그리고 하부단위 조직까지 얼마나 IT를 적용하느냐에 따라 달라진다.[7]

가트너는 전형적인 기업에서 발생하는 이벤트에 대한 주요 업무처리 사이클, 즉 End-to-End 사이클을 파악할 수 있게 해주는 공통의 프레임워크로써 다음과 같은 RTE 사이클론 모델을 제시하고 있다. 사실상 기업의 비즈니스 모델·조직구조 그리고 업무활동은 산업별로 다양하기 때문에 보편적인 프레임워크를 제시하는 것은 불가능하다. 하지만 사이클론 모델은 e-비즈니스를 통해 이벤트에 대한 업무처리 주기를 단축시킬 수 있는 시발점을 제공한다. 따라서 RTE 사이클론 모델을 적용할 때는 먼저 고유의 비즈니스 모델과 상황에 적합하도록 모델을 특화시켜야 한다.

RTE 사이클론 모델은 크게 ①지휘(Lead) · ②관리(Manage) · ③운영(Operate)의 세 단계로 구분되며 10개의 사이클론으로 구성된다. 기업은 각 사이클을 지연시간 없이 운영함으로써 변화하는 비즈니스 환경에 신속히 대응하는 조직을 만들 수 있다. 다음은 사이클론 모델의 각 단계별 기대효과 및 지연시간을 감소시키기 위한 방법들이다.

운영(Operate)단계의 기대효과는 고객서비스 개선 · 재고감축 · 위험축소 · 낮은 프로세스비용 등이며, 이를 위해서 기업은 실시간으로 데이터를 처리하고, 프로세스를 간소화하고, 주된 애플리케이션을 통합해야 한다. 운영단계는 수년간 e-비즈니스화를 통해 지연시간이 상당부분 제거되었기 때문에 RTE의 원칙을 적용하는 데 있어서 가장 명확한 단계이다.

반면, 관리(Manage)단계의 기대효과는 운영단계보다 명확하지 않지만 훨씬 더 중대하다. 관리단계의 주된 기대효과는 새로운 기회를 신속히 포착하고, 잘못된 일에 따른 손해를 최소화시키며, 크고 작은 위협과 변화에 대응하는 기민성을 증대시키는 데 있다. 이를 위해서 기업은 관리 프로세스를 재설계하고, 비즈니스 활동 모니터링을 구현하고, 협업적이며 권한이 분산된 문화를 조성해야 한다.

지휘(Lead)단계에서는 기대효과를 명확히 판단하기가 힘들다. 지휘단계의 기대효과는 전략의 신속한 실행과 비즈니스 역량을 개발하는 것에 관련된 것이며, 이를 위해서 기업은 조직의 역량을 창출하고, 경영을 투명화하고, 조직원들의 합의점을 도출해야 한다. 이러한 실행방법들은 사회적인 프로세스로써 전략적 의사결정을 실행함에 있어서 자주 발생하는 혼돈과 충돌을 제거하는 중요한 요소

사이클론이란 RTE로 변해가는 기업이 항상 고려하는 시간에 대한 개념이며, 각 사이클은 수많은 프로세스와 활동을 포함하고 있다. 다음은 RTE 사이클론 모델에서 제시하는 10개의 사이클론, 즉 End-to-End 사이클이다.[9]

1) 지휘(Lead)단계

● 자본에서 경쟁력까지(Capital to Competency) :
기업과 자본시장 간의 상호작용에 관한 사이클로써, 재무성과 · 인수합병 · 매각 · 벤처캐피털 활동 · 스핀오프 · 구조조정 · 지분 참여 · 비즈니스 변화와 같이 자본시장에서 발생하는 이벤트를 경쟁력으로 변환하는 리더십 차원의 프로세스 사이클이다.

● 자극에서 전략까지(Stimulus to Strategy):
시장의 새로운 아이디어 · 경쟁자 · 경제 사이클 단계와 같은 외부 환경의 변화에 대해 비즈니스 전략을 수립하거나 재조정하는 것과 관련된 모든 프로세스이다.

2) 관리(Manage)단계

● 위협에서 대응까지(Threat to Response):
갑작스러운 사고 · 법률 및 규제변경 · 정부 정책의 변화 · 예상치 못한 시장환경의 위협에 대응하는 일련의 활동들이다.

● 목표에서 조직화까지(Objective to Organization):
내부관리의 선결과제를 해결하기 위하여 사람 · 기업문화 · 기술기반 · 조직구조 · 직무구조에 관한 변화 프로그램을 조직하고 실행하는 일련의 활동들이다.

● 개념에서 구체화(Concept to Concrete):

시장조사 또는 혁신이나 사건을 통해 발생한 새로운 개념을 평가하고 구현하는 일련의 활동들이다. 이 활동에는 연구개발 · 신상품 개발 · 브랜드 혁신 등이 포함된다.

● 결과에서 반응까지(Result to Reaction):

연속적인 정보의 수집 · 비즈니스 활동 모니터링 · 효과적인 비즈니스 운영을 위한 대응지침 및 신속한 계획조정 등 내부 계획 및 보고와 관련된 모든 형태의 활동들이다.

3) 운영(Operate)단계

● 발주에서 대금지급까지(Procure to Pay):

수요예측 또는 실제수요에 초점을 맞춘 자재의 구매 및 제품 · 서비스의 판매와 관련된 일련의 활동들이다.

● 고객주문에서 수금까지(Order to Cash):

고객의 주문에 대한 주문 처리 · 판매 · 제품 발송 및 운송 · 요금청구 · 대금관리 등의 활동이다.

● 요구사항에서 자원배분까지(Requirements to Resources):

수요예측 또는 실제수요에 따라 요구되는 기업 내부의 가치창출 계획 · 스케줄링 · 자원할당 및 자산사용 등의 활동이다.

● 수요에서 서비스까지(Demand to Services):

수요에 대응하기 위한 전술적인 마케팅 · 가격정책 · 캠페인 · 고객유치 · 고객정보 및 서비스규정 등의 활동이다.

기존의 프로세스 개선 활동에서는 관리적인 프로세스에 대한 개선이 이루어지지 않았다. 따라서 의사결정 프로세스가 지연되고, 이로 인해 운영단계의 응답시간이 늦어졌으며, 관리자들의 생산성 또한 저조했다. 그러나 RTE 사이클론 모델은 관리와 지휘 단계의 사이클에 있어서도 시간을 중심으로 한 변화, 즉 지연시간 제로 (zero)의 관점에서 접근하고 있다.

'사이클론'은 RTE로 변해가는 기업이 항상 고려하는 시간에 대한 개념이다. RTE는 End-to-End 사이클 시간을 혁신적으로 줄이는 것을 목표로 중·장기간에 걸쳐 반복적으로 프로세스를 개선시켜야 한다. 기업이 사이클 시간을 반으로 줄이는 목표를 설정하고, 그것을 또다시 절반으로 줄이려는 노력을 계속했을 때, 사이클 타임은 마치 소용돌이처럼 혁신적으로 고속화된다.

사이클 타임을 줄이기 위한 반복적인 노력은 진정한 창조성과 IT의 응용을 가져오며, 기업 내에 존재하는 낭비와 비효율 그리고 취약한 고객서비스를 점진적으로 제거해나갈 것이다. 급격한 시간절약을 통해 RTE의 혜택을 얻은 성공사례는 다음과 같다.

● 포드 자동차는 신차 개발 소요시간을 7년에서 4년으로 줄이면서, 연간 12억 달러를 절감하고 시장과 소비자의 수요에 신속하게 대응할 수 있게 되었다.

● 주요 국제은행의 실시간 위험관리 시스템은 시장상황 변화에 신속히 대응할 수 있게 함으로써 상당한 경쟁우위를 획득하게 했다.

● 주요 통신업체들은 30일에서 60일 걸리던 설비 프로세스를 18일로 줄이면서 33%의 생산성 향상과 60%의 주문량 증대 효과를 가져왔다.

이렇게 사이클 타임의 감소를 통한 경영상의 효과를 극대화시키기 위해서는, 먼저 변화가 필요한 영역을 설정해야 하며, 경영진은 프로세스를 가속화시킬 수 있는 IT를 개발하는 데 역점을 두어야 한다. [10]

1. 2
RTE의 성공요인

(1) RTE의 주요 성공요인

RTE는 기술이 아니다. RTE는 언제 어디서나 실시간 정보를 제공하고 비즈니스 프로세스를 가속화시키는 데에 중점을 둔 비즈니스 모델이다. 또한 RTE는 유행이 아니다. 경쟁이 심화될수록 고객과 환경의 변화에 신속히 대응해야 하는 기업의 생존전략이다. 하지만 RTE로의 전환은 쉽게 이루어지지 않는다. 기업은 성공적으로 RTE를 도입하기 위해 다양한 측면을 고려해야 하며, 다음의 〈그림 2-1〉은 RTE로 전환하기 위한 10가지 주요 성공요인이다. [11]

1) 프로세스에 대한 실시간 시각화(Real-Time Visibility)

기업이 전사적으로 비즈니스 프로세스의 속도를 높이려면, 프로세스들은 실시간으로 시각화되어야 한다. 하지만 여러 개의 조직과 애플리케이션 또는 외부기업과 연결되어 있는 End-to-End 프로세스는 시각화하기가 매우 어렵다. 예를 들어 웹을 통해 접수된 주문정보는 고객관리 시스템·재고관리 시스템·생산관리 시스템·요금

〈그림 2-1〉 RTE의 주요 성공요인

RTE의 주요 성공 요인

1. 프로세스의 실시간 시각화(Real-Time Visibility)
2. 변화에 대한 실시간 관리 (Real-Time Management)
3. 비지니스 프로세스의 최적화 (Business Process Optimization)
4. 프로세스 자동화(Process Automation)
5. 새로운 솔루션의 신속한 배치 (Rapid Deployment of New Solutions)
6. End-to-End 통합(End-to-End Integrations)
7. 유연한 인프라(Flexible Infrastructures)
8. 서비스 기반 아키텍처(Service-Based Architectures)
9. 표준 준수(Support for Standards)
10. 조직의 민첩성(Organization Agility)

출처 : Gartner Research

청구 시스템과 같은 기간 시스템에서 이용되며, 심지어는 FedEx와 같은 외부 시스템이 배송 추적을 위해 사용될 수도 있다. 또한 이러한 시스템들은 일반적으로 메인프레임 · AS400 · 유닉스 · 애플리케이션 서버와 같은 서로 다른 기종의 플랫폼상에 놓여 있다. 비즈니스 프로세스를 가속화시키기 위해서는 프로세스 내에 존재하는 잠재적인 지연요소를 제거해야 한다.

사람과 조직 · 애플리케이션들이 많이 관련된 프로세스일수록 프로세스상의 지연요소는 보다 많이 존재한다. 보이지 않는 것은 관리되지 않으며, 개선의 여지도 없다. 그러므로 RTE를 위해 가장 먼저 해결해야 되는 문제는 End-to-End 프로세스를 시각화(Visualize)시키는 것이다.

또한 조직의 다양한 구성원들은 자신의 역할에 따라 다른 관점으로 프로세스의 진행과정을 보길 원한다. 비즈니스 관리자들은 비즈니스 관점에서 프로세스를 관찰하며 정보시스템 관리자들은 시스템 관점에서 프로세스를 관찰한다. 따라서 비즈니스 프로세스를 효과적이고 혁신적으로 변화시키기 위해서는 다양한 관점에서 프로세스의 진행상황을 실시간으로 시각화시켜야 한다.

2) 변화에 대한 실시간 관리(Real-Time Management)

기업이 비즈니스 환경의 변화 및 기회와 위협에 신속하게 응답하기 위해서는 혁신적인 경영관리가 필요하다. 이를 위해서는 프로세스를 시각화하는 것이 선행되어야 하지만 실시간으로 프로세스를 분석하고 변화시키는 관리능력 또한 긴요하다. 이러한 관리능력은 비즈니스 활동 모니터링, 즉 BAM(Business Activity Monitoring)을 통해 실현될 수 있다. BAM은 기업 내에서 발생하는 다양한 비즈니스 활동을 실시간으로 모니터링하여 위험 및 기회를 보다 빨리 파악할 수 있게 해준다. 현재 GE(General Electronics)와 같은 선진 기업은 주력 사업에 관한 주요성과지표(KPI; Key Performance Index)[19] 를 실시간으로 점검함으로써, 변화에 신속히 대응하고 사이클 타임을 줄여나가며 위험관리를 개선해 나가고 있다. 그리고 경영관리자들은 실시간 경고를 전달하는 비즈니스 활동 모니터링을 통해 보다 신속하고 정확한 의사결정을 내린다.

이와 같이 BAM은 기업의 생존과 경쟁우위를 위해 필수적인 요소이며, RTE로 전환하고자 하는 기업의 주요 업무목표가 될 것이다.

3) 비즈니스 프로세스의 최적화(Business Process Optimization)

지속적인 경쟁우위는 끊임없는 프로세스 개선활동을 통해 이루어진다. 기업은 프로세스를 최적화시킴으로써 잠재적인 지연시간과 비효율성을 제거하여 비즈니스 프로세스를 가속화시킬 수 있다. 이를 위해서 기업은 프로세스를 모형화하고 개발된 모델을 프로세스 관계자들과 함께 검증해야만 한다.

RTE는 비즈니스 프로세스를 실시간으로 시각화하고 최적화하고 관리할 수 있는 정교한 툴들을 필요로 한다. 프로세스 시뮬레이션이 가능한 툴들은 시간이나 비용과 같은 다양한 척도를 기반으로 프로세스를 평가하고 최적화시키는 데 유용하다.

---

19. KPI(Key Performance Index) 미래 성과에 영향을 주는 여러 핵심지표

4) 프로세스 자동화(Process Automation)

많은 프로세스를 자동화시킬수록 비즈니스 프로세스는 가속화된다. 몇몇 프로세스들은 특정 시점에서 사람이 개입해야 하지만, 빠른 업무처리를 위해서는 이러한 프로세스들도 자동화되어야 한다.

수동적인 프로세스는 자동화된 프로세스보다 훨씬 느리며 더 많은 비용을 필요로 한다. 수동적인 프로세스에서 잘못이 발견되면 기업은 이를 해결하기 위하여 추가적인 비용을 소모해야 하지만, 자동화된 프로세스는 실수의 발생이 적으며 잘못을 수정하는 데 드는 비용 또한 상대적으로 적다. 그리고 프로세스 자동화를 지원하는 시스템들은 새로운 비즈니스 솔루션의 전개를 가속화한다.

5) 새로운 솔루션의 신속한 전개(Rapid Deployment of New Solutions)

RTE는 변화하는 조건에 맞는 솔루션을 신속하게 전개함으로써 비즈니스 환경에 신속하게 대응한다.

솔루션을 빠르게 전개하는 한 가지 방법은 기존 솔루션의 재사용이다. 1990년대 초반에는 단위업무에 맞는 애플리케이션을 신속하게 전개하는 것이 슬로건이었지만, RTE는 전사적 차원의 솔루션 전개를 요구한다. 그러나 대부분의 기업은 더 이상 새로운 솔루션을 도입할 시간적·비용적 여력이 많지 않다. 따라서 기업은 통합된 인프라를 통해 현재 사용하고 있는 솔루션의 재사용을 극대화해야 한다.

솔루션 전개의 다른 방법은 SI(System Integration) 업체나 BPM(Business Process Management) 공급자들이 제공하는 솔루션 템

플릿(template)을 활용하는 것이다. 솔루션 템플릿은 비즈니스 프로세스나 기능에 대한 기본적인 구조를 제공함으로써 새로운 솔루션을 개발하는 데 소요되는 시간을 30%에서 80%까지 단축시킬 수 있다.

6) End-to-End 통합(End-to-End Integration)

앞서 언급한 바와 같이 새로운 솔루션의 신속한 전개는 통합된 인프라를 필요로 하며, 여기서 통합이란 컴퓨팅 플랫폼 · 애플리케이션 · 사람 · 협력업체 그리고 이와 관련된 모든 프로세스들의 광범위한 End-to-End 통합을 의미한다.

End-to-End 통합은 메시징 · 애플리케이션 통합 · 워크플로 · 비즈니스 프로세스 모델링 · 자동화와 관리 · 모바일 통합 · 기업 포털 · B2B 통합과 같은 기반 기술을 통해 이루어지며, 사람 · 시스템 · 비즈니스 간의 실시간 상호연결을 필요로 한다.

7) 유연한 인프라(Flexible Infrastructure)

프로세스의 실시간 시각화와 관리 및 광범위한 End-to-End 통합을 가능하게 하는 것은 기술적인 인프라인 바, 많은 벤더들이 제공하고 있으며 지속적으로 발전하고 있다.

RTE 기술 인프라에 있어서 가장 중요한 점은 새로운 컴포넌트 · 비즈니스 솔루션 · 애플리케이션 그리고 비즈니스 프로세스를 유연하고 신속하게 전개해 나가는 것이며, 이러한 유연한 인프라는 서비스 기반 아키텍처와 표준의 준수를 통해 가능해진다.

8) 서비스 지향 아키텍처(SOA; Service-Oriented Architectures)

비즈니스 민첩성을 극대화시키는 서비스 기반 아키텍처는 전사적인 아키텍처로 오랫동안 인지되어 왔다. 서비스 기반 아키텍처는 가격계산 · 신용평가 · 주문추적과 같은 업무 활동을 표준 인터페이스를 통해 언제 · 어디서나 접근할 수 있는 서비스로 구현한다. 웹 서비스는 다양한 표준화된 방식을 지원함으로써 누구나 동의할 수 있는 표준으로 발전하고 있다.

9) 표준 준수(Support for Standards)

표준을 따르는 것은 기술투자의 비용과 위험을 낮춘다. 표준을 준수함으로써 기업은 사용하는 프로그래밍 언어 · 인터페이스 · 플랫폼의 수를 줄일 수 있으며, 운영비용 또한 줄일 수 있다. 비즈니스와 시스템 간의 상호작용이 증가함에 따라 표준의 채택이 가속화되었으며, 현재의 표준은 웹 서비스라 할 수 있다. 따라서 기업은 다양한 벤더의 툴과 기술을 이용하여 웹 인터페이스를 기반으로 하는 비즈니스 서비스 개발에 적극적으로 투자하고 있다. 또한 기업은 RosettaNet[20] · HIPAA[21] · UCCnet [22]과 같은 관련 산업의 표준들에 대해서도 관심을 가질 필요가 있다.

10) 조직의 민첩성(Organization Agility)

RTE의 궁극적인 목적은 조직의 민첩성, 즉 변화에 빠르게 적응하는 능력을 갖추는 것이다. 기술은 조직의 민첩성을 가능하게 하는 필수적인 도구일 뿐 완벽한 해결책이 되지는 못한다. 조직의 구조·문화·일상의 업무들 또한 변화를 수용해야만 한다. 기업이 광범위한 통합을 통해 실시간으로 비즈니스 프로세스를 모니터링하고 관리한다 할지라도, 조직구성원들이 변화를 가치 있게 생각하지 않는다면 RTE로의 전환은 실패할 것이다. 조직의 민첩성은 모든 구성원들이 비즈니스 프로세스를 최적화시키고 비즈니스 변화에 재빠르게 대응하려고 할 때 이루어진다. 이를 위해 기업은 전사적인 변화관리를 지속적으로 수행해야 한다.

기업이 실시간 환경을 보다 많이 수용할수록 보다 빠르게, 그리고 보다 적은 비용으로 경쟁우위를 획득할 수 있다. 이제 실시간으로 업무를 처리하지 못하는 기업은 시대에 뒤떨어지고 말 것이다. RTE는 변화에 신속하게 대응할 수 있는 조직을 구성함으로써 명확한 경쟁우위를 제공한다. 즉 RTE는 사람과 시스템이 상호작용하는 방법과 변화에 대응하는 방법을 바꾼다. 하지만 이를 위해서는 기업의 혁신적인 노력과 투자가 요구된다.

(2) RTE의 구현 원칙

성공적으로 RTE를 구현하기 위해 기업은 어떠한 개념을 가지고 행동해야 하는가? 이러한 질문에 대해 가트너는 다음의 〈그림 2-2〉와 같은 RTE의 9가지 기본 원칙을 제시한다. 이 원칙들은 시간 중심의 변화가 왜, 그리고 어떻게 이루어져야 하는지에 대해 설명하고 있다.[12]

〈그림 2-2〉 RTE의 구현원칙

RTE의 구현원칙

√ RTE 구현은 근본적인 가치창출을 향상시키는데 중점을 두어야 한다.

√ 지연된 시간을 관리지표로 활용해야 한다.

√ 검증된 IT를 적용해야 한다.

√ 지연된 시간을 통제하여 정상화시켜야 한다.

√ 사람 · 프로세스 · 비즈니스 · 시스템의 응답허용 시간대에 대한 목표를 설정해야 한다.

√ 급진적인 지연시간의 감소가 곧 비용을 낮추고 서비스를 향상시킨다고 믿어야 한다.

√ 타임스탬프 데이터를 성과측정을 위해 이용해야 한다.

√ 아이디어를 가치 네트워크에 걸쳐 수평적 · 수직적으로 확장해야 한다.

√ 비즈니스 활동에 대한 신속한 보고는 투명하고 윤리적인 행동을 가져온다.

1) RTE 구현은 근본적인 가치창출을 향상시키는 데 중점을 두어야 한다

시간기반의 변화는 기업이 진정으로 가치창출을 향상시키고자 하는 곳에서 성공할 수 있으며, 가치창출은 기업의 투명성 · 통합성 · 성장을 통해 이루어진다. 지연시간을 제거하는 것은 현재의 성과를 투명하게 하고 미래의 목표를 측정 가능하게 한다. 또한 프로세스의 간소화와 아키텍처의 개방성은 조직원들과 가치 네트워크의 파트너들 그리고 주주들의 보다 넓은 이해를 가져온다.

2) 지연된 시간을 관리지표로 활용해야 한다

의사결정자들은 다양한 비즈니스 환경의 변화를 고려하여 최적의 결론을 도출하기 위해 노력한다. 저렴한 비용으로 최대의 효과를 달성하기 위해 그들은 가능한 모든 대안들을 다양한 방법으로 평가한 후, 가장 합리적인 결론을 내린다. 하지만 이러한 의사결정이 시장에 반영되기까지에는 너무 많은 시간이 소요되며, 이로 인해 다른 프로세스들도 지연된다. RTE에서 지연시간은 명확하며 이해하기 쉬운 관리지표로 사용된다. RTE의 의사결정자들은 보다 빠른 의사결정을 내리고 한정된 자원을 관리하는 데 지연시간을 이용한다.

3) 성숙한 IT를 적용해야 한다

1960년대의 IT는 요금청구나 급여지급과 같은 단위업무의 속도를 높이기 위해 사용되었으나, 현재의 IT는 정보의 흐름을 빠르게 하고 업무를 자동화하기 위해 사용되고 있다. 그러나 e-비즈니스를 위한 초기 프로젝트들은 IT에 대한 충분한 이해가 없는 상태에서 진행되어 번번이 실패하였다. 여전히 대부분의 기업에 적용된 IT는 핵심 시스템에 대한 인터페이스만 제공할 뿐, 내부적인 프로세스를 충분히 개선시키지 못하고 있다. 따라서 IT에 대한 충분한 이해와 검증된 기술의 사용을 바탕으로 RTE를 구현해야 RTE 도입 시 발생할 수 있는 위험과 비용을 낮출 수 있다.

4) 지연된 시간을 통제하여 정상화시켜야 한다

대부분의 기업에서 비용관리는 매우 중요한 요소이다. 많은 기업이 비용을 줄이기 위해 다양한 방법을 시도하고 있으며, 그 성과는 상당히 가시적이다. 그러나 대다수 기업은 시간에 많은 비용이 소요되고 있다는 사실을 알면서도 이에 대한 관리를 거의 하지 않는다. 예를 들어 소매업의 경우 다양한 상품의 구매경험이 있는 중상위층의 소비자들은 제품의 가격보다는 편리함을 더 선호하는 경향이 있다. 그러나 기업은 가격을 낮추려는 노력만 시도할 뿐, 고객의 요구에 신속히 대응하는 방안에는 크게 신경 쓰지 않는다. 이로 인해 기업은 중상위층 소비자들을 만족시키지 못하게 되며 소비자들은 떠나게 된다.

또한 대부분의 기업은 업무 프로세스의 소요시간을 거의 고려하지 않는다. 그러나 비록 짧은 시간일지라도 지연시간이 전사적으로 발생한다면, 기업 내부의 효율성은 상당히 떨어지게 된다. 따라서 RTE에서 지연시간의 관리는 무엇보다도 중요한 과제이다. 지연된 시간은 곧 돈이다.

5) 사람 · 프로세스 · 비즈니스 · 시스템의 응답 허용 시간대 (Tolerance Window)에 대한 목표를 설정해야 한다

RTE는 이벤트 중심이다. 특정 요구사항이 발생하는 즉시 기업의 가치사슬은 이를 가장 빠르게 만족시킬 방법을 찾기 시작한다. 이러한 요구사항은 고객 · 주주 · 직원과 같은 개인의 것일 수도 있고, 다른 조직 또는 다른 시스템으로부터 발생할 수도 있다. 이벤트를 생성한 주체들은 요청을 전달한 이후부터, 그 요청에 대한 응답이 오기까지 허용 시간대를 가지고 있다. 예를 들면 인터넷이 발달함에 따라 인터넷 창이 뜨기까지 기다리는 사람들의 허용 시간대는 대략 3초이다. 즉 3초 동안에 원하는 페이지가 뜨지 않으면 사용자는 다른 사이트로 이동해버리는 것이다.

이와 같이 RTE 관리자들은 현재의 허용 시간대와 이 시간대가 짧아지는 정도를 파악하여, 허용 시간대 안에 정확한 정보가 전달될 수 있도록 노력해야 한다.

6) 급진적인 지연시간의 감소가 곧 비용을 낮추고 서비스를 향상시킨다고 믿어야 한다

지연시간을 줄이려는 노력들은 비용절감과 향상된 고객서비스를 가져올 수 있다. 하지만 지연시간을 줄였을지라도, 업무처리 속도가 크게 줄지 않는 경우가 있다. 이는 지연시간을 급진적으로 줄이지 못했기 때문이다. RTE의 목적은 지연시간을 급진적으로 줄이는 것이며, 이는 기업의 핵심 목표를 달성하는 매우 강력한 방법이 될 것이다.

7) 타임스탬프(Time Stamp) 데이터를 성과 측정을 위해 이용해야 한다

일상적인 업무 활동에서 발생되는 타임스탬프 데이터는 기업의 데이터베이스에 저장되어 있다. 모든 이메일·전화·전자회의·인트라넷 로그인 정보는 관리 시스템에 기록되어 있으며, 판매·주문·배송·요금청구 등과 같은 거래처리 정보 또한 어딘가에 저장되어 있다. 대부분의 기업은 이러한 정보를 데이터마트(Data Mart)[23]나 데이터웨어하우스(Data Warehouse)[24]에 적재하여 활용하고 있으

---

23. **데이터마트(Data Mart)** 관심 있는 데이터를 담은 비교적 작은 규모의 데이터웨어하우스
24. **데이터웨어하우스(Data Warehouse)** 데이터를 공통의 형식으로 변환하여 관리하는 데이터베이스

나 데이터웨어하우스(Data Warehouse)[25]에 적재하여 활용하고 있으며, 강력한 데이터 변환 도구를 사용하여 웹로그(Web log)와 같은 데이터도 적절하게 추출·사용하고 있다. 따라서 기업은 이러한 타임스탬프 데이터를 적극 활용하여 시시각각으로 발생하는 세부 활동을 분석할 수 있게 되며, 변화를 감시하기 위해 구축된 비즈니스 인텔리전스(BI; Business Intelligence) 툴을 이용하여 성과 향상의 정도를 측정할 수 있게 된다.

8) 아이디어를 가치 네트워크에 걸쳐 수평적·수직적으로 확장해야 한다

RTE로의 전환은 고립된 기업보다는 가치네트워크상에서 공급자·파트너와의 협업이 필수적인 기업에서 더 절실히 요구된다. 부분적이고 조정이 필요하지 않은 프로세스는 지연시간을 단축시켜도 그렇게 효과적이지 못하다. 따라서 지연시간의 단축은 가치네트워크에 수평적·수직적으로 연결되어 있는 프로세스를 중심으로 수행되어야 한다.

9) 비즈니스 활동에 대한 신속한 보고는 투명하고 윤리적인 행동을 가져온다

기업의 투명성과 윤리성에 대한 의문은 수년 동안 제기되어 왔기 때문에, 안전사고나 분기 재무보고가 있을 때에 이와 관련된 정보가 바로 공개되지 않으면 기업은 수많은 루머에 휩싸이게 된다. 따

---

25. **웹로그(Web log)** 특정 주제나 일반적인 주제 정보를 갖는 비영리 웹사이트

업의 내부 보고체제와 데이터에 대한 접근성의 향상은 정보를 신속하게 생산하게 하며, 이로 인한 투명성 확보는 기업이미지를 제고시켜준다.

1. 3
RTE의 추진방안

다양한 이해관계와 위험이 산재해 있는 경영환경에서 살아남기 위해서는 RTE로의 변화가 필요하다. RTE는 IT를 통해 촉진될 수 있으며, 일반적으로 IT기반의 변화는 사업부서와 정보시스템 부서에 의해 주관된다. 사업부서와 정보시스템 부서는 각기 다른 관점을 가지고 있으며, 때문에 RTE를 추진할 때에는 주관 부서의 관점에 따라 다른 방안이 고려되어야 한다. 다음은 RTE를 추진할 때 고려해야 하는 6가지 원칙들이며, 이 원칙들은 비즈니스 관점과 기술 관점에 따라 다음과 같이 나누어볼 수 있다.

(1) 비즈니스 관점에서의 추진방안

비즈니스 관점에서의 추진방안들은 투명성을 강조하고 있다. 투명성이란 기업의 모든 구성원들이 RTE 도입의 목적과 변화의 필요성, 그리고 RTE를 통해 얻게 되는 혜택에 대해 명확하게 인지하는 것을 의미한다. 이를 위해서는 중앙집중적인 하향식(Top-down) 접근이 필요하다. RTE로의 변화는 시작부터 성공하기까지 일관된 메시지와 전사적인 교육이 필요하며, 사업부서는 목표의식과 해야 할 일들을 모든 직원들에게 명확히 전달하고 변화의 진행과정을 계속 측정해야 한다. 비즈니스 관점에서 사업부서가 수행해야 하는 추진 방안은 다음과 같다.

- 단순화와 선택: 관점을 단순화하여 개선이 필요한 주요 비즈니스 사이클을 선택하라.

기본적으로 RTE의 원칙들은 기업의 모든 프로세스에 적용될 수 있다. 하지만 기업의 모든 프로세스를 동시에 바꾸려는 것은 잘못된 생각이다. 무리한 변화는 조직원들을 혼란스럽게 만들고 오히려 기존의 프로세스를 전혀 개선시키지 못할 수 있다. 따라서 기업은 최대한 단순한 관점에서 RTE를 처음 적용할 영역을 먼저 선택해야 한다. 만약 RTE를 처음 도입하는 기업이 10개에서 15개 정도의 주요 활동 사이클을 가지고 있다면, 우선 두세 개 정도의 사이클을 선택하여 지연시간을 줄이려 노력해야 한다. 기업이 우선적으로 고려해야 하는 영역은 다음과 같다.

- 기업이 전략적으로 추진하는 매우 중요한 영역
- IT를 이용하여 시간 중심의 변화를 획기적으로 이룰 수 있는 영역
- 최근에 변화를 시도했지만 개선되지 않았던 영역

- 개선과 안정화: 개선이 필요한 프로세스를 결정하고 나머지 프로세스들은 안정적으로 유지하라.

앞에서 선택된 사이클 내에는 복잡하고 다양한 프로세스들이 존재한다. 사이클 내의 모든 프로세스들을 동시에 변화시키는 것은 현재의 업무활동을 오히려 지연시킬 수 있다. 그러므로 RTE를 추진하는 사업부서는 개선이 필요한 주요 프로세스와 안정적으로 유지해야 할 프로세스를 명확히 구분해야 한다. 예를 들어 고객주문에

서 수금(Order-to-Cash) 사이클을 변화시킬 때, 요금청구의 시기와 방법은 변화시키되 가격정책은 영향을 받지 않도록 해야 한다. 또한 관리자들은 RTE 도입 초기부터, 혁신적으로 End-to-End 사이클을 효율화시키는 것이 RTE의 목적임을 모든 직원들에게 알려야 한다. 이는 직원들이 새로운 변화에 대해 가질 수 있는 거부감을 완화시키며 그들의 능동적인 참여를 유도할 수 있다.

● 설정과 전달: 시간 단축의 목표를 설정하고, 설정된 목표를 모든 직원들에게 알려라.

시간 개념을 이용한 목표는 간단하며 이해하기 쉽기 때문에, 이러한 목표를 직원들에게 주지시킴으로써 관리자들은 직원들의 능동적이고 적극적인 참여를 유도할 수 있다. 다음은 그 예이다.

- 마케팅 관리자: 현재 우리 회사가 신상품을 설계하고 출시하는 데 평균 20개월이 걸린다. 그러나 2005년 11월까지 우리는 이것을 10개월로 줄일 것이다.
- 재무 관리자: 우리 회사는 성장을 위한 장기적이고 확실한 전략을 가지고 있으며, 이를 위해 A회사를 인수하려고 한다. 그러나 우리의 회계방식과 인사관리를 A회사와 일치시키려면 거의 1년이 소요된다. 2005년 말까지, 우리는 이를 3개월로 줄일 것이다.

(2) 기술 관점에서의 추진방안

기술 관점에서의 추진방안들은 모두 신속함을 강조하고 있다. 신속함이란 비즈니스 관점의 추진방안에 정보시스템 부서가 빠르게 반응하는 것을 의미한다. 기술 관점에서 정보시스템 부서가 수행해야 하는 추진방안은 다음과 같다.

● 도표화와 측정: 애플리케이션들의 지연시간을 도표화하고, 변화에 필요한 비용을 측정하라.

과거 배치(Batch) 처리 시스템과 클라이언트·서버 시스템을 거치면서 기업의 애플리케이션들은 기술적·비용적 측면에서 실시간 체제를 이루지 못했다. 최근에 도입된 애플리케이션들은 실시간 처리가 가능하지만, 이미 구축된 구시대의 애플리케이션들로 인해 전사적인 실시간 체제는 아직 실현되지 못하고 있다. 따라서 정보시스템 설계자들은 End-to-End 비즈니스 활동 사이클의 경로를 추적하고 지연이 발생하는 부분을 발견하기 위하여, 애플리케이션의 지연시간을 도표화할 수 있는 전사적인 지도를 만들어야 한다. 그러나 단순히 지연시간을 도표화한다고 모든 문제가 해결되는 것은 아니다. 정보시스템 관리자들은 프로세스에서 발생하는 지연시간을 급진적으로 개선할 수 있는 방법들을 검토하고, 변화의 수준에 따른 소요비용을 신속히 산정해야 한다.

● 동원과 재교육: 지연시간을 단축시키는 업무에 직원들을 동원하고 적절하게 재교육시켜라.

RTE의 추진이 진행되면, 패키지화된 새로운 애플리케이션의 수요는 줄어드는 반면, 비즈니스 프로세스와 기존 애플리케이션들 간의 통합은 더욱 가속화될 수밖에 없다. 특히 미들웨어나 메시징과 같은 핵심 인프라스트럭처 요소들은 추가·확장·보완되는 반면, 지연을 발생시키던 애플리케이션들은 과감히 제거된다. 이러한 변화로 기업은 기존 기술과 신기술을 모두 다룰 수 있고, 현재의 비즈니스 프로세스를 자세히 이해하고 있는 직원들을 필요로 하게 된다. 즉 새로운 IT전문가를 고용하기보다는 사내에서 5~15년 정도의 경력을 가진 IT베테랑을 재교육시키는 것이 더 효율적이며 효과적이다.

● 민첩한 시스템 구조: 비즈니스 변화에 빠르고 유연하게 대응할 수 있는 민첩한 시스템 구조를 설계하라.

지속적으로 RTE를 진화시키기 위해, 시스템 구조는 모듈화되어야 한다. 연속된 비즈니스 모델과 일련의 프로세스를 중심으로 설계된 시스템 구조는 불안정하며 변화에 대한 대처능력이 떨어진다. 따라서 정보시스템 부서는 다양한 부서와 사업단위에 걸쳐 있는 End-to-End 프로세스를 분리하여 모듈화시키고, 다양한 상황에서 재사용될 수 있는 컴포넌트를 기반으로 시스템 구조를 설계해야 한다. 이를 위해 기업은 전사적으로 비즈니스 변화에 유기적으로 대응할 수 있는 기업신경망시스템(ENS; Enterprise Nervous System) 구조를 도입해야 한다. 기업신경망시스템은 기업의 내·외부 시스템을 통합하여 유

〈그림 2-3〉 주관 부서별 추진방안

RTE 추진

사업부서
· 단순화와 선택
· 개선과 안정화
· 시간단축의 목표설정과 전달

정보시스템부서
· 도표화와 측정
· 동원과 재교육
· 민첩한 시스템 구조

기적으로 연결하는 신경망으로써, 기업의 IT자산을 통합하고 애플리케이션·기업 내 직원들·비즈니스 파트너 등 각 참여자들 간의 커뮤니케이션과 협업을 지원하는 통합 플랫폼이다.

비즈니스 관점과 기술적 관점에서의 6가지 추진방안은 IT를 활용하여 RTE로 전환하고자 하는 기업이 고려해야 할 원칙들이다. 만약 기업이 6가지 추진방안 중 어느 하나라도 무시한다면, RTE로 변화하려는 노력들은 이전의 다른 변화들처럼 한때의 유행으로 끝날 것이다.

(3) 프로젝트 관점에서의 추진방안

기업은 입증된 원칙을 적용하고 프로세스를 재설계하고 우수한 IT시스템을 도입함으로써 RTE로의 전환을 보다 빠르게 수행할 수 있다. 더 빠른 프로젝트의 수행은 품질을 향상시키고 비용을 줄여준다.

1996년에 많은 기업에서 '개념에서 구체화까지'를 완수하는 데 평균적으로 12개월이 소요되었다. 하지만, 2003년 IT관리자들을 대상으로 한 조사에서는 소요시간이 7개월로 줄어든 것으로 나타났으며, 조사대상 중 38%의 관리자들은 2008년이면 제품 출시기간이 한 달 미만으로 줄어들 것으로 예측했다. 이렇게 기업의 사이클은 점점 단축되고 있는 바, 이를 효과적으로 지원하기 위한 프로젝트 또한 빠르게 진행되어야 한다.

대부분의 사람들은 프로젝트를 신속하면서도 저렴하게 그리고 제대로 수행하는 것은 불가능하다고 생각한다. 그러나 우수한 IT시스템의 지원을 받는 새로운 원리와 프로세스의 도입은 이를 가능하게 한다. 고품질의 프로젝트를 신속하고 저렴하게 완수하기 위해서, IT 관리자들은 비즈니스 프로젝트에서 일반적으로 발생하는 3가지 활동, 즉 프로젝트 내역 작성(Specification)·설계(Design)·구축(Construction)을 개별적으로 검토해야 한다.

또한 다음의 〈그림 2-4〉에서 나타내는 바와 같이, 각 활동들은 뚜렷이 구분되지만 일반적으로는 중첩되어 진행된다. 그러므로 IT관리자들은 상황에 따라 각 단계에 해당하는 원칙들을 동시에 고려해야 한다.

〈그림 2-4〉 중첩되는 프로젝트 활동

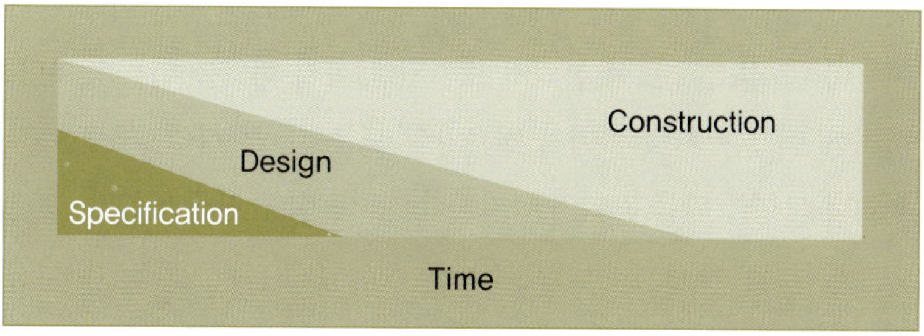

출처 : Gartner Research

다음은 RTE 추진 프로젝트에 적용될 수 있는 각 활동별 권장사항이다.

1) 프로젝트 내역 작성(Specification)

RTE 프로젝트 내역을 작성할 때는 다음과 같은 사항에 유의해야 한다.

● 완벽성 추구를 포기하고 반복적인 프로세스를 이용하라.

관리자들은 완벽성을 추구하지 말아야 한다. 2년 뒤에 완벽한 제품을 출시하는 것보다는 지금 당장 적정수준의 제품을 출시하는 것이 낮다는 점을 인식해야 할 것이다. 만족스러운 수준의 결과를 빨리 얻어내기 위해서는 반복적인 프로세스를 이용해야 한다. 초기제품이나 프로세스는 차후 개발된 제품이나 프로세스로 교체할 수 있으며 교체 과정에서 실사용자 경험을 반영하는 이점을 얻을 수도 있다.

● 더 나은 설계를 위해 핵심 이해 당사자들 간의 토론을 활성화시켜라.

프로젝트 내역은 서류를 회람시켜 만들어지는 경우가 많으며, 어떤 프로세스든 서류배포에 의존하는 경우 지연시간이 발생한다. 서류가 많아질수록 비즈니스 목표에 대한 일관성과 유관조직 간 연계관계는 상당히 상실된다. 이를 위한 해결책은 모든 핵심 이해 당사자들이 한 장소에 모여 합의가 도출될 때까지 회의를 하는 것이다. 이러한 워크숍 미팅은 회의 전문가의 도움이 필요하며, 그림을 그리거나 모형을 만들고 회의를 기록하는 사람이 참여해야 한다.

정보시스템에 대해 이러한 접근을 시도한 영국의 한 보험회사는 임원들의 시간투자가 증가한 반면, 정보시스템 부서의 관여가 그만큼 줄어들었으며, 프로젝트의 진행이 더욱 빨라지고 기업의 실제 요구사항이 보다 많이 반영된 것을 확인할 수 있었다.

● 제품 또는 프로세스의 시각화에 이해 당사자들의 반응을 접목하라.

대부분의 사람들은 공학 설계도와 같이 추상적인 것보다는 프로토타입과 같이 구체적인 사항을 보다 잘 이해할 수 있다. 이들은 자신이 원하는 것이 무엇인지는 알지 못하더라도, 원치 않는 것에 대해서는 명확한 생각을 가지고 있는 경우가 많다.

물리적인 제품을 만들거나 대형 공학적 구조물을 만드는 프로젝트에서 완성된 제품이 어떤 모양일지 추정하는 것은 초기규격의 질을 높여준다. 물리적 모형이 가장 좋지만 그림이나 설계를 바탕으로 한 가상적인 모형도 큰 의미가 있다. 보잉(Boeing) 사는 777여객기의 개발 과정에서 가상모형을 이용하였으며, 제너럴모터스(General Motors) 사는 엔지니어들이 가상의 디자인을 볼 수 있도록 가상현실센터를 운영하고 있다.

또한 비즈니스 프로세스를 정의하는 데에도 동일한 원리를 응용할 수 있다. 예를 들어 ERP 구축을 위한 가장 좋은 방법은 '모델 비즈니스(Model Business)'를 바탕으로 프로토타입을 작성하고 워크숍을 통해 피드백을 얻은 후, 사용자들을 교육하고 훈련시키는 것이다.

국제적으로 유명한 음료회사인 디아지오(Diageo) 사는 e-비즈니스를 도입할 때 가상 시나리오 센터를 운영했다. 즉 미니어처 극장을 만들어 배우들이 4가지 e-비즈니스 시나리오를 연기하도록 했다. 관리자들은 소그룹으로 이 센터를 방문하여 각 시나리오에 대해 토론하고 참신한 아이디어를 제시했으며, 디아지오 사는 이 방법을 통해 e-비즈니스에 대한 관리자들의 태도를 변화시켰다.

시각화는 프로젝트 내역 준비단계를 단축시키는 것이 아니라, 전체 프로젝트를 수행하는 데 걸리는 시간을 줄여준다.

2) 설계(Design)

설계에 걸리는 시간을 줄이기 위해 필요한 일은 다음과 같다.

● 폭 넓은 사람들이 설계에 참여할 수 있도록 IT를 활용하라.

프로젝트 관리자들은 다양한 IT를 활용하여 많은 사람들이 설계에 참여할 수 있도록 해야 한다. 예를 들어 그룹웨어와 원격회의를 지원하는 IT는 여러 사람이 동시에 설계 과정에 참여하는 것을 가능하게 한다. 비록 이러한 방식이 더 많은 비용을 필요로 할 수도 있지만, 전체적으로는 설계 내용을 충실하게 하여 프로젝트에 소요되는 시간과 비용을 줄여준다.

● 입증된 설계를 기초로 하라.

대부분의 프로젝트는 이미 완성된 것을 기반으로 재창출된다. 따라서 새로운 설계는 이전에 입증된 설계나 표준 구성요소를 바탕으로 해야 한다. 크베르너 존 브라운(Kvaerner John Brown) 사는 완성된 구조물을 설계로 변환시키는 기술을 개발하기도 했으며, 제너럴모터스 사는 신모델을 제작할 때 기존의 플랫폼과 재활용이 가능한 부품을 사용한다. 이 회사의 목표는 신모델에 필요한 부품들 중 90%를 기존 플랫폼에서 가져오는 것이다.

● 서브시스템 설계의 통합이 용이하도록 공동의 저장소를 이용하라.

서브시스템 설계의 통합이 용이하도록 공동의 중앙 저장소에 프로젝트 계획과 설계정보를 저장해야 한다. 제너럴모터스 사는 공동의 CAD[26] 패키지와 제품 라이프사이클 관리시스템을 사용하여 자동차 설계기간을 24개월로 단축시켰으며, 크베르너 존 브라운 사는 인수한 회사들의 CAD 및 프로젝트 관리시스템들 사이의 서식전환을 지원하는 지능형 데이터웨어하우스를 구축했다. 이러한 공동의 저장소는 설계·테스트·설계평가를 안전한 방법으로 자주 수행하게 함으로써, 전체적인 프로젝트의 품질을 높여준다.

---

26. **CAD(Computer aided Design)** 설계에서 제조에 이르는 모든 공정을 컴퓨터로 관리하는 기술

● 설계에 관련된 결정을 할 수 있는 권한을 담당자들에게 부여하라.

효과적인 재활용을 위해서는 지원 프로세스와 협력적인 문화가 필요하다. 보다 수평적인 조직구조와 신뢰구축을 통해, 관리자들은 직원들에게 설계와 관련된 결정을 스스로 할 수 있도록 권한을 부여해야 한다. 최상의 협업지원 시스템이라도 직원들이 동료를 신뢰하지 못하는 문화에서는 그다지 효과적이지 못하다.

● 해결책과 디자인을 연상시키기 위해 IT를 활용하라.

대부분의 IT툴들은 사용자에게 아무런 안내도 하지 않는다. 하지만 일부는 작업에 따른 도움말 기능을 내장하고 있다. 마이크로소프트(Microsoft)의 '작업마법사'가 그 예이다. 이런 아이디어를 확장하여 최적의 방법이나 모양을 계산하는 설계 템플릿과 함수를 만들 필요가 있다. 내장형 도움말 기능과 템플릿은 프로젝트의 속도와 생산성·품질을 향상시킨다.

3) 구축(Construction)

RTE를 구축할 때 시간을 절약하기 위해 해야 할 일은 다음과 같다.

● 프로젝트 관리를 강화하라.

프로젝트 관리는 가장 중요한 부분이다. 뛰어난 프로젝트 관리자는 발생 가능한 문제를 예상하고 대비책을 미리 마련해놓는다. 또한 예기치 않은 문제가 생겼을 때, 현명한 결정을 내린다. 이러한 이유로 역량 있는 프로젝트 관리자를 확보하는 것은 시간과 비용을 절약하기 위한 확실한 방법이다.

효과적인 프로젝트 관리를 위해, 프로젝트 관리자는 필요한 모든 자원을 통제할 수 있는 권한을 가져야 한다. IT자원을 통제하고 그 결과를 보고하는 것만으로 프로젝트 관리자의 임무가 완성되지는 않는다. 즉 모든 리소스에 대한 통제와 함께 성공에 대해 책임을 질 수 있어야 한다.

● 문서전달을 신속히 처리하라.

문서전달을 빠르게 하면 프로젝트 일정이 빨라지며 효율적인 자원관리가 가능해진다. 서류배포를 위해 사용되는 전자적인 채널은 문서의 이동과 기록에 소요되는 시간을 줄여주며, 정확한 전달을 통해 원활한 일정관리와 효율적인 자원관리를 지원한다.

또한 공동작업에 의한 서류관리는 프로젝트를 가속화시킨다. 예를 들어 스윈튼 빌더(Swineton Builders) 사는 캘리포니아의 대형 오피스 리노베이션 공사에서 정보요청에 걸리는 시간을 10일에서 3일로 단축시켰다. 이로 인해 공사는 2주 일찍 완료되었으며, 소유주는 88만 달러의 임대료를 추가로 벌었고 건축업자는 9만 달러의 비용을 절감시켰다. 하청업체들의 비용절감분까지 계산하면 전체 이익은 110만 달러에 달하는 것으로 평가되었다.

● 불필요한 비용을 줄여라.

어떤 프로젝트든 작업의 일부분만이 가치를 창출하며 상당한 시간은 프로젝트를 관리하는 데 소요된다. 기업은 프로젝트의 시간낭비를 제거하기 위해서 관료주의체제를 타파하고, 직원들을 테스트하는 관행을 선택적으로 제거시켜야 한다. 유럽의 한 중견은행은 7개월 안에 완전히 새로운 뱅킹 시스템을 구축하기 위하여 기존의 표준개발 프로세스를 버리고 200명으로 구성된 팀을 구성하였다. 이들 팀원들의 상당수는 계약직 사원들이었고 그들에 대한 테스트는 거의 없었다. 유일한 테스트는 새로운 시스템과 운영 시스템 간의

간섭현상을 확인하는 것이었다. 결국 프로젝트는 주어진 시간에 완
료 될 수 있었다.

RTE 프로세스 이해

본 절에서는 앞에서 논의한 RTE의 개념이 실제 어떤 모습으로 구현될 수 있을까 하는, 보다 구체적이고 실체적인 문제에 대해 다루도록 한다. 물론 RTE라는 개념은 어떤 하나의 솔루션이나 응용기술을 말하는 것이 아니라, 시대의 변화가 부른 최신의 경영기법과 놀랍도록 진보한 다양한 IT의 조화를 통해 도달하고자 하는 하나의 경영철학이자 궁극적인 이상점으로 이해되어야 할 것이다. 경영학 및 IT분야 각각에서 발전되고 유행처럼 회자되던 다양한 표어들과 기술적 산출물들이 하나로 통합되어 RTE라는 결실로 나타나게 되는 것이다.

따라서 앞 절에서 기술하였듯이 기업의 RTE화에는 IT를 포함한 기반기술뿐 아니라 프로세스, 그리고 이 모두를 감싸고 있는 조직구조와 조직문화 등 모든 측면에서의 변화를 동반하게 된다. 본 절에서는 프로세스 측면에 집중하여 RTE의 구현 모습에 대한 논의를 이어가도록 한다.

2. 1
RTE 비즈니스 아키텍처

RTE의 시스템적인 측면을 논하기에 앞서, 우선 시스템이 반영해야 할 비즈니스 프로세스의 측면을 먼저 명확히 해야 함이 순서일 것이다.

RTE의 기본개념으로 봤을 때 RTE의 비즈니스 프로세스는 얼마 전까지 경영분야의 이슈가 되었던 BPR(Business Process Reengineering)과 상당부분 공통점을 가지고 있는 것으로 보인다. 빠르게 변화하는 기업환경·조직의 복잡성 증대와 효율성 저하를 타개하기 위하여, 업무처리방식을 근원적으로 재설계하는 동시에 IT를 적극적으로 활용한다는 BPR의 개념은 분명히 RTE와 같은 맥락을 가지고 있다. 시간단축 및 수익성 증대, 첨단 패키지 도입을 위한 시스템의 최적화·통합화·표준화 등의 표어에 있어서도 RTE와 크게 다르지 않다.

하지만 그렇다고 해서 RTE가 과거 개념으로부터 이름만 바뀐 신조어에 불과하다고 해석할 수는 없다. 결론부터 말하자면, RTE화에 있어서 언급되는 비즈니스 프로세스의 재정립은 실시간(Real-Time)화를 그 근간으로 하며, BPR이 말하는 경영기법 이상의 다양한 분야의 아이디어 기법을 조화시킨 개념이며, 이는 RTE를 과거 BPR과 차별화시키는 점이라고 볼 수 있다.[13]

다양한 개념의 조화 측면에서 보자면 RTE는 적시생산(Just In Time Manufacturing)·6시그마 품질(Six Sigma Quality)·시간기반 경쟁·네트워크 조직·무한 서비스 보장(Unconditional Service Guarantee)과 같

은 경영 분야의 개념과 BAM(Business Activity Monitoring)[27] · ERP II · STP(Straight Through Processing)[28] 그리고 ZLA(Zero Latency Architecture [29]:혹자는 ZLA를 기업 형태로 보아 ZLE(Zero Latency Enterprise)라고도 한다)와 같은 시스템 개념을 포함한다. 실시간의 측면에서 보자면 RTE는 인스턴트 메시징 · 무선데이터 · 휴대단말기 등의 ①커뮤니케이션 기술, 애플리케이션 서버 · 통합 미들웨어 · 웹서비스와 같은 ② 통합기술, 그리고 콘텐츠 관리 · 데이터웨어하우징 · BI(Business Intelligence)와 같은 ③정보관리 기술을 적극 활용하는 의미를 지닌다. 이들 관련 시스템에 대해서는 RTE 비즈니스 프로세스를 논한 후에 보다 구체적으로 다룰 것이다.

RTE 비즈니스 프로세스에 관련하여, 우선 가트너가 말하는 RTE 비즈니스 아키텍처에 대해서 살펴보도록 하겠다. 가트너는 RTE 비즈니스 아키텍처가 '감지(Awareness)—의사결정(Decision)—실행(Action)'의 3가지 기본요소 또는 단계로 이루어지는 것으로 보았다. RTE 비즈니스 아키텍처 각각의 단계를 설명하면 〈그림 2-5〉와 같다. [14]

첫 번째 단계는 외부 이벤트에 대한 '감지'이다. 이는 인간의 감각기관에 해당하는 영역으로써, 다음 두 단계로 구성된다. 첫 단계는 주목할 만한 이벤트에 대한 지각(Sensing)이고, 그 다음 단계는 정보의 여과(Filtering)를 통한 인지(Recognition)이다. 지각과 인지의 범위는 단순히 기업 내부에 국한되는 것이 아니라 가치사슬의 전 영역에 걸쳐 이루어져야 한다. 효과적인 지각과 인지를 위해서는 BAM

---

27. **BAM(Business Activity Monitoring)** 비즈니스 활동 모니터링
28. **STP(Straight Through Processing)** 비즈니스 프로세스 수행에 있어서 끊김 없는 작업수행 상태
29. **ZLA(Zero Latency Architecture)** 이벤트를 즉각적으로 탐지하고 실시간으로 대응함

〈그림 2-5〉 RTE 비즈니스 아키텍처

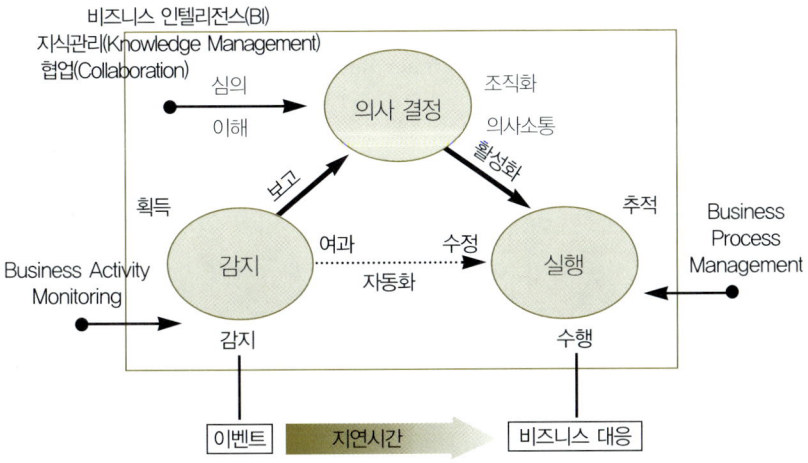

출처 : Gatner Research 자료 : Gassman(2004)

을 위한 다양한 운영 시스템 및 모니터링 시스템의 지원이 뒷받침되어야 한다.

두 번째 단계는 '의사결정'이다. 이는 인간의 두뇌활동에 해당되는 영역으로써, 획득된 정보를 적절히 여과한 후에 실질적인 의사결정을 위한 정보분석 작업이 이루어진다. 방대한 정보량을 바탕으로 의사결정을 최적화하기 위해서는 비즈니스 인텔리전스(BI; Business Intelligence)·지식관리(Knowledge Management)·협업(Collaboration) 시스템의 지원이 뒷받침되어야 한다.

세 번째 단계는 '실행'이다. 이는 인간의 육체행위에 해당되는 영역으로써, 의사결정 단계에서 생성된 사항이 실질적으로 가치사슬 상에서 실시간으로 실행되는 단계이다. 인간의 두뇌가 근육과 골격을 통해 육체활동을 제어하는 것과 마찬가지로 기업의 경우도 의사결정에서 도출된 내용이 말단 비즈니스 조직과 파트너들에 이르기까지 신속하게 전파되어 실행되는 구조를 갖추어야 한다. 워크플로기반의 BPM이나 CRM(Customer Relationship Management)[30] · SRM(Supplier Relationship Management)[31] 영역에서의 협업 시스템들이 이 단계를 뒷받침할 것이다.

RTE 비즈니스 프로세스의 기본 취지는 기업이 외부의 이벤트 발생을 실시간으로 감지하여 비즈니스 프로세스상의 끊김 없는 대응을 함으로써 이벤트 발생에서 기업대응까지의 전반적인 프로세스 지체를 최소화한다는 것이다. 이는 애플리케이션 통합이 전제되었을 때 가능한 것이다.

2. 2
이벤트 중심 프로세스의 개념

성공적인 RTE 디자인은 기업 데이터의 성격과 정보의 흐름을 이해하는 것에서 시작된다.

- 비즈니스 프로세스 데이터는 기업명과 같은 다소 영구적인 성격의 참조 데이터(Reference Data)
- 재고수준과 같이 일상적인 기업운영의 직접적인 결과로 변화되는 상태 데이터(State Data)
- 구매주문 접수와 같이 발생된 어떤 것을 의미하는 이벤트 데이

---

30. CRM(Customer Relationship Management) 고객관계관리
31. SRM(Supplier Relationship Management) 공급자관계관리

터(Event Data)

등의 세 종류로 구분된다.

정보시스템 아키텍처 설계 시에는 각기 다른 종류의 데이터를 위한 차별화된 디자인 원칙과 처리절차를 적용하게 되는데, 이벤트중심 프로세스 및 시스템에서는 이들 중 이벤트 데이터를 강조한다. 이벤트란 '발생한 어떤 것'을 의미하는데, 비즈니스 이벤트는 기업의 운영상태에서 생기는 의미 있는 변화를 말한다. 비즈니스 이벤트의 예로는 새로운 고객이 계좌를 만드는 경우, 주문을 접수하는 경우, 주소가 변경된 경우, 지급하는 경우 등을 들 수 있다. 전화를 받는다거나, 문을 닫는다거나, 마우스 버튼을 누른다거나, 하는 따위의 사소한 사건의 발생 역시 사전적으로는 이벤트이기는 하나, 비즈니스 측면에서는 주목할 만한 가치를 가지지 않는 것들이기에 제외된다.

이벤트는 데이터와 관련은 있지만 서로 다른 것이다. 데이터는 정보·사실·수치 혹은 기록으로써 데이터가 수집되었을 때, 어떤 값으로써 고정된다. 데이터는 추후 같은 값을 가지거나 다른 값을 가지고 있게 된다. 추출과정 중에서 데이터에 변화가 발생하는 경우, 이는 이벤트로 여겨진다. 이벤트는 변화를 나타내는 어떤 일이 발생하는 것으로써, 존재하지 않았던 상황이 지금 막 존재하게 되는 경우를 나타낸다. 예를 들어, 신호등에 적색등이 '켜져 있다'는 것은 데이터이지만, 신호등이 적색등으로 '바뀌었다'는 것은 이벤트에 해당한다.

이벤트중심 프로세스란 비즈니스 프로세스상의 이벤트 개념에 초점을 맞추어 업무 프로세스상의 주요부분을 가속화함으로써 전반적으로 조직전략의 특정부문에 혁신을 꾀하는 것을 말한다. 컴퓨터가 도입되기 이전부터 이벤트는 비즈니스 프로세스의 일부로써 존재해왔다. 전통적인 애플리케이션 시스템에 의해서 비즈니스 프로세스가 처음 자동화 되었을 때에는, 각각의 애플리케이션별로 이벤트 발생을 정의하고 인지하는 각자의 방식을 가지고 있었다. 예를 들어 주문접수시스템이 새로운 주문을 받은 경우에, 매출관리 시스템·생산 시스템 등은 며칠이 지나도록 주문발생이라는 이벤트를 인지하지 못한 채로 있었던 것이다. 그러나 RTE가 강조하는 이벤트 중심 시스템은 업무상의 이벤트가 명시적으로 정의되고 관리되어, 한 부서나 애플리케이션 시스템에 암묵적으로 저장되는 것을 지양함으로써, 여러 부서와 조직 내의 사람들과 애플리케이션 간에 공유될 수 있도록 설계된 시스템을 의미한다. 이는 한 장소에서 획득된 새로운 정보가 다른 곳에서 획득 가능하게 되기까지의 시간을 최소화함으로써, 실시간 데이터 및 정보를 통한 즉각적인 업무처리의 구현을 지원한다.

기술적인 측면에서 보자면 이벤트 데이터의 교환은 여러 가지 방식으로 구현될 수 있다. RTE의 구현은 내·외부의 다수 조직 간에서 실시간으로 정보를 교환함을 그 핵심으로 한다. 따라서 일대다(一對多)·다대일(多對一)·다대다(多對多)의 커뮤니케이션, 특히 송신자와 수신자의 추가·이동·소멸이 역동적으로 발생하는 현대의 월드 와이드 네트워크(world wide network)상에서 이벤트중심의 프로세스 및 시스템을 구현하기 위해서는 이를 지원하는 메시지 지향 미들웨어(MOM; Message oriented Middleware)[32]가 RTE 구현의 중

---

32. **MOM(Message Oriented Middleware)** 상이한 애플리케이션 간의 비동기 통신을 지원하는 S/W

추적 역할을 한다.

2. 3
비즈니스 활동 모니터링(BAM)의 개념

BAM은 비즈니스 운영에 있어서의 속도와 효과를 향상하기 위한 정보를 지원하는 동시에 핵심적인 비즈니스 성과지표에 대한 실시간 접근을 제공하는 개념으로 정의할 수 있다. BAM은 비즈니스 관련 주요 이벤트들을 조기에 발견하고, 사용자들에게 '조기경보' 기능을 해주는 진보된 IT를 활용한다.

아직까지 핵심 이벤트를 실시간으로 모니터링하는 개념은 비즈니스 운영에 정착되지 않은 것으로 보인다. 제조라인은 분명 생산공정의 흐름을 관리하고 있고, 고객지원센터는 돌발사항 관리시스템을 통해서 고객과의 교류 활동을 실시간으로 모니터링하고 있다고 가정하자. 그렇지만 이것만으로는 정보의 고립된 섬에 지나지 않으며, 다른 부서의 각기 다른 시스템들 간의 이벤트들을 연계시키기 어렵다. BAM은 다수의 시스템을 모니터링하고, 실시간 경영현황 속보판[33]을 구축하고, 사전에 정의된 상황의 발생을 감지해내는 비즈니스 룰을 활용함으로써 연계 모니터링이 가능한 것이다.

BAM 시스템이 구축된다면, 기업이 방금 전 지급체납 통보를 보낸 고객이 주문을 새로 한 경우 이를 감지해낼 수 있을 것이다. 또한

---

33. 대시보드(Dashboard) 경영현황 속보판

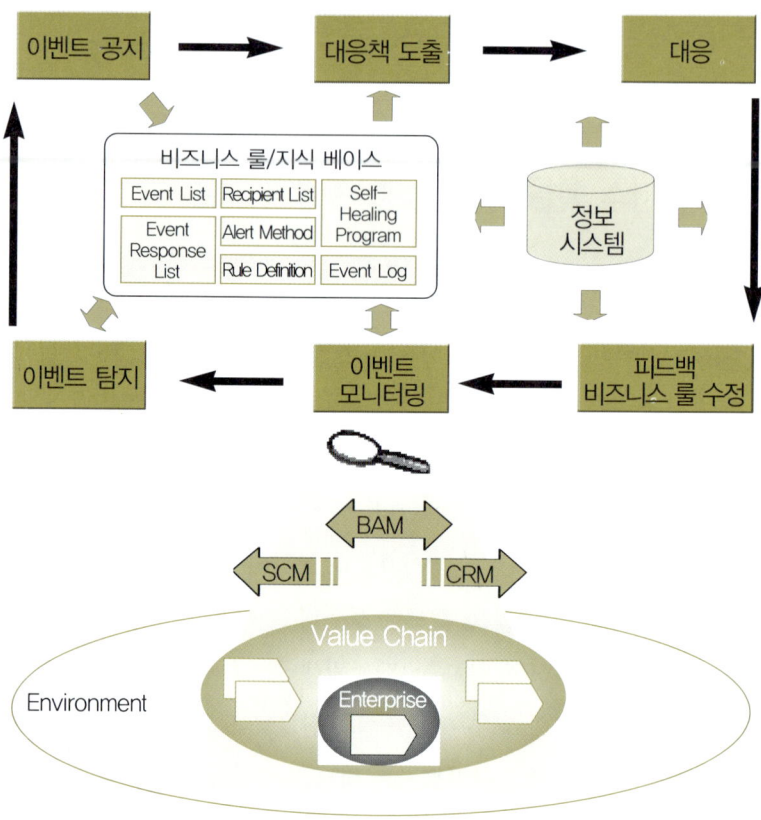

〈그림 2-6〉 BAM과 이벤트 중심 프로세스

주문을 처리하는 동안 가격변동이 발생할 경우 이를 간파하여 고객의 비용을 절감해줄 수도 있을 것이다. 따라서, 기업은 ROI(Return On Investment)가 높은 부문을 조기에 찾아내어 BAM을 활용할 기회를 적극 모색할 필요가 있다.

그렇다면 BAM과 기존의 비즈니스 인텔리전스(BI; Business Intelligence) 간의 차이는 무엇일까? 핵심적인 키워드는 바로 '데이터'와 '이벤트'의 차이에 있다. BI는 다수의 데이터 공급원으로부터 데이터를 추출하여 이를 데이터웨어하우스에 저장하고 질의 및 분석과정을 거쳐서 저장된 정보에 기반한 보고서를 공급해준다. 그러나 BAM은 '이벤트중심'이다. 즉 어떤 이벤트가 BAM을 거치게 되면서, 모든 프로세스는 즉각적으로 자동처리 된다. 다시 말해 발생한 이벤트가 비즈니스 운영에 있어서 중요한 문제일 경우 조기경보나 경영현황 속보판에 즉각적으로 반영되게 된다.

BI와 BAM은 사용자군·초점·빈도·ROI·주요 적용분야에 있어서도 각기 다르다. BAM이 운영관리·프로세스 이벤트·실시간/일간 애플리케이션·프로세스 효율성·주문현황/물류추적/콜센터 계획 등의 적용 분야를 대상으로 하는 반면, BI는 지식노동자 및 전략전술 관리자·비즈니스 이벤트·일간 이상의 애플리케이션·비즈니스 효과성·매출추정/캠페인 분석/경영보고 등의 적용 분야를 대상으로 한다. 하지만 가트너는 BI를 "전략적인 기업정보의 이용과 분석을 통해 통찰력과 미래를 조망할 수 있는 시각을 기업에게 제공하는 것"으로 정의하고 있는데, 이는 전통적인 BI에 BAM을 포함시킨 새로운 BI의 정의라고 보면 될 것이다.

BAM은 일상의 기업 목표에 대한 효과를 실시간으로 피드백해줄 수 있기 때문에, BAM의 개념을 도입하여 BI에 접목시킨 것은 기업의 중간계층 관리자들을 더 효과적으로 만든다. 예를 들어 현금흐름을 최대화한다는 목표가 있다면, 생산작업이 현금흐름에 주는 실시간 효과를 모니터링하는 시스템은 생산관리자들로 하여금 생산관리에 연관된 의사결정을 현금흐름이라는 목표에 연계시켜준다.

이벤트의 기록은 데이터로 전환될 수 있다. 사실 이벤트와 데이터가 서로 간에 전환될 수 있는 성질은 언제 BI 혹은 BAM 시스템을 활용해야 하는가에 대한 혼란을 주는 원인이다. BI와 BAM의 주요 차이점은 시점(Timing)과 실행(Action)이다. BI 시스템들은 일정에 계획되어 있는 주기나 요구에 따라서 동작하게 되는 반면, BAM 시스템들은 새로운 이벤트가 발생했을 때 동작하게 된다. 각각은 언제 지표들이 임계치 역할을 하는 비즈니스 규칙에 위배되는지를 파악할 수 있다. 그러나 BAM을 적용한 경우는 더 복잡한 이벤트 규칙을 처리할 수 있는 기능을 가지고 있다. BI가 사용자에게 통찰력을 제공한다면 BAM 애플리케이션은 사용자에게 경보기능을 제공한다. 그러나 이벤트는 실행의 계기로써의 역할을 해주고 데이터는 과거의 상황을 알려주기 때문에, 데이터와 이벤트는 모두가 비즈니스 운영에 있어 각자의 유용성을 가지고 있다.

BAM은 BI와 상호보완적으로 인식되어야 한다. 사실상 모니터링에 의한 관리를 하는 경우 과잉 대응과 과도한 정보량과 같은 위험뿐 아니라, 장기적인 전략적 목표를 간과하고 전술적인 문제에 치중하여 기업을 운영할 위험성이 있다. BAM은 진척관리 보고, 프로세스 최적화를 통한 비즈니스 수행능력 및 프로세스 향상, 적은 자원을 이용한 많은 결과 창출, 창조적인 절차를 통한 프로세스 표준화 등을 지원하는 데에 초점을 맞추며, 운영수준에서 요구가 있을 시에 즉시 피드백을 주어 조정해주는 역할을 한다. 반면에 BI는 효과적인 계획 및 조정 사이클 유지, 새로운 프로세스에 대한 비용과 산출물의 계산, 새로운 예산에 맞춘 매출예상, 관리적인 측면과 기업의 이해당사자를 위한 재무정보 및 일반관리 정보 취합, 새로운 목표와 전략 마련, 현재 및 중장기 회계관리 능을 지원하는 데 대해 초점을 맞추고 있다. 따라서 BAM은 전통적인 경영관리의 보고 및 분석과 일상운영 사이에 빠져 있는 연결고리로써의 역할을 해주는 것으로 이해하면 될 것이다.

사실 BAM의 이벤트 통지는 단지 시작에 불과하다. RTE 비즈니스 아키텍처에서 언급했듯이 비즈니스에 의미 있는 영향을 주기 위해서는 의사결정 및 실행의 단계가 필수적이다. 중요한 이벤트에 대한 통지가 가능한 경우, 담당자는 무엇을 해야 할지를 결정하여 실행의 단계에 돌입할 수 있게 된다. 이는 수동적으로도 달성 가능하지만 속도가 중요한 환경에서는 IT가 중요한 역할을 해준다.

따라서 BAM은 독자적으로 존재할 수는 없고, 비즈니스 프로세스 각 단계의 여러 도구와 기능과 관계하면서 가치를 가진다. BI 애플리케이션은 과거의 경향을 분석함으로써 현재와 과거를 연결해주는 데에 활용된다. 이메일이나 온라인 포럼 · 채팅 등의 협업지원 도구들이 가지는 기능은 의사결정자가 적절한 반응을 결정하고 그 결과에 대해서 실행단계를 담당하고 있는 사람들과 의사소통할 수 있게 해준다. BPM 도구가 실행을 자동화해주고 그러한 진행단계를 파악할 수 있도록 지원할 수 있을 것이다. 만일 이벤트에 대한 대응이 예측 가능한 경우에는 BAM의 경보가 미리 프로그램화 되어 있는 대응을 유발하게끔 할 수 있다. BAM은 조기경보의 속도가 큰 보상을 제공하는 부문에 있어서 가장 큰 가치를 가질 것이다. 예를 들어, 만일 한 상점에서 매출이 급증하여 해당일의 상점 재고가 고갈될 위험이 있음을 사전에 알릴 수 있는 경우 BAM이 유용성을 가질 수 있을 것이다. 결국, BAM은 '감지-의사결정-대응'으로 이루어지는 비즈니스 프로세스의 시작 단계라고 볼 수 있다.

BAM의 가치는 중요한 이벤트를 더 빠르게 감지해냄으로써 기업으로 하여금 적절한 대응을 하는 데에 더 많은 시간을 확보할 수 있게끔 해주는 것에 있다. BAM 애플리케이션은 이벤트를 포착해내기 위해 환경을 탐지하고 이벤트의 중요성을 파악하며 발생한 이벤트의 중요성을 의사결정자에게 통보해주기 위해 비즈니스 규칙을 활용한다.

BAM 애플리케이션이 가지는 가치를 이해하기 위해 BAM이 실제로 어떻게 활용될 수 있는가의 몇 가지 사례를 들자면 다음과 같다.

- 한 신용카드 사의 경우, 카드 사용을 승인하는 애플리케이션을 구축하여 모든 거래처리를 독립적으로 모니터링하기 위해 BAM 애플리케이션을 도입했다. BAM은 문제가 발생하는지 인프라스트럭처를 모니터링하고 불법적 사용에 대한 감지 및 신규 서비스 기회를 파악하는 데에 활용되고 있다. 특히 애플리케이션 프로그래밍의 재작업 없이 룰을 추가하고 수정할 수 있는 유연성에 장점을 가지고 있다.

- 한 대형 공항사에서는 램프운영 시스템에 BAM이 적용되었다. 어떤 게이트에 비행이 할당되는 경우, 일정이 바뀌거나, 항공기가 도달하거나, 화물이 적재되거나 내려지는 경우, 항공기가 게이트를 출발하는 경우에 이벤트가 수집된다. 문제가 발생할 경우, 램프 담당자는 이를 지속적으로 보고받고 항공사 관계자는 승객들의 일정을 관리하도록 요청받는다.

- 한 BAM 공급자는 월마트의 공급자들에게 초점을 맞추었다. BAM은 월마트의 공급 시스템에 접근하여 사전에 정의된 룰을 제공하고 공급자들이 필요로 하는 사항을 알려준다. 그 시스템은 공급 부족을 알려주고 대안을 제시해주는 기능을 제공한다.

2. 4
비즈니스 프로세스 관리(BPM)의 개념

기업경영의 글로벌화 · 기업 간의 경쟁심화 · 제도 및 사회의 변화 등은 그 속도와 심도에 있어서 날로 대처하기 힘겨운 상황으로 치닫고 있다. 현대의 기업은 이에 대처하기 위해 기업 운용비용 절감노력 등의 효율성 제고뿐 아니라, 생존을 위한 민첩성 및 조직의 유연성을 높이기 위한 방안을 모색해야 하는 압력을 받고 있다. 이러한 기업환경의 압력은, 기업이 생존을 위해 가장 중요한 핵심으로써 '고객의 입장에서 기업이 제공하는 가치를 바라보고 그 가치를 어떻게 생성하고 전달해야 극대화할 수 있을까' 하는 근원적인 질문에 봉착하게 만들었다. 이는 기업으로 하여금 고객에게 가치를 전달하는 과정으로써의 비즈니스 프로세스에 초점을 맞추게 하였다. [15]

어느 기업에나 조직목표 달성을 위해 다양한 규칙에 의해 정의되고 상호 연관되어 있는 비즈니스 업무의 집합이 존재한다. 비즈니스 프로세스는 사람과 시스템이 엮어져 조직목표에 부합되는 의사결정을 내리기 위해 업무를 수행하는 일련의 과정으로 볼 수 있다. 기업은 일상적인 운영을 하는 동안 수많은 크고 작은 비즈니스 프로세스를 거치게 된다. 이러한 비즈니스 프로세스는 조직의 상품 및 서비스 제공 · 운영관리 · 가치창출 능력 등에 직접적으로 연관되어 있으므로, 비즈니스 프로세스를 어떻게 수행하는가 하는 것은 한 조직이나 기업의 업무추진 속도 및 궁극적인 성과를 결정하는 중요한 요인이다.

그러나 기업 내의 비즈니스 프로세스는 현대 기업의 가치사슬 붕괴와 재정립을 통한 복잡한 네트워크 구조(사람)와, 갖가지 기능의 애플리케이션 및 솔루션의 방만한 도입(시스템)으로 인한 문제들과 얽혀 그 복잡도가 심화된 상황이다. 따라서 오늘날의 기업은 비즈니스 프로세스의 관리 · 변경 · 실행 그리고 측정에 있어서 고비용의 문제를 안고 있다. 이러한 문제에 대한 해법으로써 복잡한 조직구조 · 기업 애플리케이션 그리고 단위업무 속에서 비즈니스 프로세스를 명료하게 정립하고, 그들 간의 관계를 통합적으로 분석 · 관리 · 최적화함으로써 기업경영의 효율성을 최적화하고자 BPM에 대한 관심이 높아지게 된 것이다.

프로세스 관리를 통해 생산성을 향상하고 내부의 역량을 강화하며, 궁극적으로 경쟁력을 확보할 수 있다는 관점에서 출발한 BPM은 다음과 같이 프로세스를 관리한다.

〈그림 2-7〉 BPM 프로세스 관리

BPM 프로세스 관리

✓ 보이지 않는 프로세스를 보이게 한다.

✓ 자동화 가능한 것을 최대한 자동화한다.

✓ 업무를 중심으로 통합된 시스템 환경을 제공한다.

✓ 프로세스 처리 이력을 통한 측정을 지원한다.

✓ 변화된 프로세스를 쉽게 적용할 수 있도록 지원한다.

✓ 경영환경의 변화에 따라 수반되는 업무처리 방식과 규칙의 변화에 적은 비용으로 유연하게 적응할 수 있도록 해준다.

1) 첫째, 보이지 않는 프로세스를 보이게 한다

기업 내 혹은 기업 간 일어나는 업무활동들은 서로 유기적인 관계를 가지고 시작부터 끝까지 사람과 사람이, 사람과 시스템이, 경우에 따라서는 시스템과 시스템이 다양한 의사소통을 수행하고 정보를 공유하거나 만들면서 일어나고 있다. 그런데 시작부터 끝까지 어떤 과정을 거쳐서, 현재 무엇이 진행되고 있는지, 어떠한 문제가 있는지, 누가 어느 작업을 하고 있는지 한눈에 파악할 수가 없다. 그러나 BPM을 도입하면 프로세스를 가시화(Visualize)함으로써 프로세스를 파악하고 개선할 수 있게 된다. 일례로 특정 팀의 관리자가 자신의 팀원들이 현재 수행하고 있는 일과 해당 업무의 상태를 실시간으로 한곳에서 파악하는 것이 가능해진다.

2) 둘째, 자동화 가능한 것을 최대한 자동화한다

먼저 프로세스를 기준으로 사람과 사람이 수행하는 의사소통을 자동화하고, 자료와 업무의 흐름을 자동화하고, 자동화 가능한 업무처리를 최대한 자동화한다. 자동화를 통해 업무처리 오류를 줄일 수 있으며, 업무처리 과정 중에 흔히 발생할 수 있는 유휴시간을 최소화한다. 자동화는 결과적으로 생산성 향상에 기여한다.

3) 셋째, 업무를 중심으로 통합된 시스템 환경을 제공한다

기업 내에는 무수히 많은 정보시스템과 자료가 존재하고 업무수행 중에는 이 시스템과 자료를 활용해야 한다. 해당 정보시스템들은 각기 다른 기술환경에서 작동하지만 하나의 업무수행 중 동시에 활용해야 하는 경우가 많다. BPM에서는 특정업무의 수행을 위해 요구되는 모든 도구와 정보시스템의 특정 화면을 한곳에서 처리할 수 있는 통합 업무환경을 제공한다. 따라서 업무수행 중 필요한 모든 작업을 쉽고·빠르고·편리하게·빠뜨리는 것 없이 처리할 수 있도록 지원한다.

4) 넷째, 프로세스 처리 이력을 통한 측정을 지원한다

BPM은 비즈니스 목표에 따라 측정을 위한 지표를 설계하고 프로세스 처리 이력을 토대로 지표값을 측정함으로써 개선방안을 도출하도록 지원한다. 기업 내 혹은 기업 간에 일어나는 업무활동을 측정하는 일은 무엇보다도 중요하다. 측정하면 문제가 무엇인지 인식할 수 있고 개선할 수 있다.

5) 다섯째, 변화된 프로세스를 쉽게 적용할 수 있도록 지원한다

과거에도 BPR(Business Process Reengineering)이라는 개념이 존재했으며 많은 기업에서 프로세스 혁신을 시도해왔다. 그러나 그 결과가 성공적이었던 사례는 그렇게 많지 않다. BPR의 가장 큰 장애요인으로는 변화된 프로세스를 조직에 적용하는 것 자체에 대한 어려움을 들 수 있다. 반면 BPM은 개선된 프로세스대로 수행할 수 있도록 제어해줌으로써 업무처리 방식의 변경이 미치는 혼선을 최소화한다. 실제로 혹자는 BPR을 수행한 뒤 변화된 프로세스에 BPM을 도입하는 경우가 가장 이상적이라고 말한다.

6) 여섯째, 경영환경의 변화에 따라 수반되는 업무처리 방식과 규칙의 변화에 적은 비용으로 유연하게 적응할 수 있도록 해준다

시장의 상황·고객의 요구·경쟁기업과의 관계 등 경영환경이 변화하면, 업무를 처리하는 방식과 규칙, 즉 프로세스가 변화해야 한다.

　BPM의 가장 큰 이점(利點)은 무엇보다 이를 도입했을 때 기업의 투자회수시점이 빨라진다는 점이다. 더욱이 경기침체가 장기화됨에 따라 즉각적이고도 실질적인 투자회수를 기대할 수 있는 곳에만 투자하는 것이 근래 추세임을 감안할 때 BPM의 가치는 상대적으로 많은 부분 인정을 받고 있는 듯하다.

　가트너는 많은 기업이 이미 BPM 도입성과에 매우 만족하고 있으며, 성과의 만족도도 높다고 평가하고, 앞으로 대부분의 대기업이 조만간 BPM을 기업신경망시스템(Enterprise Nervous System)에 도입할 것이라고 전망하고 있다.

RTE 시스템 이해

전술했던 RTE 비즈니스 아키텍처를 현실에서 구현하기 위해서는 이를 지원해줄 수 있는 정보시스템의 뒷받침이 보장되어야 한다. RTE 비즈니스 프로세스를 지원하는 하부구조로써의 시스템을 바라보는 시각은 기존의 시스템과 왜 달라야 하며, 어떠한 차이점을 가지고 있는가에 대해 논의할 필요가 있다. 본 절에서는 RTE 비즈니스 프로세스 구현을 위한 시스템에 대해서, ①RTE 시스템 아키텍처 · ②RTE 핵심 미들웨어 · ③RTE 지원 애플리케이션의 세 측면을 통해 조망해보도록 한다.

3. 1
RTE 시스템 아키텍처

기업이 스피드와 기민성을 보유한 RTE로 거듭날 수 있는가의 여부는 컴퓨터 시스템과 네트워크 시스템이 어떻게 디자인되고 구축되는가에 크게 좌우된다. RTE 시스템 아키텍처의 기본 원리는 비즈니스 프로세스 내의 모든 개체들과 절차들을 총체적으로 바라본다는 것이다. 다양한 지역에 흩어져 있는 모든 비즈니스 개체들과 구성원 및 애플리케이션 시스템을 비롯한 자동화기기들은 하나의 총체적인 시스템을 구성하고 있는 것으로 인식할 수 있다. 현대 기업을 바라보는 이러한 기본적인 시각은 수년 전부터 경영 분야의 한 흐름으로 자리잡아온 가상기업 및 네트워크 조직의 개념과 일맥상통하는 것이다.

RTE는 IT를 기반으로 하여 경영의사결정에서의 시간지체를 해소하는 것으로 볼 수 있다. 어떻게 보면 정보흐름의 지체를 완전 제거한다는 것은 비현실적인 목표로 보일 수도 있으나, 경쟁우위 확보를 위한 현대 기업들의 정보흐름 개선을 보면 점차 현실화의 가능성이 엿보이고 있다는 것 또한 부인할 수 없다. RTE로 진화하기 위해 기업들이 수행해야 할 핵심적인 단계 중 하나가 바로 정보기술의 아키텍처와 프로세스를 현대화하는 것이다.

RTE화된 IT는 어느 특정 애플리케이션 시스템에서 발생한 정보를 관련된 모든 곳으로 전달해준다. 이는 의사소통의 주체인 모든 송신 및 수신 개체들이 적절하게 연결되어 있음을 전제로 하고 있다. 이들 의사소통 개체들은 한 기업 내에 있을 수도 있고, 여러 기업에 걸쳐서 존재할 수도 있다. 네트워크는 애플리케이션 시스템 간·기업 간에 있어서 경영정보를 실시간으로 주고받으며 이를 해석할 수 있게끔 해준다. 그러한 범세계적인 네트워크는 기술·애플리케이션 혹은 정보 그리드(Grid : 차세대 인터넷 서비스 기술)를 지칭하는 것이기도 하다.

정보 그리드상에서 정보 원천을 가지고 있는 것은 비즈니스 애플리케이션이다. DBMS(Database Management System)[34]가 실제로 그 정보를 소유하고 있는 것이 아니냐고 반문할 수도 있으나, 실제로 DBMS는 가공되지 않은 원천 데이터만을 담고 있을 뿐이며, 데이터가 가지는 의미론적 내용을 생성하고 해석하는 것은 바로 소프트웨어이다. 따라서 정보 그리드 및 기업신경망시스템상의 노드들은 데이터베이스가 아닌 소프트웨어 모듈들이라고 볼 수 있다. RTE 구현을 위한 시스템 아키텍처는 이렇듯 각기 다른 수많은 모듈들이 서로 통합되고 협업할 수 있는 형태로 디자인되어야 한다.

기업의 진정한 기민성 제고를 지향하고 있는 RTE 시스템 아키텍처는 SOA(Service-Oriented Architecture) 방식과 EDA(Event-Driven Architecture) 방식을 상호보완적으로 적용함으로써 실현이 가능할 것으로 보인다. SOA방식을 통해서 기업은 유동적이고 재구성 가능하며 표준에 기반한 서비스를 생성할 수 있게 되며, EDA 방식을 통해서 기업경영에 있어서 의미 있는 실시간 이벤트들을 감지 · 모니터링 · 여과 · 분석 및 연계시킬 수 있는 능력을 보유할 수 있다.

다소 진부한 예가 될 수도 있겠지만, 특정 지역에서 영업 순이익이 갑자기 감소한 비즈니스 이벤트가 발생했다고 가정해 보자. 이러한 예기치 않은 이벤트는 그 원인을 찾아내기 위한 서비스를 호출하게 될 것이다. 이러한 서비스는 그 지역 공급자의 재고가 고갈되었는지, 인건비가 상승되었는지, 제품수요가 감소했는지 등 여러 개의 서비스들로 구성될 것이다. 일단 이러한 서비스가 실시간으로

---

34. **DBMS(Database Management System)** 데이터베이스 관리시스템

제공되면, 다른 공급자들에게 제품을 요청한다든지, 해외의 생산업체를 찾아본다든지, 수요진작을 위한 프로모션을 벌인다든지 하는 대처를 하게 된다. 이렇듯 예기치 않았던 이벤트가 발생할 경우, SOA와 EDA가 효과적으로 조합된다면 기업의 기민한 대처 실현이 가능해질 것이다. 따라서 RTE 시스템 아키텍처의 두 이슈라고 볼 수 있는 서비스지향 아키텍처(Service-Oriented Architecture)와 이벤트 중심 아키텍처(Event-Driven Architecture)에 대해서 논하도록 한다. 이에 더해 최근 주목받고 있는 웹서비스에 대해서도 조망해 보도록 한다.

(1) 서비스지향 아키텍처(SOA)

대부분의 비즈니스 소프트웨어 모듈들은 표준화된 인터페이스를 통해서 실시간으로 접근 가능해야만 한다. 그렇지만 개별 애플리케이션들의 분석 및 설계 과정에서 통합에 대한 요구사항과 내용 구도를 명확하게 정의하지 않은 다른 애플리케이션들을 통합하는 것은 결코 쉬운 일이 아니다. 기존의 개별 애플리케이션에 대해서는 비교적 잘 정의된 아키텍처가 있는 반면, 애플리케이션과 애플리케이션 통합에 관한 전체적인 아키텍처는 결여되어 있는 것이 현실이다. 기업이 RTE화 되기 위해서는 소프트웨어 모듈들이 SOA(Service-Oriented Architecture), 즉 서비스지향 아키텍처의 정의에 정확히 부합되어야 한다.

SOA는 서비스를 기반으로 함으로써 기민성·프로세스 및 기존 자산의 재활용성·확장성·프로세스 간의 느슨한 결합을 통한 통합 작업의 용이성 등 여러 가지 장점을 제공한다. 이러한 SOA의 장

〈그림 2-8〉 서비스와 서비스 지향 아키텍처

· 서비스

비즈니스 지향의 상호작용 소프트웨어 컴포넌트로써 프로그램화된 인터페이스를 통해 애플리케이션 및 조직을 가로질러 호출되도록 디자인됨

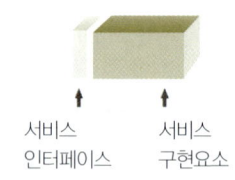

서비스 인터페이스   서비스 구현요소

· 서비스 지향 아키텍쳐

다수의 서비스와 서비스사용자(클라이언트)가 일대일 상호작용의 관계를 가지는 애플리케이션 소프트웨어 설계방식

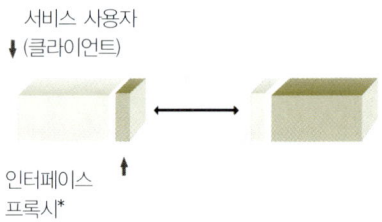

서비스 사용자 (클라이언트)

인터페이스 프록시*

프록시(Proxy)* : 사용자와 서비스 서버 사이에 위치하여 사용자 요구에 따라 원하는 정보를 가져오고 이를 사용자에게 전달해주는 역할

출처 : Gartner Research

점으로 인해 가트너 등에서는 향후 차세대 시스템 아키텍처로써 SOA에 대해서 긍정적인 예측을 하고 있다. 근시안적으로 시간에 쫓겨서 수행되는 프로젝트에서는 서비스지향 애플리케이션이 나오기 힘들며, 그 결과로 추후의 프로젝트나 외부 소프트웨어 공급자들로부터 새로운 시스템을 들여옴으로써 서비스를 제공해야 하는 상황에 처하게 되는 경우가 많다. 그렇지만 간과할 수 없는 사실은, 기업이 RTE화가 되기 위해서는, 기존 시스템들의 경우 서비스 기반으로 작동하도록 개선되거나 새로운 서비스지향 애플리케이션으로 대체되어야 하고, 새로 디자인되는 기업 시스템들의 경우 서비스지향적으로 구축될 필요가 있다는 점이다.[16]

RTE 시스템 아키텍처는 기존의 시스템 패키지를 단순 도입하는 방식으로 해결되는 문제가 아니다. 이에는 장기적이고 체계적으로 기업의 아키텍처에 투자를 해야만 할 필요성이 제기된다. 이러한 과정상에서 중요한 단계 중 하나가 SOA 방식의 채택이라고 볼 수 있다. 그렇다면 SOA가 기존 소프트웨어 디자인 방식과 어떻게 다르며, 과연 어떤 애플리케이션 스타일이 SOA에 적합할 수 있는가에 대한 구체적인 논의를 할 필요가 있을 것이다.

SOA 방식의 장점을 가장 잘 부각시키는 경우는 다채널 애플리케이션 프로젝트(Multichannel Application Project)의 경우일 것이다. 다채널 애플리케이션의 정의상 특성은 비즈니스 기능이 복수의 사용자 집단으로 이어져 있다는 것으로써, 여기에서 사용자 집단은 다양한 역할 및 상황에 있는 사람뿐 아니라 다른 애플리케이션 시스템들까지도 포함하는 것이다. 고객·운영자·임원 및 파트너들과 같은 다중 채널은 각자의 사용자 특성에 맞는 환경을 필요로 하므로 각각의 고유 소프트웨어들을 필요로 한다. 이와 더불어 많은 사용자들은 노트북·휴대폰·PDA 등과 같이 각자 다른 도구들을 사용할 것이므로, 각 채널에 적합한 프런트 엔드 로직(front-end logic)으로 인한 복잡성과 차별화가 발생하게 된다.

이러한 경우에, SOA가 가장 적절한 방식을 제공할 수 있다. 서비스 요청자의 특성과 독립적으로 요청자 특유의 프런트 엔드 로직으로부터 백 엔드 로직을 분리시키는 것은 애플리케이션 프로젝트에 있어서 최소한의 시간으로 최대한 많은 사용자들에게 애플리케이션 기능을 제공할 수 있게끔 해준다. 물론 이는 서비스가 잘 디자인되었다는 가정하의 효과이며, 서비스상에서 혼돈이 생길 경우 기대

효과는 불투명해질 것이다. 따라서 다채널 애플리케이션이 소프트웨어 재사용과 SOA가 효과를 가져다 줄 수 있는 가장 좋은 경우라고 할 수 있다.[17]

<그림 2-9> SOA와 다채널 애플리케이션

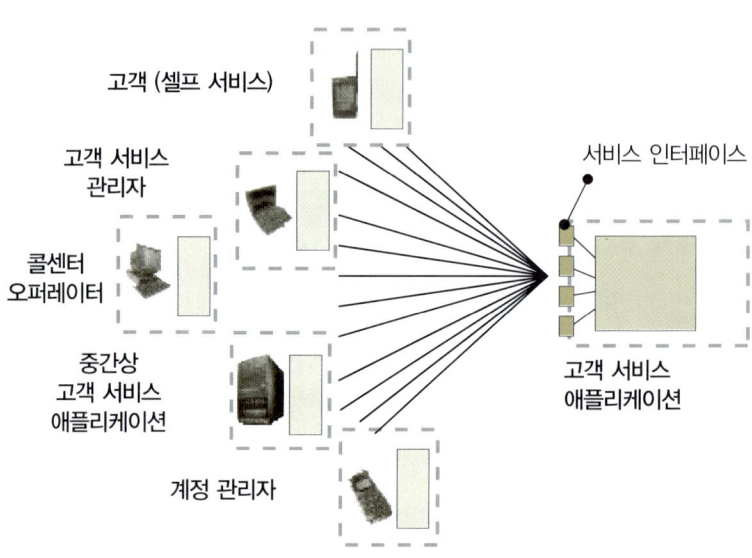

고객 (셀프 서비스)

고객 서비스 관리자

콜센터 오퍼레이터

중간상 고객 서비스 애플리케이션

계정 관리자

서비스 인터페이스

고객 서비스 애플리케이션

출처 : Gartner Research

(2) 이벤트중심 아키텍처(EDA)

이벤트 중심 아키텍처(EDA; Event-Driven Architecture)는 경영환경의 중요한 변화 ,즉 비즈니스 이벤트를 감지하고 반응한다. 애플리케이션 개발자들은 이벤트중심 애플리케이션을 개발하기 위해서 기존 시스템 개발 시의 것과는 다른 디자인 패턴 및 소프트웨어를 활용한다. 이벤트중심 디자인은 다음과 같은 4 가지 측면에서 향상을 꾀하게 된다.

첫째, 이벤트를 배치(Batch) 방식이 아니라 개별적으로 처리한다. 이벤트중심 시스템은 송신 애플리케이션에 의해서 이벤트가 감지되는 즉시 MOM(Message-Oriented Middleware), ESB(Enterprise Service Bus)[35], 웹서비스 등의 실시간 메커니즘을 활용한다.

둘째, 작업활동의 병렬처리이다. Pub-Sub(Publish-and-Subscribe) [36] MOM·통합 브로커·BPM 엔진 등을 활용하여 이벤트를 복수의 목적지로 동시전송함으로써 한 이벤트에 의해서 복수의 작업이 동시에 유발되도록 하는 것이 가능하다. 예를 들어, 고객의 주문은 주문적합성·재고 확인·고객신용도 확인의 세 작업을 동시에 시작되게 함으로써 시간을 단축하는 것이 가능하다.

셋째, 풀(Pull)[37]방식이 아닌 푸시(Push)[38] 방식의 의사소통이다. 감지된 이벤트 메시지를 송신하는 측이 수신 측보다 이벤트의 발생을 먼저 알게 되므로, 이벤트 전달의 시기를 송신 측이 신속하게 결정해야 메시지 전달의 지체가 제거될 수 있다.

마지막은, 필요한 사람에게 선택적으로 공지하는 것이다. 이는 임계치를 초과하는 이벤트가 발생하여, 예측하지 못했던 문제나 기회가 감지될 경우에 한하여, 관련자에게 BAM 경영현황 속보판 등을 통하여 이를 보고함을 말한다.[18]

EDA는 SOA와 상호보완적인 관계로 이해할 필요가 있다. 많은 기업들이 SOA 방식을 채택하기 시작함에 따라서 EDA 디자인 접근방

---

35. **ESB(Enterprise Service Bus)** 서비스, 메시지, 이벤트 기반 인터랙션을 이종의 환경에서 지원
36. **Pub-Sub(Publish-and-Subscribe)** 응용 프로그램을 통합하기 위한 패러다임
37. **풀(Pull)** 서버로부터 정보를 검색하는 것
38. **푸시(Push)** 해당 정보를 이용자에게 보내주는 방식

식에도 관심을 기울이기 시작하고 있다. EDA와 SOA는 다수의 소프트웨어들을 통합하기 위한 방식이란 점 때문에 많은 공통점을 가지고 있지만, 모듈들 간의 관계정립을 하는 방식 및 적용목적에서 다른 점을 가지고 있기 때문이다. RTE 구현을 위한 아키텍처 방식으로 왜 SOA와 EDA가 모두 중요성을 가지는가에 대한 이해를 높이기 위해 두 방식 간의 유사점과 차이점을 이해할 필요가 있다.

〈표 2-1〉 SOA와 EDA의 비교

	SOA	EDA
모듈간 결합 방식	느슨한 결합 (Loosely Coupled)	비결합 (Decoupled)
상호작용 방식	일대일의 요청/응대 방식 (Request/Reply)	n대n의 배포/구독 방식 (Publish/Subscribe)
동기화 방식	동기화 (Synchronous)	비동기화 (Asynchronous)
프로세스 흐름	수직적 (Hierarchical)	동시다발적 (Multiple, Simultaneous)

우선 두 방식은 모듈화 및 모듈 간의 연결 측면에서 유사성을 보이고 있다. SOA와 EDA는 분산 시스템 유형을 위한 디자인이기 때문에, 네트워크로 이어져 있는 각기 다른 컴퓨터에서 다수의 프로그램들이 운영되는 환경을 지원한다. 각각의 모듈은 고객의 계좌를 확인한다거나 제품 가격을 갱신한다거나 하는 절차를 구현하기 위한 하나 또는 그 이상의 프로그램 집합 또는 비즈니스 컴포넌트를 의미한다.

SOA의 경우 서비스를 구현하는 서비스 제공자와 서비스를 요청하는 서비스 사용자 각각이 하나의 모듈이 된다. EDA의 경우는 이벤트 원천과 이벤트 수용자가 개별 모듈에 해당되는 것이다. 모듈 간의 연결, 즉 프로그램 간 의사소통은 SOA와 EDA 모두의 핵심이라고 할 수 있다. SOA 모듈은 인터페이스라고 일컫는 문서화된 계약관계에 의해서 서로 의사소통을 하며 인터페이스는 WSDL[39] 등을 활용하여 정의된다.

〈그림 2-10〉 SOA · EDA와 RTE 아키텍처

SOA

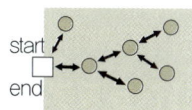

start
end

논리적
비즈니스
업무단위

· 모듈의 느슨한 결합 · 복합 애플리케이션
· 대화형 · 다채널 애플리케이션
· 종속적 · 신규 온라인 프로세싱 애플리케이션
· Closed-ended

EDA

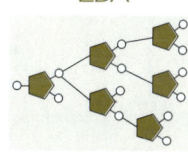

기업
비즈니스
프로세스

· 모듈의 비결합 · 모니터링 애플리케이션
· Pub/Sub형 · 상태전환 애플리케이션
· 자율적 · B2B 애플리케이션
· Open-ended · 로보틱스 애플리케이션

RTE 아키텍처

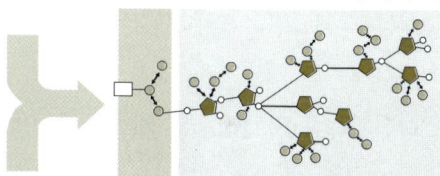

---

39. WSDL(Web Service Definition Language) 특정 비즈니스가 제공하는 서비스를 설명하고 그러한 서비스에 전자적으로 접근할 수 있게 하는 언어

(3) 웹서비스기반 아키텍처

웹서비스는 분산 컴퓨팅을 가능하게 하여 애플리케이션으로 하여금 서로 다른 플랫폼에서 정보를 취득하고 공유할 수 있게 하는 측면에서 RTE를 구현하는 데 중요한 역할을 할 수 있다. 웹서비스는 기업이 RTE를 통한 이득을 극대화하려 할 때 의미 있는 가치를 제공한다. 데이터 로직과 데이터 저장소를 재사용할 수 있게 함으로써 비용을 절감하게 해주며, 한번 제대로 구축되면 큰 유연성을 제공한다. 웹서비스는 RTE의 실시간 업무혁신에 확실한 도움을 준다. 웹서비스는 서비스지향 아키텍처를 생성하는 데 촉매역할을 하며 서로 다른 기기·장소·운영시스템으로 하여금 데이터를 주고받을 수 있게 하여, RTE를 향해 한 걸음 가까이 갈 수 있게 해주는 것이다.

웹서비스로 가능한 서비스지향 아키텍처는 개발계획을 단축시키고 핵심적인 데이터를 더 많은 애플리케이션으로 더 빨리·더 안정적으로 제공함으로써 기업의 대응시간을 향상시킨다. 그리하여 애플리케이션 개발자는 애플리케이션 간 긴밀한 통합이 용이해지고 핵심기능을 자체적으로 개발할 수 있는 자유를 얻을 수 있다. 기업은 새로운 데이터 접근기능을 개발하는 데에 필요한 시간을 줄이고, 애플리케이션 간 정보공유를 가능하게 하는 별도의 노력을 할 필요가 없게 되었다. 웹서비스를 도입할 때 기존 시스템이 없으면, 기업은 웹서비스를 주요 개발과제로 삼을 수 있다. 기존의 애플리케이션과 아키텍처를 위한 접속방법 및 도구를 고려할 필요가 없기 때문에 기업은 서비스지향을 위해 총체적인 노력을 쏟을 수 있는 것이다. 이러한 프로젝트를 흔히 그린필드 프로젝트(Green-Field Project)라 하는데, 이미 적용된 정보기술 시스템의 연결을 고려하지 않아

도 되기 때문에 기업은 그만큼 수고를 덜 수 있다.[19]

그렇다고 해서 기업이 자사의 모든 분야에 웹서비스 프로젝트를 실시하는 것은 잘못된 생각일 것이다. 그럼에도 애플리케이션 통합 문제에 있어서 적합한 분야에 적용할 경우, 큰 비용을 들이지 않고 굉장히 큰 효과를 기대할 수 있으므로, 꼭 필요한 곳에 웹서비스를 도입하지 않는 것 역시 매우 큰 실수이다. 대부분의 신규 SOA 애플리케이션 프로젝트들은 웹서비스를 활용하고자 하며, 대부분의 웹서비스 프로젝트에서는 SOA 방식을 지향하고 있는 상황이다. 그러나 많은 프로젝트의 경우 그 둘을 같은 것으로 가정하여 웹서비스를 활용하기만 하면 SOA의 장점을 보장받을 것이라는 실수를 저지른다. 실제로 제대로 된 SOA 애플리케이션은 체계적인 디자인 노력과 더 고도화된 기업차원의 프로젝트 및 서비스 품질을 요구한다.

사실 최소 수준에서 보자면 웹서비스의 경우는 하나의 독립적인 아키텍처라기보다는 일단의 표준이라고 볼 수 있다. 점차 많은 수의 표준이 대두되면서, 새로 제시된 웹서비스 표준은 애플리케이션 운영의 문제들까지 웹서비스 내부로 포함되게끔 그 범위를 확장하고 있다. 따라서 웹서비스 표준은 J2EE[40]와 닷넷(.Net) 애플리케이션 프로그래밍 인터페이스 활용의 일부를 대체하면서 새로운 분산 컴퓨팅 아키텍처로써 통합될 것이다. 그러나 아직까지는 J2EE나 .Net/COM+[41] 등 상이한 기반 플랫폼들이 애플리케이션 아키텍처의 기반을 제공하고 있다.

웹서비스 표준은 애플리케이션의 서비스 기반을 보장해주지는 못

---

40. J2EE Java2 중에서 엔터프라이즈 에디션(Enterprise Edition)
41. COM+(Component Object Model plus) 마이크로소프트사가 책정한 객체간 통신 규약

하며, 서비스 기반의 애플리케이션은 웹서비스 표준 없이도 구축 가능하다. 물론 한동안은 웹서비스가 소규모의 단순한 애플리케이션에 적용 가능한 SOA의 한 형태로 존재할 것이지만, 기업의 입장에서는 모든 SOA 프로젝트에서 웹서비스에 국한시키지 말고 체계적인 디자인을 위한 노력을 기울여야 한다. 문제는 기존 시스템과의 통합이 필요한 웹서비스 프로젝트를 진행하려고 할 때이다. 기업의 문화가 정보기술에 관련된 위험을 기피하는 성격이라면 웹서비스의 즉시 도입을 추천하기는 어렵다. 전략적인 웹서비스 프로젝트를 실행할 경우 불가피하게 발생하는 지연시간을 경영층이 감당할 수 없기 때문이다. 핵심적인 경영 프로세스에 관련된 웹서비스의 도입을 피하고, 성과를 조금이라도 얻을 수 있는 작은 규모의 프로젝트를 먼저 시작하는 것이 더 적합할 것이다.

웹서비스는 기존의 시스템으로 접근할 수 없는 데이터를 분산시켜 공유할 수 있게 해주지만, 데이터의 정형화 문제나 저장소의 근본적인 통합에서의 효과를 볼 수는 없다. 만일 이러한 점이 문제가 되는 기업은 웹서비스 프로젝트의 도입보다는 다른 종류의 서비스지향 솔루션을 고려해 볼 필요가 있다. 웹서비스의 효과가 큰 것은 데이터가 기존 애플리케이션 사이에서만 공유되고 처리될 때인 것이다.

3. 2
RTE 핵심 미들웨어

논리적으로 보면 기업디지털신경망의 핵심을 이루는 미들웨어 인프라스트럭처는 다음과 같은 통합 시스템 및 관련 기술의 조합으로 구성된다. 성공적인 통합조직의 기반을 마련하는 데에는 이러한 기술이 효과적으로 조합될 때에 가능할 것으로 전망하고 있다.

첫째, 한 프로그램 또는 데이터베이스로부터의 바이트들을 다른 쪽으로 이동시키기 위한 MOM(Message-Oriented Middleware) · 파일전송 서비스 · 데이터베이스 게이트웨이 · 어댑터와 같은 기본적인 통신장비들이다.

둘째, 메시지나 파일의 내용을 번역하여 전달하는 기능과 인텔리전트 라우팅 등의 기능을 제공하는 통합 브로커이다. 이는 ENS 운영의 두뇌에 해당된다.

셋째, 워크플로의 각 단계를 조율하고 라우팅하고 기억하는 기능

<그림 2-11> 기업신경망시스템의 핵심 미들웨어

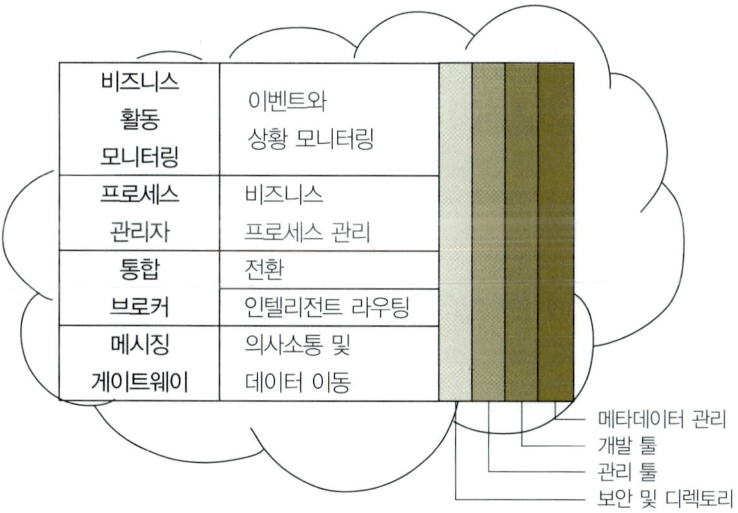

비즈니스 활동 모니터링	이벤트와 상황 모니터링
프로세스 관리자	비즈니스 프로세스 관리
통합 브로커	전환 인텔리전트 라우팅
메시징 게이트웨이	의사소통 및 데이터 이동

메타데이터 관리
개발 툴
관리 툴
보안 및 디렉토리

출처 : Gartner Research

을 제공하는 BPM(Business Process Manager)이다.

끝으로, 상호 관련된 비즈니스 활동의 정확성·효과성·품질·신뢰성 등을 관리하기 위해 메시지웨어하우스나 실시간데이터 저장소로부터 과거의 비즈니스 이벤트들을 분석하는 BAM(Business Activity Monitors)이 그 구성요소이다.

(1) BAM 시스템

BAM은 RTE 전략과 더불어 기업 전체에 걸쳐 중요한 이벤트들을 즉시 파악하고 적절한 대처를 하고자 하는 의도를 가지고 있다. BAM과 이를 구축하기 위한 몇 가지 기법들을 이해함으로써, 기업은 실시간 분석과 피드백이 가능하게 된 비즈니스 프로세스로부터 직접적인 혜택을 얻을 수 있다.

BAM 아키텍처는 독자적으로 존재할 수는 없고 ENS(Enterprise Nervous System), 즉 기업신경망시스템에 잘 접합되어야 한다. ENS는 전체 가상기업에 걸친 다양한 지역 및 비즈니스 조직 내에 존재하는 사람·애플리케이션 시스템 그리고 각종 디바이스들을 통합하고 연결하는 기능을 제공하는 지능형 IT인프라스트럭처이다. ENS는 전통적인 기업 네트워크상에서 구축되지만, 보안·메시지 전달·프로세스 조율 등의 부가가치 기능을 제공하는 진보된 시스템이다. 이는 단순한 의사소통의 수준을 넘어 네트워크의 기능을 높여준다. [20]

기존의 네트워크는 정보를 전달하는 애플리케이션 시스템과 명시적으로 정의된 도달점 사이에서 단순히 데이터를 전달해주는 역할만을 한다. 반면에 ENS는 더 높은 서비스 품질의 의사소통메시지의 전환 메시지 방향의 교정, 그리고 비즈니스 프로세스를 추적하고 통제해주는 기능을 제공함으로써, 애플리케이션 시스템들의 논리 기능상의 부담을 덜어준다. 과거에는 ENS의 부재로 인해 BAM이 제약을 받았으나, 현재는 ENS의 서비스, 특히 메시지 서비스가 BAM 시스템의 구축을 가능하게 해준다. 따라서 기업은 ENS를 체계적인 방식으로 명확히 구축해야만 하며, 그렇지 못할 경우 분리되어 있는 시스템들을 통합하여 BAM 기능을 달성하는 데 더 큰 장애를 겪을 수 있다.[21]

BAM의 구축은 다양한 분야의 도구와 프로세스를 활용하는 계층 방식의 설계를 요구한다. BAM의 논리적인 아키텍처는 그림과 같이 3계층으로 구성된다.

① 이벤트 접수 계층(Event Absorption Layer)

② 이벤트 처리 및 여과 계층(Event Processing and Filtering Layer)

③ 이벤트 실행 · 전달 · 표현 계층(Event Action, Delivery & Display)

이벤트가 접수 계층에 유입되면, 여과 및 규칙에 따른 처리를 거쳐 전달되고 실행을 유발하거나 사용자에게 보여진다. 이벤트는 기술적인 이벤트 · 비즈니스 이벤트의 두 곳에서 올 수 있다. 이벤트 접수 계층은 이벤트를 이벤트 처리 및 여과 계층으로 넘긴다. 룰 엔진(Rule Engine)[42]은 일단의 조건과 상황(Context)에 따라 이벤트를 분석한다. 예를 들어, 낮은 기온과 파이프 내의 물은 각각 그 자체로는 문제가 되지 않지만, 낮은 기온에서의 파이프 안의 물은 동파의 위험성을 가지고 있게 될 것이다. 일단 이벤트가 생성되면 이는

---

42. 룰 엔진(Rule Engine) IT 시스템에서 룰과 연관된 부분을 따로 떼어내 관리

사람이나 또 다른 애플리케이션으로 전달되게 된다. 많은 BAM 솔루션들은 소프트웨어 에이전트 데이터웨어하우스 포털 등 기업 내의 기존 기술을 활용할 것이다. 각 계층에는 혁신의 여지가 상당히 존재하고 있을 것이며, 솔루션들은 보다 특정한 요구에 부응할 수 있을 것이다.

BAM 시스템은 정보뿐만 아니라, 경영활동을 시각적인 그림을 활

〈그림 2-12〉 BAM의 논리적 아키텍처

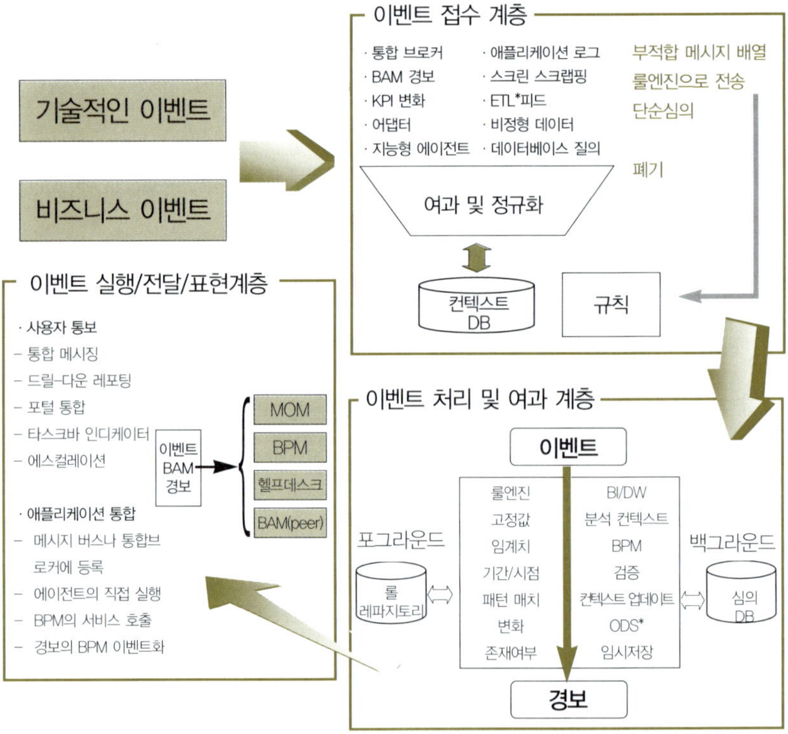

ODS(Operating Data Storage)* : 정규화 되었고 데이터의 중복을 쉽게 허용하지 않는 운영계 시스템
ETL(Extract, Transform and Load)* : 데이터를 추출(Extract)하여 변환(Transform) 작업을 거쳐 타깃 시스템(Target System)으로 전송 및 로딩하는 모든 과정

출처 : Gartner Research   자료 : Gassman(2003).

용하여 경영관리자에게 보여주는 경영현황 속보판 기술을 활용할 수 있다. 범용 BAM 플랫폼을 판매하는 대부분의 공급자들은 자사의 제품에 경영현황 속보판를 포함시키고 있다. 각 공급자들은 경보를 다양한 그래프·차트·게이지를 활용하여 핵심성과지표(KPI; Key Performance Index)를 나타내 줄 수 있게끔 하고 있다. 각 공급자들은 더 자세한 정보를 볼 수 있도록 새로운 창에 세부정보를 표현하게끔 해주며, 역할 기반으로 개발된 기능과 스크린의 사용자 맞춤화를 제공한다. Tibco 소프트웨어는 객체를 위치와 시간에 연계하기 위해서 '무엇이—어디서—언제' 식의 접근방식을 쓰고 있다. Celequest의 경영현황 속보판는 사용자가 쉽게 화면을 맞춤화할 수 있게끔 지원한다. Tibco와 Isante는 사용자 컴퓨터 내에서 많은 처리가 이루어지도록 하는 팻 클라이언트(Fat Client) 방식을 활용하는 반면, 다른 회사 제품은 웹브라우저 클라이언트(Web Browser Client) 방식을 채택하고 있다.

BAM 시장은 매우 다양하고 유동적인 공급자들이 활동하고 있는 상황이다. 각각의 BAM 공급자들은 각기 다른 특성을 가지고 있으므로 복수의 BAM 공급자들이 제공하는 BAM 기능들을 도입해야 할 수도 있다. 가트너의 2003년도 예측으로는, 고객의 수요를 기다리고 있는 BAM 공급자 유형 중 BAM에 특화된 회사들의 경우, 2005년까지 50% 정도가 인수·합병되거나 사업을 접을 것으로 보고 있다. 각 BAM 공급자 유형을 정리해보면 다음과 같다.

① 순수 BAM 유형(Pure-Player): Celequest·Exedo·FirstRain·Iteration·Quantive·Metatomix 등이 해당된다. 완전한 구성을 갖춘 BAM 솔루션에 초점을 맞추고 있다. 각 회사는 각자의

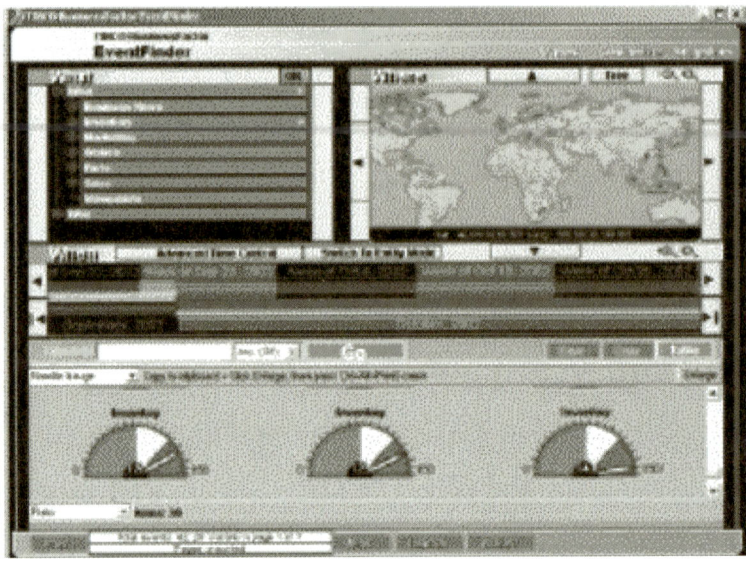

Tibco

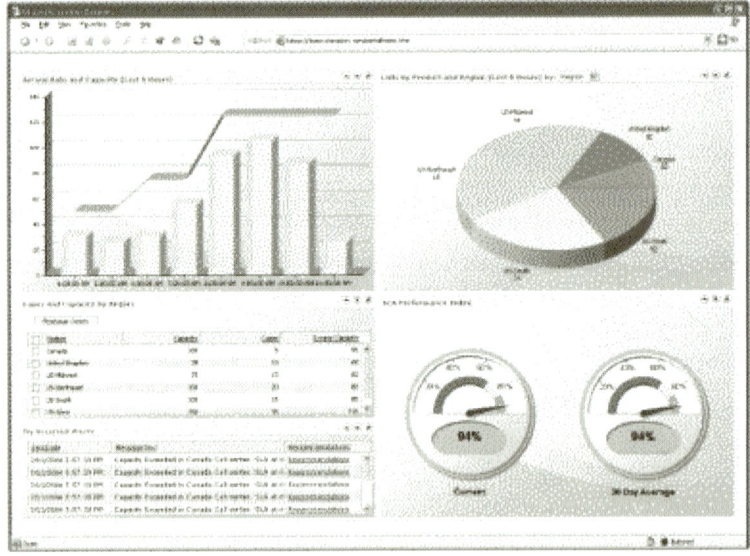

Istante

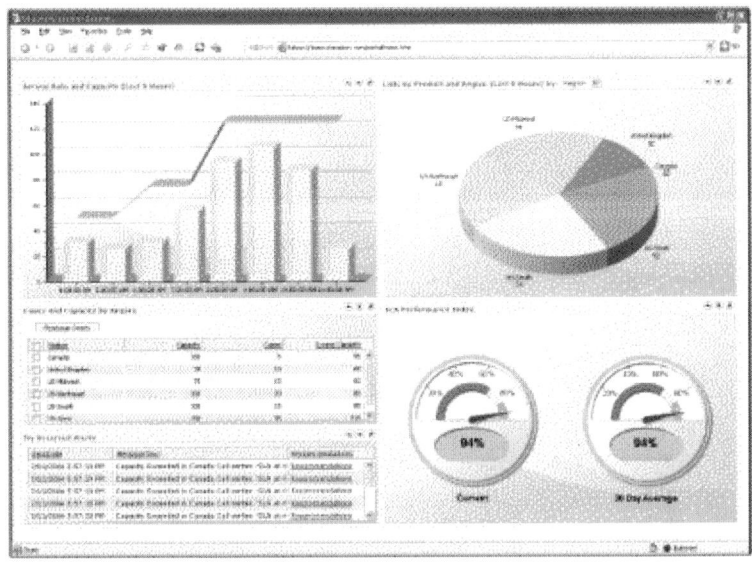

Celequest

특화된 장점을 가지고 있다. Celequest의 경우 구축하기 쉬운
룰 생성기(Rule Generator)가 특성이고, FirstRain의 경우 웹상의
구조화 되지 않은 데이터에서 비즈니스 이벤트를 찾아내는 것
에 초점을 맞추고 있다.

② 애플리케이션 통합유형(Application Integration Vendors): Tibco ·
Vitria · IBM · WebMethods 등이 해당된다. 이 유형은 BAM으로
확장하기에 좋은 포지셔닝을 가시고 있나. Tibco는 순수 BAM
공급자였던 Pradja를, IBM의 경우는 Holisofix를 인수했다. Vitra는
자체적으로 개발하였던, Webmethods 사의 경우는 BI 공급자인
Informatica와 파트너링 관계를 맺었다.

③ BI 유형(Business Intelligence Vendors): Cognos · SAS · Informatica ·
Information Builders · Business Objects 등이 해당된다. 이 유형은

실시간 운영에 따르는 엄밀성을 가지도록 기술을 개조하고 더 나은 룰 엔진과 경보 메커니즘을 포함시키는 역할을 하고 있다.

④ 전사적 애플리케이션 유형(Enterprise Application Vendors)：SAP · PeopleSoft · Oracle · Viewlocity 및 기타 CRM · SCM 공급자들이 이에 해당된다.

⑤ IT오퍼레이션 유형(IT Operations Vendors)：Micromuse · HP · IBM · BMC · CA · Systar · Bristol · Tealeaf · MQSoftware, ISD가 이에 해당된다. 이 유형은 비즈니스 서비스 모니터링(BSM)이나 프로세스데이터 플로(Process Data Flow)를 제공하는 등의 간단한 BAM 솔루션을 위한 방향을 취할 수 있다.

⑥ 시스템통합자 유형(System Integrators)：NCS · SBI 등이 이에 해당된다. 이 유형은 BAM 솔루션의 맞춤화 서비스 분야에 다수의 고객들을 확보하고 있다. 주요 SI 기업들로부터 실제 BAM 실행의 사례 및 기법들이 나올 수 있을 것으로 보인다.

⑦ 컴포넌트 유형(Components Vendors)：I-Mode · Fair Isaac · EnvoyWorldWide 등이 이에 해당된다. EnvoyWorldWide의 통보 소프트웨어나 룰엔진을 제공하는 Fair Isaac 등은 BAM을 구성하는 유용한 컴포넌트 기술이다.

(2) BPM 시스템

BPM은 기업의 어느 한 부서에서부터 전체 기업 및 가치 네트워크에 걸친 모든 측면에서 효과적인 비즈니스 프로세스를 정의하는 데에 가치를 가지고 있는 것으로 알려졌다. 이러한 기능은 수작업으로 이루어지던 회계관리에서부터 일련의 총체적 비즈니스 프로세스에 이르기까지 자동화하는 것을 그 범위로 한다. BPM은 개인 및 애플리케이션 수준의 상호교류 지원을 포함한 명시적 프로세스 관리를 지원하는 서비스와 도구를 지칭하는 일반적 용어라고 볼 수 있다. 도구로써의 BPM 시스템은 다음과 같은 기능적 요소를 가지고 있다.[22]

1) 프로세스 정의 및 표준화 기능

프로세스를 분석하고 · 모델링하고 · 정의하는 그래픽 툴(Graphic Tools)을 활용하여, 기존의 프로세스 흐름을 파악하고 새로운 흐름을 디자인하는 비즈니스 분석가를 사용자 대상으로 한다. 현업 분석 · BPR(Business Process Reengineering) · 베스트 프랙티스(Best Practices) 등을 도입하여 프로세스의 구체적 수행 과정을 계층적으로 정의한다. 일반적으로 핵심성과지표, 즉 KPI(Key Performance Indicators)와 같은 프로세스 성과지표의 정의 및 이들과의 매핑을 지원한다.

2) 프로세스 실행 기능

실행엔진(Execution Engine)이 담당하게 되는 기능으로써 이는 정의된 프로세스 흐름을 순차적으로 실행하는 역할을 하는 부분이다. 프로세스 흐름이 실행되면 엔진은 인간이 처리해야만 하는 서비스나 작업을 불러준다. 그러한 서비스는 기존의 애플리케이션을 통해서 또는 외부의 B2B · 웹서비스 등 새로운 애플리케이션의 도입을 통해서도 자동화될 수 있다. 또한 실행부분은 프로세스나 비즈니스 이벤트 각각의 상태를 관리해준다. 이는 모두 기업 내 또는 기업 간

다양한 IT시스템들을 통합하여 프로세스의 실행을 자동화하는 것을 목표로 한다. 따라서 사람·조직·IT시스템 등 다양한 참여 대상들이 프로세스를 효과적으로 실행해갈 수 있는 환경을 제공해야 하는데, 구체적으로는 SMTP[43]·HTTP[44] 등을 통한 프로세스의 외부 실행·알람 자동 공지·동적 라우팅 및 업무 위임·다양한 이벤트 처리·이포럼(e-Forum) 지원기능 등을 포함하게 된다.

3) 프로세스 모니터링 기능

흐름 모니터링 및 관리 도구(Tools to Monitor and Manage the Flows)가 담당하는 기능으로써 프로세스 성과·진척도·이상 상황 발생 등을 모니터링해주는 기능을 포함한다. 프로세스 관리는 프로세스 완료·작업 부하 조절 및 재할당 등을 포함한다. 관리자들이 프로세스 성과를 모니터링할 수 있도록 프로세스 흐름의 실행을 추적하고 그 진행 상태 및 성과지표를 파악함으로써, 프로세스 실행 중 발생하는 예기치 않은 상황에 대한 관리를 가능하게 해준다. 또한 프로세스 수행에 따르는 시간·비용 및 자원 분석을 실시하고, KPI 성과지표로 변환하고 측정결과를 통계처리 및 분석할 수 있도록 해주는 프로세스 측정·분석 기능을 가진다. 예를 들어 실행 데이터로부터 프로세스 수행에 필요한 인원수·단위업무별 소요 시간·예외 발생률·조직의 업무 부담률 등 다양한 측정지표들을 집계하여 평가기준에 따른 보고서를 생성해줄 수 있을 것이다.

---

43. **SMTP(Simple Mail Transfer Protocol)** 이메일 전송 및 교환을 위해 사용되는 전송 규약
44. **HTTP(Hypertext Transfer Protocol)** 인터넷에서 하이퍼텍스트 문서를 교환하기 위한 통신 규약

4) 기민화 및 추후분석 기능

프로세스를 관리·개선할 수 있는 기능으로써 현 프로세스 관리를 위한 기민화 장치와 프로세스 완료 후 분석을 위한 추후 분석도구를 포함한다. 기민화 장치(Agility Facilities)는 실행 중인 프로세스 흐름의 수정·작업 리스트 관리 및 작업 우선순위 관리 기능을 포함하고 있다. 추후분석 도구(Tools For Post-Completion Analysis)는 비즈니스 측정 및 보정 내용이 기록되는 상황 데이터를 활용하는 기능이다. BPM 시스템은 실행 데이터를 기반으로 개선 가능한 프로세스 추출, 프로세스 최적화와 관련한 의사결정 지원, 개선안 검증 기능을 제공하는 동시에 조직·자원·규칙을 변경함에 따른 프로세스 변경 관리 기능을 제공해야 한다. 또한 프로세스의 흐름상의 문제점을 자동으로 찾아주고, BPI(Business Process Intelligence)[45] 시스템과의 연계를 통해 이상행위 감지·미래상황 예측·프로세스의 특정 행태에 대한 원인분석 등의 기능을 제공할 수 있다.

BPM을 도입하고자 하는 기업은 특정 BPM 공급자가 제공하는 기능에 기반하여 BPM을 바라보지 말고, 자사의 비즈니스 문화적인 특성에 맞도록 별도의 BPM 정의를 가지고 이에 초점을 맞춰야만 한다. BPM 시스템은 기업이 명시적인 비즈니스 흐름과 룰을 가지고 있을 때에 더 큰 위력을 발휘하기 때문이다. 기업이 명시적인 프로세스·룰·서비스를 가지고 있다면 데이터베이스에 의해 데이터를 체계적으로 관리하는 것만큼이나 큰 효용을 얻을 수 있다.

현재 BPM 시스템을 상품으로 하는 업체들은 무수히 많은 상태이

---

45. BPI(Business Process Intelligence) 프로세스의 이상 행위 감지, 미래상황 예측

며 각기 다른 특성을 기반으로 하고 있다. 따라서 BPM을 도입하고자 하는 기업은 이들 공급업체의 특성을 파악하고 자사의 요구에 맞는 공급업체를 선정하는 것이 과제의 하나이다. 가트너는 BPM을 도입하고자 하는 기업환경에 초점을 맞추어 이들 업체를 6가지 유형으로 구분하여 각각의 특성과 해당 주요 공급업체를 분류하였다.

〈표 2-2〉 BPM 시스템 유형별 특성 및 주요 공급업체

BPM 유형	특 성	주요 공급업체
① 모델링 기반	● 프로세스분석 · 시뮬레이션 도구 및 내재된 역량에 대한 피드백 지원 ● 비즈니스 시나리오 및 상황 지원 ● 정적 분석 · 동적 시뮬레이션 · 애니메이션 · 재무 분석 · 위험 분석 · 핵심경로 분석, 가치사슬 분석 · 자원활용 · 매트릭스 지원 및 관계성 분석 ● 프로세스 실행엔진과 논리 디자인 기능 간의 양방향 연계	FileNet; Pegasystems; CommerceQuest; Captaris; Fujitsu; IBM; Ultimus; Savvion; Dralasoft; RulePower; Gensym
② 사용자 기반	● 보고체계를 포함한 조직모델 지원 ● 개인 워크플로 단계를 세부적으로 정의하는 기능 ● 협상된 날짜 · 정책 · 룰 및 절차를 조정해주는 협업 기능 ● 작업지체 · 주요 이벤트 및 활동 발생 상황 관리 ● 개인을 위한 작업 리스트 제공 ● 작업 리스트 개인화 ● 가치사슬 및 공급사슬상의 외부인력 포함 기능 ● SMTP(Simple Mail Transfer Protocol) 기능 같은 이메일 통합	DST; FileNet; Tibco; CommerceQuest; Captaris; Metastorm; Ultimus; Savvion; eiStream; Fuego; Chordiant; Dralasoft; Fujitsu; Handysoft; Lombardi; Action; Pegasystems

BPM 유형	특 성	주요 공급업체
③ 시스템 간 유연성 중심	● BPML[46], Wf-XML[47], BPEL[48] 등의 세부사항을 포함한 산업표준 ● 기업 애플리케이션 통합(EAI) 기술 제품과의 통합성 ● LDAP(Lightweight Directory Access Protocol)을 포함한 디렉토리 통합 ● 비즈니스 프로세스 분석 도구와의 통합 ● 세부 프로세스 흐름 및 기존 애플리케이션 시스템과의 통합 기능 지원 ● 모바일 컴퓨팅과 같은 다채널로의 개방성 ● SOA(Service-oriented architecture) 지원 ● XML(Extensible Markup Language) 저장	CommerceQuest; Microsoft; IBM; Oracle; BEA; WebMethod; Vitria; Sterling Commerce; Seebeyond; Fujitsu; Fuego; Ultimus; Tibco; Quovadx Savvion; Intalio
④ 정책 및 룰 기반	● 대규모 룰 베이스를 위한 높은 성능 ● 진보적 추론 능력 ● 다른 기술로의 접목 용이성 ● 룰 관리 기능 ● 룰 충돌 · 룰 추적 및 중복 감시 ● 프로세스 흐름 · 룰 · 사례의 업데이트	Filenet; Pegasystems; Fujitsu; Computer Associates; Gensym; DST; Quovadx; Tibco; RulePower; Agntis

---

46. **BPML(Business Process Modeling Language)** XML을 사용한 메타 언어
47. **Wf-XML(Workflow-Extensible Markup Language)** XML 기반의 워크플로 상호 메시지 인코딩
48. **BPEL(Business Process Execution Language)** 프로세스 통합을 위한 검증된 업계 표준

BPM 유형	특 성	주요 공급업체
⑤ BAM 기반	● 프로세스 엔진 의사소통 장치 ● 이벤트 분석을 위한 BI/OLAP(Business Intelligence/Online Analytical Processing) 지원 ● 데이터 · 정보 · 이벤트 통합 장치 ● 알고리즘 및 패턴 매칭 ● 이벤트 여과 기능 ● 정책 · 제약 · 허용오차 관리 기능 ● 비즈니스 프로세스 모니터링	Lombardi; Computer Associates; Tibco; eiStream; CommerceQuest; Sajus
⑥ 산업분야 중심	● 공급사슬 · 분산생산 관리 · 모기지(mortgage) 승인 및 클레임 처리와 같은 산업 프로세스 흐름 및 템플릿의 사전 정의 ● 승인 · 6-시그마 · ISO · 품질보증 및 IT 프로세스와 같은 표준 프로세스 흐름 및 템플릿의 사전 정의	DST(금융); Pegasystems(CRM, 의료); Quovadx(의료); Integic(정부); Exigen(금융); Chordiant(CRM); CommerceQuest(소매업); Clear(Ins. Claims, Contact centers); Agentis(공급사슬); Insession(금융); Intalio(SAP); Plexus(은행업); Vision(은행업); Fuego(소매업); eiStream(은행업); NewScale(IT관리, 통신산업); Gensym(석유화학)

3. 3
RTE 지원 애플리케이션

(1) 전사적 자원관리(ERP)

시장환경이 글로벌 차원으로 확대되고 국내외 여러 곳에 산재된 생산·물류 거점의 글로벌 프로세스의 관리 및 최적의 공급사슬 구축이 더욱 절실해짐에 따라 ERP가 등장하게 되었다. RTE 정의에 기반하여 기업의 실시간 업무환경을 구축하기 위해서는 IT의 도움 없이는 불가능한 바, 반드시 짚고 넘어가야 할 애플리케이션이 바로 ERP이다. 언뜻 생각하면 ERP가 기업 내에 구축되면 기업의 모든 프로세스가 자동화 되고 업무의 생산성과 효율성이 높아질 것이라고 예상되지만, 이를 위해서는 먼저 제대로 된 ERP의 구축이 항상 전제됨에도 불구하고 이를 제대로 이해하고 활용하지 못하는 경우가 대단히 많다.

ERP는 생산·자재·구매·영업·인사·회계 등 일련의 기업 활동에 필요한 모든 자원을 하나의 체계로 통합운영하고 기업의 업무 처리 방식을 선진화함으로써, 한정된 기업의 자원을 효과적으로 관리하고 업무를 보다 원활히 수행할 수 있도록 지원하는 통합정보 시스템이다.

ERP는 제조업체의 핵인 생산부문의 효율적인 관리를 위한 시스템인 MRP[49] (Material Requirements Planning:자재소요량 계획)에서 비롯된다. 1970년도에 등장한 MRP는 기업에서 가장 고민거리 중의

---

49. MRP(Material Requirements Planning) 자재소요량 계획

하나인 재고를 줄일 목적으로 단순한 자재수급 관리를 위해 만든 시스템이었다. 1980년도에 출현한 MRP Ⅱ(Manufacturing Resources Planning Ⅱ : 생산자원 계획)는 자재뿐만 아니라 생산에 필요한 모든 자원을 효율적으로 관리하기 위한 MRP가 확대된 개념이다. 그러나 MRP, MRP Ⅱ 시스템은 부분최적화를 넘어서지 못해 만족할 만한 성과를 거두지 못한 것으로 평가되고 있다.

MRP Ⅱ에서 확장된 개념의 ERP 시스템은 생산뿐만 아니라 인사 · 회계 · 영업 · 경영자 정보 등 경영 관점에서 전사적으로 자원의 효율적인 관리가 주목적이다.

1990년대 들어 글로벌 경쟁체제로 들어서면서 급변하는 경영환경과 특히 컴퓨팅 파워가 막강(H/W 비용의 급락, 첨단 IT 출현)해지고, 시장구조가 생산자 중심에서 소비자 중심으로 전환되어가고 있는 가운데, 기업체들은 살아남기 위해서 IT자원을 활용한 첨단의 경영기법을 도입해야 하는 상황에 처하게 되었고, 자연스럽게 ERP 시스템이 주목을 받게 되었다.

좀 더 구체적으로 살펴보면, 생산 · 자재 · 영업 · 인사 · 회계 등 기업 전 부문에 걸친 인력 · 자원 · 자금 등 각종 경영요소를 하나의 체계로 통합하는 솔루션으로 등장하여, 기업의 생산성을 극대화하고 경영의 효율성과 의사결정의 신속성을 증진시키는 기업 리엔지니어링의 대표적인 수단으로 부각되고 있다. 기업의 전사적인 정보를 관리하고 신속한 의사결정을 지원하는 수단으로써, ERP는 RTE와 매우 밀접한 관계가 있는 것이다.

한편 국내외 기업이 앞 다투어 ERP를 도입하려는 배경을 살펴보면 대개 다음과 같다. 국내기업을 둘러싸고 있는 경영환경은 인건

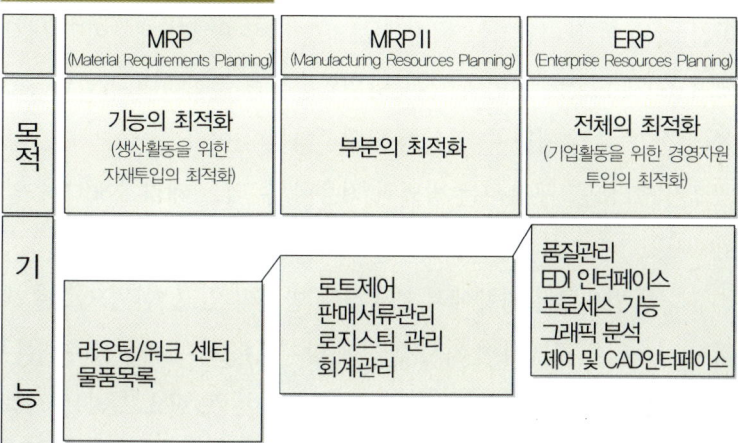

〈그림 2-14〉 ERP 등장배경과 발달

ERP 발달과정			
	MRP (Material Requirements Planning)	**MRP II** (Manufacturing Resources Planning)	**ERP** (Enterprise Resources Planning)
목적	**기능의 최적화** (생산활동을 위한 자재투입의 최적화)	**부분의 최적화**	**전체의 최적화** (기업활동을 위한 경영자원 투입의 최적화)
기 능	라우팅/워크 센터 물품목록	로트제어 판매서류관리 로지스틱 관리 회계관리	품질관리 EDI 인터페이스 프로세스 기능 그래픽 분석 제어 및 CAD인터페이스

비 상승·고급인력의 부족·사회 간접자본의 미비·금융비용의 과
다와 제품설계·핵심부품·생산설비의 지나친 해외의존으로 인하
여 기업의 경쟁력이 날로 약화되고 있다. 이러한 시점에서 새로운
정보기술의 도입과 이를 통한 생산전략의 혁신에 대한 관심이 높아
지고 있는 것은

① ERP 도입을 통해 생산비용을 획기적으로 줄이고자 하는 것
② 또한 ERP의 도입으로 기존 정보시스템의 개발 및 유지보수 비
용을 절감하려는 것
③ 이와 동시에 급격하게 짧아지는 제품의 생명주기와 날로 다
양해지는 소비자의 요구에 기업이 전사적으로 기민하게 대응
하려는 것
④ 아울러 ERP는 리엔지니어링의 가시적인 실천수단으로 활용될
수 있다는 것

등의 기대감을 준다.

1990년대에 미국에서 시작된 리엔지니어링의 성과가 기대에 못 미친 것은 이를 지원하는 핵심 정보기술이 부족했기 때문이라 생각되며, 이제 ERP는 기업의 모든 단위활동들을 통합하여 기업활동을 '실시간'으로 수행될 수 있도록 도와준다는 것이다.

그러면 ERP를 구축하는 방법과 적용할 수 있는 패키지에 대해 알아보자.

구축 방법으로는 자체에서 개발하는 방법이 있고, 한편으로는 패키지 시스템을 구입하여 자사 환경에 맞게 수정하여 사용할 수 있는 방법이 있다. 어떤 방법을 택하더라도 자사에 꼭 필요로 하는 기능을 넣고, 그렇지 않은 기능은 과감히 삭제할 수 있는 지혜를 필요로 한다. ERP 시스템을 자체에서 개발하기 위해서는 먼저 프로세스공학에 기반을 둔 실무지식이 필요하며, 객체화기술이 중심이 된 첨단 소프트웨어 개발기술이 필수적이다. 현재 대부분의 기업에서는 자체개발보다는 패키지를 도입하여 ERP를 구축하고 있는 실정이다. 이는 단기간에 시스템을 이해할 수 있고, 교육 및 훈련비용이 자체개발에 비해 저렴하고 위험을 감소시킨다는 데 이유가 있다. 패키지 구입의 장점으로는 개발비용 감소·빠른 시간 내 적응 가능성·세계적인 수준의 정보기술 획득 가능성을 들 수 있다.

ERP 패키지의 기능은 큰 업무단위로 보기 때문에 공급사별로 뚜렷한 차이를 보이지는 않는다. 기업을 운영하는 데에 필요한 기본적인 업무기능은 대부분의 공급사들이 다 같이 제공하기 때문이다. 그러나 업무기능을 구분하는 기준의 차이와 이러한 모듈별로 각기 다른 이름이 붙여지는 데에서 오는 혼란은 있다. 물론 패키지 규모에 따른 추가기능이나 기능의 깊이에 있어서는 상당한 차이가 존재한다.

ERP의 기능으로써 통합업무 시스템을 먼저 들 수 있다. 기존의 정보시스템이 회계 · 영업 · 생산 등의 분업화된 부문요구에 따라 개발된 '부분최적 시스템'이라고 하면, ERP 패키지는 로지스틱스 · 제품개발 · 재무 등의 기업 내 모든 업무를 실시간으로 연동시킨 '전체 최적'으로 본다. 통합업무 시스템의 효과로 조직의 수평화를 이루어 BPR의 적용 가능성을 높여주고, 간접업무 및 업무중복을 제거하여 비용절감 효과를 얻을 수 있으므로 RTE화에 있어서도 여전히 주목을 받는다.

기존의 정보시스템은 시스템 자체가 독립되어 있었을 뿐 아니라, 판매 · 생산 · 회계 · 인사 등의 개별업무 시스템을 위한 개별 데이터베이스로 구성되어 코드체계 불일치 등의 문제를 발생시키게 되었다. ERP는 기본적으로 통합 데이터베이스 구축을 추구하여 데이터의 논리적 통합 · 데이터의 안정성 확보 · 데이터의 실시간 결합을 가능하게 한다. 이러한 효과를 통해 개별 업무의 작업 간소화 · 입력정보의 재사용 그리고 궁극적으로는 최종사용자 컴퓨팅 기반이라는 효과를 얻을 수 있다.

ERP는 비즈니스 프로세스 모델의 정립으로 부서간의 책임 분담과 갈등을 감소시킬 수 있고, 외부 연계를 쉽게 한다. 기존 정보시스템은 현재의 업무처리 순서를 단순히 시스템화하는 단계로써 주변 상황의 제반 제약으로 인해 업무의 개선이나 표준화가 어려웠다. 앞에서 이미 언급했다시피 ERP는 BPR의 실천 도구가 될 수 있다. 정보기술을 창의적으로 활용하여 기존의 업무 프로세스를 혁신적으로 설계함으로써 RTE가 추구하는 기업의 모습과 가깝게 가는 것을 가능하게 해줄 수 있다. 나아가 고객만족을 창출하고 내부 효율성을 극대화하여 기업 경쟁력을 비약적으로 증진시키는 것이다.

ERP 구축의 효과를 살펴보면 다음과 같다.

첫째, 기업 내 또는 기업 간의 업무가 하나의 데이터베이스로 통합되기 때문에 관련 데이터의 일원화와 공유가 가능해지고, 업무 간의 의사교환이 원활해져 업무효율을 높여준다.

둘째, ERP는 선진 프로세스를 내장하고 있는 경영혁신 지원도구로 기업의 업무처리 방식을 최적화하고 정보시스템의 비용을 절감시켜준다.

셋째, 기업의 업무과정에서 발생하는 데이터를 일원화하고 계속적으로 변화하는 경영상황에 대한 정보를 신속·정확하게 경영상 층부까지 제공하므로 신속한 의사결정이 가능하다.

넷째, 관련 업무의 자동화로 경영의 투명성을 제고한다.

다섯째, 통합 데이터베이스를 통한 정보의 접근과 공유는 데이터의 중복이나 오류·재입력에 따른 비용을 최소화 한다.

여섯째, 수주처리에서 출하·회계처리까지 일련의 업무통합으로 고객의 요구에 신속하고 정확하게 대응하여 고객의 만족도를 높여준다.

지금까지 ERP의 탄생배경과 기능 그리고 효과에 대해서 알아보았다. 과연 RTE에서 필요로 하는 기업의 정보기술 시스템은 무엇인지, 기존의 ERP 패키지가 RTE를 실현하는 데 어떤 관계가 있는지 살펴보도록 한다.

어떤 기업이 RTE, 즉 실시간기업인지 가늠하는 것은 대단히 어렵다. RTE처럼 섬세하고 유연한 기업은 보다 '가상적'이며 다양한 기능업무의 아웃소싱을 통해 비즈니스 파트너와 자산·제품 및 서비스 공급의 연계를 신속히 이루어내어 새로운 기회가 포착될 때마다 핵심역량을 획득한다. 유연하고 유동적인 RTE의 사업구조는 제한적이고 정적인 비즈니스 관계를 거부하고 동적이고 동시성에 초점을 둔 기회성 있는 접근을 시도한다. 즉, 사내 또는 외부 비즈니스 프로세스를 최대한 효율적으로 그리고 효과적으로 수행하는 데 적합한 지식과, 역량, 그리고 정보를 실시간으로 취합하여야 한다.

가트너는 기존의 ERP 개념을 넘어선 'ERP II'를 재무와 운영 프로세스의 집중화를 가능하게 하는 폭 넓은 애플리케이션이라 하였다. 이 새로운 개념의 ERP는 RTE 전략의 핵심부문이라고 할 수 있으나 ERP와 가트너가 주장하는 ERP II는 그 기본적인 개념의 의미는 대동소이하다. ERP는 프로세스 사이클 타임을 줄이고, 신속하고 효율적인 경영분석과 의사결정으로 기업의 경영프로세스를 최적화 시켜준다. ERP는 기업의 경영 프로세스에 집중화되어 있으므로, 상호작용이 실시간으로 이루어질 경우 CRM·SCM과 같은 다른 애플리케이션의 도움을 받을 수 있다. 가트너의 예측으로는 2007년까지 경영 프로세스의 실시간화를 원하는 기업은 이 새로운 개념의 ERP를 자신들의 애플리케이션 포트폴리오의 핵심으로 도입할 것이라 하였다.

ERP에 의해서 구현되는 운영과 재무 프로세스는 RTE의 사이클론 모델에서 운영과 관리 계층에 속하는 하부 여섯 개의 사이클론을 직접적으로 지원한다.

하부 여섯 개 사이클론은 기업이 End-to-End 사이클 타임을 줄여 확실한 이점을 얻을 수 있는 부문이다. ERP는 운영(Operate)계층과 관리(Manage) 계층의 사이클론 및 해당 프로세스를 관리하고, RTE

전략에 가장 중요한 핵심이 된다.

　전통적인 ERP는 사이클론의 기본 기능밖에 제공하지 못한다. 이는 기업의 효율성을 증대시키는 데 상당한 역할을 해왔지만, RTE에서는 충분하지 못하다. 물론 새로운 개념의 ERP 역시 혼자서 이 모

〈그림 2-15〉 10 사이클론 모델

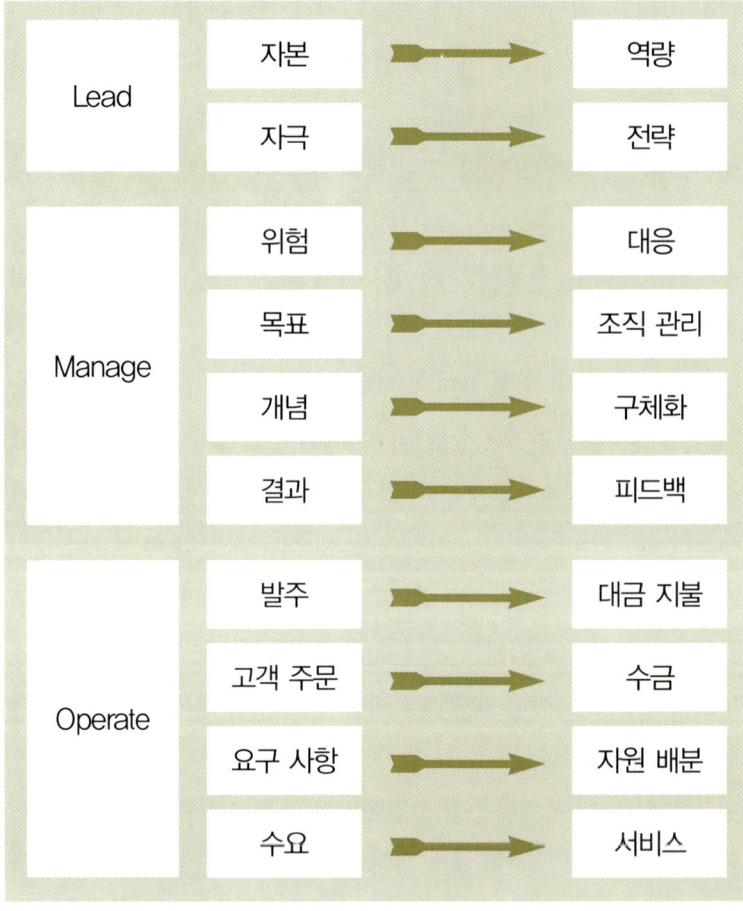

출처 : Gartner Research

든 신규 프로세스들과 사이클론을 지원하지는 못할 것이다. 아래의
그림처럼 사이클론마다 적절한 애플리케이션의 조합이 필요하다.
첫 번째 사이클론에서는 고객의 주문을 받은 시점으로부터 수금까
지의 과정에서 ERP뿐 아니라 CRM과 SCM이 연동되어 시간을 최소
화해야 한다는 의미이다.

〈그림 2-16〉 10 사이클론 모델을 가능하게 하는 애플리케이션

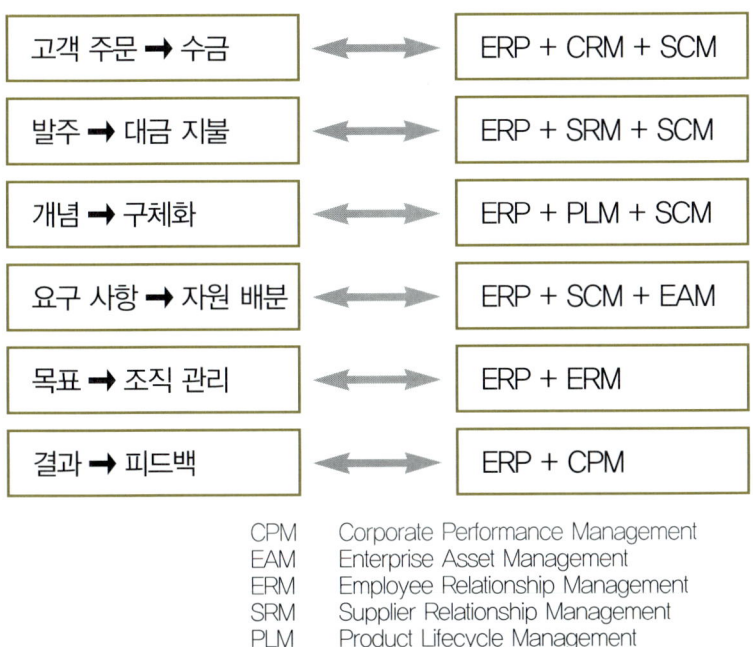

고객 주문 ➡ 수금	⟷	ERP + CRM + SCM
발주 ➡ 대금 지불	⟷	ERP + SRM + SCM
개념 ➡ 구체화	⟷	ERP + PLM + SCM
요구 사항 ➡ 자원 배분	⟷	ERP + SCM + EAM
목표 ➡ 조직 관리	⟷	ERP + ERM
결과 ➡ 피드백	⟷	ERP + CPM

CPM	Corporate Performance Management
EAM	Enterprise Asset Management
ERM	Employee Relationship Management
SRM	Supplier Relationship Management
PLM	Product Lifecycle Management

출처 : Gartner Research

따라서 애플리케이션 공급자와 기업은 ERP의 새로운 시대를 위해
준비할 것으로 예상된다. 우선 공급자들은 자사의 애플리케이션을
좀 더 개방적으로 만들어야 한다. SAP · Oracle과 같은 ERP 공급자

들은 이미 지난 몇 년간 첫 번째 단계의 구조변화를 주었다. 그러나 이러한 시도 역시 아직은 충분하지 못하다고 본다. 사용자들의 좀 더 심도 깊은 통합 니즈를 감안하여, 공급자들은 정보기술과 애플리케이션 기능을 합치는 노력에 재집중해야 할 것이다. 실제로 SAP은 시장에 자사의 ERP와 공급자관계 관리인 SRM을 조합하여 내놓았다. 이러한 공급자들의 시도는 향후 몇 년간 지속될 것이며, 새로운 컴포넌트 역시 같은 방식으로 시장에 선보일 것으로 예상된다.

ERP와 관련된 애플리케이션 공급자들의 노력은 RTE와 상당히 밀접한 관계에 있다. 애플리케이션 구성요소 간의 통합을 통해 기업에게 상당한 유연성을 제공할 수 있기 때문이다. 추가적으로 애플리케이션 공급자로 하여금 보다 신속히 필요한 애플리케이션을 개발하여 공급받을 수도 있다. 공급자들은 대규모의 독립적인 솔루션이 아닌 작은 애플리케이션 구성요소를 만드는 데 집중할 수 있기 때문이다. 결국 공급받는 기업은 전체 패키지를 구입할 필요 없이 필수적인 구성요소를 선택하여 구현할 수 있으므로 시간적·비용적인 면에서 이득을 본다.

기업은 RTE를 위해서 앞에서 설명한 새로운 개념의 ERP를 고려해야 한다. ERP를 전개함에 있어서 고려해야 할 이슈들을 살펴보기로 한다. 실시간으로 이루어지지 않는 경영정책 프로세스, 그리고 파트너 관계는 기업이 ERP를 도입하는 데에 제약을 주므로, 이러한 사항들을 사전에 개선해야 한다.

첫 번째로, 수작업으로 이루어지고 있는 프로세스에 대한 지연을 줄여야 한다. 애플리케이션을 활용한 비즈니스 프로세스는 입력되는 데이터의 실시간 여부에 따라 좌우된다. 예를 들어 자재계획에서 필요한 입력 데이터로는 재고·수용능력·공급량·수요량 등이 있는 바, ERP 시스템 자체적으로는 사용자가 데이터를 입력하는 순간부터 관리가 실시간으로 이루어지게 된다. 하지만 경영방침 등에 의해서 이러한 데이터가 특정 주기마다 수작업으로 입력되는 경우, 관련 프로세스는 총체적으로 실시간에서 많이 벗어나게 될 것이다. 어떤 기업에서는 이와 같은 입력지연에 대해 4시간 정도의 시간을 허용할 수 있겠지만, 대부분의 기업에서는 실시간화가 요구된다. 이러한 데이터의 입력을 실시간으로 받기 위해서는 경영방침의 수정도 필요하고, RFID[50]와 같은 데이터 입력도구를 활용할 수도 있다.

두 번째로, 레거시(Legacy) 시스템에서의 지연문제가 있다. 레거시 시스템이란 기업이나 조직이 갖고 있는 기존의 시스템들을 일컫는다. 어떤 기업이 어떤 시스템을 새로 구축하려고 하는 경우, 일반적으로 그 기업에서 예전에 구축해서 사용하고 있는 기존의 시스템들과 신규 시스템 간에 데이터를 주고받아야 한다거나, 기존 시스템의 일부 기능을 신규 시스템의 기능으로 대체를 한다거나, 하는 방안들이 만들어져야 한다. 이런 경우 기존 시스템을 레거시 시스템이라 한다. ERP의 도입과정에서 기존 시스템과의 통합이 이루어지는데, 새로운 시스템의 정보처리 능력을 따라가지 못할 경우 지연시간이 발생하게 된다. 결국 RTE를 위해서 새로운 시스템을 도입하더라도 기존 시스템이 발목을 잡아 업무의 실시간화가 이루어지지 않는 문제가 발생한다.

세 번째로, 경영 파트너의 데이터 지연문제가 있다. 긴밀하게 연

---

50. **RFID(Radio Frequency Identification)** 소형 반도체 칩을 이용해 사물의 정보를 처리하는 기술

결된 공급사슬망 기반 위에서 사업을 하는 경우 주로 많이 발생한다. 핵심 경영 파트너와의 데이터 전송은 항상 실시간으로 이루어져야 한다. 공급사슬망에서 실시간 고리가 이루어지지 않는 경우, 기업의 총체적인 업무는 절대로 실시간화될 수 없다. 그러므로 자사의 업무개선과 애플리케이션 도입 노력을 파트너와 동시에 진행해야 한다는 과제가 대두된다.

마지막으로, RTE에서 ERP를 도입할 때 고려해야 할 점은 반응시간에 대한 지연문제이다. 급변하는 시장환경에 맞추어 경영진의 의사결정 프로세스 역시 신속히 이루어져야 할 것이다. 특정 이벤트에 대한 반응시간을 줄이고 그에 따른 의사결정 및 행동이 신속히 진행되어야 한다.

ERP는 RTE의 기본적인 업무 프로세스 통합 및 자동화를 구현하게 해주지만, 업무처리 및 의사결정의 실시간화를 위해서 너무 스피드 향상에만 치중해서는 안 된다. 입력정보의 질이 떨어지면 결과 역시 별로 훌륭하지 못하다. 스피드 향상에 너무 집중한 나머지 그 효과성이나 품질에 대한 노력을 소홀히 하지 말고, 가장 효과적으로 반응하고 대응하기 위한 만큼만 실시간화하면 된다는 점을 잊지 말아야 한다. [23)]

(2) 공급망관리(SCM)

유통산업이란 제조업체와 소비자를 연결해주는 매개체인 도매업자·소매업자·물류업자를 말하며, 상품 또는 서비스를 생산자로부터 소비자에게 전달하고, 장소·시간 및 소유의 효용을 창조하는 경제활동을 수행한다. 19세기와 20세기의 큰 차이는 각기 고유한 언어와 문화를 가지고 있던 나라들이 교류·교역·전쟁 등을 거치면서 서로를 가까이 하게 되었다는 점이다. 근래의 로지스틱스의 개념은 1940년대 제2차 세계대전을 겪으면서 원활한 물자수송을 위한 군사적인 용도에서 시작됐다고 볼 수 있다. 즉 생산·보관·수송 등의 과정을 효율적으로 관리함으로써 물류비를 절감하고 고객이 원하는 시점에 전달할 수 있는 체제를 도모하고자 하는 것이다. 1950년대 말 불경기와 더불어 기업의 이윤이 축소되자 물자의 흐름이라는 물적 유통에 관심을 갖게 되고, 1960년대와 1970년대에는 기능적 관리의 단계로 시스템의 부문별 최적화에 초점을 둔다.

1980년대에는 기업 내부의 모든 기능활동을 통합적으로 조정하는 통합 로지스틱스의 등장이 두드러진다. 정보기술의 혁명이 로지스틱스에 영향을 미친 시기로, 정보체계를 이용한 분배계획 등 효율적이고 효과적인 관리가 가능하게 되었다. 또한 적기수송(JIT)의 등장은 구매·원료조달·제조·제품 유통과정을 연결함으로써 물류조직 및 물류산업의 변화를 초래하였다. 이 시기는 개별 기업차원에서 시스템 최적화와 비용최소화에 초점을 둔 시기라 할 수 있다. 1990년대는 개별기업 내부의 경계를 넘어서서 외부 물류활동까지 그 영역을 확대하여 관리하는 공급사슬관리(SCM)의 개념이 도입되어 활용되는 시기로써 외부 통합을 통해 경로 최적화를 도모함으로써 고객서비스를 증대하는 데 주안점을 두게 된다. 개별생산자 간의 경쟁이 아닌 공급경로 간의 경쟁으로 공급경로에 관련되어 있는 모든 파트너 간에 전략적·운영적 측면의 제휴관계 형성 및 관련 정보의 유기적인 흐름이 필수 요소로 등장하는 시기이다. 기존 SCM에서 더 나아가 물류에서의 전자상거래 시스템을 도입한 e-SCM은 유통경로를 수요자와 공급자 간의 직거래로 단순화시킴으로써 막대한 비용의 절감을 가져옴은 물론, 거래대상 지역을 전 세계로 확대하고, 24시간 영업을 가능하게 하며, 나아가 쌍방향 통신을 통하여 고객의 수요를 즉각적으로 수용할 수 있도록 하고 기업내부의 프로세스를 단순화 시키는 등 기존 경영관행을 획기적으로 변화시키고 있다.

e-SCM이란 디지털 기술을 활용하여 공급자 · 유통채널 · 소매업자 그리고 고객과 관련된 물자 · 정보 · 자금 등의 흐름을 신속하고 효율적으로 관리하는 것을 의미한다. 전통적인 SCM에 정보기술과 네트워크를 적극적으로 활용하여 유통업무의 효율성과 처리속도를 높이기 위함이다. RTE에서 가장 중요시 되는 운영 프로세스 단계의 지연시간을 줄여, 업무수행과 관련된 공급자 · 고객 그리고 기업내부의 다양한 요구를 충족시키고 업무의 효율성을 극대화하려는 전략적 기법이다.

e-SCM을 통해 기업이 추진하는 목표는 크게 세 가지로 분류할 수 있다. 첫째, 디지털 환경이 몰고 오는 새로운 패러다임에 부응할 수 있도록 원재료 · 제품 · 정보흐름을 리엔지니어링하는 것이다. 둘째, 디지털 기술을 활용하여 원재료 구매 · 제조 · 판매 · 물류 등을 동기화하는 것이다. 마지막으로, 이를 통해 고객에 대한 대응능력을 높이고 차별화된 서비스를 제공하여 고객만족도를 높이는 것이다.

RTE에서 e-SCM은 소비자에게 보다 빨리, 보다 효율적으로 그리고 보다 저렴한 가격에 상품을 공급하기 위하여 원재료 공급업체 · 제조업체 · 도매업체 · 소매업체 그리고 서비스 제공업체들이 신제품 개발 · 판촉 · 머천다이징 그리고 상품의 보충 등의 분야에서 서로 긴밀하게 협력하는 기업 간 협업전략이라고 할 수 있다. 특히 가상공간에서 거래하는 사이버 물류시장이 등장하면서 형성된 전자상거래의 대표 업종으로는 사이버 쇼핑몰과 함께 사이버 마케팅 · 사이버 무역 · 사이버 광고 · 사이버 금융 · 사이버 물류 등을 들 수 있다. '사이버 물류' 또는 '가상 물류'는 정보 네트워크를 기반으로 한 사이버 공간에서 화주기업과 물류기업 간 모든 물류활동 중 실물 취급활동을 제외한 검색 · 주문 · 화물 추적 등이 온라인상에서 이루어질 수 있는 환경구축을 통해 SCM 개념하에 모든 비즈니스 수행이 효율적으로 이루어지도록 지원하는 것이라고 할 수 있다.

<그림2-17> e-SCM의 성공요인

기업은 전략을 분석하는 동시에 수요, 생산 규모, 전략적 스케줄링, 성과 측정 방안 등 공급사슬의 기본적 요소를 어떻게 운영할 것인가를 결정해야 함

e-Business 전략과의 연계

조직 문화 변화

경쟁 우위 확보 원천으로써의 IT 활용

구성원들은 전체적인 관점에서 업무를 수행하고 상황변화에 적절히 대응할 수 있는 지식 근로자로 전환되어야 함

IT를 활용하여 공급사슬을 통해 타기업과 차별화된 서비스를 제공할 수 있는 방안을 모색해야 함

출처 : 김성희, 장기진(2004), 《전자상거래. com》.

특히 제조 및 유통분야 기업의 업무 프로세스의 실시간화를 위해서는 SCM의 성공적인 도입이 필수적이다. e-SCM은 기술적인 이슈

보다는 사업전략적인 이슈이므로, 상이한 전략목표에 따라 다양한 공급체인구조의 선택이 가능하다. 특히 고객을 만족시켜야 한다는 막연한 생각에서 출발하여 시스템을 구축하는 것은 실패할 가능성이 높다. 고객이 원하는 것이 무엇이고, 이를 위해 자사가 어떤 목적을 가지며, 어느 부분까지 해결해야 할 것인가를 명확하게 결정해야 한다.

단지 시스템만 구축하였다고 해서 성공이 보장되는 것은 아니다. 어떤 정보기술 시스템의 경우에도 마찬가지이겠지만, 실제 시스템을 움직이는 구성원들의 협조와 역량 확보가 성공의 필수요소이다. 구성원들은 이제 단순히 구매·배송을 담당하는 좁은 의미의 역할 수행자가 아니라, 전체적인 시스템을 이해하여 업무를 수행하고 상황변화에 적절히 대응할 수 있는 지식근로자로 전환되어야 한다. 그러기 위해서 기업 구성원에 대한 교육과정을 새로 정립하고 새로운 체제에 적응시켜야 한다. 또한 기존업무 중 많은 부분의 수행 필요성이 없어지므로, 여유인력의 효율적인 활용방안을 모색해야 한다. 변화에 따른 조직원들의 거부감을 줄이기 위해서는 최고경영층을 비롯한 모든 계층이 모델 설정 초기단계부터 참여하는 것이 바람직하다.

e-SCM의 성공적인 구축요소 중 하나는 정보기술을 효율적으로 활용하여 다른 기업과 차별화된 서비스를 제공할 수 있는 공급체인을 구축할 수 있느냐 하는 것이다. e-SCM을 수행하는 정보기술은 하드웨어·소프트웨어·기본적인 기술의 표준화·다양한 애플리케이션 패키지 개발·지역간 통신네트워크 등 매우 광범위하여, 이러한 다양한 시스템의 통합을 위한 설계가 필요하다. 정보시스템

구축 시에는 데이터 처리량의 증가는 물론 향후 정보처리 환경변화에 대한 적응 및 대응 가능성을 고려하여야 하며, 협력업체와 공유가 필요한 정보를 분석하고 공유방안을 모색해야 한다. 최근 들어 정보기술뿐 아니라 시스템의 보안 문제도 중요시되고 있으므로 이러한 문제에도 신경을 써야 한다.[24]

다음으로 SCM의 새로운 전개방향 추세에 대해 알아보도록 한다.

확장된 공급사슬망에서 예상하지 못했던 이벤트의 발생으로부터 전체 공급사슬망의 효과적인 보완까지 소요되는 시간에 대한 허용치가 점점 짧아지고 있다. 기업이 공급사슬에 걸쳐 있는 행동들의 동기화에 초점을 맞추기 시작한 것이 원인이 되었다. SCM 프로젝트에 있어서는 최적화와 업무동기화의 균형을 맞출 필요가 있는데, 많은 기업들이 동기화된 업무의 중요성보다 최적화에 더 무게를 두면서 SCM 프로젝트의 실패위험성을 높이고 있다. 물론 SCM에서 스피드를 우선시하는 최적화는 기업의 ROI 향상에 큰 효과가 있고, 궁극적으로 신속하고 최적화된 업무는 RTE의 민첩성의 기본이 된다. 그렇지만 동기화 작업을 통해 경영 프로세스의 최적화를 추구하는 것은 대단히 중요하다.

선형적 정보흐름이란 그림과 같이 공급자·제조업자·유통업자·사용자 단계별로 정보가 흐르는 모습을 뜻한다. 정보의 상호작용은 항상 일대일 관계를 유지하며 통신채널은 주로 전통적인 EDI 방식이나 이메일·팩스·전화와 같은 수작업을 통해 이루어진다. 반면, 협업에 기본개념을 둔 비선형적 정보흐름은 공급사슬망에 존재하는 파트너와 통합되어 선형적 정보흐름에서처럼 정보를 오직 단일 파트너와 주고받는 것이 아니라, 인터넷 기술을 활용하여 정

〈그림 2-18〉 SCM 정보흐름의 전환

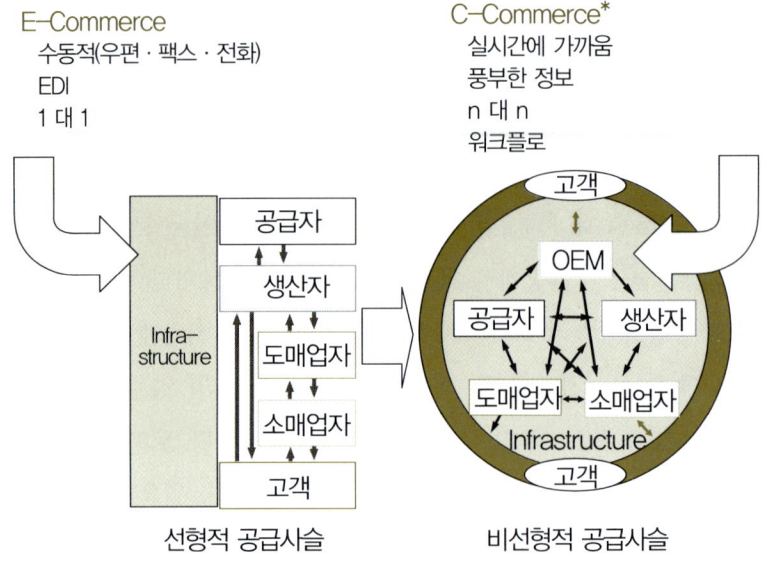

C-Commerce(Collaborative Commerce)* 협업적 관점에서 상거래를 진행시키는 공개입찰 (open Bidding) 형태의 새로운 상거래 트렌드.
출처 : Gartner Research

보가 공급사슬망 내 다단계의 파트너와 동시에 주고받는 형태를 갖는다. 즉 공급사슬망의 모든 관련업체가 가장 최신의 정확한 정보를 가지고 상황을 같이 인식하여 업무를 진행하게 된다. 선형적인 정보흐름 방식에서는 POS(Point of Sales)[51] 데이터가 판매처에서 유통업자로, 그리고 다시 제조업자에게로 전해진다. 비선형적인 정보흐름 방식에서는 판매자의 POS 데이터가 유통업자 및 제조업자와 동시에 공유될 수 있을 것이다.

그림에서 처럼 이상적인 RTE에서는 비선형적인 정보흐름의 실시

---

51. POS(Point of Sales) 상품의 판매 결과를 기록하는 시스템

간 공유를 더 확장한다. 공급사슬의 동기화를 위한 기능적인 모델을 통하여 기업은 점진적으로 발전하게 된다. 동기화가 이루어지지 않은 POS의 통합단계에서는 사이클 타임이 월 단위로 전개되지만, 점차 비선형적인 통합단계 및 서로 다른 분야의 반복적인 문제해결 단계를 거쳐 궁극적으로 다수의 RTE 기업의 동시 의사결정 지원단계에 도달하면 사이클 타임은 초단위로 줄어들게 된다.

〈그림 2-19〉 SCM에서 동기화 구조의 발전 단계

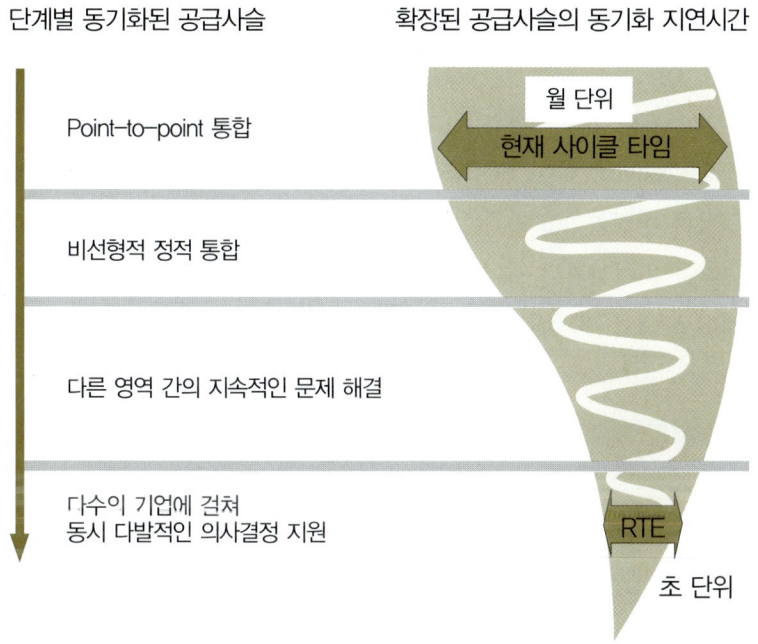

단계별 동기화된 공급사슬

확장된 공급사슬의 동기화 지연시간

Point-to-point 통합

월 단위

현재 사이클 타임

비선형적 정적 통합

다른 영역 간의 지속적인 문제 해결

다수이 기업에 걸쳐
동시 다발적인 의사결정 지원

RTE

초 단위

출처 : Gartner Research

따라서 기존의 SCM이 담당하고 있는 기능과 새롭게 부각되는 기업 간 전자상거래 솔루션의 기능을 분리하고 동기화에 집중된 SCM

애플리케이션으로 관리되는 경영 프로세스로의 전환을 고려해야 한다. 이러한 전환은 기업이 어떤 SCM 애플리케이션을 선택하는가 하는 것에도 영향을 미친다. 이미 구축된 전략적 SCM 프로세스의 최적화와 동기화 기능을 갖춘 애플리케이션의 균형 문제를 요구받게 된다. 이런 경우 기업은 거래 파트너 간 네트워크 기능과 조직 내 경영 프로세스를 효율적으로 관리하는 기능에 초점을 맞춘 애플리케이션 공급자를 찾아야 할 것이다.[25]

(3) 고객관계관리(CRM)

CRM은 일반적으로 기업의 지속적인 성장발전을 위해, 수익성 높은 고객들을 파악·획득 및 유지하는 일련의 활동으로 정의할 수 있다. 즉 CRM은 프로세스이다. 단순한 전산시스템을 구축하는 것이 아니라 경영혁신(BPR)과 연동하여 기업활동의 중심에 제품이 아닌 고객을 위치시키는 것이라고 이해하면 된다. 기업이 공급자와의 관계에 있어서 정보기술을 활용한 시스템이 SCM이라고 한다면 기업과 고객 사이에 CRM이 존재하는 것이다.

CRM의 필요성은 다음과 같이 정리해볼 수 있다.

첫째, 기존 마케팅 방식은 마케팅 부서에서만 실시되어 뚜렷한 마케팅의 정의와 투자의 방향이나 본질적인 요건을 정하지 못한 채, 변화하는 시장환경을 따라가는 데 급급하였다. 이러한 마케팅의 방향과 환경·제도를 바꾸는 방안이 CRM이다.

둘째, 현재 각 기업의 마케팅은 고객의 욕구를 제대로 파악하지 못하고 있다. 고객들은 광고와 정보의 홍수 속에 살고 있으며 이제 고객들은 어느 누구보다도 많은 정보를 갖고 있는 바, 많은 기업들은 고객을 충분히 이해하고 이를 수익창출로 링크시키지 못하고 있다.

셋째, 고객에 대한 정보가 있어도 어떻게 서비스를 실시해야 할지를 모르고 있다. 어떠한 방향으로 고객을 만족시킬 것인지에 대한 대책이 없다면 아무리 적극적인 마케팅 투자라도 무용지물이 될 것이다.

마지막으로, 전사적이고 고객지향적인 데이터베이스의 필요성과 활용 때문이다. 우량고객을 위해서라면 사내 어느 부서에 근무하는 그 누구라도 항상 고객을 위해 준비할 수 있어야 한다. 결국 CRM은 전사적으로 고객정보에 대한 마인드를 바꾸고 개선하며 집중적인 관리를 통해 고도화단계에 이를 수 있다. CRM은 고객 · 정보 · 프로세스 · 전략 · 조직 등 경영전반에 걸친 관리체계이며 정보기술이 뒷받침되어 구성되는 것이다.

CRM에 있어서 세 가지 포인트는 첫째, 새로운 고객의 확보, 둘째, 기존 고객으로부터의 수익성 강화, 셋째, 고객의 유지이다. 새로운 고객을 창출하기 위해서는 차별화가 중요시 된다. 제품 또는 서비스의 혁신과 편의성 개발이 새로운 고객을 끌어들이는 성공요인이 된다. 기존 고객과의 관계를 강화하기 위하여 기업은 비용절감 및 품질향상의 노력을 해야 할 것이며, 보유 고객을 유지하기 위하여 지속적으로 고객의 요구를 경청하고 이를 충족시키기 위한 노력을 게을리 하지 않아야 한다.

인터넷과 정보기술이 발달함에 따라 고객의 데이터 확보 및 추적 · 관리가 용이해지고 있다. 즉 이제는 개별 고객의 정보를 인터넷을 통해 손쉽게 획득할 수 있게 된 것이다. 고객정보의 습득은 회원이 가입 시점에 입력하는 데이터를 통해 자동적으로 이루어진다.

또한 인터넷의 발전과 함께 기존에는 중요시되지 않았던 무형자산들이 큰 가치를 나타나게 되어, 기업의 지적자산이나 고객관계 및 고객에 관련된 정보들이 기업의 경쟁력을 위해서 없어서는 안 될 중요한 자산으로 인식되고 있다.

이러한 변화 속에 고객의 요구 역시 복잡하고 다양해지고 있다. 이러한 상황 속에서 다른 기업보다 경쟁력을 가지고 고객의 요구에 대응해 나아가기 위해 CRM의 중요성이 부각되고 있다.

네트워크와 인터넷을 통한 고객접점을 적극적으로 활용한 CRM을 e-CRM이라고 하는데, 기존의 고객관리 시스템을 재구성하여 고객만족을 극대화하면서 동시에 관련비용을 감소시킬 수 있는 새로운 고객관리 개념이라고 할 수 있다. e-CRM이 되면, 고객의 주문에 대한 처리속도도 빨라지고 주문절차도 단순·명확해지며, 고객의 불만이나 추가적인 서비스의 요구에도 신속하게 대응할 수 있어 고객의 만족도가 높아짐은 물론, 정보의 수집이 수월해지고 통합된 정보의 공유로 처리과정이 단순해짐으로써 오류가 줄어들어 비용감소의 효과를 볼 수 있다. 고객의 주문처리·판매·영업등과 같은 프로세스에서 RTE가 추구하려는 목표와 근접해갈 수 있게 하는 도구인 셈이다. 궁극적인 실시간 고객대응의 효과로, 고객만족도를 높여 이탈고객을 감소시켜주고, 비용감소를 동시에 얻을 수 있으므로, 궁극적으로는 기업의 영업수익을 기대할 수 있게 된다.

전자상거래는 네트워크 산업으로, 고객 네트워크·공급자 네트워크·파트너 네트워크에서 가장 중요한 고객 네트워크를 효과적으로 관리하기 위해서 CRM을 필요로 한다. 고객과 직접 접촉하면서 많은 고객 데이터를 수집할 수 있는 특성 때문에 전자상거래에서는 더욱 정교한 CRM을 도모할 수 있다. 전자상거래에 있어서의 고객관리와 오프라인 기업의 고객관리에서 CRM을 혼동하는 가장 흔한 경우는 바로 CRM과 개인화를 동일시하는 것이다. 개인화는 CRM의 단계 중 하나에 불과하다.

대부분의 제조업은 제품차별화가 가능한 업종이며, 고객과의 간접채널을 통해 접촉한다. 이런 산업의 특성을 고려하여 제조업에서의 CRM은 다른 서비스업에서처럼 회사의 사활을 결정할 정도의 중요성은 갖지 않는다고 볼 수 있다. 그러나 치열한 경쟁상황 속에서 CRM의 효과를 무시해서는 안 되며 제조업의 특성을 고려하여 전개하는 것이 바람직하다. 제조업에서는 CRM을 단기수익을 목표로 하는 것보다는, 고객의 불만을 예방하고 로열티를 높여 장기적 관점에서 고객만족도와 브랜드 가치의 상승을 도모할 필요가 있다. 고객만족도와 브랜드 가치는 자연스럽게 고객당 수익성 향상으로 이어질 것이다. 이를 위해서 콜센터·A/S·웹사이트를 활용하여 고객의 데이터를 수집하고 통합해야 한다. 그리고 필요성은 크지만 수집하기 어려운 데이터는 수집된 데이터를 바탕으로 추정한다. 마지막으로 수집된 데이터의 분석결과를 바탕으로 고객의 특성에 적합한 대응활동을 펼치게 된다. 제조업의 CRM에서는 데이터의 수집이 그리 용이하지 않은 바, 다른 산업과 마찬가지로 가장 중요한 것은 고객의 특성에 적합한 대응활동이 무엇인지를 찾아내는 것이다.

그동안 CRM에 가장 큰 관심과 흥미를 보였던 산업은 바로 금융업이다. 그 이유로 두 가지를 생각해볼 수 있는데, 먼저 금융업에서는 제조업에 비해 상대적으로 제품차별화가 어렵기 때문에 고객관리에 보다 더 정성을 기울일 수밖에 없었다. 금융업에서의 제품차별화란 금리나 기간 등의 몇 가지 조건을 조합한 것에 불과하고, 정말 특별한 상품이 나오더라도 이를 경쟁사가 쉽게 모방할 수 있기 때문이다. 고객과 직접 접촉하기 때문에 금융업에서는 CRM을 실행하기가 용이하다. 은행·증권사·보험사 등 금융업체들은 자사의 지점이나 영업 요원을 통해 고객과 접촉한다. 이런 직접유통 채널을 통해 실명화된 고객 데이터가 들어온다. 또 고객에게 어떤 혜택을 제공하려고 할 때도 개별고객을 정확히 식별해서 전해줄 수 있다. 결국 금융업에서 고객과의 관계를 강화하기 위해서는 고객에 대한 부가적인 혜택을 주어야 하는데, 고객에게 금전적인 혜택을 주는 것에는 한계가 있다. 비금전적 혜택으로 승부를 할 수밖에 없고, 어떤 비금전적 혜택이 필요한 것인가는 고객에 대한 철저한 조사가 뒷받침된 다음 결정되어야 한다.

유통업에서 고객확보에 가장 중요한 영향을 미치는 요인은 점포의 입지조건이다. 아무리 뛰어난 매장을 갖추더라도 입지가 고객의 활동지역과 다르면 고객을 유치하기는 대단히 어렵다. 따라서 유통업의 CRM은 신규고객 확보 측면의 노력보다는 기존 고객의 유지와 개발에 초점을 맞추는 것이 바람직하다. 한편, 대부분의 오프라인 유통업체들이 채택하고 있는 오프라인과 온라인 채널이 통합된 CRM에서 온라인의 효용성이 떨어져서는 안 된다. 또 특별한 이유가 없는 한 온라인 매장과 오프라인 매장은 일관성을 갖는 것이 바람직하다. 만일 온라인 매장과 오프라인 매장이 각각 다른 고객을 목표로 하고 머천다이징도 상이하다면, 온라인 브랜드를 오프라인 브랜드와 다르게 설정하는 것이 혼란을 예방할 수 있는 방법이다. 실제 운영되는 상황을 보면, 같은 회사의 온라인 매장과 오프라인 매장의 머천다이징과 가격이 다른 경우가 흔히 있다.

지금까지 CRM의 기본 개념과 목표, 그리고 산업별 CRM 구현 전략에 대해서 논해보았다. RTE에 있어서 CRM은 고객과의 관계에 많은 영향을 미칠 수 있고, 이에 따른 효과와 차별화 되는 프로세스에 대해서 설명해보기로 한다.

RTE를 구현하는 데 있어서는 기업의 내부 효율을 높이는 프로세스와 기술에 집중하는 것이 보통이다. 그러나 고객과의 접촉이 잦은 기업에서 고객과 관련된 프로세스와 애플리케이션의 효율을 높이는 것 또한 잊지 말아야 한다. 실시간 경영기법을 활용하여, 기업은 고객과의 친밀성을 높이고 고객의 요구에 적절히 대응할 수 있을 것이다.

고객관계에서 친밀성을 확보하는 데 있어서는 실시간으로 고객을 파악하고 분석할 수 있는 능력이 핵심이다. 실시간으로 고객을 접하는 예를 들어 보면, 전화상으로 고객과 대화를 하는 경우, 고객과 직접 대면하는 경우, 전자상거래에서 쿠키와 같은 웹 로그 자료분석 등이 있다. 이와 같은 능력은 고객을 접하는 과정에서 고객의 과거 거래 자료를 제공함으로써 관계를 원활히 하는 데 도움을 준다. 콜센터의 안내원은 현재 통화를 하고 있는 고객의 자료를 리뷰할 수 있고, 웹사이트에서는 고객의 계정 또는 과거 구매기록을 살펴볼 수 있는 것이다. 고객의 과거 데이터가 전혀 존재하지 않을 경우에도 적합한 행동을 취할 수 있도록 도와주는 기본적인 기능을 지원할 수 있게 한다.

가트너에 따르면 RTE에서 고객을 얼마만큼 알고 있느냐가 중요한 것이 아니라, 고객에 대한 정보를 충분히 분석한 후 '어떻게' 할 것인가에 대한 답을 신속히 내는 것이 훨씬 더 중요하다고 한다. 물론 고객에 대한 정보를 실시간으로 파악하는 문제가 매우 어렵기는 하지만, 문제에 대한 대응을 실시간으로 지원하지 않는 이상 고객에 대한 실시간 분석이 크게 가치를 창출하지 못한다는 이야기다. 기업은 시간적인 면에서 자사의 분석능력뿐 아니라 실행능력의 향상을 꼭 고려해야 한다. 아래의 그림에서 고객과의 상호작용은 지속적으로 반복되는 고객관계 형성 프로세스를 낳게 되는데, 고객을 인지하는 데까지 걸리는 시간을 줄이는 것뿐 아니라 반응하는 데까지 걸리는 시간도 단축시켜야 상호작용이 원활히 이루어질 수 있다.

〈그림 2-20〉 고객의 파악과 반응

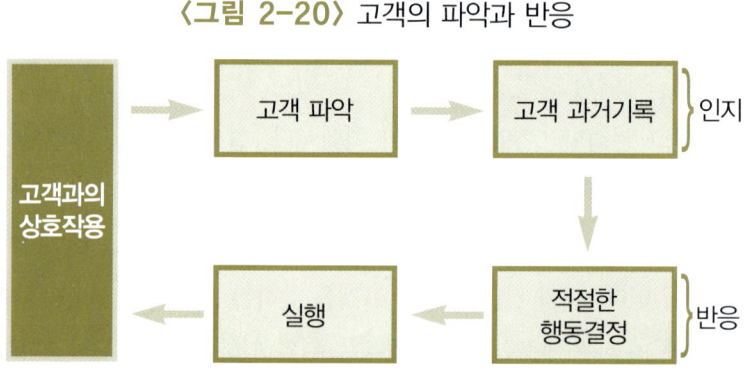

출처 : Gartner Research

RTE에서 고객관리는 항상 스피드와 품질의 향상을 동시에 고려해야 한다. 그리고 초점은 스피드와 품질 향상만 꾀할 것이 아니라 고객과의 경험을 향상시키는 데 맞추어져야 할 것이다. 좋은 품질의 대응방안 없이 고객이 요구한 것에 대한 지연시간만을 줄이는 것은 충분하지 않다. 예를 들어 고객이 이메일을 통해 요구하였을 경우, 이에 대한 답변을 자동화된 메일을 통해 회신하는 일은 매우 빠르고 단순한 일일 것이다. 그러나 메일에 기재된 내용이 48시간 이내에 실행되지 않을 경우 신속한 이메일 답변은 조금의 가치도 창출하지 못한다. 비슷한 경우로 콜센터에 접수된 전화 통화에 대한 지연시간을 줄이는 것은 어렵지 않지만, 고객이 요구한 질문에 대한 가장 적절한 답변을 해줄 수 있는 담당자와 연결하고 신속히 처리하는 일이 더 중요한 것이다. 인터넷상에서도 비슷한 예를 들 수 있다. 접속한 고객에 대해서 실시간으로 불특정 마케팅을 펼치는 것보다는 고객의 과거 데이터를 분석하여 고객의 욕구에 관련된 마케팅을 실시간으로 하는 것이 가치창출에 더 효과적이다.

고객의 관점에서 보면 기업은 고객에게 가치를 부여하기 위하여 어느 정도의 지연시간 축소가 필요한 것인가에 대해 생각해볼 필요가 있다. 다른 말로 말하자면 성공하기 위해서 실시간 업무가 얼마나 실시간화 되어야 하는가에 대한 결정이다. 고객이 특정 프로세스에 대한 지연시간을 관대히 받아들이는 상황에서 몇 백 분의 1초를 단축시키기 위해서 기업이 과도한 투자를 하는 것은 결국 비용만 더 발생시킬 뿐 이윤의 상승효과가 없을 수 있다. 고객과 접하는 채널에서 직접적으로 발생되는 지연시간에는 고객이 어느 정도 받아들일 수 있는 수준이 존재한다. 고객과 업무 담당자가 직접 대면하는 경우 담당자가 대안을 제시할 때까지 고객이 참고 기다릴 수 있는 시간은 몇 초 정도밖에 안 되지만, 인터넷을 통한 접촉인 경우 고객의 손끝에서 클릭된 후 15~30초의 시간은 고객이 불만 없이 기다릴 수 있는 것이다. 이메일을 통한 답변의 경우 고객은 더 관대하여 하루 또는 이틀 정도의 시간도 참고 기다리며, 우편 발송을 통한 답변은 그보다 더 여유가 있다고 한다.

마케팅 관점에서 과연 실시간으로 고객에게 특정 상품 및 서비스의 제안을 하는 것이 얼마나 효과적인가를 이해할 필요가 있다. 실시간으로 정보가 제공되어도 고객의 생활 패턴에 맞지 않는 경우 효과를 보기 힘들다. 단지 고객에게 얼마나 필요하고 관련된 마케팅을 하는가가 시간적인 면보다 중요시되어야 한다. RTE에서 CRM은 실시간보다 더 빠르게 가져가야 한다. 다양한 분석 도구와 기법을 사용하여 고객이 요구하기 전에 미리 알고 제공해야 한다는 의미이다. 아직까지 고객이 원하는 상품을 미리 알고 추천하는 시스템의 효과가 그리 크지는 않지만, 유통업에서 재고관리를 하는 데 널리 쓰이고 있다. 재고가 바닥나기 전에 미리 수요를 예측하여 주문을 하는 것이 바로 그 예라고 할 수 있다.

CRM의 실행과제 측면에서, RTE를 추구하려는 기업은 기업 내 효율성과 고객의 가치 창출을 동시에 고려해야 하는 데 집중해야 한다. 고객관계를 빠르게 효율적으로 하는 것이 자동적으로 이윤을 더 창출할 것이라는 오산에 빠지면 안 된다. 고객이 두 가지의 선택의 기로에 놓였을 때, 자신에게 큰 의미가 없는 무조건 신속한 서비스 보다는 품질과 가치가 높은 쪽을 선택한다는 것을 잊지 말아야 한다.[26]

(4) 지식경영(KM)

실시간경영은 지식경영(KM; knowlodge Management)의 극단적인 구현 방법이라고도 할 수 있다. 대부분의 실시간 프로세스는 대응시간과 대응의 질을 극대화하기 위해서 지식경영의 뒷받침을 필요로 한다. 가트너에 따르면 지식경영과 RTE는 RTE를 구현하는 단계에서부터 매우 밀접한 관계를 가질 뿐만 아니라 RTE의 성공요건으로 지식기반 접근을 꼽고 있다. 특히 RTE 구현단계에서 사업부 간 협력·원활한 지식공유를 핵심 성공요건 중 하나로 꼽는데, 이는 기업의 RTE화는 지식경영에 대한 이해 없이는 불가능한 것이기 때문이다.

RTE 비즈니스 프로세스는 '감지―의사결정―대응', 혹은 '신호(Signal)·해결(Resolutions) 그리고 대응(Responses)'으로 이루어지는데 각각의 경영 프로세스에 대해 짚어보도록 하자.

신호는 해결되지 않은 이벤트의 발생을 의미한다. 이러한 이벤트는 새로운 이벤트이거나 기회·실패 등의 실시간 대응을 요구하는 어떠한 것도 될 수 있다. 해결이란 말 그대로 모든 신호는 해결방안이 강구되어야 한다는 뜻이다. 해결자는 이벤트를 분석하고 관련 정보를 입수하여 어떻게 해결할 수 있는가 분석하고 결정한다. 보통 RTE에서는 이 경영 프로세스가 개인 또는 팀에 의해서 자동화되어 이루어지게 된다. 해결자는 위에 해당하는 이벤트와 관련 방안을 강구하여 이에 대해 대응하는데 이 경영 프로세스를 대응이라 한다. 이러한 실시간 경영 프로세스를 관리하기 위해서 반드시 지식경영이 이를 뒷받침해야 한다는 것이 가트너의 주장이다.

1) KM과 대응 목표의 시간

신호 혹은 감지 프로세스는 이벤트의 발생을 판단한다. 이벤트의 중요성·위험도·담당 해결자 그리고 관련 자원 및 정보의 보유 여부를 이벤트의 발생과 동시에 판단하는 작업이다. 이벤트와 관련 있는 사람에게 경보를 하고 필요자원을 연결시켜주는 일을 담당하게 된다. 지식경영이 가미된 RTE 신호 프로세스에서는 경보를 어떻게, 그리고 누구에게 할 것인가에 대한 의사결정을 지원하고 관련 지식을 함께 전달하게 된다.

해결 혹은 의사결정 프로세스는 해결자가 이벤트를 분석하고 어떠한 행동을 취할 것인가에 대한 의사결정을 지원하는데, 이러한 프로세스에서 지식경영의 역할이 매우 크다. 보통 이상적인 RTE에서 해결 프로세스는 자동화되는데, 이는 관련 정보의 확보·인력자원·의사결정 법칙 등을 해결자에게 자동적으로 할당한다는 것을 뜻한다. 해결자는 관련정보와 관련 인력에 대한 정보에 접근이 허용되고, 필수 정보를 다루기 위한 도구가 같이 제공된다. 해결자가 개인이 아니라 팀이었을 경우 각자의 역할까지 정해질 수 있다. 지식경영은 해결자에게 관련정보를 분석할 수 있는 도구를 제공하고, 필요한 기술을 가지고 있는 인력이 어디에 있는지 알 수 있게끔 한다.

대응 프로세스는 먼저 해결 프로세스에서 결정된 행동의 타당성과 실제 이를 행동으로 취할 것인가에 대한 결정을 한다. 만약 실행하였을 경우 실행결과를 분석하여 미래에 발생될 비슷한 이벤트의 대응방안을 강구할 때 다시 관련 정보로 사용될 수 있게 한다. 즉 과거의 경험을 바탕으로 미래에 발생될 이벤트에 대한 대응을 더 빠르게 실시간으로 할 수 있도록 하는 것이다. 이러한 모든 정보는 정형화된 후 지식창고에 저장되어야 하는 것은 물론이다.

2) KM과 대응 목표의 품질

이벤트에 대한 해결은 반드시 품질 수준을 만족해야 한다. 지식경영은 실시간경영 프로세스의 지능화를 구현하고 지속적으로 향상시켜 나가는 데 핵심적인 역할을 한다. 각 프로세스와 지원자원은 최고 수준의 대응방안을 마련하고 실행하는 데 있어서 풍부한 정보를 보유하고 있어야 한다. 정보는 지식이 포함된 관련 경영법 칙과 의사결정 데이터로 이루어져야 한다. 이벤트의 경로를 설정하는 지식은 지속적으로 발생하는 이벤트를 위해 갱신되어 해결 프로세스의 해결자에게 전달된다. 해결자를 선택하는 것은 몇 가지 속성에 의해 결정된다. 어떤 사람을 선택하여 특정 정보를 보낼 것인가 하는 문제에서는 우선 어떤 인력을 보유하고 있는가를 판단하고 최적의 해결자를 찾는다. 예를 들어, 과거에 비슷한 상황을 처리한 인력의 존재여부 파악과 같은 실시간 정보가 활용된다.

해결자가 파악되고 그의 지식자원이 이미 RTE 프로세스에 정의되어 있어야 한다. 그렇게 하여 최상의 정보가 의사결정의 품질을 향상시키기 위해 RTE 구현단계에서 지식기반·협업도구·의사결정 모델과 같은 도구로 제공된다. 해결 프로세스가 자동화된 경우, 프로세스의 지능은 데이터와 경영법칙으로 지속 향상된다. 그렇게 하여 어떠한 범위의 문제라도 자동화 프로세스에서 해결될 수 있는 확률을 높이는 것이다.

대응 프로세스는 다음과 같은 지능으로 구성되어야 한다. 먼저, '문제의 모든 면을 해결할 수 있는가?', '대응 행동을 실행하기 전에 먼저 발생된 다른 이벤트를 고려해야 하는가?', '과거 비슷한 이벤트의 경우 대응방안이 적절했는가?'와 같은 질문을 던져 해결 프로세스의 품질을 미리 예측한다. 두 번째로, 해결방안의 가치를 판단한다. 대응으로 인한 또 다른 이벤트가 이점이 있는지 살펴보고, 대응방안으로 인한 결과가 미래의 이벤트에 대한 신호 프로세스 및 해결 프로세스에 도움을 줄 수 있다면 분명 가치 있는 대응일 것이다.

3) RTE의 지식경영을 가능하게 해주는 정보기술

RTE의 구현단계에서부터 지식경영을 고려해야 하고 이를 위해서
필요한 기술은 가트너가 제시한 다음의 표와 같다.

〈표 2-3〉 RTE 지식경영 관련 기술

RTE 프로세스	신호 Signaling	**Business Process Management 구현** 담당자를 선택하기 위한 의사결정 데이터의 취득 과 체계화 이벤트의 전달 경로 설정을 위한 경영 법칙의 획 득과 체계화 해결 담당자와 그들의 전문성 파악 및 체계화 **Business Activity Monitoring 구현** 이벤트를 관리하기 위한 의사결정 데이터의 획득 과 체계화 신호 프로세스와 이벤트의 연결
	해결 Resolutions	**자동화된 개인 및 팀 지식경영 애플리케이션 구축** 대응하는 사람의 프로파일 구성, 경보 메시지의 설계 전문가 위치파악 및 관리 실시간 협업 관련 정보 접근 및 취득 **지식경영 도구와 다른 작업 애플리케이션의 통합** **포털 및 이메일을 활용한 이벤트 전달** **자동화된 해결을 위해 BPM을 구현하고, 이에 필** **요한 풍부한 데이터를 제공**
	대응 Response	**지식경영 대응 애플리케이션 구축** 데이터마이닝·모델링·해석도구 기능을 가진 의 사결정 지원과 비즈니스 인텔리전스 도구 테스드를 할 수 있는 도구 및 프로세스 새롭게 얻은 지식을 체계화하여 신호 및 해결 프로세스를 향상시킬 수 있는 도구

지식경영 및 관련 기술은 RTE 프로세스를 구현하고 관리하여 지속적으로 향상시켜나가는 데 꼭 필요하다. 앞서 제시된 지식경영 기술은 현재 모두 구현할 수 있으며 RTE에 적용 가능한 상태이다. 단지 지식경영과 RTE를 같이 구현하는 데 있어서 제한점은 주로 기업의 지식경영과 관련된 프로세스인 BAM과 BPM을 이끌 수 있는 지식의 보유와 축적 기술에 달려 있다. 그러므로 RTE를 지향하는 기업은 반드시 지식경영의 핵심역량을 먼저 키워야 할 것이다. RTE를 성공적으로 구현한 기업의 대부분은 지식경영의 원칙 역시 훌륭히 보유하고 있을 것이다.[27]

(5) 공급자관계관리(S R M)

공급자관계관리(Supplier Relationship Management)는 기업이 수익창출을 위해 제품 공급업체를 어떻게 관리하는가를 제시해주는 경영 솔루션이다. 최근 들어 대형 제조업체들의 SRM 솔루션의 도입이 급격히 늘어가고 있는 상황이다. 기업과 공급업자들이 전략적으로 최적화된 구매와 관련된 의사결정과 신속한 협업을 가능하게 하는 구매 프로세스를 제공함으로써 가격과 경쟁 우위 확보를 통하여 구매

〈그림 2-21〉 기업 내 전 영역에 걸친 SRM의 지원 역할

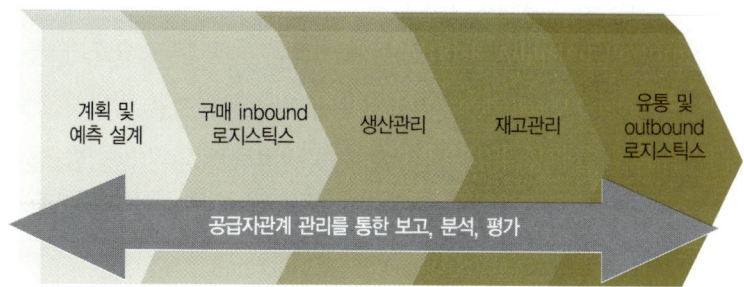

를 최적화하려는 목적을 지향하고 있는 솔루션이 SRM이다.

국내에서도 이미 삼성전자 · POSCO 등이 SRM 시스템을 구축하여 효과를 보고 있고, 선진국의 대형 제조업체들이 앞 다투어 e-Procurement 프로젝트 아래 SRM을 도입하고 있다. 국내에 진출해 있는 SRM 솔루션업체로는 i2 테크놀로지코리아, 얀트라(Yantra), 한국 SSA글로벌, 엠로(eMRO), SAP코리아를 들 수 있다. 전문가들의 의견으로 SRM이 차세대 기업 소프트웨어 시장의 주역이 될 것으로 전망한다. 이미 공급자관리라는 용어가 기업에게 낯설지 않고, 시스템 구축 효과의 계량화가 가능하다는 점은 이미 포화상태에 있는 ERP · SCM 시장의 뒤를 이을 것이라는 예상이다.

업계 전문가들은 아웃소싱의 증가에 따라 구매의 역할이 점점 더 중요해지고 있고, 공급사의 경쟁력을 포함한 공급망 전체의 경쟁력 향상에 구매관리의 핵심역량을 집중할 필요가 있다고 말하고 있다. 그리고 이미 SRM이 SCM의 한 축으로 자리잡아가고 있어, SRM 솔루션의 도입은 매우 필요한 것으로 인식되고 있다. 21세기 경영환경은 극심한 시장경쟁 상황에서 기업 내 가치사슬 간의 경쟁우위가 더 부각되고 있다. 이러한 경쟁우위는 비즈니스 파트너와 공동의 노력을 통해서만 확보된다. 이 과정에서 많은 제조업체들이 필연적으로 1 · 2차 공급업체들과의 복잡한 업무 프로세스를 공유하게 되며, 아웃소싱의 증가에 따라 구매의 역할은 점점 더 중요도가 커지고 있다. 이 같은 새로운 패러다임은 우수한 공급사를 발굴하고 이를 통한 구매비율을 키워나감으로써 공급망 전체의 경쟁력을 향상시키고 우수 공급사와의 관계개선 및 친밀도 향상을 도모하는데 역량을 결집시킬 필요가 있다.

오늘날 초(超)자본주의(Meta-Capitalism), e-비즈니스, 디지털 비즈니스라는 산업 트렌드하에서는 아웃소싱 증가에 따라 구매의 역할이 중요해지고 있으며 업무내용에서도 아이템을 구매하는 트랜잭션 처리에서 전략수립·공급업체 관계관리 등 공급체인을 관리하는 전략구매의 역할로 전환되고 있다. 구매를 전담하던 조직의 역할이 단순한 구매에서 벗어나 기존의 SCM 영역인 운송 및 로지스틱스(Transportation and Logistics) 또는 공급협업(Supply Collaboration)으로 확산되어가고 있음이 그 한 예이다.

기업이 SRM을 도입할 때 가장 의문이 가는 점은 이미 SCM을 도입한 상황에서 왜 SRM에 관심을 가져야 하는 것이다. SCM은 기본적으로 공급사슬 전체 최적화를 목표로 하는데, 구매 프로세스를 최적화하지 않고서는 전체 최적화가 불가능하다. SRM은 공급자관리를 통해 구매의 최적화를 지원한다. 따라서 SRM은 SCM의 일부로써 SCM을 완성하기 위한 필요수단이라는 해석을 내릴 수 있다.

SRM 도입의 효과는 단기적 효과와 지속적 효과로 나눌 수 있다. 단기효과로는 비용절감·운전자본 감소·생산 지연시간 감소·재고관리·핵심공급사와의 협업 향상·구매제품과 서비스 품질개선 등이 있다. 지속적인 효과로 전문가들은 직접자재비용 10~15% 감소·MRO[52]에 의한 간접자재비용 10~25% 절감·엔지니어링 개발 사이클 타임 10~20% 단축·재고회전율 30~50% 향상·부품 및 설계 재사용율 25~50% 향상의 효과가 있다고 한다. 이들 효과를 종합해 보면 총 소유비용(TCO; Total Cost of Ownership)[53]이 10~15% 절감된다. 다

---

52. **MRO(Maintenance Repair and Operating)** 기업에서 원자재를 제외한 모든 소모성 자재
53. **TCO(Total Cost of Ownership)** 여러 가지 비용을 포함한 컴퓨터 시스템의 총비용

시 말해 구매금액 10억 달러 당 1억~억5,000만 달러의 매출원가 절감효과가 있음을 의미한다.

앞으로 SRM에 해결되어야 할 몇 가지 과제가 있다. 무엇보다 SRM의 개념이 명확하지 않다는 점이다. 솔루션 업체마다 정의를 내리고 있는 SRM의 범위와 목적이 약간씩 상이하기 때문에 이에 대해 주의 깊게 살펴볼 필요가 있는 것이다. 또한 투자대비 효과에 대한 문제 역시 SRM이 아직 초기단계로 도입에 따른 기대효과를 실증적으로 보여주는 기업이 드물고, 과거의 SCM 시스템 도입 시 투자효과보다는 솔루션 업체의 브랜드만을 보고 투자한 결과 투자비용이 과다하지 않았는가 하는 지적도 대두된 바 있었다. 따라서 솔루션 업체들은 적정한 투자비용과 이에 따른 구체적인 기대효과를 제시해줄 필요가 있다. [28]

RTE에서 SRM이 시사하는 바는 기업이 급변하는 시장환경변화에 신속히 대응하고 비용을 절감하는 과제를 수행하는 데 있어서 공급업체의 품질에 의존하여 기업의 경영성과를 제고시키는 역량이 매우 중요하다는 것이다. 공급자와의 관계가 적절히 형성된 경우 공급자는 RTE의 성장과 혁신에 기여할 수 있다. 특히 대형 제조업체의 경우 자사의 경영혁신과 프로세스 개선에 아무리 노력을 기울인다 해도, 공급사슬망에 연결된 공급자의 가장 느린 파트너의 수준을 넘을 수 없고, 품질 역시 가장 떨어지는 공급자의 수준까지만 도달할 수 있을 것이다. 체계적인 SRM의 접근은 RTE의 기능부문뿐만 아니라 중요한 의사결정지원 프로세스와 기능을 구매 담당부서와 공급사슬의 핵심 의사결정권자에게 제공한다. 효과적인 SRM의 결과로는 다음 사항을 들 수 있다.

첫째, 전체 시장상황에 대한 이해를 충분히 반영한 신제품 또는 새로운 기능을 첨부한 혁신적인 제품을 출시할 수 있게 한다. 둘째, 배송시간과 품질을 잃지 않으면서 프로세스의 향상과 전체 비용을 감소시킬 수 있다. 셋째, 적용 가능한 대안기술에 대한 지식을 공유하면서, 해당기술을 적용할 때 발생하는 위험도를 줄일 수 있다. 넷째, 재고부족 또는 재고적체 등과 같은 문제를 해결하여 재고비용을 줄일 수 있다.[29]

(6) 기업애플리케이션 통합(EAI)

RTE, 즉 실시간기업이란 기업의 기회와 위협 요인을 경쟁사보다 먼저 파악해 효율적인 의사결정을 거쳐 민첩하게 대응하자는 개념이다. 실시간기업에서의 핵심은 '실시간 감지'와 '신속한 대응'이다. 시장에서의 이벤트 또는 변화가 감지되면, 의미 있는 데이터를 수집해 의사결정단계로 넘어간다. 이 단계에서 직원 간·조직 간 협업을 통해 효과적인 의사결정이 이뤄지면 행동단계에서 실행에 옮겨지며, 실행 결과에 대한 지속적인 모니터링도 이뤄진다. 이러한 일련의 단계에서 지연되는 시간을 줄이고자 하는 것이 실시간기업의 궁극적인 목표이다. 따라서 이러한 흐름이 원활하게 수행되기 위해서는 적재적소에 실시간의 데이터 수집 및 접근과 업무 프로세스의 중단 없는 연계가 필수적이다. 즉 기업 내 모든 애플리케이션과 데이터가 필요할 때 적시에 접근될 수 있는 통합환경이 되어야 한다.

지금까지 많은 기업이 비즈니스 기회의 창출과 업무의 효율성 제고를 위해 끊임없이 개별적인 애플리케이션을 도입해왔다. 그러나 이제는 기업 내·외부 간의 산발적인 애플리케이션들을 어떻게 하면 각 영역별로 잘 통합할 수 있을까 하는 것이 더 중요해졌다. 이러한 요구를 충족시키기 위해 등장한 개념이 EAI(Enterprise Application Integration)이다.

이러한 EAI가 등장하게 된 배경은 크게 비즈니스 환경변화와 정보시스템의 환경변화로 요약할 수 있다. 정보시스템이 기업 경쟁력에 미치는 영향이 과거와 비교할 수 없을 정도로 중요해지고, 기업 간 전자상거래 활성화로 인해 기업 간 데이터 교환과 실시간 커뮤니케이션을 위한 데이터 통합이 매우 중요해졌다. 기업의 비즈니스 환경이 변화함에 따라 정보시스템의 발전도 빠르게 진행되고 이로 인해 다양하고 이질적인 기업 정보시스템 플랫폼이 공존하게 되었으며, 그 결과 생산성과 효율성 증대를 목적으로 도입한 정보시스템이 오히려 사용자 인터페이스를 복잡하게 하고 시스템 연계를 위해 추가 자원을 투입하게 만드는 등 생산성 악화의 원인이 되고 있다. EAI는 변화된 비즈니스 환경에 적절히 대응하고 이질적인 플랫폼을 갖는 애플리케이션이 서로 커뮤니케이션하여 데이터를 통합 관리 할 수 있게 해주는 역할을 담당하게 된다.

EAI 시스템의 필요성은 크게 세 가지로 요약될 수 있다.

우선, 기업 정보시스템을 구성하는 이질적 플랫폼과 데이터 통합에 대한 필요성이다. 기업 정보시스템의 환경은 '메인프레임―더미(dummy)터미널 환경'에서 '클라이언트―서버 환경'으로, 그리고 1990년 후반부터 '인터넷 환경'으로 매우 빠르게 변하고 있다. 현재 기업 정보시스템에는 이들 세 가지 인프라가 복합적으로 존재한다. 1990년대부터 정보기술과 경영부문이 연계된 MRP·ERP·SCM·CRM·전자상거래 등 패키지 애플리케이션들이 기업의 업무 효율성 증대에 큰 공헌을 한 것은 분명하지만, 그만큼 정보시스템은 복잡하고 이질적으로 만들어졌다. 그 결과 서로 다른 플랫폼과 통신 프로토콜을 가진 시스템 간의 완벽한 커뮤니케이션이 불가능해지고, 수많은 인터페이스가 만들어져 사용되고 있다. 그러나 이런 인터페이스의 역할은 매우 미흡하다. 결과적으로 EAI 솔루션은 이러한 커뮤니케이션을 가능하게 하고 작업의 효율성과 시간을 줄이기 위하여 개발되어 인터페이스를 하나로 통일시킨다.

두 번째로, 기존 시스템의 통합 프로젝트에 한계가 있어 EAI 솔루션이 필요하다. 기업의 전략적 시스템 통합은 비즈니스 프로세스 변화에 따라 유연하게 대처하기 어렵다는 것과 일대일 애플리케이션 통합만을 지원할 뿐, 다자간의 애플리케이션 통합은 지원하지 못한다는 단점이 있다. EAI 애플리케이션은 이와 같은 기존 시스템의 통합의 한계를 극복하면서 시스템 통합에 소요되는 시간과 자원 절감을 가능하도록 지원한다.

마지막으로, 기업 간 거래가 전자상거래화 되었다는 데에 있다. 기업간 전자상거래를 통한 거래의 시작은 기업 내부에서 업무가 진행되는 인트라넷 개념에서 기업 간 정보와 데이터가 통합되어 운용되는 엑스트라넷 개념으로 점점 범위가 넓혀졌다. 사실 인터넷 상거래가 가능하기 위해서는 본사의 정보와 제휴사의 고객 데이터가 실시간으로 교환되고 그것을 분석·모니터링 할 수 있어야 한다. 전자상거래 솔루션이나 SCM 솔루션들이 일부 기능을 지원하기는 하지만 기업 간 거래 솔루션 업체나 SCM 솔루션 벤더는 자사 제품 이외의 다른 애플리케이션을 통합하는 것을 목적으로 하지 않았기 때문에 정보화 통합을 이루기 위한 기업의 기대치를 만족시키지 못하는 실정이다. EAI는 기업 내부 애플리케이션 통합의 필요성에 의해 처음 대두되기는 했지만 최근에 기업 간 전자상거래 보급으로 인하여 기업간 전자상거래 애플리케이션 통합에 대한 필요성이 증가함에 따라 B2B 영역까지 포괄하는 신제품을 개발하고 있다.

기업은 통합을 통해 무엇을 기대하고 있는 것일까? 통합을 통해 가져올 수 있는 혜택은 여러 가지가 있을 수 있겠지만, 크게 IT운영에 대한 부분과 기업경영에 대한 부분으로 나눠 생각할 수 있다.

먼저, IT운영에 대한 부분으로는 이미 투자한 IT자산에 대한 활용도를 높일 수 있다는 점을 들 수 있다. 기업은 이미 많은 시간과 비용을 들여 수많은 시스템을 구축해놓고 있다. 이러한 시스템들이 환경의 변화에 능동적으로 대응할 수 없다면 매번 기업은 기존 시스템을 버리고 새로운 시스템을 구축해야 할 것이다. 이 얼마나 소모적인가? 통합을 제대로만 한다면 매번 새로운 요구사항에 대해 시스템을 만들지 않더라도 기존 시스템의 활용도를 높여 빠른 대응을 할 수 있을 것이다. 또한 IT에 대한 유지보수 비용을 줄일 수도 있다. 앞서도 말했듯이 기업 내 산재해 있는 시스템들은 점점 복잡해지고 그에 따라 관리하기 위한 비용과 시간은 엄청나다. 효과적인 통합을 할 수 있다면 이러한 비용과 시간을 단축할 수 있는 것이다. 이렇듯 기존 자산을 재활용하고 유지보수 비용을 줄일 수 있다는 점은 경제상황이 날이 갈수록 치열해지고 있는 현 시점에서 볼 때 매력적인 점이 아닐 수 없다.

두 번째로, 기업경영 측면에서 볼 때 통합은 기업에게 민첩성 및 유연성을 줄 수 있다. 앞서 설명한 실시간 기업이 되기 위한 실시간 데이터 수집 · 접근 및 실시간 프로세스의 실현을 가능하게 해줌으로써 경쟁력 있는 기업이 되도록 하는 것이다. 예를 들면 콜센터의 에이전트가 고객의 전화 응대 시에 창고에 있는 재고수량을 즉시 확인하고 민첩하게 대응할 수 있다면, 그 기업은 좀 더 많은 사업기회를 가질 수 있는 것이다. 또는 기업 내 통합을 위한 인프라가 탄탄히 갖춰져 있다면 잦은 업무 프로세스 변경에 대해서도 유연하게 대응할 수 있다. [30]

(7) RFID(Radio Frequency Identification)

RTE의 기본 목적은 핵심적인 비즈니스 프로세스에서 지연시간을 단축하는 것으로, IT를 통해서만 실시간에 가까운 응답속도를 보일 수 있다. 그러므로 기존의 IT시스템은 물론 기업은 새롭게 부각되고 있는 서비스에 대한 파악을 지속적으로 하고 도입 여부 또한 실시간으로 판단할 수 있어야 한다. 최근 부각되고 있는 IT 중에서 RTE의 성공적인 도입을 위해 관심을 끌고 있는 RFID에 대해서 알아보도록 한다.

RFID는 사람을 포함한 모든 사물에 붙이는 태그(Tag)에 고유한 정보를 입력하고, 판독기(Reader)를 통하여 이 정보를 읽고, 인공위성이나 이동통신망, 인터넷망과 연계하여 사용된다. 생산·유통·보관·소비의 전 과정에 대한 정보를 담고, 유비쿼터스 컴퓨팅 센서 (Ubiquitous Computing Sensor)[54]로 기술 발전이 진행되고 있다. RFID 기술은 전혀 새로운 기술이 아니다. 오래전에 처음 등장했으나 지금껏 널리 사용되지 못하다가, 지난 2000년부터 ISO에서 표준화가 추

---

54. 유비쿼터스 컴퓨팅 센서(Ubiquitous Computing Sensor) 전자 태그(RFID)와 u-센서를 BcN과 연계하여 사물의 정보를 인식, 관리하는 네트워크

진되고 있으며, CEBIT 2003에서 새롭게 관심을 끌었다. RFID는 Radio Frequency Identification의 약자로써, RFID 태그는 무선 칩을 내장하고, 무선으로 데이터를 송수신하여 데이터 수집을 자동화한 것이다. RFID가 소개된 것은 오래전이지만, 그간에는 비용과 상용화 기술 등의 문제로 상업화되지 못했으나 기술의 발달과 네트워크 시대의 필요성이 부각되어 널리 쓰이기 시작하고 있다.

일반적으로 RFID의 기능은 바코드(Barcode)와 동일하지만 다음과 같은 장점을 지닌다. 바코드방식에서는 판독작업의 비효율성으로 인해 항상 사람의 실수가 개입될 여지가 많다. 의도하지 않은 오류들로 인해 정확해야 하는 정보가 부정확해지기도 하는 등, 정물(情物) 일치라는 SCM의 기본요소에 저해요소가 되고 있다. 다음으로 바코드는 판독하기 위해 인력이 많이 필요하다는 문제점이 있다. 대형업체로 갈수록 인력에 대한 관리 및 인건비에 대한 부담을 줄이기 위해 많은 노력들을 하고 있지만, 현재의 바코드 시스템은 판독기를 사람이 들고 확인을 해야 한다는 문제점 때문에 검품하는 사람이 상당히 많이 필요하게 된다. 공급망 전체의 모든 회사의 바코드 판독을 위한 인력배치를 생각하면 엄청난 인원소요가 발생한다. 또한 바코드가 일부 훼손된 경우 사람이 일일이 매뉴얼로 바코드 번호를 입력해야 하는 작업상의 비효율 문제도 빈번히 발생한다. 작업이 비효율화 되고 많은 인건비가 필요한 바코드 시스템에 대한 대안이 필요하게 되어 RFID가 이를 대체하게 되었다.

RFID가 가장 널리, 그리고 효과적으로 쓰일 수 있는 분야는 물류산업일 것이다. DHL과 같은 세계적인 배송업체는 배송되고 있는 물품의 정확한 지리 정보를 항상 파악하고 있다. 반면 소규모의 민간 유통업체들은 일반적으로 많은 정보를 파악하지 못하고 있고, 여기에 RFID가 새로운 장을 열게 되었다. 바코드보다 더 쉽고, 더 빠르게 스캔이 가능하고, 물품의 위치 정보 등과 같은 데이터가 훨씬 더 빈번히 수집되기 때문이다. 실시간 트래킹이 가능하게 되어 기업의 공급사슬망이 훨씬 효율적으로 바뀌고 배송과정 중에 차질이 일어날 확률도 훨씬 줄어들게 되었다.

RFID를 활용하여 각각의 가치사슬상에서 센서 네트워크를 이용한 아이템별 정보관리가 가능하고, 이상적인 SCM 환경을 구축할 수 있다. 제품별 인식을 통하여 하나의 제품이나 부품 단위로 자원상황을 파악하고, 센서 네트워크를 이용한 원거리 자동인식이 가능하여 공급망의 정보를 정확하고 신속하게 판단하여 아이템 수준의 자원파악과 자동인식을 실행할 수 있다. 유비쿼터스 환경의 센서 네트워크 기술을 통한 정보처리는 어떤 공급망에서도 정보의 동기화를 보장하기 때문에 시스템의 왜곡현상을 일으키지 않고 고객의 요구에 신속한 대응이 가능하게 된다. 또한 생산공장은 물류센터와 유통센터의 재고수준과 판매상황을 정확히 파악하여, 실제보다 과잉된 물류센터나 유통센터의 주문량을 알 수 있으므로 공급사슬의 하류에서 발생한 오류가 상류로 올라가면서 증폭되는 현상을 방지할 수 있고 주문처리비용 감소와 최적의 재고수준 유지가 가능하게 된다. 생산효율 증대와 유지보수 비용절감도 가져올 수 있다. 지능화설비를 통한 생산성이 강화되고 원하는 아이템의 신속한 위치와 수량 파악을 통한 효율적인 생산 스케줄이 결정 가능하며 또한 신속한 문제점 파악이 가능하여 문제되는 아이템의 빠른 복구가 가능하게 된다.

현재 전 세계의 RFID 보급 및 활용 추세를 보면, 이미 미국과 유럽의 기업은 RFID를 현업에 실제 적용하여 활용하는 단계에 와 있는 반면, 우리나라에서는 아직까지 기초 표준을 확립하는 단계에 머물러 있다. 미국에서는 질레트 등과 같은 소매점에서 상품 분실률이 높은 상품을 공급하는 업체들이 이 기술에 대해 많은 관심을 보이고 있다. 월마트의 경우 앞으로 수년 안에 RFID 장착을 의무화하겠다고 발표한 바 있다. 실제로 월마트에서는 모든 상품은 아니지만 일부 상품의 박스에 이미 이 기술을 사용하기 시작한 것으로 알려지고 있다. 박스의 바코드를 일일이 체크하던 방식에서 계산대 또는 특정 재고창고에서 박스들이 통과하면 자동으로 그 물품의 입출입 로그가 작성되며 관리되는 방식이다.

그러나 RFID의 장점만을 생각하기보다는 현재 이 신기술이 가지고 있는 문제점을 동시에 살펴보아야 한다. 우선 비용이 많이 든다는 점이 기업의 조기 도입 결정을 늦추고 있다. RFID 태그 하나에 약 50센트가 들고, 또한 이를 인식할 수 있는 리더기의 가격 또한 만만치 않다. 그러므로 아직 실제 소매점 단위에서 이용이 활발하지는 않다. 그리고 가장 고려해야 할 문제점으로 들 수 있는 것이 개인정보의 보안문제이다. 예를 들어 고객이 RFID 태그가 내장되어 있는 옷을 구입해서 착용한 경우 리더기만 있으면 그 고객의 상품구입 날짜와 옷 치수까지 자신도 모르는 사이에 공개될 수 있는 위험이 있다. 이러한 이유 때문에 미국에서 각 상품마다 RFID를 장착하려던 베네통은 각 소비자단체의 반대로 계획을 보류하게 되었다.

이러한 문제점을 해결하기 위해 RFID 제조회사들은 RFID 칩의 가격을 5센트 수준까지 낮추는 방법을 연구하고 있으며, 동시에 고

객의 구매 시점 이후에는 RFID 칩을 소멸시키는 기술도 연구되고
있다.

　각 소비자단체와 진보적 단체들의 반대를 무릅쓰고, 기업은 수년
내에 RFID 기술을 기업의 전반적인 공급사슬에 적용시킬 것으로 예
상된다. [31]

제**3**장

RTE의 실행방법론

RTE$^+$의 제시

1. 1
취지 및 배경

　끊임없이 빨라지는 경영환경변화의 속도와 불확실성 속에서 기업
이 경쟁력을 강화하여 생존을 영위하고 지속적인 성장·발전을 도
모하기 위해서는 환경변화에 신속하고 적절하게 대응하는 혁신적
인 경영전략의 수립과 실행을 위한 새로운 방법이 필요하며, 이를
위해 시대 흐름에 맞는 정보기술을 동원하여 체계적으로 지원하는
것이 RTE 시스템이라고 할 수 있다. 또한 RTE 시스템은 기회요인과
위협요인을 함께 고려하여 변화를 예상하고 미래의 시나리오를 예
측함과 동시에 변화에 신속히 대처할 수 있는 빠르고 효과적인 실시
간 전략 시스템이자, 기업의 경쟁우위를 달성하기 위한 실시간 수
단이다. 이렇듯 RTE 시스템은 기업의 성과창출과 성과제고를 지향
하는 성과주의 경영을 추구하는 하나의 통합된 정보지원 시스템의

개념이다. 이에 본 장에서는 RTE의 개념을 경영과 IT관점에서 재해석하여 실천적 방법론의 일환으로 구체화한 RTE$^+$를 제시한다. 그런 의미에서 RTE$^+$는 경영환경변화에 실시간으로 대응할 수 있는 IT 시스템의 구성 가이드로 활용될 수 있을 것이다.

1. 2
시스템경영과 RTE$^+$

(1) 시스템경영의 의미

1) 시스템경영이라 함은 기업경영을 시스템적 관점에서 바라보고 접근하는 사고방식, 즉 시스템에 의한 경영방식이라고 할 수 있다. 말하자면 ①경영의 대상을 '작업효율성'이나 '인간관계'처럼, 경영의 단편적인 어느 한 부분만을 보는 것이 아니라 회사 전체 또는 경영 전체를 대상으로 하며, ②기업경영을 환경에 대응하여 시간의 흐름에 따라 진화·발전하는 것으로 보는 견해이다.

예컨대 R&D부서가 구매부서나 마케팅부서의 협조나 상의 없이 개발관련 문제를 독단적·단편적으로 접근하지 않고, 회사 전체나 경영 전체의 차원에서 상호관련 하에 접근하는 방식을 예로 들 수 있다. 32)

2) 기업을 하나의 시스템으로 보면, 기업은 이익창출의 목표를 달성하기 위해 사람(人)·설비(物)·자금(金) 등의 요소로 구성되고, 구매·생산·판매·경영관리 등과 같은 하위 시스템(경영기능)이 회

사의 경영목표 달성을 위해 상황에 맞게 성과지향적으로 상호작용하는 집합체라고 할 수 있다.

3) 그런 의미에서 시스템경영은 다음과 같이 정리할 수 있다.

① 시스템경영은 '시스템적 사고로 접근하는 경영(Systems Thinking Management/Systems Approach Management) · 시스템에 의한 경영(Management by Systems)'의 줄인 말이라고 할 수 있다.

② 이러한 시스템경영은 기업을 경영함에 있어 조직운영 구조와 제도 및 업무처리 절차를 비롯한 일련의 경영관리 과정을 일반적으로 용인되는 또는 조직 내에서 합의된 '공통의 기준과 프로세스'로 체계화하여 경영하는 것이라고 할 수 있다.

③ 이렇게 체계화된 '공통의 기준과 프로세스'가 구성원들에 의해 화합적으로 공유되고 업무행동기준이나 업무행동 양식의 기본 바탕으로 수용되어, 조직 내의 핵심 목적 및 핵심 가치와 접목되어 구성원들에 의해 실시간으로 철저히 실행되도록 하는 '시스템적 사고에 의한 경영'을 시스템경영이라고 정의할 수 있다.

(2) 경영관리 시스템의 구축 방향

1) 경영의 시너지 강화

시스템경영이 정착될 수 있도록 하기 위해서는 특정인이나 특정조직에 의한 전횡을 지양하고, 일반적으로 용인될 수 있는 '공통의 기준과 프로세스'에 의한 실시간 경영관리로 고성과를 안정적 · 지속적으로 달성함과 동시에 경영의 시너지 효과가 최대화되도록 해야 한다.

그렇게 하기 위해서는 계열기업 집단 전체는 물론 계열사 차원에서 조직 내에서 합의된 '공통의 기준과 프로세스'를 마련하여, 구성원들 개인 및 조직의 학습을 통해 시스템적 사고와 실천 관행이 확산·심화되도록 해야 한다. 그리고 계속하여 전체 최적화를 기할 수 있는 유연한 통합 시스템을 목표로 계속 보완·향상(Upgrade)시켜 발전해나가도록 해야 한다.

2) 성과주의경영의 심화·발전

뿐만 아니라 경영상의 비전과 전략을 명확히 하고, 전략실행을 위해 계층별로 해야 할 일을 균형적으로 구체화하여, 선행관리 해나가도록 해야 한다. 그리고 조직성과 극대화와 직무 책임수행을 위한 개인의 성과목표와 성공적인 직무수행에 필요한 역량을 명확히 해야 한다.

이를 바탕으로 ①합의에 의해 목표를 설정하고, ②실행을 모니터링·피드백하며, ③객관적이고 공정한 평가를 통해 차별적·합리적인 보상을 실시하여 구성원의 동기부여 및 직무몰입을 유도할 수 있도록, 성과관리 측면에서 강한 연계성을 갖는 일련의 종합적인 프로세스 체계로 접근해야 한다.

(3) IT기반의 RTE 시스템

1) 정보화시대의 경영관리 시스템

설령 '공통의 기준과 프로세스'에 의한 경영관리 시스템이 상당히 높은 수준으로 구축·실행되고, 그에 덧붙여 성과주의 경영의식이 높은 수준으로 심화·확산되어 있다 하더라도, 예컨대 경영의 사이클 타임이 경쟁상대보다 길고, 경영성과의 분석과 피드백, 그리고 이에 따른 경영전략의 분석과 피드백 등이 신속하지 못하고 정교하지 못하다면 경쟁력의 상실은 물어보나마나(不問可知)일 것이다.

현대경영은 속도의 경쟁이다. 아무리 좋은 경영관리 시스템을 갖추고 있다 하더라도 실시간으로 정보를 처리하는 IT인프라가 구축되어 있지 않으면 고객의 욕구에 재빨리 대응하지 못하고, 결국에는 경쟁에 뒤질 것이다.

따라서 이러한 '공통의 기준과 프로세스'에 의한 시스템경영과 성과주의경영을 제대로 뒷받침하여 경쟁력을 유지·강화해나가도록 하기 위해서는, 시대의 흐름에 맞는 IT를 기반으로 하는 RTE 시스템의 뒷받침이 필수불가결한 것이다.

2) RTE 시스템의 등장배경

인터넷을 비롯한 정보기술에 기반한 e-비즈니스가 가져온 사회적 변화는 기업경영에 있어서도 엄청난 위협과 기회요소로 다가오고 있다. 프로세스의 지연시간 축소를 통한 시간절약은 비용절약의 측면뿐 아니라 경영 프로세스 측면의 질적인 향상을 가져오게 되는데, 그러한 역량의 궁극적인 모습으로 제시된 것이 기업의 RTE화이다.

이러한 기업의 RTE화에서 가장 중요한 것은 속도인 것이며, 속도야말로 RTE화의 핵심적인 방향성이라 할 수 있다. 또한 여기서 말하는 속도의 핵심은 변화인 것이며, 변화의 속도란 적응력에 대한 것으로 이해될 수 있다. 즉 시장의 변화와 소비자의 욕구변화 등에 따른 기업 내·외부의 상황변화에 대해서 얼마나 빠르게 적응하는가 하는 것이 RTE화의 핵심요건인 것이다.

따라서 유연함과 빠른 대응력 및 위기 대처능력이 없는 기업은 심화되는 글로벌 경쟁에서 도태될 수밖에 없다. 특히 국내 기업은 운영(Operation) 측면에서는 이미 선진수준에 도달하였으나, 관리(Management) 측면에서는 그동안 관심과 노력이 상대적으로 미흡하였다. 게다가 M&A · 전략적 제휴 등을 통한 기업의 그룹화 · 협업화 · 공동화 현상이 가속화됨에 따라 공유된 정보를 한층 더 빠르게 파악하고 대응하는 것이 중요한 요건으로 부각되고 있다.

앞으로는 비즈니스 프로세스 혁신이나 핵심 경쟁력 강화 등 경영학에서 강조하는 표어들과, 웹이나 이동통신 등의 정보기술을 이용하여 새로운 시대 변화에 적응하려는 여러 가지 기술적인 노력들이 이제는 하나로 융합되어, 새로운 가치를 창출하기 위한 또 다른 도약의 시기가 도래하고 있다. 이 중에서 가장 크게 이목을 끌고 있는 것이 바로 RTE 시스템으로써, 21세기 기업의 기반과 강점을 활용하고 환경변화를 극복할 수단으로 주목받고 있다.

3) RTE 시스템의 의미와 체계

이와 같이 급변하는 경영환경과 격렬한 경쟁환경 속에서는 실시간 경영이 이제는 생존의 필수조건으로 등장되고 있다.

다시 말해 첫째, 업무 수행과정의 시간상의 지체를 제거하고, 둘째, 계획과 실행의 차이를 최소화하며, 셋째, 조기 경보를 통해 경영상의 제반 위험을 미연에 방지하거나 발생 즉시 제거하지 않으면 안 되게 되었다. 이를 위해 EP를 기반으로 하여 실시간의 경영관리 시스템이 구축 · 실현되도록 해야 하는 것이다.

① ERP · SCM · CRM 등에 의해 모든 프로세스의 통합을 이루고

② BPM에 의해 핵심 프로세스를 선별 관리할 수 있도록 하여

③ 이를 통해 회사의 주요 의사결정에 요구되는 경영정보를 SEM 에 의해 실시간으로 경영현황 속보판(Dashboard)으로 보여줌 으로써

④ '눈으로 보는 관리'에 의해 주요 경영정보의 실시간 공유가 이루어져

⑤ 이에 따른 빠른 의사결정이 가능하도록 해야 하는 것이다.

4) RTE시스템의 주요 구성요소

① EP(Enterprise Portal, 정보포털)

웹(Web) 기반 애플리케이션·서비스·콘텐츠 및 전자상거래를 이용자의 목적에 맞게 개인화시킨 사용자 인터페이스(User Interface) 프레임워크(Framework)로 특히 웹이라는 단일화된 창구를 통하여 기업 내·외부의 정보 및 관련 업무 기능을 통합하여 제공함으로써 각종 업무의 프로세스·정보 공유 및 의사결정 등의 효율성을 높일 수 있는 IT솔루션.

② ERP(Enterprise Resources Planning, 전사적 자원 관리)

기업에서 소요되는 자원의 효율적 배치와 경영성과에 대한 적절한 평가가 가능하도록, 구매·생산·판매·R&D·기획·관리·인사·회계 등 기업의 전반적인 업무 프로세스를 하나의 체계로 통합·재구축하여, 정보를 서로 공유함은 물론 신속한 업무 처리를 지원할 수 있도록 하는 통합 정보관리 IT솔루션.

③ SCM(Supply Chain Management, 공급망 관리)

최적의 기업 공급망을 확보하기 위하여 공급자로부터 생산

자 · 도매업자 · 소매상인 그리고 소비자에 이르기까지 물자 · 정보 · 재정에 관한 진행과정을 최적의 자원배분과 공급망 계획을 활용하여 최적화하는 IT솔루션.

④ CRM(Customer Relationship Management, 고객관계 관리)

핵심 고객에 대한 보다 나은 서비스 제공과 보다 나은 고객관리를 위해서, 통계적 기법 및 데이터베이스 등을 활용하여 고객의 니즈를 조기에 파악하여 최적의 고객 대응체제를 만들어 주는 IT솔루션.

⑤ BPM(Business Process Management, 비지니스 프로세스 관리)

기업운영 상황을 핵심 프로세스 중심으로 모니터링할 수 있도록 보이지 않는 프로세스를 가시화하여 영역별 프로세스 관리(프로세스의 정의 · 실행 · 모니터링 · 분석 등)를 지원하는 IT솔루션.

⑥ SEM(Strategic Enterprise Management, 전략적 경영관리)

회사의 경영전략 수립과 동시에 경영활동이 전략대로 이루어질 수 있도록 경영계획 · 경영성과 관리 · 경영정보 활용을 지원하는 ①SFS(Strategy Formulation & Simulation), ②BSC(Balanced Score Card), ③ABM(Activity-Based Management), ④VBM(Value-Based Management) 기능의 IT솔루션.

⑦ RTE Dashboard(경영현황 속보판)

경영층을 대상으로 경영의 주요정보를 KPI · Event(SEM), Process(BPM), Information(ERP) 관점에서 실시간으로 통합하여 가시화한 경영현황 속보판.

A. Pull 방식 Dashboard(KPI Driven Dashboard)

KPI(Key Performance Index)에 의한 Drill-Down 방식으로 경영상
의 문제점을 파악하는 방식.

B. Push 방식 Dashboard(Event Driven Dashboard)

주요 경영정보를 별도 제작된 모니터링 화면을 통해서 경영층
에 일방적 · 리얼타임으로 전달함으로써, 지체됨이 없이 최적
의 경영의사결정을 적기에 할 수 있도록 지원하는 방식.

1. 3
RTE⁺ 정의

RTE⁺란 가트너의 RTE 개념을 기업경영에 현실적으로 활용할 수
있도록 각 요소별로 상호배타적이고 포괄적인 RTE 구조체로 재정
의한 것이다.

이 책에서 RTE⁺란 "기업경영 내·외부의 환경변화와 경쟁여건의
변화에 즉시적 혹은 실시간으로 대응하여 경영효율과 경쟁력을 극
대화한 기업"이라고 정의한다.

① 업무 수행과정의 시간지체(Delay)를 제거하고,

② 계획과 실행의 차이를 최소화하며,

③ 조기경보를 통해 경영상의 리스크를 방지·제거한다.

또한, 이러한 RTE의 목적이 효율적·효과적으로 달성되도록 하
기 위하여 경영자와 중간관리자 및 실무담당자 간에 의사소통이 원
활히 진행될 수 있도록 수직적·수평적 의사소통을 강조한다.

<h2>〈그림 3-1〉 RTE+ 배경 및 정의</h2>

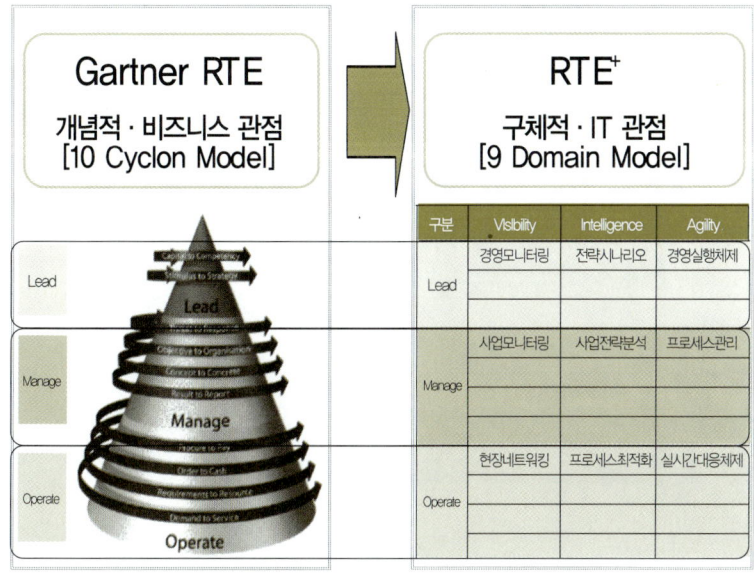

구분	Visibility	Intelligence	Agility
Lead	경영모니터링	전략시나리오	경영실행체제
Manage	사업모니터링	사업전략분석	프로세스관리
Operate	현장네트워킹	프로세스최적화	실시간대응체제

<h2>〈그림 3-2〉 RTE+의 기본구조</h2>

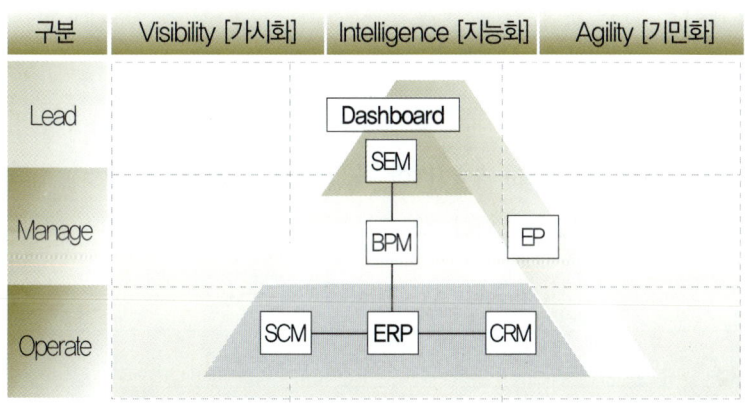

※ERP [Enterprise Resources Planning] : 전사자원 관리
※BPM [Business Process Management] : 프로세스 관리
※CRM [Customer Relationship Management] : 고객관계 관리
※SEM [Strategic Enterprise Management] : 전략적 경영관리
※SCM [Supply Chain Management] : 공급망 관리
※EP [Enterprise Portal] : 기업포털

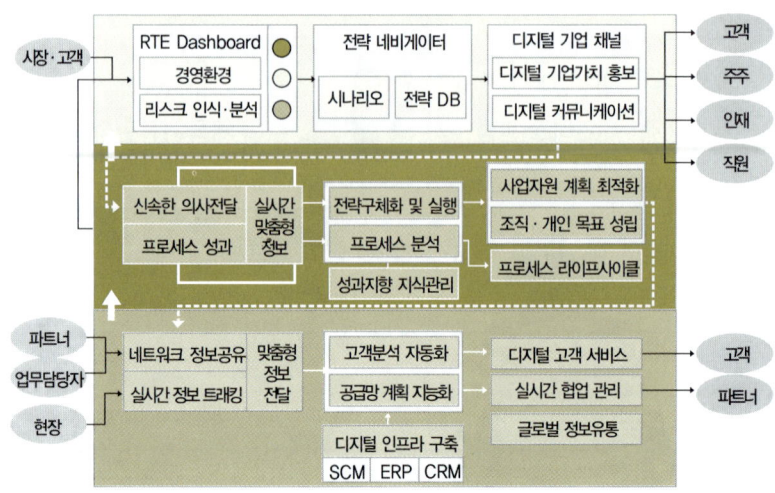

〈그림 3-3〉 RTE⁺의 종합적인 To-Be 모습

1. 4
RTE⁺ 구조

RTE⁺는 ①영역(Entity)과 ②속성(Attribute)의 상호조합에 의해 정의
된 ③목표항목(Domain)과 이러한 목표항목을 달성하기 위한 ④추진
항목(Enabler)으로 구성된다.

〈그림 3-4〉 RTE⁺의 구성

	속 성(Attribute)
영역(Entity)	목표항목(Domain) ➡추진항목(Enabler)

(1) 영역(Entity)
RTE⁺를 적용할 수 있는 영역은 다음과 같이 지휘 · 관리 · 운영 단

계로 나누어진다.

1) 지휘(Lead)

경영자 및 전사 전략 부서를 대상으로 한다.

2) 관리(Manage)

관리자 및 재무·관리·인사 부서를 대상으로 한다.

3) 운영(Operate)

구매·생산·영업·연구개발·고객대응 등 일반 부서의 직원을 대상으로 한다.

(2) 속성(Attribute)

RTE$^+$는 다음과 같이 ①가시화(Visibility)·②지능화(Intelligence)·③ 기민화(Agility)의 특징을 지닌다.

1) 가시화(Visibility)

즉각적인 인식을 위한 정보흐름의 물리적·시간적인 투명성과 전달성 및 가독성(可讀性)의 제고를 의미한다. 다시 말해,

– 보이도록 투명성을 높이고,

– 보여지도록 가시화하여 전달성을 높이며,

– 보도록 가독성을 높이는 것을 의미한다.

① 물리적 정보흐름의 투명성 : 현장 데이터(Data)의 즉시 파악, 단위업무 간 정보의 공유, 관리와 경영층으로 보고되는 정보의

투명, 임직원에게 파급되는 정보 전달 등.

② 시간적 정보흐름의 전달성 : 목표와 계획의 공유, 진행상황의 점검·결과에 대한 전달, 필요한 시기에 전달, 즉각적 정보 파악, 빈번한 정보 제공, 적절한 시기에 알림, IT시스템의 전달속도.

③ 시각적 정보흐름의 가독성 : 사용자별 필요, 정보의 관련, 쉽게 이해되는 보고서, 보고서의 요약과 확장 용이.

2)지능화(Intelligence)

올바른 판단을 위한 분석·구체화·지식경영·시나리오경영과 자동화를 의미한다.

① 분석 및 구체화 : 기초 데이터의 분석, 관리자와 경영자를 위한 분석, 결과와 원인 추적, 직관을 위한 도식화, 계획과 결과 평가, 성과평가, 지표를 통한 분석, 고객시장 정보의 가치화.

② 지식의 DB화 : 업무 지식의 활용 및 축적, 원인분석적 지식, 계획과 결과의 사례축적, 고객 시장 변화와 기업 대응 정보의 지식.

③ 시나리오 및 자동화 : 외부 환경변화에 대응하는 시나리오 경영, 목표달성을 위한 시뮬레이션, 프로세스 최적 자동화, 계획 최적화.

3)기민화(Agility)

결정사항을 신속하게 수행하기 위한 물리적·시간적 경영관리 메커니즘을 의미한다.

① 물리적 연결성 : 단위업무 간 정보의 공유, 신속한 보고체계

및 지시전달 체계, 고객 정보 확보, 협력사와의 정보 공유.

② 시간적 연결성 : 계획실행과 결과평가의 연결, 기업원칙과 규정의 준수, 과거 정보의 이력 관리.

③ 논리의 연결성 : 결과와 평가, 결과와 원인 추적, 계획과 실행 책임, 역할과 책임, 과업의 일련화.

④ IT와의 연결성 : 실물과 정보의 일치, 정보와 IT시스템의 통합, IT활용하는 임직원의 역량, IT표준.

(3) 목표항목(Domain)

RTE$^+$는 지휘(Lead) · 관리(Manage) · 운영(Operate) 영역별로 가시화(Visibility) · 지능화(Intelligence) · 기민화(Agility)의 속성을 가지며, 총 9개의 구체적인 목표항목으로 구성되어 있다. 영역별 속성으로 정의되는 목표항목은 RTE$^+$에 대한 구체적이고 체계화된 모습이며, 각 목표항목이 종합된 모습은 RTE$^+$가 지향하는 To-Be 모습이다.

〈표 3-1〉 RTE$^+$의 목표항목

	가시화	지능화	기민화
지휘	경영 모니터링	전략 시나리오	경영 실행체제
관리	사업 모니터링	사업전략 분석	프로세스 관리
운영	현장 네트워킹	프로세스 최적화	실시간 대응체제

(4) 추진항목(Enabler)

추진항목은 목표항목을 달성하기 위한 수단과 방법으로서, 기업은 추진항목을 통하여 RTE$^+$의 목표항목을 달성할 수 있다. 또한 각 추진항목은 이를 가능하게 하는 IT세부과업으로 구성되어 있다.

〈표 3-2〉 RTE⁺의 추진항목

구분	Visibility	Intelligence	Agility
Lead	**경영 모니터링**	**전략 시나리오**	**경영 실행체제**
	경영현황 속보판[Dashboard]	시나리오 기반 경영	디지털 기업가치 홍보
	경영리스크 관리체제	시스템 기반 전략	디지털 커뮤니케이션
Manage	**사업 모니터링**	**사업전략 분석**	**프로세스 관리**
	실시간 맞춤형 정보	프로세스 분석	조직·개인 목표 정렬
	프로세스성과 모니터링	전략 구체화 및 실행	프로세스 라이프사이클
	신속한 의사전달 체제	성과지향 지식관리	사업자원 계획 최적화
Operate	**현장 네트워킹**	**프로세스 최적화**	**실시간 대응체제**
	맞춤형 정보 전달	고객분석 자동화	디지털 고객서비스
	네트워크 정보공유	공급망 계획 지능화	실시간 협업관리
	실시간 정보 트래킹	**디지털 인프라 구축**	글로벌 정보유통

제 2 절

RTE⁺의 구성요소

2. 1
지휘(Lead)

RTE⁺지휘 영역의 각 목표항목과 이를 달성하기 위한 추진항목은
다음과 같다.

(1) 경영 모니터링

경영 모니터링이란 내부적인 경영목표의 변화와 외부적인 시장환
경의 변화를 실시간으로 감지하여, 내외부적인 변화가 기업에 미치
는 영향을 EP와 경영현황 속보판(Dashboard) 및 모바일 등을 통해 제
공하는 체제를 의미한다. 이러한 경영 모니터링을 통해, 경영자는
급변하는 내외부적인 환경변화를 즉시 인지할 수 있으며, 기업전반
의 관리사항들을 선택·집중하여 모니터링할 수 있다. 또한 위험이
발생했을 때 발생된 위험이 기업에 미치는 영향을 즉시 인지할 수 있
으며, 위험에 대한 조기 대응을 통해 손실을 최소화하고 위기를 기

회로 전환시킬 수 있다. 이러한 경영 모니터링을 위한 추진항목에는 EP 및 경영현황 속보판과 경영리스크 관리체제의 수립이 있다.

1) 경영현황 속보판(Dashboard)

급변하는 비즈니스 환경과 증대되는 불확실성은 기업으로 하여금 비즈니스에 대한 민첩성과 유연성을 요구하고 있으며, 이제 실시간의 감지체제와 반응체제를 구축하지 못한 기업은 생존 자체가 어려워지고 있다. 따라서 경영자는 핵심 지표들에 대한 집중적인 관리를 통해, ①기업 내부의 자원들을 실시간으로 모니터링하고 ②기업 외부의 환경변화를 신속하게 인지해야 한다.

경영현황 속보판은 기업 내부의 주요 성과지표(KPI; Key Performance Index)와 기업 외부의 비즈니스 환경요인(경쟁자 동향·투자자 및 시장의 변동·정부정책 등)에 대한 거시적인 정보를 실시간으로 수집하고 이를 EP와 경영현황 속보판를 통해 일목요연하게 보여준다. 또한 계획 중이거나 현재 진행 중인 프로젝트의 일정 및 목표 대비 진행수준·중요 일정·긴급 정보·긴급 이벤트 등 경영자가 단기적으로 추진하고 있는 사안들에 대한 미시적인 정보 또한 실시간으로 제공한다. 이러한 경영현황 속보판은 기업의 생존을 위한 필수 도구이며, 이를 구현하기 위한 주요 세부 과업은 다음과 같다.

① RTE KPI DB 구축.

② 시장환경변화 KPI DB 구축.

③ EP와 실시간 기업경영 관제 시스템 개발.

2) 경영리스크 관리체제

기업의 목표는 기업가치 창출이며, 기업가치 창출은 성장성과 수익성을 개선하고 잠재해 있는 위험요소를 최소화함으로써 달성할 수 있다. 따라서 경영자는 재무위험뿐 아니라, 다른 위험에 대해서도 중점 관리 유형을 정의해야 하며, 노출된 위험을 기업가치 창출의 도구로 활용하기 위하여 전사적인 경영리스크 관리체제를 갖추어야 한다.

경영리스크 관리체제는 금리·환율·신용 등의 재무적 위험요인과 시장변화·법률규제·신기술·지적 재산권·부정행위·업무사고 등의 비재무적 위험요인을 관리하며, 위험요인이 관리기준을 초과하는 경우, 변동내역을 보고하고 그 영향을 실시간으로 예측한다. 위험요인들은 위험의 발생빈도와 심각성을 두 축으로 하여 2차원 평면상에 포지셔닝 되고, 사전에 정의된 우선순위에 따라 직관적인 위험지도(Risk Map) 형태로 경영자에게 제시된다. 또한 개별 위험요인의 발생확률 분포는 수치로 계량화되며, 재무지표와 연관된 위험 포트폴리오는 경영자가 전사적 위험을 정량적으로 이해할 수 있도록 한다. 이러한 경영리스크 관리체제의 구현을 위한 주요 세부 과업은 다음과 같다.

① 핵심 위험관리 시스템의 운영.

② 전사 위험 조기경보 시스템의 도입.

메릴린치는 ALM(Asset Liability Management) 및 Market·Credit 위험관리 시스템을 구축하고, RAPM(Risk Adjusted Performance Measurement)을 시행하고 있으며, ABC(Activity-Based Costing)[55] 시스템·성과평가 시스템을 이용하여 위험조정의 성과를 최하위 업무

---

55. ABC(Activity-Based Costing) 활동기준 원가경영(ABC/ABM)

활동 단위까지 측정하여 관리한다. 또한 전사 위험관리 부서는 모든 위험요소들을 통합하여 관리하고 있으며, 'ALM→Market→Credit→Operational Risk' 순서로 위험관리 계획을 수립하여 실행한다. 이러한 위험관리를 통해, 메릴린치는 전 세계 지점들의 위험 현황을 단 30분 만에 실시간으로 파악하여 위험에 사전 대응함으로써 위험에 의한 손실을 최소화시키고 있다.

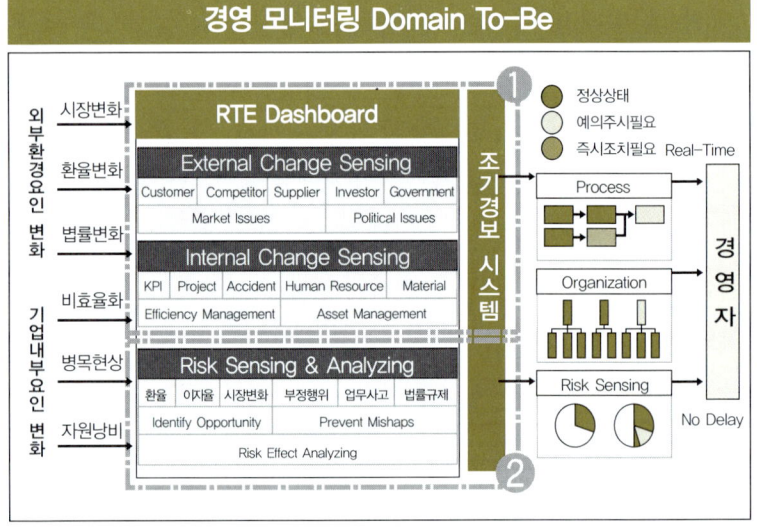

〈그림 3-5〉 경영 모니터링

(2) 전략 시나리오

전략 시나리오는 데이터베이스화 된 과거 사례들을 기반으로, 경영자의 신속한 의사결정과 중장기적인 전략수립을 지원한다. 즉 경영자는 과거 수립된 전략과 실행결과는 물론 타기업의 성공·실패 사례들을 참고하여, 비즈니스 환경의 변화에 따른 전략을 신속하게 수립하고 기업의 중장기 전략을 다양한 각도로 수립할 수 있으며, 발생할 수 있는 사건에 미리 대비할 수 있다. 이러한 전략 시나리오를 위한 추진항목에는 시나리오기반 경영과 시스템기반 전략이 있다.

1) 시나리오기반 경영

기업경영에 있어 위험은 항상 예고 없이 발생하므로, 이에 대비한 기업의 위기관리체계는 예방적이어야 하며, 사고 발생 시에는 전략적 · 실천적 위기관리가 필요하다. 이를 위해 경영자는 미래에 발생 가능한 여러 경영 시나리오를 수립하여 돌발적인 상황들의 구체적 결과를 예측하고 실천 가능한 대비책들을 미리 정의하는 '예측경영' 을 실시해야 한다.

'예측경영' 을 지원하는 시나리오기반 경영은, 단기 및 중 · 장기 위험관리에 필요한 구체적인 시나리오를 수립하고, 이를 위해 필요한 데이터는 시스템적으로 지원받는다. 즉, 외부 환경변화에 대한 시나리오는 시장수요 분석 · 고객 분석 · 마케팅 효과 분석과 같은 실증 데이터의 분석을 기초로 하며, 내부 경영혁신에 필요한 시나리오는 제품 불량률 분석 · 이직률 분석 · 생산성 분석과 같은 운영 데이터의 분석을 통해 이루어진다. 이러한 시나리오기반 경영을 구현하기 위한 세부적인 주요 과업은 다음과 같다.

① 시나리오 수립 지원체제 구축.

② 기업환경 분석 및 기업경영 분석 시스템 개발.

볼보는 불확실한 경영환경과 미흡한 재무분석을 극복하기 위하여, 미래 경영환경을 예측하는 시나리오경영을 실현하였다. 1993년

르노와의 합병이 무산된 이후, 위기 속에 1995년 초 '세계에서 가장 선호하는 성공적인 전문 자동차 브랜드'라는 새로운 비전 설정과 함께 CBI(Collaborative Business Intelligence)[56]를 구축하였다. 이후, 볼보는 CBI를 통해 기업의 목표와 당면 운영계획에 대한 단기 및 중·장기 시나리오를 수립하였으며, 효율적인 의사결정을 위한 실시간 분석자료를 지원받고 있다.

2) 시스템기반 전략

경영 시나리오는 선진 사례에 대한 데이터가 다양할수록, 경영진이 사례를 보다 많이 공유하고 이해할수록 더욱 효과적이다. 그리고 다양한 정보들은 체계적으로 정리되고 관리되어야만 적시 이용이 가능해진다.

시스템기반 전략은 경영 시나리오·선진 경영사례와 같은 비체계적인 정보들을 체계적으로 재구성하여, 경영진에게 정형화된 전략데이터베이스를 제공하는 것이다. 이러한 환경에서 경영자들은 경영전략지도를 이용하여 다양한 전략들을 직관적으로 검색 및 조회할 수 있으며, 시스템은 경영진 간의 지식교류를 위한 통신채널을 제공하고 지식활용을 위한 각종 분석도구와 프레젠테이션 기능을 통합적으로 제공한다. 이러한 시스템기반 전략을 구현하기 위한 세부적인 주요 과업은 다음과 같다.

① 전략 지식경영 DB 구축.
② 전략 네비게이터(Navigator) 시스템 개발.

---

56. **CBI(Collaborative Business Intelligence)** 기업의 비즈니스 의사결정을 위해 사용하는 기술

〈그림 3-6〉 전략 시나리오

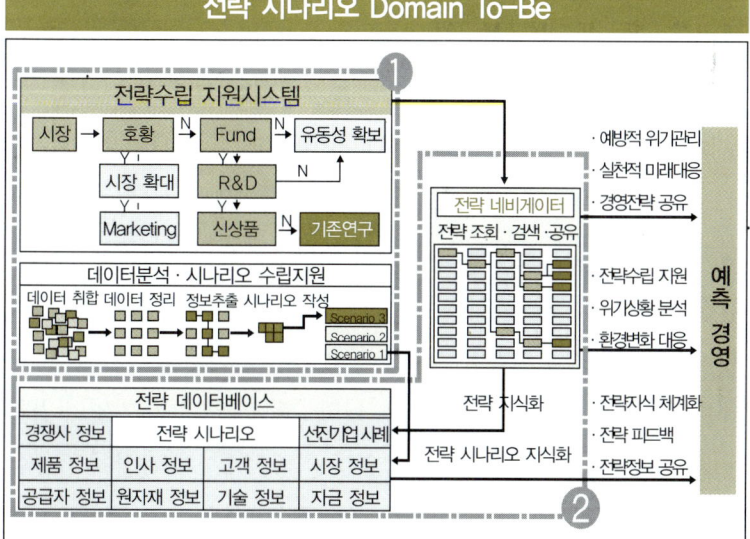

(3) 경영 실행체제

기업이 정보를 수시로 공시하면 투명성이 확보되고 기업가치가 높아지며, 투자자와 우수인재의 확보가 용이해진다. 즉 경영자는 적시에 기업의 내부 정보 및 투자 정보를 공개함으로써, 기업의 가치를 주가에 반영시키고 주주를 위한 경영 및 인재경영을 실현시킬 수 있다.

그리고 디지털 커뮤니케이션 시스템은 신속하고 정확한 의사소통을 가능하게 하며 문화적 혁신 및 교육을 용이하게 한다. 즉 경영진 간의 커뮤니케이션에서 발생하는 지연시간을 제거함으로써 신속한 경영체제의 확보가 가능해지며, 전사적 디지털 방송교육은 기업현황 보도·최고경영자의 의지전달·기업문화 혁신 등을 지원하기 위해 사용된다. 이렇듯 경영 실행체제를 가능하게 하는 추진항목에는 디지털 기업가치 홍보와 디지털 커뮤니케이션이 있다.

1) 디지털 기업가치 홍보

IMF 사태 이후 외국자본이 대거 국내에 들어오면서 기업의 투명성이 더욱 강조되고 있으며, 기존의 재무상태 보고만으로는 기업의 가치를 평가받을 수 없게 되었다. 투자 유치·전략적 제휴·우수인재 영입 등을 통해 기업의 미래가치를 높이고 경쟁력을 확보하기 위해서는 기업의 확실한 비전뿐만 아니라, 평상시 꾸준히 기업의 가치를 홍보해야 하고 대외적으로는 외부 이해관계자가 기업에 접근할 수 있도록 채널을 구축해야 한다. 따라서 기업은 홈페이지를 고객 니즈 분석의 포털로 발전시켜야 하며, 별도의 IR(Investor Relations) 사이트를 구축하여 투자자들과 적극적으로 커뮤니케이션해야 한다.

디지털 기업가치 홍보는 홈페이지와 IR 사이트를 통해 이루어진다. 홈페이지는 기업의 투명하고 업데이트된 정보를 외부에 수시로 공시하기 위한 채널이며, IR 사이트는 이해관계자들에게 실시간 주가정보·재무상황·회사 비전·사업 전망·중장기 경영전략·경쟁상황·경영층에 관한 정보 등을 적시에 제공하기 위한 채널이다. 또한 디지털 채널은 우수 인재 및 이해관계자들이 입사 및 투자 의사 등을 기업으로 쉽게 접근할 수 있도록 항시 열려 있어야 한다. 이러한 디지털 기업가치 홍보의 구현을 위한 주요 세부 과업은 다음과 같다.

① 기업이미지 실시간 관리체제.

② 기업가치 실시간 관리체제(IR Site) 수립.

③ 웹기반 채용 시스템 개발.

코카콜라는 브랜드 관리 및 마케팅 등 핵심역량에 집중함으로써 GVS(Global Value Shaper)[57]로서의 지배력을 유지하고 있다. 브랜드 가치는 세계 1위를 계속 유지하고 있으며, 다양한 마케팅 및 글로벌 네트워크의 구축을 통해 꾸준히 기업가치를 높이고 있다.

2) 디지털 커뮤니케이션

정보화 시대에서 시간과 공간의 장벽이 무너지고 있으며, 실제로 변화하는 환경에 얼마나 신속히 적응하느냐가 기업의 존폐여부를 결정하고 있다. 따라서 기업의 의사결정은 신속함과 동시에 정확성을 필요로 한다. 따라서 경영자는 개인 간 커뮤니케이션 외에 개인과 다수 간에도 신속하고 정확하게 정보를 적시에 제공받고 또한 적시에 전달할 수 있도록 해야 한다.

이를 지원하는 디지털 커뮤니케이션 도구에는 디지털 회의 시스템과 디지털 방송교육 시스템이 있다. 디지털 회의 시스템은 다음과 같은 특징이 있다.

- 시간과 공간의 제약을 받지 않는 업무 회의
- 업무 지시 · 중요 자료 전송 및 조회
- 프레젠테이션을 지원
- 디지털 방송교육 시스템은 직원 교육
- 경영자의 지시

---

57. **GVS(Global Value Shaper)** 비교우위를 가지고 세계적으로 독자적인 기업가치를 형성하는 기업

– 기업방침, 사업계획 등을 꾸준하고 반복적으로 직원들에게 전달

이러한 디지털 커뮤니케이션은 기업 내부의 모든 업무에 관련된 기안 및 결재 사항을 실시간으로 통보해주며, 문서작성으로 인해 발생하는 지연 문제·보안 문제·자료보관상의 문제를 동시에 해결해준다. 이러한 디지털 커뮤니케이션의 구현을 위한 주요 세부 과업은 다음과 같다.

① 디지털 회의 시스템 도입.

② 디지털 미디어 방송 시스템 도입.

③ 전사 문화공동체 시스템 도입.

시스코는 웹 캐스팅 시스템을 전 세계 14개 지역에 구축하여 경영진의 정책과 이사회의 결정사항을 세계 각 지역의 직원들에게 실시간으로 공지하며, 직원들 또한 다른 동료들에게 공지할 정보를 마

〈그림 3-7〉 경영 실행체제

이크로소프트의 파워포인트 또는 VOD(Video On Demand)[58] 형태로
작성하여 실시간으로 전파한다.

2. 2
관리 (Manage)

RTE⁺관리영역의 각 목표항목과 이를 달성하기 위한 추진항목은
다음과 같다.

(1) 사업 모니터링

사업 모니터링을 통해 관리자는 업무 프로세스의 처리상황과 이
력을 실시간으로 모니터링하여 관리위험 사항이나 지연요소를 조
기에 발견하여 적시에 즉각적인 조치를 취할 수 있다. 또한 임직원
들은 필요한 맞춤정보만을 필요한 시기에 이해하기 쉬운 형태로 전
달받으며, 임직원 간 신속한 의사전달과 자료교환은 장소에 구애받
지 않는 실시간 업무지시를 가능하게 한다. 이러한 사업 모니터링
을 위한 추진항목에는 실시간 맞춤형 정보의 제공 · 프로세스 성과
모니터링 · 신속한 의사전달 체제의 수립이 있다.

1) 실시간 맞춤형 정보
복잡한 사내 · 외 정보는 업무와 연계되어 임직원들의 업무 생산

---

58. **VOD(Video On Demand):** 원하는 프로그램을 즉시 선택해 시청하는 양방향 영상 서비스

성까지 이어질 때 효율적으로 이용된다. 이를 위해 기업은 직원들에게 실시간 맞춤형 정보를 제공해야 한다. 실시간 맞춤형 정보의 제공은 기업 내·외부의 다양한 정보 중 각 개인에게 필요한 맞춤 정보가 웹기반의 단일 인터페이스로 통합되어 실시간으로 전송되는 것을 의미하며, 기업이 보유하고 있는 방대한 정보는 주제별·직무별·직급별 등 다양한 관점으로 분류되어 정보검색을 위해 소요되는 시간을 최소화시키면서 정확한 정보에 접근하는 것을 지원한다. 또한 업무서비스를 하나의 화면에 집약하여 한 번의 클릭으로 업무에 관련된 모든 정보에 접근하는 것을 가능하게 하며, 개인의 필요에 따라 필요한 정보와 서비스들을 선택하여 커스터마이징할 수 있는 사용자 중심의 워크스페이스 관리를 지원한다. 이렇듯 개인화된 실시간 맞춤형 정보제공을 위한 세부적인 주요 과업은 다음과 같다.

① 직무별 정보 체계도 및 정보 지표 DB 구축.

② 개인별 업무 시스템 통합 및 조회 시스템 구축.

③ 싱글사인온(SSO; Single Sign On)[59]을 통한 전사 시스템 통합 인증체제 구현.

메릴린치는 TGA(Trusted Global Advisor) 플랫폼을 통하여 2만여 명의 재무 컨설턴트들에게 투자분석에 필요한 시장정보·뮤추얼펀드·포트폴리오에 관한 정보를 제공하여 컨설턴트들의 정보능력을 극대화시켰다. 그리고 TGA 메인 화면과 연결된 'Learning Network' 인트라넷 학습 포털 사이트는 임직원들에게 수백 종의 쌍방

---

59. SSO(Single Sign On) 한 번의 로그인으로 여러 사이트를 접속하는 인증체제

향 교육 코스 · 정보자원 · 성공 인터뷰 · 요약 팁 등을 제공하고, 개인화 된 구성을 지원하였다.

ABN AMRO 은행은 기업포털(EP; Enterprise Portal)[60]을 구축하여 하나의 화면에서 출장처리 · HR 관리 · 교육 및 콘텐츠 관리 등이 가능하게 하였으며, 직원들에게 계정계 애플리케이션 · 내부 보고서 · 개인화된 뉴스 · 이메일 · 달력 및 일정 관리 프로그램 등의 접근에 대한 단일화된 웹기반 인터페이스를 제공하였다.

2) 프로세스 성과 모니터링

대부분의 기업에서 관리자들은 주문에서 배송까지 연결되는 고객 프로세스를 처음부터 끝까지 관리하지 못하고, 단지 단위업무 중심의 관리를 하고 있다. 또한 현재까지의 비즈니스 프로세스 감시는 대부분 사후적인 관리였으며, 관리자의 능력과 판단에 의존적이었다. 따라서 전체적인 프로세스 성과에 대해 실시간으로, 객관적으로 판단하는 것이 불가능하다.

하지만 프로세스 성과 모니터링은 업무 담당자가 수행해야 할 업무의 진행율과 지연된 업무에 대한 정보를 한번에 파악하게 하며, 목표 기준을 벗어났을 때에는 담당자에게 즉시 경고 메시지를 전송한다. 또한 병목이 발생한 프로세스에 대해서 프로세스 이력정보를 분석하여 근본적인 원인을 추적하며, 프로세스별 진행상태와 단계는 물론 업무 담당자의 상태와 업무 수행시간 등에 대한 정보를 관리자에게 실시간으로 제공한다. 이렇듯 프로세스 성과 모니터링의

---

60 **EP(Enterprise Portal)** 기업 내 · 외부 정보를 통합 제공해주는 단일 게이트웨이(Gateway)

구현을 위한 주요 세부 과업은 다음과 같다.

① 프로세스 성과지표와 성과이력 DB화.

② 업무 프로세스 흐름 시각화.

③ 전사 프로세스 성과 포털 구축.

GE는 스트리밍(Streaming) 기술을 적용하여 개별 프로세스를 정리하고 추적하여 프로세스별 성과자료를 담당 관리자와 경영자에게 제공하였다. 이러한 프로세스 성과 모니터링을 통해 GE는 2002년에만 1.6억 달러의 비용을 절감했다.

3) 신속한 의사전달 체제

기업이 공동의 목표를 향해 민첩하게 움직이려면 경영자·관리자·직원들 간의 상하 의사전달이 신속하고 왜곡 없이 이루어져야 한다. 의사소통의 단절이나 수직적이고 일방적인 업무지시는 상하 간의 심리적 갈등을 깊게 한다. 대부분의 기업은 의사전달을 위한 전자매체로 메일이나 그룹웨어를 사용하고 있으나, 이러한 일방적인 툴들은 경영층과 관리자의 뜻을 100% 전달하기에 부족하다. 그러나 개인 간의 채팅을 위해 일반화되어 있는 메신저를 이용하면 실시간의 쌍방향 의사소통이 가능해지며, 보안문제가 해결된 업무용 메신저는 신속하고 효율적인 업무환경을 제공하고 있다. 즉 업무용 메신저를 이용하면 자료 교환 및 업무지시가 실시간으로 정확하게 전송되며, 그룹 메시지를 이용하여 긴급한 사내 공지사항을 신속하게 전달할 수 있다. 또한 지사나 해외 사무소 등 원거리에 있는 직원들과의 일대일 또는 일대다 음성 또는 화상회의가 가능해지며, 메신저를 기업 내부 시스템과 연동함으로써 관리자와 업무 담당자의 실시간 업무처리를 지원할 수 있다. 예를 들어 결재 시스템에서 자신과 관계된 결재문건이 도착했을 경우, 또는 생산시스템에서 생산량 부족 등의 주요 문제가 발생했을 경우, 메신저를 이용하여 긴급상황을 실시간으로 전달할 수 있다. 이러한 신속한 의사전달 체제의 구현을 위한 주요 세부 과업은 다음과 같다.

① 기업용 메신저 시스템 도입
② 그룹웨어 및 업무 시스템의 메신저 시스템과의 연동

〈그림 3-8〉 사업모니터링

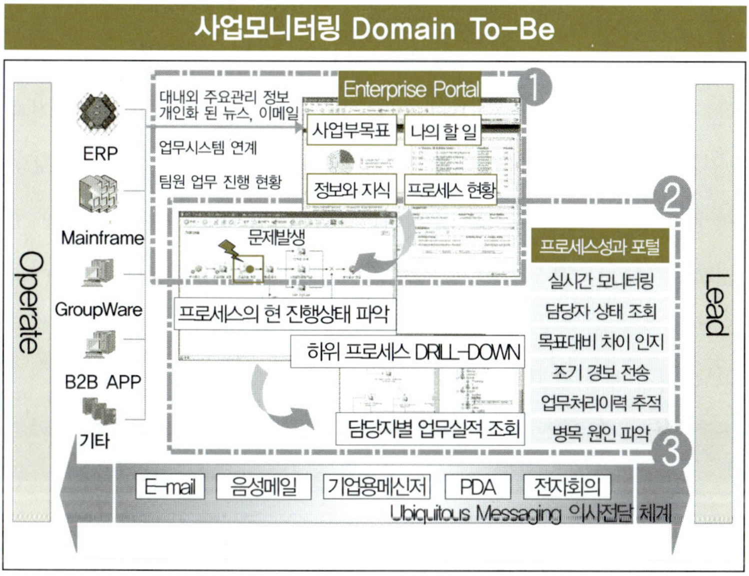

사업모니터링 Domain To-Be

Enterprise Portal ①

대내외 주요관리 정보
개인화 된 뉴스, 이메일

업무시스템 연계

팀원 업무 진행 현황

사업부목표   나의 할일

정보와 지식   프로세스 현황

문제발생

프로세스의 현 진행상태 파악

하위 프로세스 DRILL-DOWN

담당자별 업무실적 조회

ERP

Mainframe

GroupWare

B2B APP

기타

Operate

Lead ②

프로세스성과 포털
실시간 모니터링
담당자 상태 조회
목표대비 차이 인지
조기 경보 전송
업무처리력 추적
병목 원인 파악

③

E-mail   음성메일   기업용메신저   PDA   전자회의
Ubiquitous Messaging 이사전달 체계

(2) 사업전략 분석

핵심 정보 및 프로세스의 실시간 분석은 최적의 의사결정을 지원하며 기업이 환경변화에 적응할 수 있는 유연성을 제공한다.

따라서 기업은 분석된 프로세스 개선방안에 대한 시뮬레이션·핵심 정보에 대한 지능적인 분석·구체적인 BSC[61] 설계를 통해 기업의 비전 및 전략을 실행력 있는 지표로 전환시켜야 하며, 계획과 결과에 대한 선진 사례와 프로세스 노하우를 축적하여 업무 프로세스와 지식을 긴밀하게 연결시켜야 한다. 이러한 사업전략 분석을 위한 추진항목에는 프로세스 분석·전략 구체화 및 실행·성과지향 지식관리가 있다.

1) 프로세스 분석

기업은 고객의 요구와 시장상황의 변화에 유연하게 대응하기 위하여, 개별 프로세스에서 발생한 문제를 임시 해결하는 것이 아니라, 프로세스 자체를 신속하게 재결합하고 분리시켜야 한다. 이제까지 비즈니스 프로세스는 조직의 문화에 내재되어 명확하게 보이지 않았지만, 프로세스를 유연하게 변화·통제하기 위해서는 프로세스의 성과를 가시화하고 분석하는 것이 반드시 필요하다. 그리고 프로세스상의 업무 처리 결과는 다양한 표와 그래프 형태로 분석되어 경영자에게 보고돼야 한다.

측정된 프로세스 성과지표를 근거로 자동적으로 생성된 다차원적(프로세스별·담당자별 등) 분석보고서는 관리자들이 발생된 문제의 근본 원인을 분석하여 프로세스 개선방안과 개선된 지표를 도출하는 것을 가능하게 한다. 또한 관리자들은 분석된 프로세스 간의 연관관계를 명확히 규정함으로써, 전체 과정에서 개별 인자들이 어떻게 연결되어 있으며, 각각의 인자들의 변경이 전체 결과에 미치

---

61. BSC(Balanced Score Card) 기업의 총체적인 관점들을 균형 있게 바라보는 경영관리 방식

는 영향을 예측할 수 있다. 그리고 시뮬레이션을 이용하여 설계 대안을 탐색하고 프로세스 모델링 도구를 이용해 프로세스를 신속히 재설계하는 것이 가능해진다. 이렇듯 프로세스 분석의 구현을 위한 주요 세부 과업은 다음과 같다.

① 업무부서와 프로세스 간의 성과 연관관계 도식화
② 프로세스 맵·프로세스 패턴 정의서 및 변화이력 저장소 구축
③ 프로세스 성과분석 및 성과이력 분석 시스템 개발
④ 가시적 성과분석 자동보고 시스템 개발

2) 전략 구체화 및 실행

기업은 비즈니스 환경에 적응하기 위해 전략을 만들며, 이를 추진하기 위해 전술을 세운다. 그러나《포춘》지 기사에 따르면 성공적으로 구현되는 전략은 10% 미만이라고 보도된 바 있다.

전략이 실행으로 옮겨지기 위해서는 기업의 비전 및 목표와 사업부별 전략이 유기적으로 연계되어 있어야 한다. 즉 기업의 비전과 전략적 목표들에 대한 전사 단위의 스코어카드를 설계하고 각각의 측정지표들을 재무적인 목표와 연결시켰을 때 전략은 구체화된다. 또한 스코어카드 간의 연계성을 정의하여 상호작용적인 시뮬레이션을 수행하고 미래 결과에 대해 사전에 예측하는 것은 전략을 성공적으로 실행시키는 데 효과적이다. 이 밖에도 ERP와 같은 업무 시스템에서 생성된 데이터를 분석하는 것도 전략을 구체화시키는 데 도움이 된다. 전사 데이터웨어하우스에 축적된 실시간 운영데이터는 시계열적 분석·다차원적 분석 등을 통해 정교한 성과지표로 관리자들에게 제공될 수 있다. 이렇듯 전략 구체화 및 실행의 구현을

위한 주요 세부 과업은 다음과 같다.

① 전사 성과지표의 스코어카드 작성 및 도식 출력

② 성과지표 간의 인과관계 도식화

③ 전사 성과지표 자동도출 시스템 구현

3) 성과지향 지식관리

기존 지식관리 시스템(KMS; Knowledge Management System)[62]은 지식의 창출·저장·관리에만 초점을 두었으며, 수집된 지식에 대한 구체적인 이용방안은 제시하지 못하였다. 하지만 최근에는 지식관리 시스템을 단순한 지식공유의 수단이 아닌, 문제해결을 위한 주요 도구로 인식함에 따라 지식관리 시스템과 업무 시스템은 통합되고 있다. 업무 시스템과 통합된 지식관리 시스템은 축적된 업무지식과 노하우를 업무 프로세스 기반으로 재구성하여 업무처리 단계별로 필요한 지식을 업무처리 시스템에 자동으로 제공하며, 프로세스의 처리결과는 다시 지식관리 시스템에 저장시킨다. 또한 지식관리 시스템은 브랜드 가치·조직관리 노하우·인적자원 능력 등과 같은 무형자산을 보다 체계적으로 관리하고, 축적된 선진사례와 업무 노하우를 경험이 부족한 직원들에게 제공함으로써, 그들의 문제해결 능력을 향상시킨다. 따라서, 성과지향 지식관리의 구현을 위한 주요 세부 과업은 다음과 같다

① 업무처리 시 필요 지식의 자동연결 인터페이스 개발

② 업무별 필요지식 정의서 및 지식맵 DB구축

---

62. **KMS(Knowledge Management System)** 기업의 지식을 체계화 및 공유함으로써 경쟁력을 향상

〈그림 3-9〉 사업전략 분석

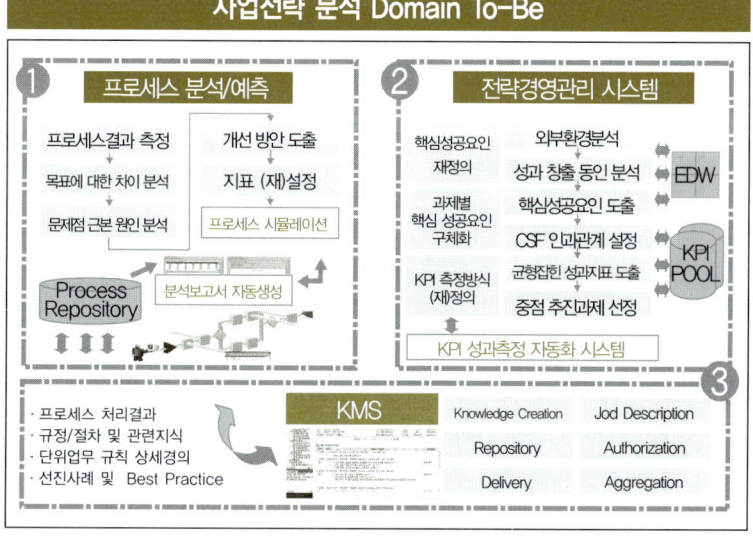

〈그림 3-9〉 사업전략 분석

③ 사용지식의 평가 및 보상 시스템 개발

(3) 프로세스 관리

프로세스 개선은 프로세스와 정보의 분석을 통해 수립된 대응방안을 신속히 실행하고 그 성과에 대해 지속적으로 관리했을 때 이루어진다. 프로세스는 기업의 전략과 사업부의 전략은 물론 나아가 개인의 업무가 일관성 있게 동일한 목표를 향하여 추진될 수 있도록 관리되어야 하며, 목표대비 실적분석·상향된 개선목표 설정·개선목표의 즉시 적용을 통해 지속적으로 개선되어야 한다. 그리고 환경의 변화에 따라 사업목표와 역량을 합리적으로 배치시키는 프로세스 관리는 변화에 대응하는 기업의 민첩성을 재고시킨다. 이러한 프로세스 관리를 위한 추진항목에는 조직과 개인의 목표 정렬·

사업자원 계획 최적화 · 프로세스 라이프사이클 관리가 있다.

1) 조직 개인 목표 정렬

조직의 목표는 직원들이 개인적 우선순위를 조직의 전략에 일치시켰을 때 빠르게 달성된다. 이를 위해 기업은 뉴스레터 · 홈페이지 · 피드백 설문 등의 다양한 커뮤니케이션 수단을 이용하여 직원들에게 기업의 비전과 조직의 전략을 이해시켜야 한다.

전사 또는 사업부의 BSC(Balanced Score Card)에 기반하여 개인별 BSC를 정의하는 것은 조직과 개인의 목표를 일치시키는 효과적인 방법이다. 개인별 BSC를 성과보상 시스템과 연동시키고 직원들이 스스로 목표 대비 성과를 체크하고 실시간으로 인센티브를 계산할 수 있게 하면, 모든 직원들은 전략과 연결되어 있어 일상적 업무를 수행하면서 자연스럽게 기업의 전략을 이행하게 된다. 이렇듯 조직 및 개인의 목표정렬을 구현하기 위한 주요 세부 과업은 다음과 같다.

① 전사 목표의 조직별 · 개인별 전달 시스템 개발

② 성과와 목표의 자동연결 및 조직별 분석 시스템 개발

③ 조직 및 개인 목표 수정 및 피드백 시스템 개발

2) 사업자원 계획 최적화

전통적인 원가계산방식에 의한 단순한 배부방식(예: 직원 수 또는 매출액 등)은 비합리적이며 원가정보를 왜곡시킬 수 있다. 하지만 기업에서 수행되고 있는 활동을 기준으로 자원과 활동의 소모관계를 분석하여 원가를 배부하면 정확한 원가와 성과를 측정할 수 있다. 기업은 가치를 창출하기 위한 업무활동을 중심으로 원가정보

(ABC; Activity Based Cost)를 집계하고 분석해야 한다.

이러한 활동원가 분석은 관리자에게 보다 정확한 원가정보와 다차원 손익정보(상품별·공정별·고객별·조직별 등)를 제공함으로써 사업자원에 대한 계획을 최적화시킨다. 즉 관리자는 물가상승과 매출채권의 회수기간에 따른 추가적인 기회비용의 발생과 기계장치의 유휴시간으로 인한 추가적인 원가발생 등을 고려하여 원가절감을 위한 효과적인 의사결정을 할 수 있으며, 향후 수요가 예상되는 제품에 대한 원가를 예측할 수 있다. 또한 활동원가 분석은 부가가치가 적은 활동을 감소시키고 제품·상품·서비스에 대한 정확한 원가산정에 도움을 줄 뿐만 아니라, 활동원가 분석결과를 바탕으로 관리자는 상대적으로 부가가치 낮은 활동을 아웃소싱할 수도 있다. 이러한 사업자원 계획의 최적화를 위한 주요 세부 과업은 다음과 같다.

① 인력 및 업무별 활동기준 원가산출 시스템 개발

② 원가개선 포인트 제공 시스템 구축

③ ABC를 통한 관리회계 시스템 구축

④ 다차원 수익성 분석 시스템 구축

크라이슬러는 ABC평가시스템을 전략적으로 도입한 결과, 제품원가가 과거에 비해 30배 이상 차이 나는 것을 발견할 수 있었고, 그 원인을 분석하여 주요 제품의 생산 및 설계 비용을 획기적으로 절감시켰다. 또한 씨티뱅크는 위험·수익의 통합관리와 라인조직별 예산·경영계획을 지원하는 시스템을 구축하여 위험을 감안한 전략적 자산 배분체계를 구현하였다.

3) 프로세스 라이프사이클

효율적인 경영을 위해서 사람(임직원·고객·파트너)과 정보시스템은 비즈니스 프로세스를 중심으로 통합되어야 한다. 하지만 기업의 프로세스 정보는 다양한 방법과 매체에 의해 분산 저장되어 있기 때문에 일관되게 관리되지 않는다. 따라서 비즈니스 프로세스는 고객의 요구나 내부 조직의 변경에 맞게 변화되지 못하고 있다.

비즈니스 프로세스의 민첩성은 하나의 프로세스를, '설계·실행·모니터링·분석·개선'이라는 일련의 라이프사이클 단위로 관리하는 프로세스 라이프사이클을 통해 가능해진다. 이러한 환경에서 업무는 사전에 정의된 규칙에 따라 진행되며, 업무 담당자는 수행해야 할 업무를 실시간으로 통보받는다. 또한 관리자는 실시간으로 프로세스를 통제하고, 예외상황을 빠르게 해결할 수 있다.

프로세스는 정량적으로 측정된 성과지표를 통해 수행능력이 분석되고 문제점이 파악되며, 계획−실행−점검의 반복적인 과정을 통해 지속적으로 개선된다. 이를 위해서 프로세스와 애플리케이션이 분리되어야 하며, 프로세스 엔진이 매개체 역할을 담당해야 한다. 프로세스 엔진은 정의된 프로세스 모델을 수행하고 프로세스 모델과 관련된 각 단위활동의 상태를 점검하고 라이프사이클을 처리하는 엔진이다.

프로세스 라이프사이클 관리의 궁극적인 목적은 전사적인 관점에서 프로세스 체인을 관리함으로써, 불필요한 업무와 중복된 요소들을 제거하는 것이다. 이러한 프로세스 라이프 사이클을 구현하기 위한 주요 세부 과업은 다음과 같다.

① 프로세스 설계·실행·모니터링에 따른 성과추적 시스템 개발.

② 프로세스 성과이력 DB 관리.

③ 프로세스 간 연관관계 분석 시스템 구축.

국내 S전자의 경우 상품 생명주기(Product Life Cycle)를 고려하여 개발관리 부문의 단위 프로세스(고객니즈 발굴·마케팅·상품기획·연구개발·제조·판매)와 단위 시스템을 비즈니스 프로세스 관리(BPM; Business Process Management) 기반으로 통합하여 재구성하였다. 이를 통해 프로세스의 연관관계를 가시화함으로써 프로세스를 지속적으로 개선시키고, 제품개발 기간을 단축시켜 10~15%의 비용을 절감하였다. 또한 퍼스트 유니온 뱅크(First Union Bank)는 비효율적인 대출업무를 하나의 프로세스로 다시 만들기 위해 워크플로 관리시스템을 도입하여 대출업무를 개선하였으며, 유럽에 기반을

〈그림 3-10〉 프로세스 관리

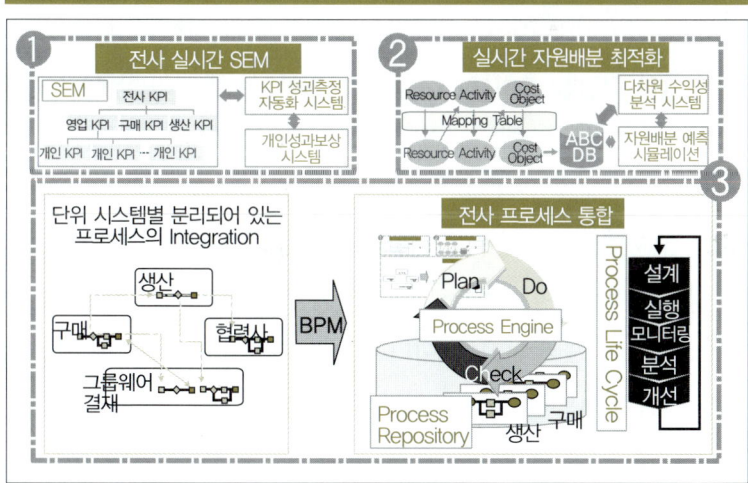

둔 VSB Bank의 보험그룹은 BPM 시스템 도입으로 보상업무 처리시간을 2~3주에서 3일로 줄였다.

2. 3
운영(Operate)

RTE$^+$운영영역의 각 목표항목과 이를 달성하기 위한 추진항목은 다음과 같다.

(1) 현장 네트워킹

현장 네트워킹이란 기업이 내·외부의 네트워크를 기반으로 정보를 공유하여 현장의 정보를 실시간으로 파악하고 추적할 수 있으며, 업무 담당자에게 필요한 정보를 즉시 전달할 수 있는 체제를 의미한다. 즉 영업·생산 등의 업무 담당자는 생산·판매·구매·고객 관리 등의 기업 내부운영에 필요한 정보를 제때 파악할 수 있으며 필요에 따라 적절한 조치를 실시간으로 취할 수 있다. 또한 생산·조달·구매·물류·유통 등 기업 내·외부의 정보는 인터넷기반의 디지털화 된 네트워크를 바탕으로 투명하고 신속하게 공유될 수 있으며, 고객주문 현황·생산 현황·반품 및 재고 현황 등 업무 운영에 필요한 정보는 실시간으로 파악 및 추적이 가능하고 관리와 경영층으로 투명하게 전달된다. 이러한 현장 네트워크를 위한 추진항목에는 맞춤형 정보전달·네트워크 정보공유·실시간 정보 트래킹이 있다.

1) 맞춤형 정보전달

기업의 효율적인 운영은 맞춤형 정보의 실시간 전달을 통해 이루어진다. 예를 들어 영업사원은 제품을 소개할 때 고객의 성향을 사전에 파악할 수 있어야 하며, 고객이 구매욕구를 느낄 수 있도록 필요한 정보를 현장에서 바로 제공해야 한다. 또한 콜센터는 고객으로부터 전화를 받는 즉시 고객의 금융정보와 이익 기여도를 실시간으로 파악하여, 우량 고객에게는 해약 방지, 중간 기여도 고객에게는 타 상품 권유 등의 적절한 행동을 취할 수 있다. 생산에 있어서도 주문 변경사항을 즉각적으로 반영시켜야 적절한 재고관리가 이루어진다.

맞춤형 정보는 또한 다양한 방법으로 전달된다. 고객이 구매하는 시점에 맞춤형 광고를 통하여 구매를 유도하기도 하며, 콜센터에서는 고객의 정보가 상담원의 화면에 팝업 창으로 제시되어 우량고객 여부를 즉시 파악할 수 있도록 한다. 또한 생산 현장에서는 모니터를 통하여 수주에서 납품까지의 생산공정 현황을 실시간 파악하며, 모니터에는 거래처·품명·의뢰수량·규격·시간당 생산성·평균 불량률 등의 정보가 실시간으로 제공된다. 게다가 이러한 정보는 실시간으로 타 공정의 근무자나 관리자의 모니터와 실시간으로 연동되기도 한다.

그리고 업무관리자는 공개키 기반구조(PKI; Public Key Infra-structure) [63]의 통합된 사용자 인증과 권한으로 한번의 로그인만으로 필요한 업무에 신속히 접속 가능하며, 맞춤형 정보는 그룹웨어

---

63. PKI(Public Key Infratructure) 공개 키 암호 시스템

나 전자결재와 결합되어 담당자의 실시간 의사결정을 지원한다.

이러한 맞춤형 정보전달의 구현을 위한 주요 세부 과업은 다음과 같다.

① 웹기반의 CTI(Computer Telephony Integration)[64]콜 센터 구축.

② 고객정보 통합 DB 구축.

③ 인터넷기반의 POS(Point of Sales)[65] 시스템 구축.

④ 고객 DB를 이용한 POP(Point of Purchase)[66] 광고 시스템 구축.

⑤ 인터넷기반의 생산시점 관리시스템 구축.

⑥ 통합 사용자인증 및 접근통제 시스템 구축

2) 네트워크 정보공유

생산·부품 조달 및 구매·보관 및 물류·운송·판매 및 유통 등의 기업활동이 글로벌화됨에 따라 공급체인상의 리드타임이 불확실해지고, 이에 따라 글로벌 공급체인에 대한 합리적인 계획과 통제가 중요해졌다. 또한 건전한 유통구조를 형성하기 위해 수요변동에 관한 정보가 공급체인을 거슬러 전달되는 과정에서 납기지연·품절·과잉 재고 등이 없어야 하며, 시장과 제품에 대한 정보는 왜곡 없이 전달되어야 한다. 이를 위해서는 원재료의 수급에서 고객에게 제품을 전달하는 자원과 정보의 흐름 전체가 네트워크화 되어 시스템으로 공유되어야 한다. 그리고 이렇게 공유된 정보는 생산계획과 물류추적에 사용될 수 있다.

---

64. **CTI(Computer Telephony Integration)** 컴퓨터 등에서 전화의 기능을 이용하는 방법
65. **POS(Point of Sales)** 유통업체의 상품 판매 결과를 실시간으로 관리하는 시스템
66. **POP(Point of Production)** 생산시점 정보관리

글로벌 네트워크 정보공유 체제를 이용하는 유통업체들은 대리점·소매점의 상품 판매기록을 실시간으로 파악하여, 개별 상품에 대한 판매정보·시장점유율·고객동향 등을 파트너와 고객에게 제공함으로써 효율적인 마케팅 전략을 수립할 수 있다. 이러한 네트워크 정보공유 체제의 구현을 위한 주요 세부 과업은 다음과 같다.

① POS Data Service 구축 및 사내 시스템의 통합 연동.

② 사외 공급망 통합관리 시스템 구축.

③ 파트너와 업무표준화 DB 구축.

컴퓨터 하드디스크 드라이브를 생산하는 미국의 퀀텀(Quantum)은 고객의 주문정보를 일본의 협력업체인 MKE에 즉시 전달하고, MKE에서는 조립이 완료된 제품을 고객에게 직접 배송한다. 이러한 양사의 협력관계는 고객수요가 다양하고 급변하는 하드디스크 드라이브 시장에서 납기를 단축시키고 물류비를 절감하였으며, 동시에 시장 대응력을 향상시켰다.

3) 실시간 정보 트래킹

고객정보·생산현황·재고정보·파트너 또는 대리점의 주문/판매 정보·업무 진행상황은 신속하고 투명하게 전달되어야 하며, 업무 담당자의 필요에 따라 추적이 가능해야 한다. 이러한 실시간 정보는 다양한 운영업무를 효율적으로 지원한다. 예를 들어 영업사원은 모바일 장비 등을 통하여 주문접수·반품·재고확인과 같이 고객접점에서 필요한 정보를 즉시 파악하여 고객요구에 빠르게 대응할 수 있으며, 생산현장에서는 주문·생산·재고 현황의 실시간 모니터링을 통해 판매계획을 효율적으로 수립할 수 있다. 또한 운영

본부에서는 A/S요원·보험설계사·영업사원 등의 이동상황과 재고
현황을 실시간으로 파악하여 인적·물적 자원을 효율적으로 운영
할 수 있다. 그 밖에도 물품이나 운송차량 등에 GPS·전자태그 등
을 부착하여 실시간으로 위치를 추적하기도 한다. 이러한 실시간
정보 트래킹을 구현하기 위한 주요 세부 과업은 다음과 같다.

① 모바일기반의 영업지원 시스템 구축.

② 설계사 영업지원 시스템 구축.

③ A/S 업무처리 시스템 구축.

④ 모바일 자산관리 시스템 구축.

⑤ 모바일기반 현장 마감관리 시스템 구축.

⑥ RFID 태그를 이용한 실시간 위치추적 시스템 구축.

〈그림 3-11〉 현장 네트워킹

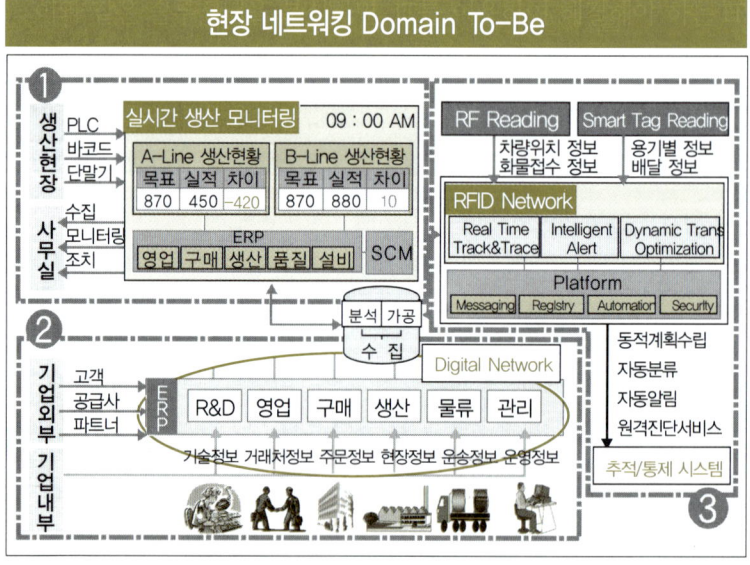

⑦ 유비쿼터스(Ubiquitous)[67] 센서 네트워크 구축

맥도날드는 GIS[68]를 기반으로 특정 지역 내의 체인점 및 관련 업체들의 경쟁력을 분석하여, 경쟁력 없는 점포는 철수하고 경쟁력 있는 지역에 투자를 확대하였다. 이를 통해 맥도날드의 전 세계 매장은 PMO(Profitable Market Optimization)에 의해 전략적 위치로 재배치되었다.

(2) 프로세스 최적화

기업은 표준화된 전사 업무 및 인프라의 통합을 기반으로 고객정보를 가치화하고 공급사슬(Supply Chain) 계획을 최적화함으로써 경영 의사결정을 지원할 수 있다. 즉 고객 불만사항·구매패턴·판매량 예측·고객 이탈 가능성 등의 정보는 실시간으로 분석되어 온라인 마케팅 활동을 지원하며, 수요 계획·공급 네트워크 계획·생산 계획·세부일정 계획과 같은 공급망 계획의 최적화와 자동화는 신속한 의사결정을 가능하게 한다. 또한 표준 보안기술을 이용하는 디지털 인프라 환경은 내부 업무와 데이터의 통합관리·IT자원의 효율적인 관리를 지원한다. 이렇게 효과적인 의사결정을 지원하는 프로세스 최적화는 고객분석 자동화·공급망 계획 지능화·디지털 인프라 구축을 통해 가능해진다.

---

67. **유비쿼터스(Ubiquitous)** 사용자가 네트워크나 컴퓨터를 의식하지 않고 장소에 상관없이 자유롭게 네트워크에 접속할 수 있는 정보통신 환경
68. **GIS(Geographic Information System)** 지리정보를 컴퓨터를 이용해 작성·관리하며 지형과 관련된 분야에 적용하기 위한 종합 정보시스템

1) 고객분석 자동화

비즈니스 전략수립의 기반이 되는 분석 인프라가 부족하고, 고객 정보에 대한 다양한 분석이 자동화되지 못하면, 변화하는 고객 니즈를 정확히 파악할 수 없다. 따라서 기업은 고객정보를 가치화하고 지식화시켜, 이를 실시간으로 고객접점 담당자들에게 제공해야 한다. 이를 통해 고객관리 담당자는 고객정보 통합 DB를 이용하여 고객속성 · 고객반응 · 접촉내용 · 거래실적 · 기여도 · 계약변동 등의 정보를 즉시 파악하여 의사결정을 할 수 있으며, 영업사원은 영업 자동화 시스템을 이용하여 목표 고객을 쉽게 탐색하고, 판매량 예측 · 고객이탈 가능성 · 필요 재고 및 자재 수급현황 등의 다차원 분석을 수행할 수 있다. 또한 인터넷기반의 고객분석 시스템은 사이트 분석 · 매출 분석 · 잠재고객 분석 · 마케팅효과 분석 등의 정보를 자동화시켜 현장 담당자의 의사결정을 실시간으로 지원한다. 이러한 고객분석 자동화를 구현하기 위한 주요 세부 과업은 다음과 같다.

① 인터넷기반의 콜센터 구축.

② 고객정보 통합 DB를 이용한 데이터마이닝.

③ 영업사원 업무자동화 시스템 구축.

④ 인터넷기반의 다차원 분석 시스템 구축.

S화재는 데이터웨어하우스 및 온라인 분석 툴인 DW/OLAP[69] 기반의 자동화된 분석 툴을 이용하여 온 · 오프라인 통합 분석 · 다차원 분석 · 비정형 정보 분석을 효율적으로 수행하였으며, 온라인 고

---

69. OLAP(Online Analytical Processing) 최종 사용자가 직접 DB를 검색하여 문제점과 해결책을 발견하는 분석형 애플리케이션의 개념

객의 행위패턴을 분석하여 고객 성향에 대한 정보를 수집하여 이를 다양한 마케팅 정보로 활용하였다. 신용카드 전문 회사인 MBNA는 데이터마이닝[70]을 이용하여 고객을 분석한 후, 분석된 결과를 토대로 고객친화 마케팅을 전개하였다. 또한, IBC는 정보기반 의사결정 지원기능이 있는 자동화된 언더라이팅 시스템을 구축하여 손해율을 크게 줄였다.

2) 공급망 계획 지능화

기업은 공급사슬을 통합시킴으로써, 공급사슬에 걸쳐 있는 모든 참여자(제조업체 · 물류/운송업체 · 유통업체 · 고객)의 물자와 자금에 대한 정보흐름을 공유하고 이를 실시간으로 분석할 수 있다.

①공급망 계획 시스템은 생산에 필요한 자재공급 계획을 지원하고 과거의 주문정보를 근거로 고객의 수요를 예측하여 생산계획을 수립하며, 생산환경의 제약을 고려한 실시간 의사결정과 정확한 납기 약속을 가능하게 한다. 또한 ②통합 공급망 관리 시스템은 공급업체 · 협력업체 · 유통업체 · 실행 시스템 등의 데이터 정합성을 유지하고 공급망 프로세스를 최적화시키며, 생산능력을 실시간으로 파악하여 정확한 공급시기를 결정할 수 있다. 이러한 ①공급망 계획 시스템과 ②통합 공급망 관리 시스템은 공급사슬을 통합하여 공급망 계획을 지능화한다. 이렇듯 공급망 계획을 지능화시키기 위한 주요 세부 과업은 다음과 같다.

① 공급 조직망 전략 DB화.

---

70. **데이터마이닝(Data Mining)** 자동화되고 지능을 갖춘 데이터베이스 분석기법

② 공급망 관리 기준지표 DB화.

③ 운영업무 시스템 간의 통합 인터페이스 구현.

④ 통합 공급망 관리 시스템 구축.

⑤ 공급망 계획 최적화 시스템 구축.

⑥ 공급 조직망 성과 측정을 위한 스코어카드 DB화.

S전자는 공급망 최적화 프로젝트를 통해, 수요예측 정보의 전달 리드타임을 일주일에서 실시간으로, 생산계획 및 자원할당 리드타임을 일주일에서 하루로 줄였으며, 납기 약속을 50% 이하에서 95% 이상으로 개선시키고, 고객에 대한 납기 약속을 실시간으로 지원하였다. 또한 HP는 SCM을 구축하여 생산계획 주기 시간을 단축시키고 이벤트중심(Event-Driven) 계획으로 운영효율성을 향상시켰으며, 코카콜라는 통합 물류정보 시스템을 구축하여 고객이 원하는 양의 제품을 제때에 전달하게 되었다.

3) 디지털 인프라 구축

최근 ERP · CRM 등의 대규모 IT투자와 인수합병 등으로 H/W · S/W · N/W · DB · 보안 등의 IT인프라에 대한 복잡성이 증가하였다. 따라서 IT투자에 대한 효율성을 높이기 위해서 IT자산에 대한 체계적인 관리가 필요하다. 또한 제조공장에서는 생산 · 자재 · 품질 · 설비 · 영업 · 고객 · 회계 등의 단위업무 시스템 간 통합과 현장정보의 실시간 수집을 위한 SCADA[71] · DCS[72] · POP와 같은 생산/제조 현장의 디지털화가 요구되며, 제조기업에서는 제품을 개발

---

71. SCADA(Supervisory Control And Data Acquisition) 감시제어 데이터 수집 시스템
72. DCS(Distributed Control System) 분산제어 시스템

하는 데 필요한 정보와 승인·배포·관리 등의 체계적인 제품 라이프사이클 관리를 필요로 하고 있다. 이러한 요구사항들은 디지털 인프라를 구축함으로써 해결될 수 있다.

디지털 인프라는 기업이 보유한 하드웨어·네트워크·소프트웨어 등에 대한 IT자원 저장소를 구축하여 전사적인 차원의 IT자산 및 자원관리를 가능하게 한다. 또한 ERP 중심의 전사 기간업무 시스템을 재편하여 통합관리하며, 보안이 강화된 인터넷을 이용하여 제품 개발·생산현황에 대한 정보를 실시간으로 파악하는 것을 지원한다. 이러한 디지털 인프라를 구축하기 위한 주요 세부 과업은 다음과 같다.

① 전사 IT인프라 개선을 위한 마스터플랜 수립.

② Enterprise Architecture 기반의 IT자산관리 시스템 구축.

〈그림 3-12〉 프로세스 최적화

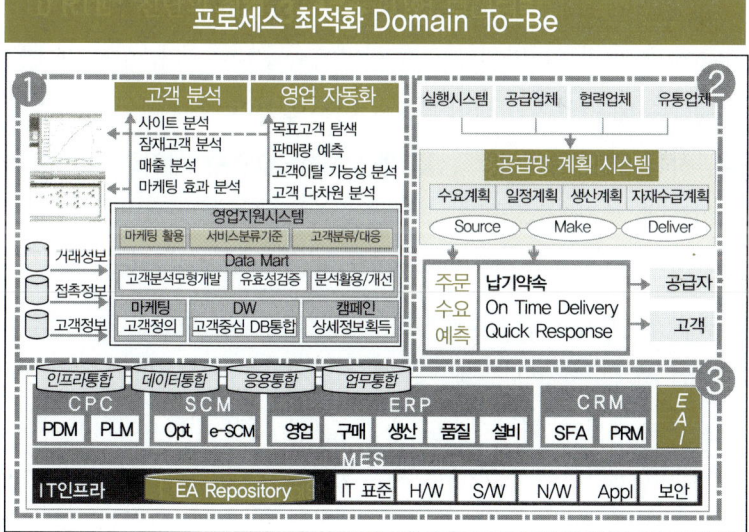

※ CPC(Collaborative product commerce)

③ 제품개발 및 통합 생산관리 시스템 구축.

④ 전사적 IT자원관리 시스템 구축.

S전자는 가트너와 공동으로 전사 IT인프라 개선을 위한 마스터플랜 '차세대 IT블루프린트 전략'을 수립하여, 지난 1994년부터 단계적으로 추진하고 있다. 이 전략의 주 목적은 1990년대 후반까지 순차적으로 확장해온 ERP 시스템을 가급적 최단기간 내에 업그레이드하면서 업무영역과 사이트별로 분산되어 있는 시스템과 데이터를 통합하는 것이다. 여기에는 기업 애플리케이션 통합(EAI; Enterprise Application Integration)과 비즈니스 프로세스 관리(BPM; Business Process Management) 개념이 도입되었으며, 시스템과 업무 프로세스를 통합하기 위한 IT인프라 관리체계가 마련되었다.

(3) 실시간 대응체제

실시간 대응체제란 통합된 고객 및 기업 정보에 기반을 둔 고객 대응체제 및 파트너와의 실시간 협업체제를 의미한다. 실시간 대응체제를 통해 기업은 고객이 필요로 하는 정보를 제때 파악하여 즉시 제공하며, 우량고객 및 핵심고객에 대한 맞춤형 개인화 서비스를 지원한다. 또한 전략 파트너가 공급사슬 시스템에 직접 접속하여 정보를 조회하고 공급망을 구성하는 모든 부문에서 협업하는 것을 가능하게 한다. 또한 실시간 대응체제가 구축된 기업은 모든 업무 정보와 전자문서가 시스템을 통하여 체계적으로 관리되며, 고객 및 파트너의 정보가 실시간으로 생성 · 보관 · 공유된다. 이러한 실시간 대응체제를 위한 추진항목에는 디지털 고객서비스 · 실시간 협업관리 · 글로벌 정보유통이 있다.

1) 디지털 고객서비스

기업은 고객과 장기적인 일대일 관계를 구축하여 수익성 있는 고객을 창출하고 고객의 이탈을 방지해야 한다. 이를 위해 고객의 니즈와 과거 이력을 파악하여 고객과 밀착된 관계를 유지하고, 우량고객 및 핵심고객에 대해서는 차별적인 마케팅 활동을 전개해야 한다. 또한 다양해진 고객접점을 효율적으로 관리하기 위하여 고객정보들을 일관된 관점으로 통합해야 한다. 웹로그 분석결과·이메일 반응정보·콜센터 및 전자상거래 정보들이 통합된 고객 DB는 일대일 맞춤 서비스를 지원하며, 인터넷기반의 시스템은 고객과의 실시간 상호작용을 가능하게 한다. 또한 Voice XML[73]을 도입한 콜센터는 시나리오에 따라 실시간으로 응답하는 자동응답 서비스를 제공하기도 한다. 이러한 디지털 고객서비스를 구현하기 위한 주요 세부 과업은 다음과 같다.

① 고객정보 통합 DB 구축.

② 웹기반의 CTI(Computer Telephony Integration) 콜센터 구축.

③ 차세대 자동응답(IVR; Interactive Voice Response)[74] 시스템 구축.

④ 인터넷기반의 고객지원 시스템 구축.

델 컴퓨터는 인터넷 고객들에게 개인화된 '프리미어' 웹 페이지를 제공하여 고객이 원하는 정보를 시간낭비 없이 획득하게 하였으며, 히다치(日立)는 제품 시뮬레이션과 가상 테스트를 제공하여 고

---

73. **Voice XML(Voice eXtensible Markup Language)** 차세대 자동응답 시스템의 기반이 되는 음성처리 솔루션

74. **IVR(Interactive Voice Response)** 음성 프롬프트를 사용하는 기능을 가진 애플리케이션

객의 충성도를 높였다. 또한 노키아는 WAP 게임[75]과 다양한 서비스를 제공하는 Club Nokia를 지역별로 특화 운영하여, 유소년 고객들의 최초 휴대폰 구매를 유도하고 있다.

2) 실시간 협업관리

연구개발의 속도가 빨라지면서 생산·공급의 빠른 지원체제가 요구되며 제품설계·엔지니어링·구매·생산·판매·마케팅·현장 서비스 그리고 고객에 대한 실시간 협업관리가 필요해지고 있다. 또한 제품 수익성에 대한 종합적 추적관리가 요구되며, 고객 주문 처리·공급자 자재관리·제품 공정설계 및 지원 프로세스 등의 동기화가 필요해지고 있다. 그리고 주문 설계되는 제품의 경우, 제품의 완성도를 향상시키기 위하여 고객이 설계과정에 직접 참여할 필요가 있다.

실시간 협업관리가 가능한 기업은 협업제조관리 시스템을 이용하여 고객·주문·자재·공정·설계 등의 프로세스를 동기화시키며, 인터넷을 통하여 고객이 제품의 규격에 대해 직접 상호작용하는 것을 지원한다. 또한 전략 파트너의 공급사슬 관리 시스템에 직접 접속하여 필요한 정보를 조회하며, 협업 상거래 시스템을 이용하여 파트너·고객·사내 임직원과의 협업 프로세스를 자동화하고 정보를 공유한다. 이러한 실시간 협업관리의 구현을 위한 주요 세부 과업은 다음과 같다.

① 공급자 관계 관리 시스템 구축.

---

75. **WAP(Wireless Application Protocol)** CDMA, GSM등 모든 무선네트워크에 연결할 수 있는 모바일컴퓨터용 아키텍쳐

② 사내 업무 간 프로세스 및 시스템 통합.

③ 수요−공급−설계 동기화 전략 DB화.

④ 전략 파트너 간 공급망 시스템 연계.

⑤ 제품 중심의 협업 상거래 시스템 구축

Sun은 Solectron에 주문한 제품을 4시간 안에 공급받으며, Solectron은 규정된 원칙에 따라 실시간 상태·품질·주기 등의 정보를 제공한다. 또한 보잉사는 파트너 네트워크를 구축하여 부품가격과 구입가능 여부에 대한 정보를 제공하여 판매증대와 비용절감을 실현하고 있으며, Celestica는 웹기반 네트워크를 통해 고객과 공급자와 함께 제품을 설계하고, 작업공정에 고객과 공급자를 참여시켜 제품개발과 생산까지의 프로세스를 효율화하고 있다.

〈그림 3-13〉 실시간 대응체제

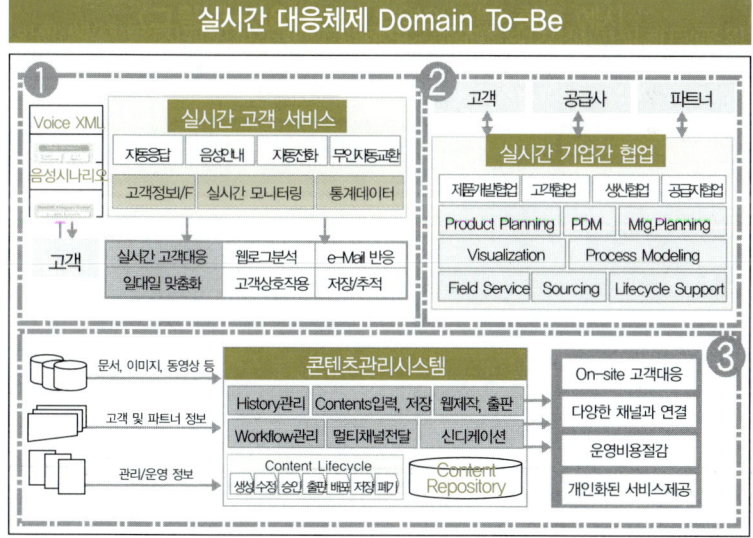

3) 글로벌 정보유통

인터넷과 무선기술 등의 발전으로 신속한 유무선 통합 커뮤니케이션이 가능해지면서, 문서·파일·지식·데이터·고객정보 등 콘텐츠에 대한 분류기준 마련이 필요하며, 기업 및 고객 정보에 대한 효율적인 통합관리의 필요성이 증대되었다.

글로벌 정보유통이 가능한 기업은 모든 업무정보와 전자문서(문서·이미지·동영상·소리)는 물론 고객 및 파트너 정보를 실시간으로 생성·보관·관리한다. 또한 필요한 정보를 즉시 파악하여 신속히 보고하고, 결과에 대해서는 실시간으로 공유한다. 이러한 글로벌 정보유통을 구현하기 위한 주요 세부 과업은 다음과 같다.

① 기업 정보 DB화를 위한 웹서비스 IT전략 수립.

② 기업 콘텐츠 분류기준 DB화.

③ 콘텐츠 관리 시스템 도입.

제 3 절

RTE⁺의 로드맵

3. 1
RTE⁺ 로드맵의 취지 및 과제

(1) RTE⁺ 로드맵의 취지

RTE⁺는 구체적이고 실천적인 구조체를 정의하여 RTE의 실질적인 추진을 지원한다. 하지만 기업이 실질적으로 RTE를 추진하기 위해서는 달성목표와 수행방법에 대한 선후관계와 인과관계를 고려한 순서적인 계획이 필요하다. 이에 RTE⁺ 로드맵은 RTE⁺를 구현하기 위한 단계별 RTE⁺를 정의한다. 이를 위하여 RTE⁺ 로드맵은 다음과 같은 과업을 수행한다.

- 기업의 RTE⁺ 방향성에 기반한 중장기 RTE⁺ 모습과 목표를 수립함
- 단계별 RTE⁺ 목표에 대한 영역별 지표를 도출함
- 단계별 RTE⁺ 목표에 대한 단계별 RTE⁺ 과제를 제시함

(2) RTE⁺ 로드맵의 과제

RTE⁺는 도입기 · 확산기 · 고도화기의 3단계로 나누어지며, 각 단계별 목표와 이를 달성하기 위해 수행되어야 하는 IT과제는 다음과 같다.

● 도입기: RTE 도입에 대한 성과를 가시화할 수 있는 과제를 우선 시행하여 변화에 대한 공감을 이끌어내며, 또한 RTE의 기반이 되는 과제를 대상으로 한다.

● 확산기: 도입기에서 달성한 성과를 바탕으로 전사 확산을 유도하여 RTE의 실질적인 효과를 달성하도록 한다.

● 고도화기: 전사 확산된 RTE가 보다 효과적으로 운영될 수 있도록 하며, 또한 RTE의 효율화를 극대화시킨다.

3. 2
RTE⁺의 단계별 모습 및 세부과업

(1) 도입기

1) 지휘 영역

도입기에 지휘 영역은 기업 내 · 외부의 핵심 프로세스 및 지표의 통합을 기반으로 상위 핵심지표를 선정하고, 경영현황 속보판 등의 시스템을 구축하여 경영모니터링 체제의 기반이 조성된다. 또한 재무적 · 비재무적 위험요인에 대한 직 · 간접적인 영향분석을 통하여 경영리스크 관리체제의 기반이 마련된다.

지휘 영역의 도입기 모습을 구현하기 위한 세부 과업은 다음과 같다.

- 기업 RTE KPI DB 구축
- 시장환경변화 KPI DB 구축
- 실시간 기업경영관제 시스템 개발
- 핵심 리스크 관리 시스템 운영
- 전사 리스크 조기경보 시스템 도입

2) 관리 영역

도입기에 관리 영역은 프로세스별 목표 대비 진행 상황을 시스템을 통해 파악 가능하며, 비즈니스 프로세스 간의 연관관계를 명확히 규정하여 프로세스 처리결과를 분석할 수 있는 기반이 마련된다. 그리고 비즈니스 프로세스의 주요 성과지표 및 연관관계 분석이 가능하고, 전사 프로세스에 대한 진행 상태 및 이력 정보가 시스템을 통해 관리되며, 프로세스에 대한 문제점이 조기에 진단 가능하다. 또한 프로세스 분석 도구를 이용하여 시뮬레이션을 통한 설계대안 및 재설계가 가능하며, 전체 프로세스에 대한 연관성을 예측할 수 있다. 프로세스 라이프사이클은 시스템을 통하여 통합 관리되고 프로세스 변경에 대한 유연한 대처가 가능하며, 아웃소싱에 대한 실행 가능성을 평가할 수 있고 프로세스의 지속적 개선을 위해서 애플리케이션과 분리되어 프로세스 정보가 DB화되어 관리된다.

관리 영역의 도입기 모습을 구현하기 위한 세부 과업은 다음과 같다.
- 프로세스의 성과지표 및 성과이력 DB화
- 업무 프로세스 흐름 시각화
- 전사 프로세스 성과포털 구축
- 업무부서와 프로세스 간의 성과 도식화 시스템 도입

- 프로세스맵 및 패턴 정의서 및 변화이력 저장소 구축
- 프로세스 성과분석 및 성과 이력분석 시스템 개발
- 가시적 성과분석 자동보고 시스템 개발
- 프로세스의 설계/실행/모니터링별 성과추적 시스템 개발
- 프로세스 성과이력 DB 관리
- 프로세스 간의 연관관계 분석 시스템 구축

3) 운영 영역

도입기에 운영 영역은 영업생산 등의 내부정보가 시스템을 통해 통합 및 연계되고, 고객정보가 통합 관리된다. 또한 전사차원의 아키텍처 재설계를 통하여 기술표준 및 인프라표준에 따른 IT개발관리가 가능해져서 단위업무 시스템 간 통합 및 전사적인 IT자산관리 체계가 마련되며, 인터넷 및 모바일기반 정보시스템의 안정화를 바탕으로 전자태그 등을 이용한 실시간 정보트래킹이 가능해진다.

운영 영역의 도입기 모습을 구현하기 위한 세부 과업은 다음과 같다.
- 인터넷기반의 생산시점 관리 시스템 구축
- POS Data Service 구축
- 사내 시스템의 통합 연동
- 모바일 자산관리 시스템 구축
- 모바일기반 현장 마감관리 시스템 구축
- 운영업무 시스템 간의 통합 인터페이스 구현
- 전사 IT인프라 개선을 위한 마스터플랜 수립
- 전사 아키텍처기반의 IT자산관리 시스템 구축
- 제품개발 및 통합 생산관리 시스템 구축

- 전사적 IT자원관리 시스템 구축
- 사내 업무 간 프로세스 및 시스템 통합

(2) 확산기

1) 지휘 영역

확산기에 지휘 영역은 홈페이지 및 기업 IR 사이트 등을 통하여 디지털 기업가치 홍보체제가 구축되어 활성화되며, 화상회의 및 디지털 방송·교육을 통하여 실시간 의사전달 및 교육이 가능해져 기업 경쟁력이 향상된다. 또한 인터넷기반의 디지털 커뮤니케이션 환경으로 시간과 공간의 제약을 받지 않는 정보조회가 가능해진다.

지휘 영역의 확산기 모습을 구현하기 위한 세부 과업은 다음과 같다.
- 기업이미지 실시간 관리체제
- 기업가치 실시간 관리체제(IR Site)
- 웹기반 채용 시스템 개발
- 디지털 회의 시스템 도입
- 디지털 미디어방송 시스템 구축
- 전사 문화공동체 시스템 도입

2) 관리 영역

확산기에 관리 영역은 통합 인증을 기반으로 업무 서비스를 단 하나의 화면에 집약하여 한 번의 클릭으로 관련된 모든 정보에 접근할 수 있으며, 기업 내·외부의 다양한 정보가 주제별, 개인별로 분류되고 인터넷기반의 단일 인터페이스로 통합되어 개인별 필요한 정보에 대한 맞춤형 정보가 제공된다. 또한 지식관리 시스템(KMS;

Knowledge Management System)과 업무 시스템이 연계되어 업무처리 단계별 필요지식이 제공되며, 기업용 메신저 시스템 등을 통한 신속한 의사전달 체제가 마련된다.

관리 영역의 확산기 모습을 구현하기 위한 세부 과업은 다음과 같다.

- 정보의 직무별 체계도 및 정보 인덱스 DB 구축
- 개인별 업무 시스템 통합조회 시스템 구축
- 싱글사인온을 통한 전사 시스템 통합 인증 구현
- 기업용 메신저 시스템 도입
- 그룹웨어 및 업무 시스템의 메신저 시스템과의 연동
- 업무처리 시 필요 지식의 자동연결 인터페이스 개발
- 업무별 필요 지식 정의서 및 지식맵 DB 구축
- 사용지식의 평가 및 보상 시스템 개발

3) 운영 영역

확산기에 운영 영역은 인터넷기반의 기업 및 고객에 대한 정보통합 및 자료관리 기준이 마련되고, 파트너 간 협업전략 수립을 통한 실시간 협업관리가 가능하다. 글로벌 네트워크 정보공유 체제는 파트너와 유통운송 부품조달 등의 계획 및 의사결정, 실행 및 추적 관리를 지원하며, 협업 제조관리 시스템과 협업 상거래 시스템은 전략 파트너와의 실시간 정보공유와 협업관리를 지원한다. 또한 디지털 기술기반의 양방향 대화를 통하여 일대일 맞춤 서비스를 지원하고 고객과의 실시간 상호작용 및 피드백이 가능하며, 콘텐츠 분류 기준 정립을 기반으로 기업 정보관리시스템을 통하여 기업 및 고객에 대한 정보가 통합 관리된다.

운영 영역의 확산기 모습을 구현하기 위한 세부 과업은 다음과 같다.

- 웹기반의 CTI 콜센터 구축
- 고객정보 통합 DB 구축
- 인터넷 기반의 POS 시스템 구축
- 고객 DB를 이용한 POP 광고 시스템 구축
- 사외 공급망 통합관리 시스템 구축
- 파트너와 업무표준화 DB 구축
- 모바일기반의 영업지원 시스템 구축
- 설계사 영업지원 시스템 구축
- A/S 업무처리 시스템 구축
- 인터넷 기반의 콜센터 구축
- 영업사원 업무자동화 시스템 구축
- 공급조직망 전략 DB화
- 공급망 관리기준 지표 DB화
- 통합 공급망관리 시스템 구축
- 차세대 자동응답 시스템 구축
- 인터넷기반의 고객지원 시스템 구축
- 공급자 관계관리 시스템 구축
- 수요 · 공급 · 설계 농기화전략 DB화
- 전략 파트너 간 공급망 시스템 연계
- 제품 중심의 협업 상거래 시스템 구축
- 기업정보 DB화를 위한 웹서비스 IT전략 수립
- 기업 콘텐츠 분류기준 DB화
- 콘텐츠 관리 시스템 도입

(3) 고도화기

1) 지휘 영역

고도화기에 지휘 영역은 미래에 발생 가능한 위험에 관한 구체적 시나리오 수립 및 예측경영 체제의 기반이 마련된다. 위험 조기경보 시스템은 기업 내·외부의 위험요인을 사전에 예측하여 손실을 최소화하고, 시나리오경영 시스템은 시장수요 분석·고객 분석 등의 실증 데이터를 기반으로 하는 예측경영 전략의 수립과 분석을 지원한다. 또한 전략 시나리오 DB 및 경영전략 지도는 다양한 전략들을 직관적으로 검색할 수 있게 하며, 재무적·비재무적 위험요인이 관리기준을 초과했을 때 이로 인한 직간접적인 영향은 경영자에게 즉시 보고된다.

지휘영역의 고도화기 모습을 구현하기 위한 세부 과업은 다음과 같다.

- 시나리오 수립 지원 체제 구축
- 기업환경분석 시스템 개발
- 기업경영분석 시스템 개발
- 전략지식 경영 DB 구축
- 전략 MAP 시스템 개발

2) 관리 영역

고도화기에 관리 영역은 성과지향적 지식분류체계를 마련하고, 개인 및 조직의 목표가 기업의 전략과 일치되어 일상의 활동을 통하여 기업의 전략이 이행된다. 그리고 전사 단위의 스코어카드를 설계하고 측정 지표에 대한 목표를 수립하여 전략을 구체화하고 실행하며, 전사 DB의 실시간 통합을 바탕으로 스코어카드 간의 상호의 존성 및 연계성 파악이 가능하다. 또한 업무 시스템에서 발생한 데 이터가 실시간으로 대용량 데이터분석 시스템으로 전송되어 정보의 시계열적 · 다차원적 분석이 가능하다.

관리영역의 고도화기 모습을 구현하기 위한 세부 과업은 다음과 같다.

- 전사 성과지표의 스코어카드 및 도식 출력
- 성과지표 간의 인과관계 도식화
- 전사 성과지표 자동도출 시스템
- 전사 목표의 조직별 · 개인별 전달 시스템 개발
- 성과와 목표의 자동연결 및 조직별 분석 시스템 개발
- 조직 및 개인 목표 수정 및 피드백 시스템 개발
- 인력 및 업무별 활동기준 원가산출 시스템 개발
- 원가개선 포인트 제공 시스템 구축
- ABC를 통한 관리회계 시스템 구축
- 다차원 수익성 분석 시스템 구축

3) 운영 영역

고도화기에 운영 영역은 수요계획 · 공급계획 등의 프로세스 최적화 계획을 수립하고, 공급업체 · 협력업체 · 유통업체 등에 대한 통합 공급망 관리가 가능해진다. 공급망 계획 최적화 시스템은 데이터의 정합성을 유지하고 공급망 프로세스를 최적화하며, 공급망 계획 시스템은 주문 · 수요 · 예측을 통해 최적의 생산계획을 수립한다. 또한 다차원 분석이 가능한 고객정보 분석 시스템은 매출 분

석 · 잠재고객 분석 · 마케팅효과 분석 등의 분석결과를 실시간으로 제공한다.

운영영역의 고도화기 모습을 구현하기 위한 세부 과업은 다음과 같다.

- 공급망 계획 최적화 시스템 구축
- 공급조직망 성과 측정을 위한 스코어보드 DB화
- 고객정보 통합 DB를 이용한 데이터마이닝
- 인터넷기반의 고객 다차원분석 시스템 구축

3. 3
RTE⁺의 로드맵 수립 방법론

RTE⁺ 로드맵 수립 방법론은 기업 핵심 프로세스 지체현상을 체계적으로 분석해 봄으로써 RTE 해결책들을 도출해내는 접근법으로, 크게 ① Delay Analysis와 ② RTE⁺ Planning 두 단계로 나누어질 수 있다.

(1) Enterprise Delay Analysis

1) Delay 요소 정의

기업 활동에서 Delay가 발생하는 주요 대상은 4가지로 구분할 수 있으나, RTE⁺에서는 사람과 경영시스템에서 발생하는 지체현상에 가장 초점을 맞추고 있다.

① 사람과 사람(Person to Person).

② 정보시스템과 정보시스템(IT System to IT System).

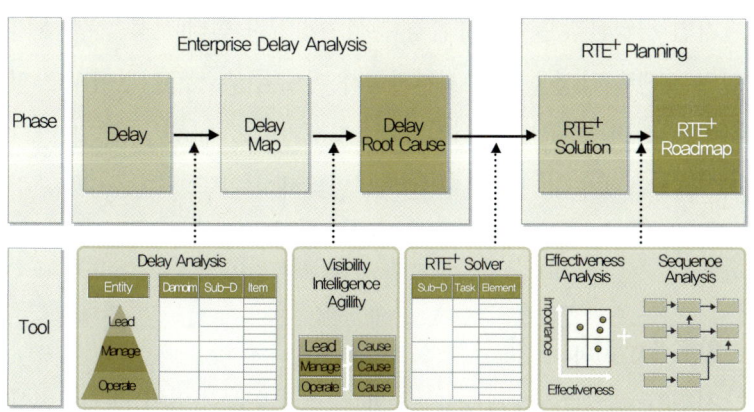

〈그림 3-14〉 RTE+의 로드맵 수립 방법론

〈그림 3-15〉 Delay 요소 정의

Delay 제거 대상	Delay Time	Delay 제거 목표수준
Person to IT System IT System to IT* System Person to Person → Person to System	· Information Waiting Time [수평적 · 수직적] · Information Moving Time [수평적 · 수직적] · Information Analysis& Planning Time	기업의 현 위치에서 선진기업, 경쟁기업과 고객의 요구 수준을 고려하여 Delay 목표 수준을 기업별로 정의함

③ 사람과 정보시스템(Person to IT System).

④ 사람과 경영시스템(Person to System).

즉, Delay란 기업경쟁력 제고를 위하여 핵심 프로세스를 대상으로 IT를 이용하여 제거할 수 있는 지체현상이라고 정의할 수 있다.

기업 경영환경 분석·IT환경 분석·경영진 인터뷰 등을 통해 기업의 경쟁력 달성을 위해 시간관리가 어느 수준으로 이루어지고 있는지를 살펴본다. 또한 선진기업·경쟁기업의 벤치마킹뿐만 아니라, 협력업체와 고객의 요구수준을 검토하여 기업의 Delay 목표 수준을 설정해 놓아야 한다.

2) Delay Map 작성

지휘(Lead)·관리(Manage)·운영(Operate)별로 기업의 Delay 현상을 체계적으로 분석하는 단계이다.

기업의 Delay 분석을 위해서는 핵심 프로세스 정의가 선행되어야 한다. 그 후 대상 프로세스를 단위업무별로 세분화시켜 가면서 업무 지연요소들을 추출하는 과정을 거쳐야 한다.

이를 위해서는 업무 실무자와의 인터뷰·정보시스템 분석 및 각종 자료 분석을 통해 1)에서 정의한 Delay 목표수준 대비 현재수준과의 차이분석도 함께 이루어져야 한다.

3) Delay Root Cause 분석

업무상 지연요소가 발생한 현상들에 대한 근본 원인(Delay Root Cause)을 분석하는 단계로 RTE+의 3가지 속성, 즉 '가시화(Visibility)·지능화(Intelligence)·기민화(Agility)'의 관점을 가지고 지체현상을 수직적·수평적으로 분석해본다.

Delay Root Cause를 분석해보면 기업 내에서 프로세스가 표준화되지 않아서 발생되는 경우나 제도적·정보시스템적인 문제로 인

구분	Visibility	Intelligence	Agility
Lead	**경영 모니터링** · 기업환경 변화 효과예측 지연 · 경영지시사항 모니터링 지연	**전략 시나리오** · 환경변화 대응 지연 · 전략 지식공유 지연 · 사업 ROI 분석 지연	**경영 실행체제** · 기업 비전 공유 지연 · 경영 지시사항 실행 지연 · 조직 핵심가치 정립 지연
Manage	**사업 모니터링** · 업무진척도 파악 지연 · 시장 정보 인식 지연 · 자산 현황 파악 지연	**사업전략 분석** · 분석 기초 자료 추출 지연 · 시장 추이 분석 지연 · 전략 과제 및 KPI 설정 지연	**프로세스 관리** · 업무 Role 할당 지연 · 프로세스 변경 지연 · 예산편성 및 배분 지연
Operate	**현장 네트워킹** · 유통/판매 가능 재고 파악 지연 · Claim 시 불량원인 파악 지연 · 출하 후 고객 납입 확인 지연 · 생산실적 파악 지연 · 보험사기 적발 지연 · 사전 손익분석 지연	**프로세스 최적화** · 연간 구매예산 수립 지연 · 판매계획-생산계획 수립 지연 · 사전 손익분석 지연 · 수익성 분석 및 한도 관리 지연 · 고객 분석에 따른 상품별 동기화 지연	**실시간 대응체제** · 생산오더 변경 시 적기반영 지연 · 구매요청 후 주문 지연 · 대출 심사 지연 · 이탈고객에 대한 대응 지연 · 리스크와 연계된 투자 수익 관리 지연

하여 실제 업무 흐름을 정보시스템이 반영해 주지 못하는 경우 등 미처 인식하지 못해서 해결하지 못하던 문제점들이 수면으로 떠오르게 된다.

영업·마케팅 프로세스의 예를 들어보면, Delay 현상이 '고객정보 획득의 과다한 시간 소요'라고 한다면, 이에 대한 Delay Root Cause는 '고객 정보 분산'이라고 할 수 있다.

〈그림 3-17〉 Delay Root Cause 분석

구분	Visibility	Intelligence	Agility
Lead	**경영 모니터링** · 환경 변화 모니터링 취약 · 경영지시사항 실시간 피드백 미흡	**전략 시나리오** · 시장정보분석 지원시스템 부재 · 전략지식의 체계적 자산화 미흡 · 데이터 통합관리, 분석역량 미흡	**경영 실행체제** · 커뮤니케이션 채널 부족 · 조직문화기반 경영시스템 부재
Manage	**사업 모니터링** · 프로세스 성과 측정 기준 사전 정의 미비 · 위험발생 시 경고체계 및 보고체계 불명확	**사업전략 분석** · 수작업에 의한 KPI 도출 작업 · 투자 시 사전 ROI 분석 어려움 · 조사활동 및 시행착오 반복	**프로세스 관리** · 정확한 원가 예측이 어려움 · 예산 대비 집행 내역 수작업 확인 · 수작업에 의한 개인 성과평과
Operate	**현장 네트워킹** · 재고/생산 실적 자료의 부정확 · 판매/생산 계획의 정확도 부족 · 생산 실적 집계방식의 수작업 · 비용의 배부 불투명 · 상품중심의 시스템 구조 · 리스크와 자산운용의 연계 미흡	**프로세스의 최적화** · 생산계획 Simulation 기능 미흡 · 판매계획 수립의 기초 자료 미흡 · 요율 분석을 위한 정보 부족 · 고객행동 예측 미흡 · 다차원 수익성분석 부족 · 보험사기분석 정보부족	**실시간 대응체제** · 영업지원 Off-Line에 의존 · 장기재고 관리 목표 불명확 · 심사나 보상 프로세스 단계별 대기시간 발생 · 협력업체와의 네트워킹 취약 · 상품규칙의 재사용성 미흡

(2) RTE⁺ 계획(Planning)

1) RTE⁺ 솔루션 매핑(Solution Mapping)

RTE⁺플랫폼(Platform)에 기반한 IT솔루션을 제시하는 단계이다.

Delay Root Cause 분석 작업을 거치고 나면 기업에서 존재하는 두 개 이상의 Delay 현상이 하나의 원인에서 기인한다는 것을 알 수 있다.

①Delay Root Cause에 대해 IT솔루션 관점으로 해결책을 제시하

〈그림 3-18〉 RTE⁺ Solution Mapping

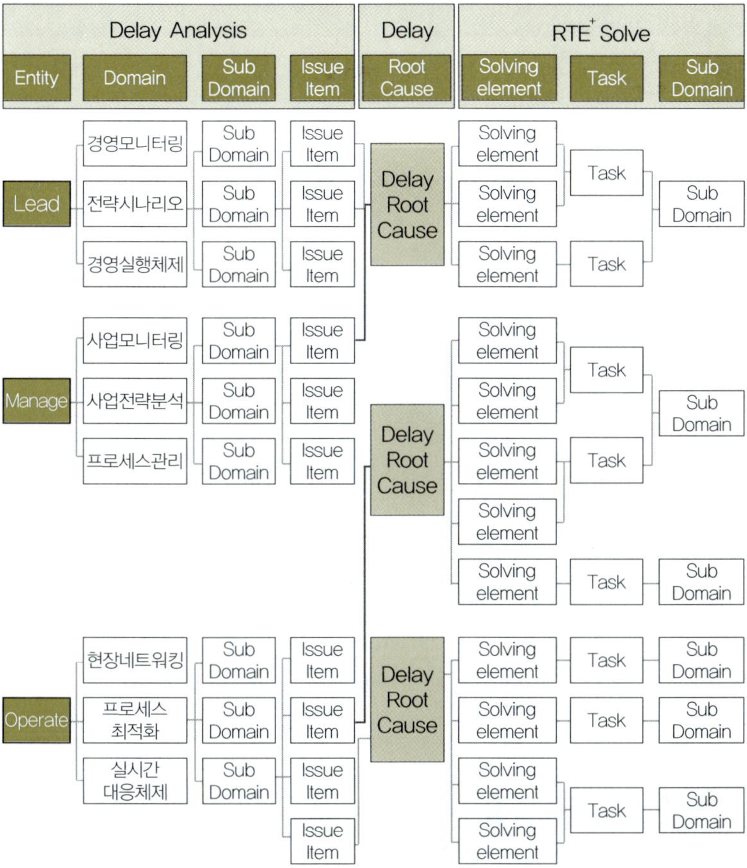

고, ②제시한 해결책을 RTE 세부 과업과 연결함으로써 기업의 모든 지체 현상들이 RTE 세부과업들과 매핑(Mapping)되는 것을 확인할 수 있을 것이다.

〈그림 3-19〉 RTE+ Solution

Category	Sub Domain	Task		Elemen
Lead	경영현황 속보판	· RTE Dashboard	· RTE KPI DB	......
	경영리스크 관리체제	· 조기경보시스템		......
	시나리오 기반 경영	· 전략 수립지원시스템		......
	시스템 기반 전략	· 전략 데이터베이스		......
	디지털 기업가치 홍보	· 기업정보 실시간 업데이트		......
	디지털 커뮤니케이션	· 화상회의	· 디지털방송시스템	......
Manage	실시간 맞춤형 정보	· Personalized EP 구축	· Enterprise Portal 완성	......
	프로세스 성과 모니터링	· 프로세스 성과 지표 및 이력 DB	· 프로세스 성과 포털	......
	신속한 의사전달 체제	· Ubiquitous Messaging		......
	프로세스 분석	· 프로세스 분석 자동화	· 프로세스 시뮬레이션	......
	전략 구체화 및 실행	· BSC 기반 전사 KPI 체계	· 전략 경영관리 시스템	......
	성과지향 지식관리	· 지식 MAP & DB 구축	· 성과지향 KM	......
	조직 · 개인 목표 정렬	· KPI 성과측정 자동화	· 전사 실시간 SEM 완성	......
	사업자원 계획 최적화	· 자원배분의 사전 시뮬레이션	· 실시간 자원배분 최적화	......
	프로세스 라이프사이클	· Workflow 기반의 BPM	· 전사 프로세스 통합	......
Operate	맞춤형 정보 전달	· 웹기반 CTI 콜센터 구축	· 캠페인 자동화	......
	네트워크 정보공유	· 협력사와 업무표준화DB 구축	· 대외기관 네트워크 연계	......
	실시간 정보 트래킹	· Mobile 기반 현장 마감관리	· Ubiquitous Sensor Network	......
	고객분석 자동화	· 이벤트 기반 CRM 추진	· Data Mining 도입	......
	공급망 계획 지능화	· 공급망 관리 기준 지표 DB화	· 운영업무 시스템간 통합 Interface	......
	디지털 인프라 구축	· 재무/관리회계 ERP 구축	· Enterprise Architecture	......
	디지털 고객서비스	· e-Banking 기능 확대	· 고객정보 통합 DB 구축	......
	실시간 협업 관리	· 협력업체 PRM 추진	· 금융기관 B2B 연계	......
	글로벌 정보유통	· 기업 콘텐츠 분류 DB화	· 전사 콘텐츠 관리시스템 도입	......

〈그림 3-20〉 Delay 중요도 분석

| Delay Analysis | | | | CSF | | | ● ◐ ○ |
Entity	Domain	Sub Domain	Issue Item	CSF1	CSF2	CSF3	Root Cause
Lead	경영모니터링	Sub Domain	Issue Item	✓	✓		◐
	전략시나리오	Sub Domain	Issue Item			✓	●
	경영실행체제	Sub Domain	Issue Item			✓	○
Manage	사업모니터링	Sub Domain	Issue Item	✓		✓	●
	사업전략분석	Sub Domain	Issue Item	✓			○
	프로세스관리	Sub Domain	Issue Item		✓		◐
Operate	현장네트워킹	Sub Domain	Issue Item	✓		✓	○
	프로세스 최적화	Sub Domain	Issue Item	✓	✓		●
	실시간 대응체제	Sub Domain	Issue Item	✓	✓		◐
			Issue Item		✓	✓	●

〈그림 3-21〉 IT효과성 분석

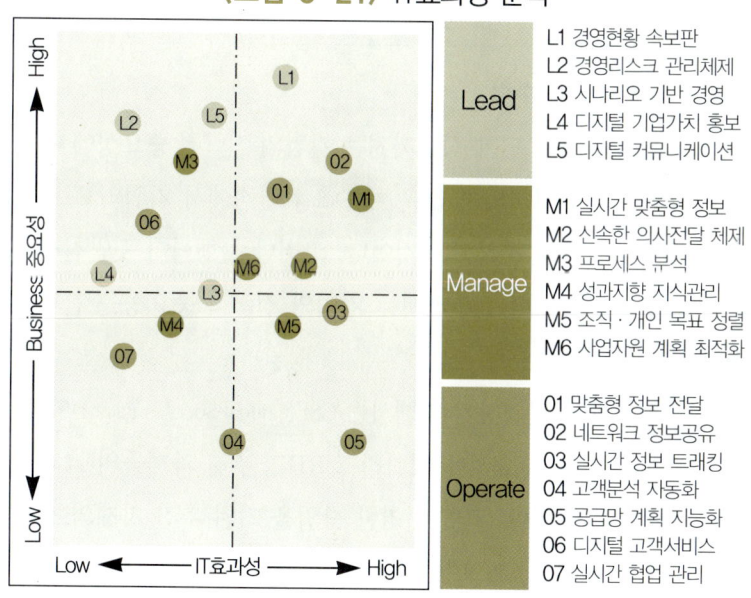

Lead
L1 경영현황 속보판
L2 경영리스크 관리체제
L3 시나리오 기반 경영
L4 디지털 기업가치 홍보
L5 디지털 커뮤니케이션

Manage
M1 실시간 맞춤형 정보
M2 신속한 의사전달 체제
M3 프로세스 뷰어
M4 성과지향 지식관리
M5 조직·개인 목표 정렬
M6 사업자원 계획 최적화

Operate
01 맞춤형 정보 전달
02 네트워크 정보공유
03 실시간 정보 트래킹
04 고객분석 자동화
05 공급망 계획 지능화
06 디지털 고객서비스
07 실시간 협업 관리

〈그림 3-22〉 IT우선순위 분석

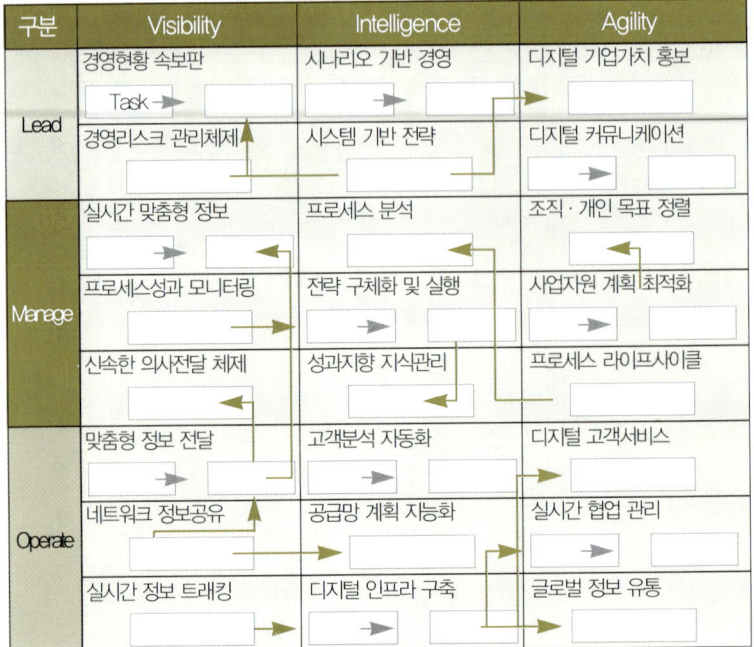

구분	Visibility	Intelligence	Agility
Lead	경영현황 속보판 / Task →	시나리오 기반 경영 / →	디지털 기업가치 홍보
	경영리스크 관리체제	시스템 기반 전략 / →	디지털 커뮤니케이션
Manage	실시간 맞춤형 정보 / →	프로세스 분석	조직·개인 목표 정렬
	프로세스성과 모니터링 / →	전략 구체화 및 실행 / →	사업자원 계획 최적화
	신속한 의사전달 체제	성과지향 지식관리	프로세스 라이프사이클
Operate	맞춤형 정보 전달 / →	고객분석 자동화	디지털 고객서비스
	네트워크 정보공유	공급망 계획 지능화	실시간 협업 관리 / →
	실시간 정보 트래킹	디지털 인프라 구축 / →	글로벌 정보 유통

2) RTE⁺ 로드맵 수립

RTE⁺ 솔루션 매핑 단계 작업까지는 기업의 전략적 중요성에 따른 우선순위가 전혀 고려되지 않은 채 Delay 관점에서 기업의 프로세스 현상들을 낱낱이 분석해본 것이다. 그러나 실행력이 뒷받침되는 RTE⁺로드맵이 수립되기 위해서는 기업의 전략적 중요성을 간과할 수 없다.

RTE⁺ 로드맵을 완성하기 위해서는 CSF(Critical Success Factor)에 따라 추진 과제들의 중요성을 평가하고 RTE⁺ 추진 과제들의 효과성 평가를 먼저 수행해야 한다. 이러한 작업을 거쳐 추진 과제의 선후 관계를 고려한 RTE⁺ 로드맵이 수립될 수 있다.

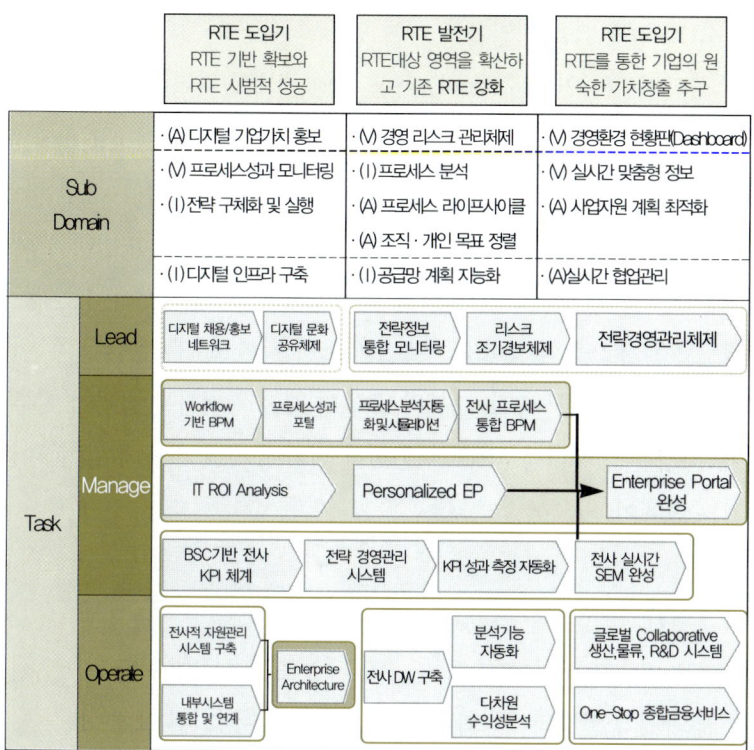

<그림 3-23> RTE+ 로드맵 예

		RTE 도입기 RTE 기반 확보와 RTE 시범적 성공	RTE 발전기 RTE대상 영역을 확산하 고 기존 RTE 강화	RTE 도입기 RTE를 통한 기업의 원 숙한 가치창출 추구
Sub Domain		·(A) 디지털 기업가치 홍보	·(M) 경영 리스크 관리체제	·(M) 경영환경 현황판(Dashboard)
		·(M) 프로세스성과 모니터링	·(I) 프로세스 분석	·(M) 실시간 맞춤형 정보
		·(I) 전략 구체화 및 실행	·(A) 프로세스 라이프사이클	·(A) 사업자원 계획 최적화
			·(A) 조직·개인 목표 정렬	
		·(I) 디지털 인프라 구축	·(I) 공급망 계획 지능화	·(A) 실시간 협업관리

3. 4
RTE+의 실행 체계

RTE+ 로드맵을 수립하면, 이를 체계적으로 추진하기 위한 실행 체계를 갖추어야 한다.

오래전부터 많은 기업들은 중장기 전략을 체계적으로 실행하기 위한 도구로써 Plan-Do-See 선순환 사이클을 이용해왔다. 다른 전략들과 마찬가지로 기업의 RTE⁺ To-Be를 구현하기 위해서는 중장기 RTE⁺ 로드맵을 기반으로 하여 연도별 수행 과제의 수립과 집행 및 성과평가와 연계된 Plan-Do-See 운영 체계를 마련해야 한다.

(1) Plan

RTE⁺ 로드맵 수립 단계로, 기업의 RTE 전략에 부합하는 RTE⁺ 로드맵을 수립하기 위하여 기업의 핵심 프로세스 중 ①RTE 적용대상 핵심 프로세스를 추출하고, ②프로세스별 지연요소를 분석한 후 이를 실현하기 위한 ③RTE 과제와 솔루션 맵을 정의하는 작업이 이루어진다. 뿐만 아니라 ④RTE 수준진단 결과에 따라 피드백이 이루어지는 단계이다.

(2) Do

RTE 프로세스 구현 단계로, 수립된 RTE⁺ 로드맵에 따라 ①우선추진 과제가 선정되어 ②과제별 프로젝트가 수행되는 단계이다.

따라서 RTE⁺ 로드맵상에서 도출된 과제들이 상호 연관관계를 가지며 일관된 목표를 향해서 구현되기 위해서는 ERP · EP · BPM · SEM 등과 같은 핵심 솔루션의 성공적인 도입뿐만 아니라, ③전사차원의 표준 프로젝트 관리 체계와 ④변화관리 체계의 정립이 수반되어야 한다.

(3) See

RTE 수준진단 단계로, RTE⁺ 로드맵에 따라 과제가 수행되었는지에 대한 성과평가가 이루어지는 단계이다.

효과적인 RTE 수준진단을 위해서는 핵심 프로세스의 Delay 제거를 위해 설정한 KPI 목표수치와 현재의 수준을 비교하여 ①프로세스별 RTE 수준을 진단한 후 이 결과를 ②9 Domain으로 분할하여 조망하여 본다. 다시 말하면 RTE 수준을 RTE$^+$의 지휘(Lead) · 관리(Manage) · 운영(Operate)의 3가지 영역과 가시화(Visibility) · 지능화(Intelligence) · 기민화(Agility)의 3가지 속성 측면으로 분할하여 진단해봄으로써, 기업이 RTE$^+$ 전 영역에 걸쳐 조화롭게 진화하고 있는지를 진단할 수 있다.

진단의 결과를 바탕으로 프로세스의 문제점과 개선사항을 도출하고 필요 시 KPI 목표수치를 수정할 수 있다.

〈그림 3-24〉 RTE$^+$ Plan–Do–See 운영체계

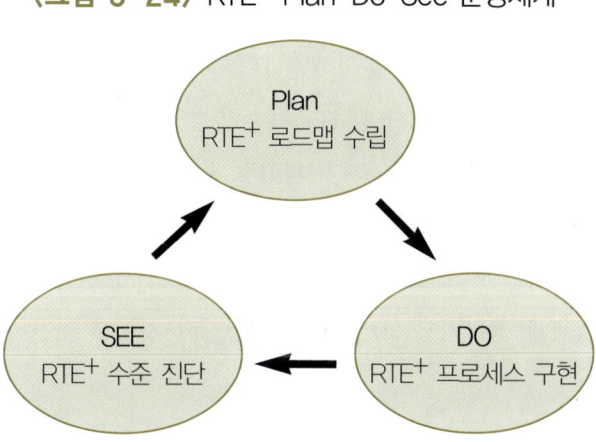

3.5
IT솔루션맵과 IT과제

(1) IT솔루션맵

RTE$^+$의 추진항목들은 임원정보 시스템(EIS; Executive Information System)·정보포털(EP; Enterprise Portal)·지식경영(KM; Knowledge Management)·비즈니스 프로세스 관리(BPM; Business Process Management)·전략기업 관리(SEM; Strategic Enterprise Management)·고객관계 관리(CRM; Customer Relationship Management)·공급망 관리(SCM; Supply Chain Management)·전사적 자원 관리(ERP; Enterprise Resources Planning)·데이터웨어하우스(DW; Data Warehouse)와 같은 IT솔루션을 통해 실질적으로 구현된다. 각 영역별 추진항목을 지원하는 IT솔루션은 〈표3-3〉과 같다.

이와 같은 솔루션맵을 분석하면, IT를 이용하여 해결해야 하는 IT과제를 도출할 수 있다. 10대 IT과제는 ①경영현황 속보판, ②시나리오경영 시뮬레이터, ③기업가치 디지털 홍보 시스템, ④성과지향 커뮤니케이션 동기화 체제, ⑤가시적 프로세스 성과 관리 체제, ⑥실시간 성과주의 실행체제, ⑦지능형 고객관계 관리 시스템, ⑧최적 파트너 협업체제, ⑨디지털 인프라기반 조성, ⑩현장업무 최적화 시스템이다.

<표 3-3> IT솔루션맵

추진항목 \ IT솔루션	EIS	EP	KM	BPM	SEM	CRM	SCM	ERP	DW	IT인프라
지휘 · 경영현황 속보판	❶									
지휘 · 경영리스크 관리체제	❶									
지휘 · 시나리오 기반 경영	❷									
지휘 · 시스템 기반 전략			❷							
지휘 · 디지털 기업가치 홍보		❸								
지휘 · 디지털 커뮤니케이션		❹								
관리 · 실시간 맞춤형 정보		❹								
관리 · 프로세스성과 모니터링					❺					
관리 · 신속한 의사전달 체제		❹								
관리 · 프로세스 분석					❺					
관리 · 전략 구체화 및 실행						❻				
관리 · 성과지향 지식관리			❹							
관리 · 조직 · 개인 목표 정렬						❻				
관리 · 사업자원 계획 최적화						❻				
관리 · 프로세스 라이프사이클				❺						
운영 · 맞춤형 정보 전달						❼			❿	
운영 · 네트워크 정보공유		❹					❽			
운영 · 실시간 정보 트래킹										❾
운영 · 고객분석 자동화						❼			❿	
운영 · 공급망 계획 지능화							❽			
운영 · 디지털 인프라 구축								❾		❾
운영 · 디지털 고객서비스						❼			❿	
운영 · 실시간 협업관리							❽			
운영 · 글로벌 정보유통			❹							

(2) IT과제와 세부과업

기업은 IT과제에 해당하는 세부과업을 수행함으로써, IT기반의 추진항목(Enabler)을 통한 RTE⁺의 목표항목(Domain)을 달성할 수 있다. 추진항목을 구성하는 세부과업을 IT과제에 따라 정리하면 다음과 같다.

〈표 3-4〉 IT과제와 세부과업

I T 과 제	세 부 과 · 업
① 경영현황 속보판	· RTE KPI DB 구축 · 시장환경변화 KPI DB 구축 · 실시간 기업경영 관제 시스템 개발 · 핵심 위험관리 시스템 운영 · 전사 위험 조기경보 시스템 도입
② 시나리오경영 시뮬레이터	· 시나리오 수립 지원체제 구축 · 기업환경 분석 시스템 개발 · 기업경영 분석 시스템 개발 · 전략 지식경영 DB 구축 · 전략 네비게이터(Navigator) 시스템 개발
③ 기업가치 디지털 홍보 시스템	· 기업이미지 실시간 관리체제 · 기업가치 실시간 관리체제(IR Site) 수립 · 웹기반 채용 시스템 개발
④ 성과지향 커뮤니케이션 동기화 체제	· 디지털 회의 시스템 도입 · 디지털 미디어 방송 시스템 구축 · 전사 문화공동체 시스템 도입 · 직무별 정보 체계도 및 정보 지표 DB 구축 · 개인별 업무 시스템 통합, 조회 시스템 구축 · 싱글사인온을 통한 전사 시스템 통합 인증체제 구현 · 기업용 메신저 시스템 도입 · 그룹웨어 및 업무 시스템의 메신저 시스템과의 연동 · 업무처리 시 필요지식의 자동 연결 인터페이스 개발 · 업무별 필요지식 정의서, 지식맵 DB 구축 · 사용지식의 평가 및 보상 시스템 개발 · 통합 사용자 인증 및 접근통제 시스템 구축 · 유비쿼터스 센서 네트워크 구축 · 기업정보 DB화를 위한 웹서비스 IT전략 수립

I T 과 제	세 부 과 업
④ 성과지향 커뮤니 케이션 동기화 체제	· 기업 콘텐츠 분류기준 DB화 · 콘텐츠 관리 시스템 도입
⑤ 프로세스 가시적 성과관리 체제	· 프로세스의 성과지표 및 성과이력 DB화 · 업무 프로세스 흐름 시각화 · 전사 프로세스 성과 포털 구축 · 업무부서와 프로세스 간의 성과 연관관계 도식화 · 프로세스맵 · 패턴정의서, 변화이력 저장소 구축 · 프로세스 성과분석, 성과이력 분석시스템 개발 · 가시적 성과분석 자동보고 시스템 개발 · 프로세스 설계·실행·모니터링에 따른 성과추적 시스템 개발 · 프로세스 성과이력 DB 관리 · 프로세스 간 연관관계 분석 시스템 구축 · 사내 업무 간 프로세스 및 시스템 통합
⑥ 실시간 성과주의 실행체제	· 전사 성과지표의 스코어카드 작성 및 도식 출력 · 성과지표 간의 인과관계 도식화 · 전사 성과지표 자동도출 시스템 구현 · 전사 목표의 조직별·개인별 전달 시스템 개발 · 성과와 목표의 자동연결 및 조직별 분석 시스템 개발 · 조직 및 개인 목표 수정 및 피드백 시스템 개발 · 인력 및 업무별 활동기준 원가산출 시스템 개발 · 원가개선 포인트 제공 시스템 구축 · ABC를 통한 관리회계 시스템 구축 · 다차원 수익성 분석 시스템 구축
⑦ 지능형 고객관계 관리 시스템	· 웹기반의 CTI 콜센터 구축 · 고객정보 통합 DB 구축 · 인터넷기반의 POS(Point of Sales) 시스템 구축 · 고객 DB를 이용한 POP(Point of Purchase) 광고 시스템 구축 · 모바일 기반의 영업지원 시스템 구축 · 설계사 영업지원 시스템 구축 · A/S 업무처리 시스템 구축 · 인터넷기반의 콜센터 구축 · 영업사원 업무자동화 시스템 구축 · 차세대 자동응답 시스템 구축 · 인터넷기반의 고객지원 시스템구축

IT 과제	세 부 과 업
⑧ 최적 파트너 협업 체제	· 사외 공급망 통합관리 시스템 구축 · 파트너와 업무표준화 DB 구축 · 공급 조직망 전략 DB화 · 공급망관리 기준지표 DB화 · 통합 공급망관리 시스템 구축 · 공급자 관계관리 시스템 구축 · 수요-공급-설계 동기화 전략 DB화 · 전략 파트너 간 공급망 시스템 연계 · 제품 중심의 협업 상거래 시스템 구축
⑨ 디지털 인프라 기반 조성	· 인터넷기반의 생산시점 관리 시스템 구축 · POS Data Service 구축 · 사내 시스템의 통합 연동 · 모바일 자산관리 시스템 구축 · 모바일 기반 현장 마감관리시스템 구축 · RFID 태그를 이용한 실시간 위치추적 시스템 구축 · 유비쿼터스 센서 네트워크 구축 · 운영업무 시스템 간의 통합 인터페이스 구현 · 전사 IT 인프라 개선을 위한 마스터플랜 수립 · 전사 아키텍처 기반의 IT 자산관리 시스템 구축 · 제품개발 및 통합 생산관리시스템 구축 · 전사적 IT 자원관리 시스템 구축 · 사내 업무 간 프로세스 및 시스템 통합
⑩ 현장업무 최적화 시스템	· 고객정보 통합 DB를 이용한 데이터마이닝 · 인터넷 기반의 다차원 분석 시스템 구축 · 공급망 계획 최적화 시스템 구축 · 공급 조직망 성과 측정을 위한 스코어보드 DB화

제 4 절

RTE$^+$의 진단

4. 1
RTE$^+$ 진단의 개요

(1) RTE$^+$ 진단의 취지 및 의의

1) RTE$^+$ 진단의 취지

RTE$^+$ 진단은 기업의 IT활용 및 관리수준을 정기적으로 평가하여, ①IT수준의 정확한 파악을 통해 취약점을 집중 개선하고, ②성과위주의 효율적인 IT투자를 유도하는 한편, ③평가결과의 피드백을 통해 차기 IT전략을 입안·실행하는 과정을 통하여, 궁극적으로 회사 내외에 산재한 관련 정보와 지식을 효과적·효율적으로 활용하고 업무 프로세스 개선을 촉진하게 함으로써 경쟁력을 확충하여 기업의 생존은 물론 나아가 지속적인 성장·발전을 도모해 나가도록 하기 위한 것이다.

2) RTE⁺ 진단의 의의

RTE⁺ 진단은 객관적이고 종합적인 시각에서 지휘·관리·운영 측면에서의 RTE⁺ 수준을 진단하여, 기업이 수립한 RTE⁺ 단계별 목표실행에 대한 문제점을 파악하고 RTE로의 변화를 가속화시키는 과정이다.

(2) RTE⁺ 진단의 기본 방향

1) RTE⁺ 진단의 특성

RTE⁺ 진단은 크게 ①경영성과 제고, ②RTE⁺ 성숙도 제고, ③업종 차별화의 3가지 특성을 가지고 있다.

① 경영성과 제고

IT성과와 경영성과와의 연관성에 대하여 경영성과 중심의 RTE⁺ 진단 Framework를 바탕으로 IT Efficiency와 IT Effectiveness 측면에서 IT경영성과를 진단한다.

② RTE⁺ 성숙도 제고

①시간상의 지연 제거, ②계획과 실행의 차이 최소화, ③조기경보의 RTE⁺ 개념에 기초하여 RTE⁺의 추진에 대한 주요 영역별 상세한 관리 포인트를 제시할 뿐만 아니라 기업의 RTE⁺ 로드맵 수립을 지원한다.

③ 업종 차별화

기업의 경영전략에 대한 핵심성공요소인 CSF(Critical Success Factor)에 의한 가중조정 방식과 금융·제조 등의 업종에 따른 기업별 설문을 차별화하여 Top-Down 및 Bottom-Up 방식의 가중치 반영을 통하여 객관적이며 해당 기업에 적합한 진단을 한다.

2) RTE⁺ 진단의 방향

RTE⁺ 진단은 ①IT를 근간으로 한 RTE 구현 진단, ②RTE⁺ 로드맵에 근거한 진단, ③Framework에 의한 진단을 통해 수행된다.

① IT를 근간으로 한 RTE 구현 진단

RTE로의 변화를 지속적으로 수행하기 위해서는 IT의 역할이 필수적이다. IT는 개선된 기업 프로세스를 정착시켜 지속적인 개선을 가능하게 한다. 이에 RTE⁺ 진단은 IT가 RTE를 구현하기 위해 확실한 추진자(Enabler)의 역할을 수행하고 있는지를 진단한다.

② RTE⁺ 로드맵에 근거한 진단

기업은 업종 특성과 기업의 규모와 전략에 맞게 RTE⁺ 로드맵을 수립하고, 이렇게 수립된 RTE⁺ 로드맵에 근거하여 단계별 과제가 계획에 맞게 진행되고 있는지, 그리고 단계별 To-Be 모습이 제대로 구현되고 있는지를 진단한다.

③ Framework에 의한 진단

진단하는 과정에서 발생할 수 있는 평가자의 주관을 제거하기 위하여, 진단 실시 이전에 진단 항목과 평가방법을 Framework로 구성하고, 진단 시에는 철저하게 Framework에 따라 진단을 실시한다.

(3) RTE⁺진단의 영역

1) 진단 영역

RTE⁺ 진단 영역은 크게 ①IT Strategy, ②IT Governance, ③System Process, ④IT Infrastructure의 4가지 영역으로 분류하여 해당 영역별로 진단을 실시한다.

2) 영역별 진단의 주안점

① IT Strategy 영역

IT Strategy 영역에서는 IT전략의 경영성과 및 RTE$^+$의 지향방향을 바탕으로 경영전략과 IT전략의 연계성정도와 IT전략의 실행 및 IT리더십을 진단한다.

② IT Governance 영역

IT Governance 영역에서는 IT조직체제 및 수준을 진단하고, IT관리 표준지침의 준수 여부와 SLA/SLM 수준, 그리고 최종 사용자의 마인드와 교육 정도 · 사용자 능력 등을 진단한다.

③ System Process 영역

System Process 영역에서는 RTE$^+$ 관점의 역량과 성과를 진단하고, 경영성과 지향적인 IT System의 체계화 및 관리 · 생산 등의 업무별 단위 IT System의 활용 정도를 진단한다.

〈그림 3-25〉 RTE$^+$ 진단 영역

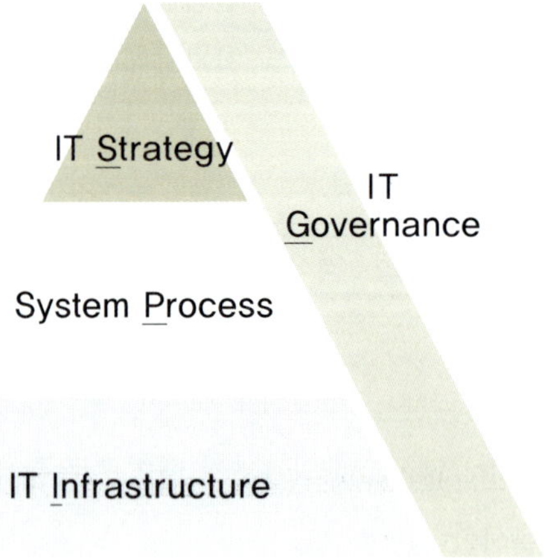

IT Strategy

IT Governance

System Process

IT Infrastructure

④ IT Infrastructure 영역

IT Infrastructure 영역에서는 H/W 플랫폼 및 네트워크 등의 성능관리 수준을 진단할 뿐만 아니라 Application 및 DBMS에 대한 운영장애 보안관리 수준을 진단한다.

(4) RTE⁺ 진단의 관점

RTE⁺ 진단의 관점은 IT진단의 관점과 RTE⁺ 진단 Framework의 관점으로 분류할 수 있다.

1) IT진단의 관점

IT진단의 관점은 주관적 · 객관적 평가의 관점과 과정중심적 · 결과중심적 평가의 관점으로 분류할 수 있다.

① 주관적 평가의 관점

비구조화된 무형적인 측면을 평가하는 접근법으로, 진단요소로는 IT의 파생효과 · 사용자의 태도나 인식의 정도 · 경영층의 인식 및 지원 · 시스템의 만족도 등을 들 수 있다.

② 객관적 평가의 관점

IT의 유형적이고 수량적인 결과치를 측정하는 접근법으로, 하드웨어의 효율성과 시스템의 이용도 등의 관찰에 의해 계수적인 자료를 얻을 수 있는 부분을 진단한다.

③ 결과중심적 평가의 관점

IT자체의 업무목표나 사용자부서의 업무목표를 설정하여 그 목표 달성도를 측정 · 진단한다.

④ 과정중심적 평가의 관점

업무수행을 위해 IT의 지원이 얼마나 잘 갖추어져 있는지에 대하여 진단하며, 사용자의 작업 만족도 · 시스템의 질 · 서비스 수준 등이 주요 측정변수이다.

2) RTE⁺ 진단 Framework의 관점

RTE⁺ 진단 Framework는 RTE⁺의 구현모습을 전사 조직에 걸쳐 균형 있게 진단하기 위하여, 지휘 · 관리 · 운영 영역별로 RTE⁺수준을 진단한다.

또한 진단 Framework는 지휘 · 관리 · 운영의 계층적 영역뿐만 아니라, 가시화(Visibility) · 지능화(Intelligence) · 기민화(Agility)의 RTE⁺ 속성적 측면으로도 진단이 가능한 2차원적 진단 Framework이다.

RTE⁺ 진단 Framework은 이러한 RTE⁺의 영역과 속성을 기반으로 하는 9개의 목표항목에 대해 24개의 추진항목들의 달성 여부를 통해 진단이 가능하다.

각 영역별 주요 관점은 다음과 같다.

① 지휘 영역

경영 핵심 지표에 대한 실시간 모니터링 · 문제점 조기발견 · 최적 의사결정 지원 · 신속한 대응방안 체계 수립 등을 진단한다.

② 관리 영역

목표 대비 성과의 투명한 관리 · 핵심정보의 지능적인 분석 · 유연한 사업자원 관리 · 업무 지연요소 최소화 · 지속적인 프로세스 개선 등을 진단한다.

③ 운영 영역

정보기술을 이용한 실시간 정보수집 · 통합된 정보 인프라 · 즉각적인 고객분석 · 파트너 시스템과의 실시간 통합 등을 진단한다.

<표 3-5> RTE⁺ 진단 Framework의 관점

	가 시 화	지 능 화	기 민 화
지휘	경영 모니터링	전략 시나리오	경영 실행 체제
	경영현황 속보판 경영리스크 관리체제	시나리오기반 경영 시스템기반 전략	디지털 기업가치 홍보 디지털 커뮤니케이션
관리	사업 모니터링	사업전략 분석	프로세스 관리
	실시간 맞춤형 정보 프로세스성과 모니터링 신속한 의사전달 체제	프로세스 분석 전략 구체화 및 실행 성과지향 지식관리	조직·개인 목표 정렬 사업자원 계획 최적화 프로세스 라이프사이클
운영	현장 네트워킹	프로세스 최적화	실시간 대응체제
	맞춤형 정보 전달 네트워크 정보공유 실시간 정보 트래킹	고객분석 자동화 공급망계획 지능화 디지털 인프라 구축	디지털 고객서비스 실시간 협업관리 글로벌 정보유통

4. 2
RTE⁺ 진단의 Framework

(1) RTE⁺ 진단 Framework의 구성

RTE⁺ 진단 Framework는 ①Category · ②Area · ③Domain으로 구성되며, 하위로는 Sub-Domain 및 Item Level로 구체화 된다.

1) Category는 진단 Framework의 최상위 단계이며 각각은 ①IT Strategy · ②IT Governance · ③System Process · ④IT Infrastructure로 구분된다. 기업의 핵심 Process를 대상으로 하는 System Process는 업종별로 세분화된다.

2) Area는 진단 Framework의 중간 단계이며 Category를 세분화하여 진단 대상을 구조화함으로써 체계적으로 관리 가능하게 한다. IT Strategy를 예로 보면, IT경영성과·IT경영전략·IT실행전략·IT 리더십으로 세분화 된 것을 알 수 있다.

〈그림 3-26〉 RTE⁺ 진단 Framework의 구성

Category	Area	Domain	Sub-Domain	Item
IT Strategy	IT 경영성과	Domain Item	Sub-Domain	Item
	IT 경영전략	Domain Item	Sub-Domain	Item
	IT 실행전략	Domain Item	Sub-Domain	Item
	IT 리더십			
IT Governance	CIO	Domain Item	Sub-Domain	Item
	IT 전략조직	Domain Item	Sub-Domain	Item
System Process	IT 서비스조직			
	IT 사용자			
경영관리	전략경영	Major Process	Critical Activity	Item
제조·건설	공급망 계획	Major Process	Critical Activity	Item
금융·보험	마케팅/영업	Major Process	Critical Activity	Item
IT 서비스	개발			
IT Infrastructure	아키텍처	Domain Item	Sub-Domain	Item
	애플리케이션	Domain Item	Sub-Domain	Item
	시스템운영	Domain Item	Sub-Domain	Item

3) Domain은 진단 Framework의 하위 단계이며 기업을 측정 및 평가하는 데 있어서 기준이 되는 Key Indicator로써 RTE$^+$ 진단에 있어서는 가장 중요한 핵심이 되는 항목이다.

(2) RTE$^+$진단 Framework의 영역

RTE$^+$ 진단 Framework의 영역은 IT가 기업의 경영성과를 달성하기 위해 성과지향적으로 구성되어 있는지, 구성된 IT가 효율적으로 활용되고 있는지를 분석하기 위해 앞서 설명한 바와 같이 RTE$^+$ 진단 영역인 ①IT Strategy · ②IT Governance · ③System Process · ④IT

〈그림 3-27〉 RTE$^+$ 진단 Framework의 영역

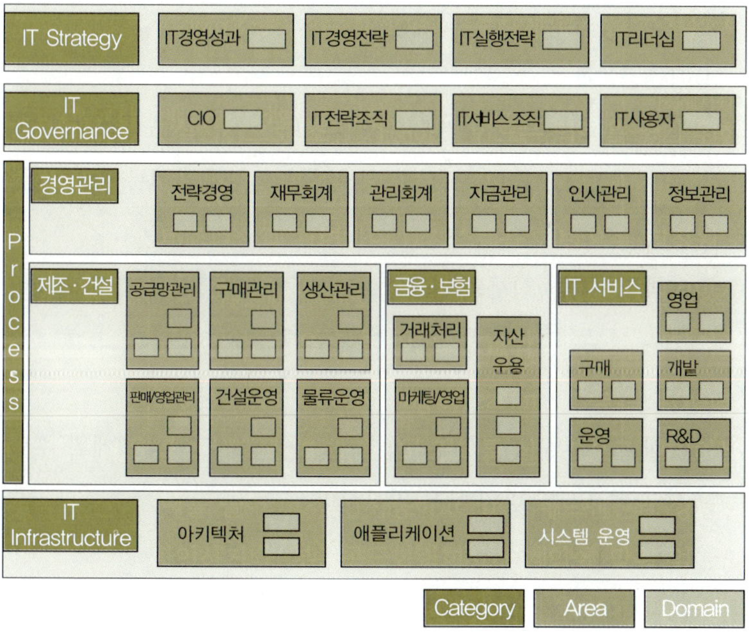

Infrastructure부문으로 나누어 진단을 한다.

또한 RTE⁺ 진단 Framework의 영역은 진단 Framework의 구성 요소인 ①Category, ②Area, ③Domain으로 구체화되고, System Process의 경우 업종별로 세분화되어 구조화된다.

예를 들면, System Process 중에서 경영관리 Category는 전략경영 · 재무회계 · 관리회계 · 자금관리 · 인사관리 · 정보관리 등의 Area로 구체화되며, 각각의 Area는 다시 Domain으로 세분화되어 관리 가능한 단위로 구체화된다.

1) IT Strategy 부문

IT Strategy는 ①IT경영성과, ②IT경영전략, ③IT실행전략, ④IT리더십의 4가지로 분류하여 진단한다.

① IT경영성과

IT경영성과는 사용자의 IT사용률과 IT만족도를 조사하고 총 매출에 대한 IT기여도를 산술 계산하여 IT매출가치를 측정한다.

② IT경영전략

IT경영전략은 회사의 경영전략과 IT전략의 특성을 각각 지표화하여 설문한 후 경영전략과 상호 연계성을 측정한다.

③ IT실행전략

IT실행전략은 IT전략계획의 범위 및 성숙도와 실행계획 수립 시 참여부서의 범위 등을 평가한다.

④ IT리더십

IT리더십은 최고경영층의 IT인식도 · IT투자에 대한 적극도 · IT활용도 등을 평가한다.

2) IT Governance 부문

IT Governance는 IT활용의 최적화를 도모하는 조직과 관리체계에 대해 분석·평가하는 것으로, ①CIO, ②IT전략조직, ③IT서비스조직, ④IT사용자의 4가지로 분류하여 진단한다. 여기서 IT전략조직은 전사적인 경영전략과 일관성을 지녀야 하므로 경영전략 부문과 연계되어야 한다.

① CIO

CIO는 정보전략 부문과 정보시스템 부문을 총괄하고 경영전략과 정보화전략의 연계성을 유지하며, 전사적인 정보시스템 관련 업무에 있어 실질적인 판단과 결정을 수행해야 한다.

② IT전략조직

IT전략조직의 역할은 크게 ①전략 기획 및 실행·②정보화 추진 및 관리이다. IT전략조직이 제 역할을 다하기 위해서는 조직의 형태 및 위상이 충분해야 한다. 따라서 IT전략조직의 세부요소로써 조직의 형태 및 위상이 충분한지 평가함으로써, 기업의 IT수준을 파악할 수 있다.

③ IT서비스조직

IT서비스조직은 시스템 계획 및 개발을 수행하는 데 있어 충분한 기술을 가져야 하고, 필요한 시스템을 구축해야 하며, 구축된 시스템을 운영 및 유지·보수해야 한다.

④ IT사용자

IT사용자는 일반 사용자가 정보시스템 구축에 얼마나 참여하고 어떻게 활용하고 있는가를 진단한다.

3) System Process 부문

System Process는 기업의 핵심 업무 프로세스에 대해 업종별로 IT 시스템의 지원도 및 사용자 만족도와 단위 IT시스템 간 통합성 등을 진단한다.

예컨대 ① 제조 부문 및 건설 부문은 공급망 관리·구매 관리·생산 관리·판매/영업 관리·건설운영·물류운영 등 제조 및 건설·물류 업종에 맞는 핵심 프로세스들에 대해 IT시스템의 지원도 및 사용자의 활용·만족도와 성과지표들에 대해 진단한다.

② 금융 부문 및 보험 부문은 보험·증권·은행 등의 금융거래 처리와 마케팅·영업·자산운용 등 금융 및 보험 업종에 맞는 핵심 프로세스들에 대해 IT시스템의 지원도 및 사용자의 활용·만족도와 성과지표들에 대해 진단한다.

③ IT부문은 영업·구매·개발 및 운영·R&D 등의 IT서비스 업종에 맞는 핵심 프로세스들에 대해 IT 시스템의 지원도 및 사용자의 활용·만족도와 성과지표들에 대해 진단한다.

4) IT Infrastructure 부문

IT Infrastructure는 아키텍처·애플리케이션·시스템 운영의 3가지 부문으로 나누어, IT인프라에 대한 물리적 환경·시스템 운영 시 장애대책·비상복구 정책·보안 대책 등 운영관리 수준에 대해 진단한다.

① 아키텍처

아키텍처는 H/W Platform·Network·DBMS·미들웨어 등의 IT인프라에 대한 도입의 타당성·성능관리·가용성·확장성 등을 진단한다.

② 애플리케이션

애플리케이션은 응용 시스템과 데이터베이스에 대해 웹서비스
와 업무 시스템의 지원도·유연성, 데이터의 일관성·통합성
을 진단한다.

③ 시스템 운영

시스템 운영은 운영관리·장애관리·보안관리 등에 대해 관리
정책·시스템 지원도·사용자 마인드 등을 진단한다.

<그림 3-28> 경영성과 제고-1

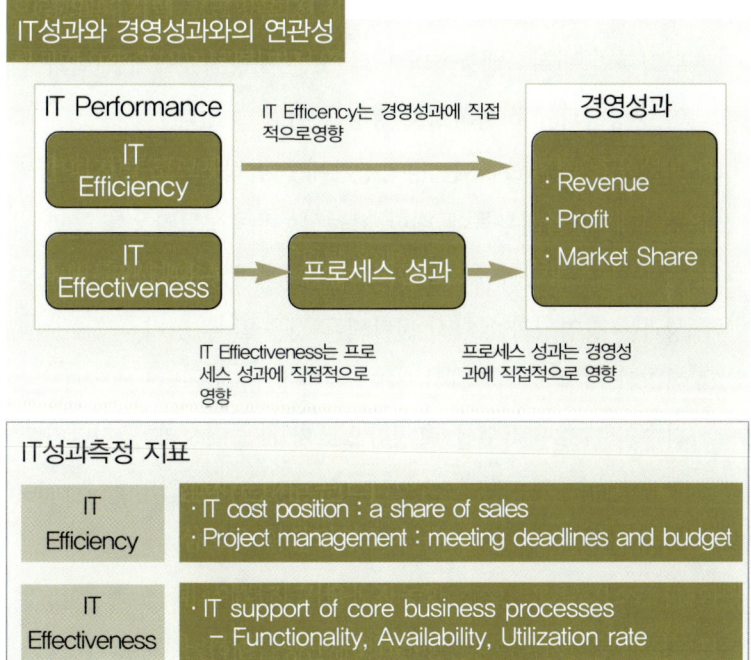

출처 : Mckinsey & Company.Inc

(3) RTE⁺ 진단 Framework의 특성

RTE⁺ 진단 Framework은 앞서 설명한 바와 같이 RTE⁺ 진단의 특성인 ①경영성과 제고, ②RTE⁺ 성숙도 제고, ③업종 차별화의 3가지 특성을 모두 지원한다.

1) 경영성과 제고

IT가 경영성과에 얼마만큼 이바지하고 있는지 진단하기 위해서 IT Efficiency와 IT Effectiveness를 통해 IT에 대한 경영성과를 측정할 수 있다.

① IT Efficiency는 원가절감 측면의 프로젝트 공기단축 · 예산절감 등과 같이 매출수익률에 직접적으로 영향을 끼치거나, 매출수익률의 변화 · 매출액의 변화 또는 시장점유율의 변화와 같이 경영성과에 직접적으로 영향을 끼칠 수 있다.

② 반면 IT Effectiveness는 경영성과에 직접적으로 영향을 끼치기보다는 핵심 업무들에 대한 기능성 · 유용성 · 활용률 등과 같이 프로세스 성과에 직접적으로 전달되며, 이러한 프로세스의 성과는 경영성과에 다시 전달되는 것을 알 수 있다.

③ 이러한 사상을 이용하여 RTE⁺ 진단 Framework에서는 IT매출지수와 IT효율지수를 측정함으로써 IT경영성과를 진단하고, IT Efficiency와 IT Effectiveness를 고려하여 기업의 IT Position을 제시할 수 있다.

④ 또한 기업의 경영전략과 IT전략의 상호 연계성을 측정함으로써 경영전략에 부합하는 IT전략의 방향성을 제시할 수 있다. 이는 다음과 같은 방법으로 가능하다.

〈그림 3-29〉 경영성과 제고-2

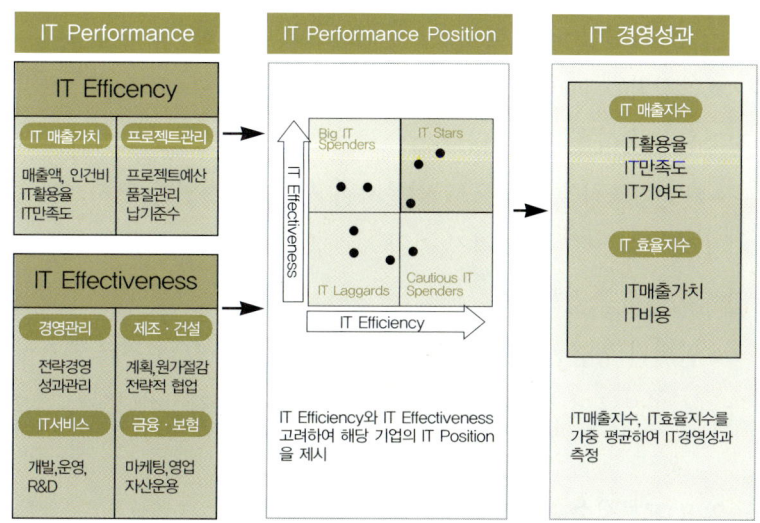

〈그림3-30〉 IT경영전략 평가

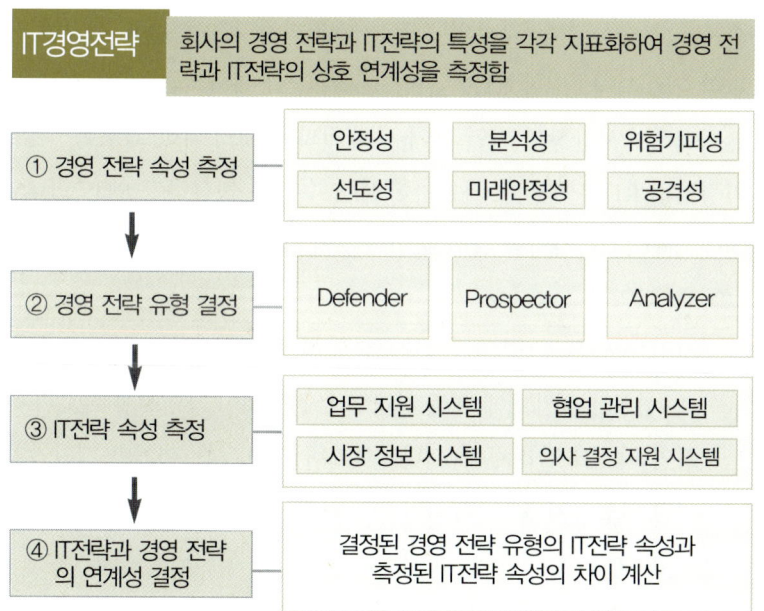

자료 : Sabherwal and Chan(2001), 〈Alignment between business and IS strategies: a study of prospectors, analyzers, and defenders〉 *Information Systems Research* 12(1) 11-33

● 경영 전략조직을 대상으로 안정성 · 분석성 · 위험기피성 · 선도성 · 미래안정성 · 공격성의 6가지 경영전략 속성에 대해 측정한다.

● 안정적(Defender) · 선도적(Prospector) · 분석적(Analyzer)의 3가지 경영전략 유형을 결정한다.

● IT전략조직을 대상으로 업무지원 시스템 · 협업관리 시스템 · 시장정보 시스템 · 의사결정 지원 시스템의 4가지 시스템에 대해 IT전략 속성을 측정한다.

● 판별된 경영전략 유형에 대응되는 IT전략 유형으로부터의 거리를 계산함으로써 경영전략과 IT전략의 연계성을 결정한다.

2) RTE$^+$ 성숙도 제고

RTE$^+$ 진단 Framework는 3개의 대분류 · 9개의 중분류 · 24개의 소분류로 구성되며, 각각의 소분류 단위까지 RTE 수준을 측정하고 관리 가능하다. 또한 RTE$^+$ 진단 Framework에서는 24개의 소분류 단위에서 ①시간상의 지연 제거, ②계획과 실행의 차이 최소화, ③조기경보의 RTE$^+$ 개념에 기초하여 RTE 수준을 진단하고 RTE$^+$의 추진에 대한 주요 영역별 관리 포인트를 제시한다.

① 지휘 영역

지휘 영역은 RTE$^+$의 목표항목인 경영 모니터링 · 전략 시나리오 · 경영 실행체제에 대해 각각의 추진항목인 경영현황 속보판 · 경영 리스크 관리체제 · 시나리오기반 경영 · 시스템기반 전략 · 디지털 기업가치 홍보 · 디지털 커뮤니케이션에 대해 진단한다.

② 관리 영역

관리 영역은 RTE$^+$의 목표항목인 사업 모니터링 · 사업전략 분

<표 3-6> RTE⁺ 진단 Framework의 구성

대분류	중분류	소분류
지휘	경영 모니터링	경영현황 속보판
		경영리스크 관리 체제
	전략 시나리오	시나리오 기반 경영
		시스템 기반 전략
	경영 실행체제	디지털 기업가치 홍보
		디지털 커뮤니케이션
관리	사업 모니터링	실시간 맞춤형 정보
		프로세스 성과 모니터링
		신속한 의사전달 체제
	사업전략 분석	프로세스 분석
		전략 구체화 및 실행
		성과지향 지식관리
	프로세스 관리	조직·개인 목표 정렬
		사업자원 계획 최적화
		프로세스 라이프사이클 관리
운영	현장 네트워킹	맞춤형 정보 전달
		네트워크 정보공유
		실시간 정보 트래킹
	프로세스 최적화	고객분석 자동화
		공급망 계획 지능화
		디지털 인프라 구축
	실시간 대응체제	디지털 고객서비스
		실시간 협업관리
		글로벌 정보유통

석·프로세스 관리에 대해 각각의 추진항목인 실시간 맞춤형 정보·프로세스 성과 모니터링·신속한 의사전달 체제·프로세스 분석·전략 구체화 및 실행·성과지향 지식관리·조직/개인 목표정렬·사업자원 계획 최적화·프로세스 라이프사이

〈그림 3-31〉 RTE⁺ 진단 Framework의 구조

RTE 진단 전체 Framework의 구조

구분	Visibility			Intelligence			Agility		
Lead	**경영 모니터링**		6	**전략 시나리오**		3	**경영 실행 체제**		4
	경영현황 속보판[Dashboard]		3	시나리오 기반경영		2	프로세스관리		2
	경영리스크 관리체제		3	시스템 기반 전략		1	실시간대응체제		2
Manage	**사업모니터링**		7	**사업전략분석**		7	**프로세스 관리**		5
	실시간 맞춤형 정보		3	프로세스 분석		3	조직·개인 목표 정렬		2
	프로세스성과 모니터링		2	전략 구체화 및 실행		2	프로세스 라이프사이클		1
	신속한 의사전달 체제		2	성과지향 지식관리		2	사업자원 계획 최적화		2

구분	**현장네트워킹** 제조 13 / 금융 9 / IT 4			**프로세스최적화** 제조 11 / 금융 6 / IT 4			**경영실행체제** 제조 10 / 금융 8 / IT 6		
		제조	금융	IT		제조	금융	IT	
Operate	맞춤형 정보 전달	5 3 1		고객분석 자동화	3 3 3		디지털 고객서비스	4 3 1	
	네트워크 정보공유	3 3 1		공급망 계획 지능화	3 - -		실시간 협업관리	4 3 3	
	실시간 정보 트래킹	5 3 2		디지털 인프라 구축	5 3 1		글로벌 정보유통	2 2 2	

클 관리에 대해 진단한다.

③ 운영 영역

운영 영역은 RTE⁺의 목표항목인 현장 네트워킹·프로세스 최적화·실시간 대응체제에 대해 각각의 추진항목인 맞춤형 정보전달·네트워크 정보공유·실시간 정보 트래킹·고객분 석 자동화·공급망계획 지능화·디지털 인프라 구축·디지털 고객서비스·실시간 협업관리·글로벌 정보유통에 대해 진단 한다.

3) 업종 차별화

RTE⁺ 진단 Framework의 구성인 Category · Area · Domain에 대 해 금융 · 제조 · IT서비스 등의 업종에 따른 기업별 설문을 차별화 하여 업종별 차별화 된 가중치를 반영하고, 기업의 경영전략에 대

〈그림 3-32〉 가중치 적용

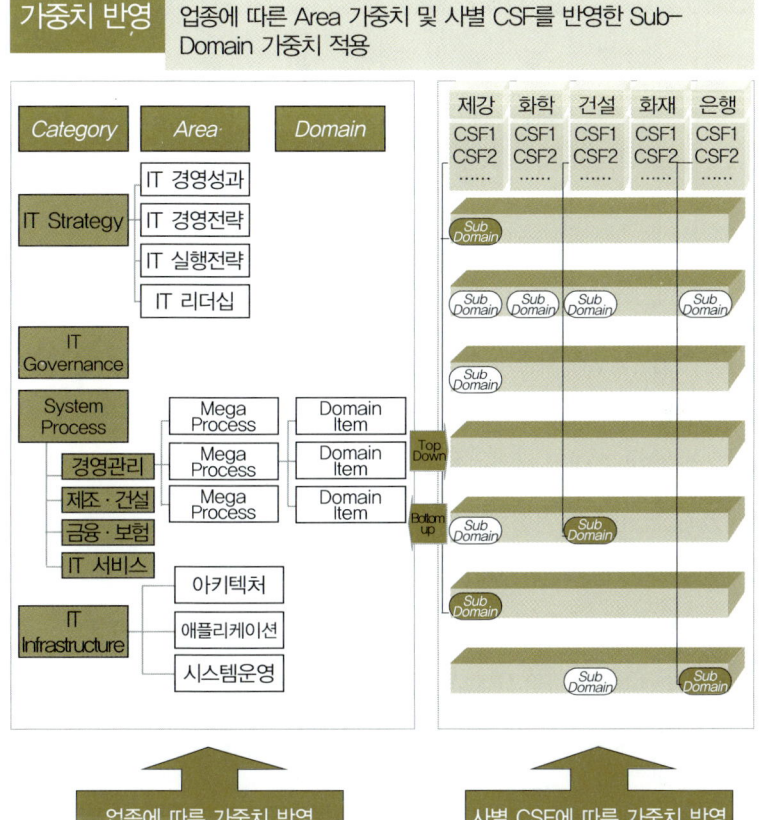

한 핵심 성공요소인 CSF(Critical Success Factor)에 의한 가중치를 적용
하여 Top-Down 및 Bottom-Up 방식의 가중조정 방식을 통하여 객
관적이면서 해당 기업에 적합한 진단이 가능하다.

〈그림 3-33〉 CSF에 의한 Domain 가중치를 산정하지 않은 경우

Area	Area 비중	Domain	Domain 비중	Sub-Domain	Sub-Domain 비중	Sub-Domain Importence	Sub-Domain Score	Domain Score	Area Score	Category Score
공급망관리	0.20	기준정보관리	0.20	기준정보관리	1.00	1.00000	53	53	65	64
		SCM정책	0.25	SCM비전	0.33	1.00000	75	65		
				재고정책	0.33	1.00000	70			
				협력업체정책	0.33	1.00000	50			
		Demand Planning	0.30	수요예측	0.50	1.00000	88	74		
				수요예측 정확도 관리	0.50	1.00000	60			
		Master Planning	0.10	Capacity Planning	1.00	1.00000	63	63		
		협력업체관리	0.15	협력업체발굴및협력관계	0.33	1.00000	80	68		
				협력업체Performance평가	0.33	1.00000	75			
				협력업체협업관리	0.33	1.00000	50			
구매관리	0.30	전략적구매	0.20	공급업체선정	0.50	1.00000	66	70	71	
				조직역량	0.50	1.00000	75			
		자재소요계획	0.20	자재관리협업	1.00	1.00000	73	73		
		구매	0.30	계약관리	0.33	1.00000	45	60		
				발주	0.33	1.00000	80			
				구매계획	0.33	1.00000	55			
		원부자재 재고관리	0.10	재고관리 시스템	1.00	1.00000	65	65		
		구매분석	0.20	공급업체 성과관리	1.00	1.00000	88	88		

① Top-Down 가중치 적용

RTE$^+$ 진단 Framework의 구성인 Category · Area · Domain 각각의 영역에 대해 System Process에 대한 업종별 가중치를 적용한다.

② Bottom-Up 가중치 적용

동종 업종의 경우에도 기업의 CSF에 따라 측정 항목별 중요도가 다를 수 있으며, 이는 Domain 영역에 재반영된다.

다음은 CSF에 의한 Domain 가중치 산정의 예이다.

〈그림 3-34〉 CSF에 의한 Domain 가중치를 50 대 50 비율로 산정한 경우

Area	Area 비중	Domain	Domain 비중	Sub-Domain	Sub-Domain 비중	Sub-Domain Importence	Sub-Domain Score	Domain Score	Area Score	Category Score
공급망관리	0.20	기준정보관리	0.20	기준정보관리	1.00	0.03314	53	53	68	68
		SCM정책	0.25	SCM비전	0.56	0.05266	75	71		
				재고정책	0.33	0.03127	70			
				협력업체정책	0.11	0.01047	50			
		Demand Planning	0.30	수요예측	0.50	0.02918	88	74		
				수요예측 정확도 관리	0.50	0.02918	60			
		Master Planning	0.10	Capacity Planning	1.00	0.03511	63	63		
		협력업체관리	0.15	협력업체발굴및협력관계	0.63	0.06347	80	78		
				협력업체Performance평가	0.36	0.03047	75			
				협력업체협업관리	0.01	0.00047	50			
구매관리	0.30	전략적구매	0.20	공급업체선정	0.47	0.03366	65	70	70	
				조직역량	0.53	0.03511	75			
		자재소요계획	0.20	자재관리협업	1.00	0.03240	73	73		
		구매	0.30	계약관리	0.36	0.03240	45	58		
				발주	0.28	0.02488	80			
				구매계획	0.36	0.03240	55			
		원부자재 재고관리	0.10	재고관리 시스템	1.00	0.03347	65	65		
		구매분석	0.20	공급업체 성과관리	1.00	0.02918	88	88		

● CSF에 의한 Domain 가중치를 산정하지 않은 경우 Domain의 가중치가 일정하게 배분되어 사별로 차별화 되어진 Domain 점수를 반영하지 못함을 알 수 있다.

● CSF에 의한 Domain 가중치를 50 대 50 비율로 산정한 경우 CSF에 따라 중요하게 평가된 Domain일수록 점수를 더 많이 반영하게 됨을 알 수 있다. 즉, RTE^+ 수준을 높이기 위해서는 CSF에 관련된 핵심 Domain의 수준을 우선적으로 높이는 것이 더욱 효과적이다.

4. 3
RTE^+ 진단의 방법

(1) RTE^+ 진단의 절차

RTE^+ 진단은 RTE^+ 진단 Framework에 따라 ①진단준비, ②진단수행, ③평가분석, ④피드백의 총 4단계로 진행한다.

1) 진단준비

① RTE^+ 진단 및 평가 목적을 설정한다.

② 진단 및 평가를 담당할 Task Force Team을 구성한다.

③ 경영현황 및 핵심역량 분석을 통해 대상 기업의 특성을 파악한다.

④ 진단평가 영역 및 항목을 설정하고 평가가중치를 결정한다.

⑤ IT요건 조사를 통한 진단평가 아이템을 도출한다.

⑥ 설문 항목을 개발하고 평가 방법 및 기준을 설정한다.

⑦ 진단을 위한 Framework를 확정한다.

2) 진단수행

① 회사의 객관적 현황을 분석할 수 있는 현황 조사서를 발송한다.

② 정성적·정량적 IT수준을 도출하기 위한 대표성 질문지를 발송한다.

③ 사용자 만족도 조사를 위한 온라인 설문 대상자를 샘플링하고 설문을 요청한다.

④ 현황조사서 및 대표성 질문서를 취합하고 근거자료를 정리한다.

⑤ 경영층의 정보화 마인드 파악을 위해 CEO·CIO에 대한 인터뷰를 실시한다.

⑥ 온라인 설문 취합 및 진도 관리를 한다.

⑦ 현황 조사서 및 대표성 질문서 검증을 위한 담당자 인터뷰를 실시한다.

⑧ 시스템 데이터 분석 등 자체 수집이 가능한 부문은 직접 근거자료를 축적한다.

〈그림 3-35〉 RTE⁺ 진단 수행의 예

추진일정	진단 Framework 개발 (진단 준비)	RTE 수준진단 (진단 수행)	진단결과 분석 및 보고 (종합 보고)

	· RTE 수준진단을 위한 계획 수립
	· 사별 사전 인터뷰
	  — IT전략팀장
	· 경영 전략 분석
	· 선진 사례 연구
	· 진단 Framework 개발
	  (영역,구조,항목 및 기준, 방법)
	· 1단계 검토 Workshop
		· 협업그룹 설명회
		· 대표성 설문 배포
		· 임직원 온라인 설문조사
		· 검증 인터뷰 실시
		· CEO 인터뷰 수행
		· 설문 취합 및 집계
		· 현황 조사서 및 지표 분석
		· 2단계 중간 Workshop
			· 진단 결과 계량 평가
			· 진단 결과 분석
			· 개선 방향 도출
			· 진단 보고서 작성
			· 보고서 검토 Workshop
			· 보고서 Final Review
			· 최종 보고

3) 평가분석

① 통계기법을 이용하여 온라인 설문의 답변을 분석하고 유의한 답변을 추출한다.

② 평가지표 진단에 필요한 자료를 분석하고 평가 점수를 부여한다.

③ 진단항목별 가중치에 의한 점수화를 한다.

④ 진단항목 간 진단결과의 상호관계 분석 및 문제점 보완을 한다.

⑤ 진단결과 확정 및 강약점 분석을 한다.

⑥ 결과 보고서를 작성한다.

4) 피드백

① 진단결과 피드백 및 향후 개선과제를 부여한다.

② 진단절차 및 진단기간·관련자와의 협력관계 등 진단작업에 대한 내부평가를 실시한다.

(2) RTE⁺ 진단의 방식

RTE⁺ 진단 방식은 ①인터넷 설문, ②검증 조사서, ③현황 조사서, ④시스템 데이터의 4가지 방식으로 가능하다.

1) 인터넷 설문

인터넷을 통해 관련 업무 담당자들이 개별적으로 답변하며, 온라인으로 집계된다. 이는 데이터 클리닝 작업을 통해 평균값을 계산한다.

2) 검증 조사서

공동 질의서를 배포하여 관련 업무 대표자가 답변하여 일괄 제출하는 방식으로 근거 자료를 요청하고 검증 인터뷰 수행을 통해 진단값을 확정한다.

3) 현황 조사서

현황 조사서를 배포하여 IT전략 담당부서가 조사하여 일괄 제출하는 방식으로 측정 지표를 계산하여 진단값을 확정한다.

4) 시스템 데이터

시스템 로그 데이터를 수집하고 분석하는 방식으로 측정 지표를 계산하여 진단값을 확정한다.

〈그림 3-36〉 RTE$^+$ 진단 방식

분류	진단방법	측정	분석 및 평가
인터넷 설문	인터넷을 통해 관련 업무 담당자들이 개별적으로 답변하며 온라인으로 집계	데이터 크리닝 평균값 계산	(1) 분석 ― 종합 정보시스템 인덱스 계산 ― 통계 분석
검증 조사서	공동 질의서 배포 관련 업무 대표자가 답변하여 일괄 제출	근거 자료요청 검증 인터뷰 진단 값 확정	(2) 평가 ― 영역별 문제점 파악 ― IT 추진 방향 도출
현황 조사서	현황 조사서 배포 IT 전략담당부서가 조사하여 일괄 제출	측정 지표 계산	(3) 정리 ― 종합 진단 보고서 ― 사별 진단 보고서
시스템 데이터	시스템 로그 데이터를 수집·분석	측정 지표 계산	

4. 4
RTE$^+$ 진단의 항목

(1) RTE$^+$ 진단의 영역 측면

RTE$^+$ 진단 영역 측면에서의 진단항목은 크게 ①IT Strategy · ②IT Governance · ③System Process · ④IT Infrastructure의 4가지 영역으로 구분된다.

1) IT Strategy

IT Strategy 영역은 크게 IT경영성과 · IT경영전략 · IT실행전략 · IT리더십의 4가지로 분류된다. IT Strategy 영역의 RTE$^+$진단 항목은 다음과 같다.

① IT경영성과는 앞서 설명한 바와 같이 IT매출가치와 IT효율가 치를 측정함으로써 진단이 가능하다.

<표 3-7> IT Strategy 진단 항목

Category	Area	Domain
IT Strategy	IT 경영성과	IT 매출가치
		IT 효율가치
	IT 경영전략	경영전략 요인
		IT 전략 요인
	IT 실행전략	전략 성숙도
		참여부서
		전략 범위
	IT 리더십	CEO
		임원
		RTE 리더십

② IT경영전략은 기업의 경영전략 요인과 IT전략 요인을 지표화
함으로써 상호연계성을 계산하여 진단한다.

③ IT실행전략은 기업의 IT전략 성숙도 및 전략수립 시 참여부서
범위에 대하여 진단한다.

④ IT리더십은 CEO 및 임원의 IT에 대한 중요성 인식도 및 적극
적인 활동 정도, RTE에 대한 리더십에 대해 진단한다.

2) IT Governance

IT Governance 영역은 크게 CIO · IT전략조직 · IT서비스조직 · IT
사용자의 4가지로 분류된다. IT Governance 영역의 RTE$^+$ 진단 항
목은 다음과 같다.

① CIO는 기업의 CIO에 대해 역할 및 권한이 정의되어 있고 책임
과 권한을 가지고 업무를 수행하는가에 대해 진단한다.

② IT전략조직은 적절한 조직 규모를 가지고 프로젝트 관리 · 운영

<표 3-8> IT Governance 진단 항목

Category	Area	Domain
IT Governance	CIO	CIO 역할
	IT전략조직	IT전략부서 역할
		프로젝트 관리
		운영 관리
		변화 관리
		SLA/SLM
	IT서비스조직	개발
		운영
	IT사용자	IT관심도
		IT만족도

관리 · 변화 관리 · SLA/SLM 등에 대한 관리 수준을 진단한다.

③ IT서비스조직은 개발 및 운영에 대한 표준 준수 여부와 개발 및 유지보수 활동에 대해 진단한다.

④ IT사용자는 IT전략에 대한 임직원의 이해도와 IT시스템 · IT전략 및 IT서비스 조직에 대한 만족도를 통해 대해 진단한다.

3) System Process

System Process 영역은 크게 기업의 공통요소인 전략경영과 해당 기업의 업종에 따라 분류된다

System Process 영역의 RTE⁺ 진단 항목은 다음과 같다.

① 경영관리 Process 영역은 크게 전략경영 · 재무회계 · 관리회계 · 자금관리 · 인사관리 · 정보관리로 분류한다.

● 전략경영은 기업의 전략수립 및 분석 · 성과지표 관리 및 측정 · 경영 리스크 모니터링 · 이해관계자 관리 등에 대해 진단한다.

● 재무회계는 일반회계 · 채권/채무관리 · 고정자산 관리 등에 대해 진단하고, 관리회계는 사업계획 관리 · 원가회계 · 다차원 수익성 분석 · 사업부별 손익관리 등에 대해 진단하고, 자금관리는 자금계획 · 입출금 관리 · 시장현황 관리 · 차입금 관리 등에 대해 진단한다.

● 인사관리는 인사 기획 · 개발 및 운영에 대해 진단하고, 정보관리는 기업정보에 대한 맞춤형 정보관리 및 지식관리 · 프로세스 모니터링과 분석 등에 대해 진단한다.

② 제조건설 Process 영역은 크게 공급망 관리 · 구매 관리 · 생산 관리 · 판매/영업 관리 · 건설운영 · 물류운영으로 분류한다.

● 해당 영역별 Area는 제조건설 Process에 맞게 진단 항목이 세분

<표 3-9> 경영관리 Process 진단 항목

Category	Area	Domain
경영관리	전략경영	전략수립
		성과관리
		경영리스크 관리
		이해관계자 관리
	재무회계	일반회계
		채권관리
		채무관리
		고정자산 관리
	관리회계	사업계획 관리
		원가회계
		수익성 분석
		사업부 성과관리
	자금관리	자금계획
		입출금 관리
		시장현황 관리
		차입금 관리
	인사관리	인사기획
		인재개발
		인사운영
	정보관리	기업정보 관리
		지식관리
		프로세스 관리

화되며, 이는 기업의 업종 특성에 따라 구체화시켜야 한다.

● 예를 들면, 건설운영이나 물류운영의 경우 일반적인 제조 업종과 달리 건설 및 물류 업종에 맞는 차별화된 진단 항목을 가진다.

③ 금융보험 Process 영역은 크게 마케팅/영업 · 자산운용 · 거래 처리의 3가지로 분류한다. 또한 보험 · 생명 · 은행 등 금융 업종의 성격에 따라 차별화된 진단 항목을 가질 수 있다.

<표 3-10> 제조건설 Process 진단 항목

Category	Area	Domain
제조건설	공급망 관리	기준정보 관리
		SCM 정책
		Demand Planning
		Master Planning
	구매 관리	전략적 구매
		자재소요 계획
		구매
		원부자재 재고관리
		구매 분석
	생산 관리	생산 계획
		생산 운영
		설비 관리
	판매/영업 관리	주문 관리
		판매 결과
		유통 관리
		출하 관리
		완제품 재고
		고객 관리
		영업 지원
		대리점 관리
		서비스 관리
	건설운영	견적/수주 관리
		Design & Engineering
		프로젝트관리
	물류운영	물류 Planning
		작업 Scheduling
		작업 관리
		장비 관리

④ IT서비스 Process 영역은 개발 및 운영·영업 및 구매 등으로

<표 3-11> 금융보험 Process 진단 항목

Category	Area	Domain
금융보험	마케팅/영업	고객
		채널
		프로모션
		상품
		영업조직
		서비스
	자산운용	융자 관리
		투자 관리
	거래처리	계약
		보상
		트레이딩
		뱅킹

분류하며, 특히 인적 역량이 중요한 업종이므로 업종 및 기술 분야에 대한 전문가 수준을 진단 항목으로 가질 수 있다.

<표 3-12> IT서비스 Process 진단 항목

Category	Area	Domain
IT서비스	개발	프로젝트 통합관리
		프로젝트 관리
	운영	IT조직
		서비스 관리
	영업	마케팅
		견적/수주 관리
		파트너 관리
	구매	전략적 구매
		구매분석
	임직원 스킬	Domain Expertise
		Technical skills

<표 3-13> IT Infrastructure 진단 항목

Category	Area	Domain
IT Infrastructure	아키텍처	H/W Platform
		Network
		DBMS
		미들웨어/WAS
	애플리케이션	응용 시스템
		데이터베이스
	시스템 운영	운영 관리
		장애 관리
		보안 관리

4) IT Infrastructure

IT Infrastructure 영역은 크게 아키텍처 · 애플리케이션 · 시스템 운영의 3가지로 분류된다. IT Infrastructure 영역의 RTE$^+$ 진단 항목은 〈표 3-13〉과 같다.

(2) RTE$^+$ 진단의 Framework 측면

RTE$^+$ 진단 Framework 측면에서 진단 항목은 크게 ①지휘 · ②관리 · ③운영으로 분류하며 다음의 특성을 가진다.

1) 진단 방법은 정성적이고 주관적 평가에 근거한 설문성 항목과 정량적인 자료에 근거한 지표성 항목으로 구성된다.

2) 진단 항목은 현황조사 · 검증조사 · 인터넷 설문 등의 유형으로 분류된다.

3) 진단 방법은 기업의 핵심 프로세스와 연관성을 가지며, IT시스템의 기능적인 측면이나 인프라로서, 지원도 · 각 시스템의 사용자 활용도 및 만족도 · 성과 지표에 대한 측정 결과 등으로 구성된다.

4) 진단 항목은 ①시간상의 지연 제거 · ②계획과 실행의 차이 최소화 · ③조기경보의 RTE⁺ 개념에 기초하여 구성된다.

다음은 각 영역별 진단 항목의 예시이다.

1) 지휘 영역

지휘 영역은 경영 모니터링 · 전략 시나리오 · 경영 실행체제의 RTE⁺ 목표 항목으로 분류하여 진단한다.

<표 3-14> 경영 모니터링

분류	평가항목(예시)	
	설문성	지표성
경영현황 속보판	- 경영정보 실시간 인식 지원도 - 환경변화 시 재무변화 예측 지원도 - 중요 지표변화의 실시간 제공 여부	- 제공된 경영정보의 이용 빈도 - 경영진이 월차 결산 결과를 보고 받는 방법 및 시점
경영 리스크 관리체제	- 통합 리스크 모니터링 수행 여부 - 재무 리스크의 실시간 관리 여부 - 조기경보체제의 시스템 구현도 및 활용 여부	- 리스크 정보의 제공 경로 및 업데이트 빈도

<표 3-15> 전략 시나리오

분류	평가항목(예시)	
	설문성	지표성
시나리오 기반 경영	- 주식 저평가 또는 급격한 환율 변동 시 신속한 대응 여부 - 금융시장 환경변화에 따른 신속한 자산운용 대응 전략 수립 여부 - 정보시스템의 전략수립 지원도	- 시나리오기반의 전략 활용률
시스템 기반 전략	- 전략변화 및 전략 공유 지원도	- 시스템에 의한 손익관리 주기

〈표 3-16〉 경영 실행체제

분류	평가항목(예시)	
	설문성	지표성
디지털 기업가치 홍보	– 주주 및 이해관계자에게 실시간 기업정보 제공 여부 – IT기반 기업홍보 활동 여부	– 이해관계자 정보 제공 경로 – IR 정보 업데이트 빈도
디지털 커뮤니케이션	– 최고경영자 의사결정 사항의 즉각적인 현장업무 반영 여부 – 의사결정 사항의 실행결과에 대한 신속한 피드백 여부	– 전자결재 비율확대(%) – 최고경영자 보고에서 의사결정까지 소요시간

2) 관리 영역

관리 영역은 경영 모니터링·전략 시나리오·경영 실행체제의 RTE$^+$ 목표 항목으로 분류하여 평가한다.

〈표 3-17〉 사업 모니터링

분류	평가항목(예시)	
	설문성	지표성
실시간 맞춤형 정보	– 정보인식의 신속성 여부 – 정보검색의 용이성 여부 – 개인별 맞춤정보의 활용도	– 최신기술·특허·비즈니스 정보 제공 주기
프로세스 성과 모니터링	– 프로젝트 일정에 대한 실시간 모니터링 및 지체 위험 시 경고 여부 – Production Data에 대한 Monitoring 방법	– 현장사고 발생 시 담당 관리자에게 보고되기까지의 리드 타임
신속한 의사전달 체제	– 관리자들의 Ubiquitous Messaging(SMS, 전자회의 등) 도구의 활용도	– 업무연락·보고서 당일 결재율

<표 3-18> 사업전략 분석

분류	평가항목(예시)	
	설문성	지표성
프로세스 분석	- 계획대비 실적 분석에 대한 시스템 지원도 - 상품 개발 전 다양한 분석 및 손익에 대한 시뮬레이션 수행 여부	- 매출액 대비 연구개발 투자 비율
전략 구체화 및 실행	- 경영자료 분석의 신속성 - 수립된 전략계획의 시뮬레이션 가능 여부	- 경영계획 대비 과제 수행율 - 기획 아이디어가 제품 또는 상품으로 개발되기까지의 평균 소요기간
성과지향 지식관리	- 업무 프로세스와 KMS와의 연계성 여부 - 전사 서비스 지식 통합/공유 여부	- 사내 지식의 축적도 - 지식의 업무 활용도

<표 3-19> 프로세스 관리

분류	평가항목(예시)	
	설문성	지표성
조직·개인 목표 정렬	- 균형 성과지표의 수립 및 관리 수준 - 균형 성과지표에 대한 지속적인 측정 여부 - BSC 시스템 구현도 및 활용도	- 정기 인사발령 지연일 - 개인 성과 피드백 주기
사업자원 계획 최적화	- 활동기준 원가적용 여부 - 다차원 손익분석 및 원가 시뮬레이션 가능 여부	- 계획 대비 실적의 정확성
프로세스 라이프사이클	- 업무처리 변경에 대한 실시간 대응 여부	- 업무처리 방법 변경에 소요되는 시간

<표 3-20> 현장 네트워킹

분류	평가항목(예시)	
	설문성	지표성
맞춤형 정보 전달	– 고객 주문처리 현황 실시간 파악 여부 – 생산/공사 현장 문제발생 시 조기경보 가능 여부 – 고객 불만/클레임 처리 현황 실시간 파악 여부	– 신계약 대비 고객 정보 정확도 – 판촉물 개발 후 영업소 활용까지 소요기간 – 부정행위 조기 발견 횟수
네트워크 정보 공유	– 전자거래의 내부 시스템 정보 공유 여부 – 협력업체와의 정보 공유 여부 – 전자상거래 지원 여부	– 기준 정보의 정확도 – 주문 문의 등에 대한 회답 소요 기간 – 거래선의 요구사항에 응답까지 소요시간
실시간 정보 트래킹	– 실시간 공정/공사 진행상황 모니터링 여부 – 재고 가용성 모니터링 여부 – 거래실적 집계의 신속성 – 고객 현황파악의 신속성	– 월차 결산 소요일 – 본사와 지점 현장 간 정보의 동기화 비율 – 지점 영업 및 현장의 온라인 평균 응답속도

3) 운영 영역

운영 영역은 현장 네트워킹 · 프로세스 최적화 · 실시간 대응체제의 RTE$^+$ 목표 항목으로 분류하여 평가한다.

<표 3-21> 프로세스 최적화

분류	평가항목(예시)	
	설문성	지표성
고객분석 자동화	– 고객 주문 접수 시 즉각적인 고객 분석 및 관련제품 원가분석 여부 – 고객정보의 정확성 · 신뢰성 확보 수준	– 고객 주문에 대한 손익 분석 시간 – 고객 여신/채권 현황 분석에 소요되는 시간

분류	평가항목(예시)	
	설문성	지표성
공급망계획 지능화	– 생산계획 시뮬레이션 여부 – 판매/생산/구매 통합 Planning 여부 – 자재 발주 시 최적화 전략 고려 여부 – 외자 구매 시 시스템에 의한 환율변동율 고려 여부	– 수요 예측의 정확도 – 판매계획부터 생산계획 완료까지의 소요시간 – 생산거점별 수요·공급 계획 편성시간
디지털 인프라 구축	– 일일 손익 분석 가능 여부 – 원격지에서 장비 모니터링 및 유지관리 수행 가능 여부	– 실행예산 수립시간 – 제품 재고일수 – 생산계획 리드 타임 – 기준 정보 및 BOM 정확도 – 총 보험거래 대비 자동화 처리 비율

<표 3-22> 실시간 대응체제

분류	평가항목(예시)	
	설문성	지표성
디지털 고객서비스	– 고객접점 부서의 직원들이 최신의 통합 고객 정보에 신속하게 접근하는지 여부 – 대출심사의 신속성 여부 – 긴급 주문에 대한 납기 약속의 신속한 대응 여부	– 고객 클레임 시 대책 제시 소요기간 – 견적 작성 리드 타임 – 주문·문의 등에 대한 회답 소요시간
실시간 협업관리	– 자재 입고 시 자동으로 품질관리와 연계 여부 – 고객 및 파트너와의 커뮤니케이션의 신속성 – 보상 관련 협력 업체들과 협업 네트워크 구축 여부	– 자재 발주에서 입고까지 조달 리드 타임 – 수주 접수 후 생산, 완제품으로 출하되는 시간
글로벌 정보유통	– 디지털 콘텐츠 분류/관리 기준 설립 여부 – 전자문서의 활용성 여부	– 콘텐츠 갱신주기

다음은 지휘 영역의 진단 항목 예시이다.

〈그림 3-37〉 지휘 영역의 진단 항목 예시

Lead

Object	Deploy Layer	Quest. Type
1 Remove Delay	1 Performance	1 현황조사
2 Reduce Gab bt Plan&Result	2 Usage& Satisfaction	2 검증조사
3 Early Warning	3 Function& Infrastructure	3 인터넷 설문

경영모니터링

경영현황 속보팬[Dashboard]
- 1 3 경영정보 실시간 인식 지원 3
- 2 2 환경변화 시 재무변화예측 3
- 2 3 중요지표변화 실시간 제공 3

경영리스크 관리체제
- 3 3 통합리스크 모니터링 수행 3
- 2 1 재무리스크 실시간 관리 3
- 3 2 조기경보체제 활용 3

전략시나리오

시나리오 기반 경영
- 2 전략수립지원시스템 활용 3
- 3 정보시스템의 전략수립 지원 3

시스템 기반 전략
- 3 전략변화 및 전략공유 지원 3

경영실행체제

디지털 커뮤니케이션
- 1 2 의사결정의 신속한 실행 지원 3
- 1 3 실시간 경영피드백 2

디지털 기업가치 홍보
- 1 2 IT기반 기업홍보 3
- 1 2 실시간 이해관계자 관리 2

다음은 관리 영역의 진단 항목 예시이다.

〈그림 3-38〉 관리 영역의 진단 항목 예시

Manage

Object	Deploy Layer	Quest. Type
1 Remove Delay	1 Performance	1 현황조사
2 Reduce Gab bt Plan&Result	2 Usage& Satisfaction	2 검증조사
3 Early Warning	3 Function& Infrastructure	3 인터넷 설문

사업모니터링

실시간 맞춤형 정보
- 3 3 정보인식의 신속성 3
- 1 3 정보검색의 용이성 3
- 3 2 맞춤 정보 활용도 3

프로세스성과 모니터링
- 3 3 실시간 프로세스 모니터링 3
- 3 1 GAP발생 인식 리드타임 최소화 3

신속한 의사전달 체제
- 1 1 당일 결재율 3
- 1 3 Ubiquitous Messaging활용도 3

사업전략분석

프로세스 분석
- 2 3 프로세스 분석의 정확성 3
- 2 3 프로세스 모델링 3
- 2 3 프로세스 지속적 개선 3

전략 구체화 및 실행
- 3 1 경영자료 실시간 분석 지원 3
- 3 1 사전예측을 통한 실행력 있는 전략계획 수립 2

성과지향 지식관리
- 1 3 업무 프로세스와 KMS 연계성 3
- 2 1 지식의 업무 활용도 3

프로세스관리

조직·개인 목표 정렬
- 2 3 개인 업무와 전략의 연계 2
- 2 1 신속한 성과 피드백 3

프로세스 라이프사이클
- 1 3 프로세스 변경 실시간 대응력 3

사업자원 계획 최적화
- 1 3 다차원 손익분석 및 원가 시뮬레이션 3
- 2 1 계획 대비 실적 정확성 1

- 다음은 제조 부문 운영 영역의 진단 항목 예시이다.

〈그림 3-39〉 운영 영역의 진단 항목 예시(제조 부문)

Operate-제조관계사 | Process 1 영업/마케팅 2 구매 3 생산 4 R&D 5 건설 6 물류 7 재무관리 8 공동

Object / Depoly Layer / Quest. Type	현장네트워킹	프로세스최적화	실시간대응체제
Object 1 Remove Delay 2 Reduce Gab bt Plan&Result 3 Early Warning	**맞춤형 정보 전달** 1 3 고객주문 진행정보 실시간 파악 3 1 3 3 생산 진행중 문제 발생 시 조기경보 3 3 1 3 고객불만/클레임 처리 현황 실시간 파악 3 1	**고객 분석 자동화** 1 1 다차원 수익성 분석 주기 3 7 1 1 고객주문에 대한 손익분석 시간 3 1 1 3 고객여신/채권 현황분석 3 7	**디지털 고객서비스** 1 1 긴급주문 납기약속 3 3 1 1 클레임처리 리드타임 1 1 1 1 출하 리드타임 1 6
Depoly Layer 1 Performance 2 Usage&Satisfaction 3 Function&Infrastructure	**네트워크 정보공유** 1 3 전자거래의 내부시스템 정보공유 3 2 1 3 공급업체/협력업체와의 정보 공유 3 2 2 1 기준정보 정확도 (품목 Master) 1 9	**공급망 계획 지능화** 2 1 수요예측 정확도 1 1 2 3 생산계획 시뮬레이션 3 3 2 3 판매/생산/구매/통합 Planning 3 9	**실시간 협업관리** 1 1 비즈니스 리드타임[BLT] 3 5 1 1 고객/파트너와의 커뮤니케이션 3 4 1 1 공급업체 평가/관리 2 1
Quest. Type 1 현황조사 2 검증조사 3 인터넷 설문	**실시간 정보 트래킹** 1 1 월차 결산 소요일 1 7 1 3 실시간 공정 데이터 모니터링 3 3 1 3 재고가용성 모니터링 3 2	**디지털 인프라 구축** 1 1 생산계획 리드타임 1 3 1 1 일일 손익분석 3 7 1 1 제품 재고 일수 2 2	**글로벌 정보유통** 1 3 디지털 콘텐츠 분류/관리 기준 3 9 1 2 콘텐츠 관리의 용이성 3 9

- 다음은 금융 부문 운영 영역의 진단 항목 예시이다.

〈그림 3-40〉 운영 영역의 진단 항목 예시(금융 부문)

Operate-금융관계사 | Process 1 영업/마케팅 2 고객관리 3 상품개발 4 자산운용 5 보상 6 재무관리

Object / Depoly Layer / Quest. Type	현장네트워킹	프로세스최적화	실시간대응체제
Object 1 Remove Delay 2 Reduce Gab bt Plan&Result 3 Early Warning	**맞춤형 정보 전달** 1 3 실시간 고객정보 조회 3 2 2 1 고객정보 정확도 1 2 3 1 부정행위 조기발견 1 5	**고객 분석 자동화** 1 2 상품 개발 지원도 1 3 2 3 홈페이지 고객 분석 2 2 2 2 캠페인 고객 선정 2 1	**디지털 고객서비스** 1 1 고객서비스 대응 시간 4 2 1 3 U/W 자동화/창구 자동화 3 1 1 1 대출심사 신속성 1 4
Depoly Layer 1 Performance 2 Usage&Satisfaction 3 Funcction&Infrastructure	**네트워크 정보공유** 1 2 협력업체와의 협업 기능 2 5 2 3 업무 프로세스 간 연계 2 4 1 3 전자상거래 지원 3 1	**공급망 계획 지능화**	**실시간 협업관리** 1 1 부서간 협업 기능 2 6 1 1 정보시스템 연계 3 1 1 1 고객과의 협업 3 1
Quest. Type 1 현황조사 2 검증조사 3 인터넷 설문	**실시간 정보 트래킹** 1 2 신속한 거래실적 집계 3 1 1 1 실시간 결산 체제 2 6 3 3 고객현황 파악 3 2	**디지털 인프라 구축** 1 2 업무지식 KM 활용 2 5 2 2 신용한도 관리 2 4 2 3 고급분석 환경 지원 1 1	**글로벌 정보유통** 1 2 전자문서 활용 성과 2 1 1 3 콘텐츠 매니지먼트 2 6

제4장

RTE의 선진사례

사례 1 :
GE의 디지털신경망시스템과 디지털 코크핏
(Digital Cockpit)

GE의 4대 성장전략은 ①6시그마(Six Sigma), ②서비스(Services), ③ 국 제화(Globalization), ④디지털화 (Digitization)이다. 1995년도부터 GE 는 6시그마를 통해 제품 및 서비스 품질과 비즈니스 프로세스를 꾸준히 개선시키면서 세계화와 함께 비용절감과 제품혁신을 이루어 왔다. 1999년에는 e-비즈니스를 마지막 네 번째 성장과제로 내세우면서 적극적으로 e-비즈니스를 통한 RTE로의 행보를 추진해왔다.

잭 웰치 전 회장은 미래에 일어나는 변화는 어느 누구도 예측할 수 없으므로 변화에 민첩하게 대응하는 기업만이 생존한다고 하였으며, 이를 위해 e-비즈니스를 기반으로 하는 기업 적응능력에 모든 역량을 집중해야 한다고 강조하였다. 이는 RTE의 실현을 위해 e-비즈니스의 도입을 적극 고려한 것이라 할 수 있다.

GE의 e-비즈니스화는 크게 3단계로 나뉜다. 1999년부터 시작된 'Destroy Your Business'와 'Grow Your Business'로 GE의 역량을 파악하고 e-비즈니스를 활용하여 사업화할 수 있는 기회를 도출하였으며, 2000년부터는 디지털화를 실행하고 있는 중이다.

(1) DYB: 1999년부터 1~2분기에 시작된 DYB(Destroy Your Business)는 교차기능적인 전자상거래 전담팀을 구성해 경쟁자를 벤치마킹하여, 그들의 서비스와 제품이 어떻게 고객에게 제공되는지 파악하고 각 사업부별로 앞으로 자신들의 비즈니스가 e-비즈니스에

의해 어떤 영향을 받을 수 있을지에 대해 공유하는 것을 목적으로 하였다.

(2) GYB: 1999년 3~4분기에는 DYB를 기반으로 향후 인터넷과 IT를 활용하여 어떻게 비즈니스 모델을 만들고 성장시켜나갈 것인가에 대한 탐색을 시작하는 GYB(Grow Your Business)를 시행하였다. GYB는 새로운 고객을 유치하고 기존의 고객들에게 어떤 식으로 보다 나은 서비스를 제공할 수 있을지에 대한 방법을 모색하는 것을 목적으로 하였다.

(3) Digitization: 2000년부터 GE는 실질적인 비즈니스의 디지털화를 위해 'Digitization' 전략을 시행하였다. 특히 GE가 1995년부터 시행해온 6시그마 운동 중에서 Digitization은 마지막 단계인 'Improve-and-Control'로 볼 수 있으며, 꾸준하게 관심을 가져온 서비스 · 제품 · 비즈니스 프로세스 질적 향상의 연장선상에서 이를 더욱 개선하고 실시간으로 조절 가능하게 만드는 역량을 쌓기 위한 것이다.

먼저 GE는 비즈니스와 관련하여 IT시스템을 기반으로 임직원 · 공장 · 공급자 · 고객 · 제품라인과 연결할 수 있는 디지털신경망시스템(Digital Nervous System)을 구축하였다. GE의 디지털신경망시스템의 목적은 'It's to monitor everything in real time', 즉 실시간으로 GE 비즈니스 각 개체의 실행 과정이나 결과를 실시간으로 확인하는 것을 말한다. 예를 들어 고객이 사용하고 있는 제트엔진의 성능을 센서를 통해 확인하거나, 부품공급협력회사가 계약에 맞춰 얼마나 빨리 공급하는지를 실시간으로 확인할 수 있다.

GE는 e-비즈니스화와 함께 'e-Buy e-Make e-Sell'이라는 전략적 혁신활동을 기반으로 가치사슬 전반에 걸쳐 디지털화를 추진하고 있으며, 이는 2005년까지 진행될 예정이다. 제품 목록은 물론 각종 비즈니스 활동을 모두 디지털화하여 주문에서부터 판매 후 입금까지 실시간으로 비즈니스 활동과 성과를 파악하고, 그 성과를 기초로 비용절감은 물론 고객과 환경의 변화에 신속하게 대응하는 것이다.

(1) e-Buy

GE는 공급업체들 사이의 모든 비즈니스 활동을 온라인화하여 구매에 소요되는 시간과 비용을 절감하였다. 온라인 구매 시스템을 통해 비용절감은 물론 구매과정에서 발생하는 오류를 크게 줄일 수 있었으며, 제품설계 프로세스를 파트너와 공유하면서 효율적인 협업환경을 조성했다.

(2) e-Make

내부 프로세스의 디지털화를 의미하며, 이를 위해 디지털신경망 시스템을 구축하여, GE 내 모든 비즈니스 구성원 및 프로세스와 연결될 수 있도록 하였다. 또한 이를 기반으로 비즈니스 성과를 실시간으로 모니터링하여 통보할 수 있게 해주는 디지털 코크핏(Digital Cockpit) 등이 전사에 걸쳐 구축되었다.

(3) e-Sell

고객관계 관리를 온라인을 통해 강화하여 궁극적으로 양질의 고객서비스를 제공하는 것을 목적으로 하고 있다. Plastics의 인터넷 카탈로그와 Medical Systems의 원격 모니터링 시스템이 그 예가 된다.

GE는 2000년 실시간 모니터링 시스템을 구축하여, 현재 13개의 사업부의 경영진들에게 비즈니스 성과나 재무 성과를 한눈에 파악할 수 있도록 특화된 RTE 대시보드인 디지털 코크핏을 사업부별로 인트라넷을 통해 제공하고 있다. GE의 디지털 코크핏은 비행기나 승용차에서 볼 수 있는 계기판의 실시간 측정기능을 기업성과 모니터링에 응용한 것이다. 이 시스템의 목적은 최대한 빠르게 최소한의 비용으로 정보를 획득하여, 실무 담당자들과 임원진들이 업무활동 중에 일어나는 각종 이벤트들에 적절하게 대응하고 효과적인 의사결정을 내리도록 지원하는 것이다.

각 사업부의 실무 담당자들은 디지털 코크핏을 통해 프로젝트의 진행사항을 실시간으로 확인할 수 있게 되었으며, 각 비즈니스 그룹의 COO(Chief Operating Officer)들은 전체 GE의 재무상황이나 프로젝트 성과를 파악하여 변화관리 · 사이클 시간 감축 · 위험관리에 이를 반영하여 각 비즈니스를 최적화시켜 나간다.

그리고 GE의 경영진은 전 세계에 걸쳐 자동으로 들어오는 재고수준 · 주문량 · 영업매출 등의 주요 데이터를 그래픽으로 확인할 수 있게 된다. 특히 정기적으로 업데이트 되는 데이터들 중 사업부 고유의 비즈니스 규칙에 의거하여 빨간색이나 노란색의 위험신호가 뜰 경우 자동으로 이메일로 경고를 주게 되고, 이를 받은 경영진은 관련 실무 담당자에게 이를 통보하거나 문의하게 된다. 이때 데이터는 그 비즈니스 성격에 따라 8시간 · 매일 · 매주 단위로 업데이트되며, 경영진들은 이 데이터를 계속 모니터링하면서 시장상황이나 내부변화에 맞춰 민첩하게 조치를 취할 수 있게 된다.

〈그림 4-1〉 디지털 코크핏의 인터페이스

GE Business Digital Cockpit [15] GE Stock: 38.7 +1.0 at 16:02 ET Jan 22, 2002

Welcome, Jeffrey   E-mail this Page | Print this page

Tools | Total [8] | Sub-business [9] | Sub-business | Sub-business | Sub-business

Total Performance Summary   Last Update 1/21/02 7:59:16am

Sell [1]

Metric	Alerts [4]	Result [5]	Alert Spec [6]	Last Update [7]
QTD Sales ($MM)	2	$ 153.0	$ 166.0	1/21/02
QTD Average Daily Order Rate (ADOR) ($MM)	1	$ 16.1	$ 11.9	1/21/02
Previous Day's Orders ($MM)	0	$ 26.2	$ 11.9	1/21/02
QTD % e-Orders	3	53.0%	59.0%	1/21/02
Current Qtr Price vs Target ($/lb)	6	$ 1.27	$ 1.20	1/21/02

Make [2]

Metric	Alerts	Result	Alert Spec	Last Update
Span in Days	2	5	6	1/18/02
Finished Good Inventory	0	NA	NA	1/17/02
% Make To Inventory (MTI) of Total Inventory	0	NA	NA	1/17/02
QTD Digitization Savings ($MM)	7	$ 13.2	$ 20.3	1/21/02

Buy [3]

Metric	Alerts	Result	Alert Spec	Last Update
YTD Indirect Conversion Cost % Change	1	-14%	-15%	1/17/02
YTD Indirect Short Term Cost % Change	2	-22%	-15%	1/17/02
Realized Direct e-Auction Savings YTD ($MM)	2	$ 5.4	$ 1.3	1/21/02
Closed Direct e-Auctions YTD ($MM)	4	$ 142.0	$ 55.0	1/21/02

사이드바:
- 10 Message Center (2)
- 11 Cockpit Map
- 12 Cockpit Pop-up
- 13 Download to PDA
- 14 View Charts

출처 : GE, www.ge.com

GE는 1999년 이후 e-비즈니스를 위해 지금까지 약 15억 달러를 하드웨어 · 소프트웨어 · 인력 투여 등에 투자하였으며, 2000년에는 온라인 판매로 10억 달러의 수익을 올리는 등 전체 33%의 ROI를 거두면서 비교적 순조롭게 디지털화를 진행하고 있다. 2000년에는 각 사업부가 최고의 서비스 · 영업 · 지원활동을 제공할 수 있도록 Customer Web Center를 구축하였으며, 내부구매나 공급업체 아웃소싱에 웹을 이용함으로써 생산성 향상은 물론 비용절감을 크게 이뤄냈다.

GE는 e-Make를 통해 수작업을 줄이고 워크플로를 크게 향상시킴으로써 2000년에 15억 달러의 비용을 절감시켰으며, 2001년에는 디지털 코크핏의 구축으로 불필요한 문서작업을 줄이고 인력을 감축시켜 3백만 달러의 비용을 절감하였다. 그리고 디지털 코크핏은 현재 CIMplicity 디지털 코크핏이라는 솔루션으로 세분화되어 운영 중이다.

GE는 RTE를 추진한다는 구체적이고 명시적인 언급은 없었지만, 기업이 성공하기 위해서는 미래예측 능력보다는 변화에 민첩하게 대응할 수 있는 능력을 강조해왔다. 그리고 한 번의 개선 프로젝트가 아닌, 지속적인 혁신활동을 통해 프로세스를 개선시키고, 그 성과에 대한 실시간 모니터링을 주요 목표로 삼았다.

GE의 디지털 코크핏은 전 세계 GE의 모든 주요 비즈니스 활동을 실시간으로 모니터링하면서 최적화를 유지하고, 각 부서별 중점관리 정보를 선정하여 실시간으로 정보를 조회할 수 있도록 한다. 이러한 디지털 코크핏의 도입과 함께 GE는 비용절감 · 효율성 증대 · 제품과 고객서비스 경쟁력 강화 · 의사결정의 효율성 제고 등의 효과를 거두고 있다.

사례 2 :
ABB의 공급자관계 관리

ABB[76]는 동력 · 에너지 기술 · 자동화 기술 · 오일/가스/석유화학

---

76. ABB(Asea Brown Boveri Ltd.) 스위스 다국적 기업

등에 관련해 전 세계 약 100개국에서 활동하고 있는 글로벌 기업이다. 따라서 ABB는 전 세계에서 활동하고 있는 사업을 크게 지역별로 나누고, 다시 지역과 관계없이 몇 가지 비즈니스 영역으로 나눈 유연한 매트릭스 조직구조를 가지고 있다. 하지만 사업 영역마다 독립적으로 ERP · SCM 시스템을 구축하여 운영하였기 때문에, ABB 그룹 전체적으로 볼 때는 동일한 자재에 대해 중복적인 구매와 관리가 발생하는 비효율적인 공급구조를 가지고 있었다.

ABB는 비효율적인 공급구조를 해결하기 위하여 SRM(Supplier Relationship Management)을 구축하고, 이를 통해 공급자들을 실시간으로 분석평가한 후 전략적으로 자재구매를 하도록 하였다. 다음은 효율적인 공급구조를 만들기 위한 ABB의 4가지 관리 전략이다.

① ABB그룹 전체의 구매 협상력을 고려하여, 보다 적은 수의 공급자들로 구성된 공급자 관리 프로세스 형성.

② 중요한 필수 자재의 경우, 프리미엄 파트너를 선정해 2년 예측 구매량에 대한 가격을 책정하고 해당 구매량의 80%를 공급하도록 관리.

③ 상용화자재팀(commodity team)을 만들고 비용절감 측정지표를 설정하여 관리.

④ 기간별 비용절감 목표를 설정하고 목표달성을 위한 관리.

ABB의 4가지 관리 전략을 지원하는 SRM 아키텍처는 다음과 같다.

1) 다양한 원천에서 발생하는 데이터는 표준화 과정을 거쳐 SRM D/W에 적재

2) 공급 프로세스의 최적화 · 명확화를 지원하는 주요 구매 정보관리

3) 각종 보고자료 · 공급자 순위화 · 프로세스 최적화

4) 예측구매량과 같은 데이터마이닝 분석자료를 SRM 포털로 제공

관리자는 수시로 SRM 포털에 접속하여 통합된 관점에서 SRM 스코어카드를 통해 공급사슬 관리의 성과를 실시간으로 측정한다.

ABB는 SRM을 도입하기 위해 시스템 라이선스 비용 · 커스터마이징 컨설팅 비용 · 시스템 설정 및 구축 비용 · 유지관리 인건비 · e-Learning 비용을 포함하여 3년간 총 60억 달러를 투자하였다. 그러나 ROI 측면에서는 투자에 대해 자재구매 비용을 0.5% 절감하게 되면 손익분기점에 도달하는 것으로 평가되었다. ABB 공급사슬 관리자들은 시스템 도입 후 연내 적어도 5% 이상의 비용절감 효과가 있을 것으로 평가하였으며, 향후 잠재적으로 15% 이상의 정량적 · 정성적 효과가 있을 것으로 기대하고 있다. 또한 ABB는 SRM을 도입하여 그룹 전체적으로 약 5~15%의 잠재적 비용절감 효과가 있을 것으로 예상되며, 효과가 기대되는 부분은 다음과 같다.

① 공급자와 물품정보에 대한 정보축적으로 창고활용 극대화.

② 공급자관계 구축 및 관리 프로세스 정립.

③ 목표와 측정지표에 근거한 전략적 자재구매 활동 모니터링.

④ 분석을 통한 공급자 순위화 및 배열 최적화.

SRM 도입을 통해 공급사슬 관리자들은 직접적인 효과를 볼 수 있다. 공급자에 대한 기본 정보를 손쉽게 얻을 수 있을 뿐 아니라, 다른 업체의 계약사항 · 자재 의존율 · 공급자 평가 정보 등과 같이 의사결정에 관련된 정보를 가지고 공급자와 협상에 임할 수 있다. 또한 필요할 때마다 공급자 정보를 열람할 수 있으며, 다양한 업무관련 정보를 얻을 수 있어 보고서를 작성하는 데 드는 시간을 줄이고

보고서의 양과 질을 향상시킬 수 있다. 다음은 이러한 정보를 제공하는 ABB SRM의 사용자 인터페이스이다.

ABB는 사업 수행능력을 향상시키기 위해 ERP · SCM 등 많은 IT 자산에 대한 투자를 해왔다. 하지만 대부분의 시스템은 독립적으로 운영되어 그룹 전체적인 측면에서 통합된 최신의 데이터는 제공하지 못하였다.

ABB는 글로벌 자재구매 부분에 SRM을 도입한 이후, ERP · SCM에서 나오는 데이터를 실시간으로 분석평가하고 피드백을 수행하였다. 이를 통해 ABB는 다수의 공급자와의 일방적인 관계에서 소수의 상호의존적인 파트너 관계로 전환할 수 있었으며, 공급자 대응력 · 투자 대비 효과 · 공급자와 협업관계를 개선하여 비용을 절감했을 뿐 아니라, 시장의 변화에 빠르게 대응하는 경쟁력을 갖추게 되었다.

사례 3 :
DELL의 다이렉트 경영

RTE를 구현한 가장 대표적인 예로 흔히 DELL 컴퓨터의 사례가 거론되고 있다. DELL의 최고경영자(CEO)인 마이클 델은 1999년에 발표한 그의 저서 《다이렉트 경영(Direct from DELL)》에서 다음과 같이 다이렉트 방식에 대해 이야기하고 있다. "DELL은 불필요한 중간 단계 없이 고객에게 직접 컴퓨터를 팔고, 제조업체와 직접 거래하고, 사람들과 직접 의견을 나누었다. 우리는 그것을 '다이렉트 방식'이라고 부른다."

그가 이야기하는 '다이렉트 방식'은 RTE의 DELL 버전이라고 할 수 있다. DELL은 고객으로부터 공급사에 이르기까지 전체적인 공급망관리 프로세스를 구현하여 실시간 공급사슬 체계를 갖춘 것으로 평가받고 있다. 특히 불필요한 중간단계를 과감하게 줄여 고객에게 직접 컴퓨터를 팔고, 제조업체와 직접 거래하며, 사람들과 커뮤니케이션할 수 있는 체계를 구축하였다.

DELL의 RTE 사례는 크게 고객 부문과 공급자 부문으로 나누어볼 수 있다. 먼저 고객 측면의 RTE 노력은 고객정보 관리(CIM)[77] 체제를 구축하여 전 세계 지사에서 획득하는 다양한 고객정보 데이터를 통합 및 조직화하여 여러 의사결정에 반영한 것이다. 그리하여 고객의 요구에 신속히 대응할 수 있었을 뿐 아니라 표적화된 마케팅을 통한 교차판매(Cross-Selling) 기회를 창출하여 이윤을 높일 수 있었다. 고객의 요구에 신속히 대응하여 이를 제품 및 서비스로 제공한 것은 가트너의 사이클론 모델 중 '수요에서 서비스까지'의 사이클론에 해당한다.

CIM 구축을 통해 DELL은 다양한 데이터를 통한 고객 세분화를 할 수 있었다. 이러한 다양한 데이터를 수집하여 마이닝을 통해 고객의 성향·고객의 구매패턴 등을 분석하고 이를 다시 세분화할 수 있었는데, 여기에 강력한 데이터 통합·분석·리포팅 도구를 첨가하여 효과적인 고객관계관리를 할 수 있게 되었다. 이로써 개별 고객의 요구에 부합하는 마케팅을 실행하고 고객 개개인당 기대수익

---

77. **CIM(Customer Information Management)** 고객 정보 관리

률을 향상시킬 수 있었다. CIM을 통한 고객 일인당 이윤창출은 2가지로 나누어 생각할 수 있는데, 하나는 지속적인 고객충성도 유지를 통한 고객이탈 방지 및 매출향상이고, 다른 하나는 핵심 우량고객에 대하여 차별적 서비스를 제공하여 교차판매의 기회를 창출한다는 것이다. CIM 구축을 통한 기업 내부의 효과로, 최적화된 정보를 실시간으로 이를 필요로 하는 부서에 전달하여, 부서의 생산성 향상뿐 아니라 빠른 시장 환경변화에 대응할 수 있는 의사결정을 지원할 수 있게 되었다.

DELL은 자사의 핵심역량에 해당하는 주문생산 부분에도 RTE를 추진하였다. DELL 사의 인터넷 홈페이지를 통해 고객이 컴퓨터를 주문하면, 이 정보는 바로 공장으로 전달되어 제품의 조립 및 배송이 신속히 이루어지게 된다. 그리하여 경쟁사 고객에 비해 더 빨리 제품을 배송받을 수 있고, 부품 공급자는 재고부품의 보유일을 경쟁사 대비 7분의 1 수준으로 낮추어 비용을 절감할 수 있었다. 이는 부품 공급업체와의 실시간 정보공유를 통해 가능하였다. 그러기 위해서 DELL은 핵심 부품 공급업자와의 표준화된 의사소통 및 정보교환 체계를 구축하였고, 이를 통해 최적화된 정보를 실시간으로 계속 공유하여 주문생산 프로세스의 실시간화를 이끌어낼 수 있었다.

사례 4 :
포드의 실시간경영 전략

포드(Ford) 사는 신제품의 디자인에서부터 최종 양산까지 걸리는 시간을 기존의 7년에서 4년으로 줄였으며, 이를 통해 연간 12억 달러의 비용을 절감할 수 있었다. 단순히 개발기간의 단축을 통한 비용절감뿐 아니라 신차의 품질 또한 50% 이상 향상시킬 수 있었다고 한다. 이것이 가능해지기까지 R&D 및 제조기술의 발달과 프로세스 간 협업을 가능케 하는 시스템 간의 통합이 크게 기여했음은 물론이다.

1980년대 중반 일본 자동차업체들의 미국시장 진입으로 인해 포드 사의 매출이 급격히 감소하기 시작하였다. 포드 사는 외부 컨설팅업체로부터 내부 경쟁력에 대한 평가를 실시하였고, 그 결과 경쟁업체들에 비해 지나치게 긴 제품 개발주기로 인해 고객의 요구변화에 신속히 대응하지 못하는 것이 경쟁력 하락의 가장 중요한 원인임을 밝혀내고, 신차 개발기간을 단축시키기 위한 대대적인 노력을 실행하였다. 고객의 요구변화에 따른 신제품 개발기간의 단축은 RTE 사이클론 모델의 '개념에서 구체화까지'의 사이클론에 해당하는 프로세스 사이클 타임 단축의 예라고 할 수 있다.

우선 신차를 디자인하고 설계하는 데 포드 사가 도입한 최신 정보기술의 효과를 살펴보자. 가상 생산기술을 제품개발 부문에 적용할 경우, 새로운 아이디어의 개발과 관리를 효과적으로 수행할 수 있는 개념설계 환경을 구축할 수 있고, 제품설계 부문에서는 가상 시제품(Virtual Prototype)의 제작과 시각화 · 가상 시제품을 이용한 성능분석 · 시험과 평가 그리고 생산 용이성 및 효율 평가가 가능하다. 제품제조 부문에서는 제조설비의 사양결정 · 공정 및 Layout 배치 최적화 · 최적화된 공정계획 및 생산계획의 효율적인 수립 그리고 생산성 향상 및 비용절감이 가능하다. 이외에도 정보공유 · 관리 측면에서 제품설계와 제조과정의 통합을 통한 CE(Collaborative

Engineering)의 실현과 제품공정 및 생산 시스템에 대한 정보 기반 (Information Infrastructure)을 구축함으로써, 제품의 전 라이프 사이클에 걸친 업무의 정립 및 관리와 엔지니어들 사이의 용이한 커뮤니케이션 달성이 가능해진다. 포드 사는 이러한 내용을 생산 시스템 전체적 관점에서 적용하여 생산 시스템의 모델링 및 시뮬레이션을 통해 전체의 상황을 예측하고 사전 평가할 수 있었으며, 궁극적으로는 시스템 전반에 걸친 향상을 도모할 수 있었다.

과거 포드 사의 조직구조는 기능별로 각기 격리되어 있는 굴뚝형 조직을 갖추어, 기능별 또는 부서별 협력체계가 존재하지 않는 독립적 구조를 가지고 있었다. 결국 작업 스케줄과 같은 의사결정은 부서별로 내부적으로 수동적으로 이루어지고 제조 중심적인 타이밍에 의해서 결정되었다. 프로세스 개선을 위한 노력도 일률적으로 진행되지 못하고 주먹구구식으로 30가지가 각기 다르게 진행되고 있었다. 이러한 혁신 노력에도 불구하고 가장 중요한 경쟁력 약화 요인으로 지적되었던 긴 제품 개발주기는 오히려 더욱 증가하였다. 포드 사의 신차 개발기간은 자동차와 트럭 제품군 별로 다른 주기계획을 가지고 'Taurus' 제품의 경우 여전히 7년의 사이클 타임이 걸렸다. 이러한 현상의 원인은 부서별로 진행되는 부분적인 혁신 활동들이 품질개선·비용절감 등 부서 단위의 중요한 목표들에 초점이 맞추어져 있어, 전체 제품 개발주기 단축에는 효과를 나타내지 못하는 것으로 밝혀졌다.

시간 주도적인 RTE 혁신을 위해 포드 사는 다음과 같은 노력을 하였다.

변화 및 프로세스 관리 담당자가 환경·기술·직무·사람과의 적합도를 강조하여 프로그램 관리 매트릭스를 통해 조직구조를 최적화하였다. 시스템·기술·교육에 관련된 프로세스를 고객중심화하였고, 팀 간 또는 부서 간 협업을 최우선시하였다. 조직 간 체계적인 정보공유를 가능하게 하는 프로세스 설계 원칙을 만들고 이를 'Waterfalling Information'이라 하였다.

Waterfalling Information은 프로세스상에서 연속적인 두 조직이 효과적으로 정보를 공유하는 모습이 마치 폭포의 물이 위에서 아래로 흐르는 것과 같다고 하여 붙여진 것이다. Waterfalling Information은 이전 부서에서의 작업이 완성되지 않더라도 다음 부서와 정보를 미리 공유하게 하여, 조직 간 반복작업 등 비효율적인 업무들을 줄임으로써 전체 프로세스 시간을 단축시키고자 하는 개념이다. 구체적으로 포드 사는 이 원칙을 디자인 부서와 제품개발 부서 간 업무에 적극적으로 도입하였고, 그 결과 30%가량의 반복적인 업무를 줄이게 되었다.

포드 사의 신차 개발 부문에서의 RTE 노력은 1980년대 중반에 이미 시작되었지만, 그 후 10년간 회사의 경쟁력을 강화할 수 있는 중요한 프로젝트로 인식되어, 1988년 4월 언론에 발표될 때까지 대외적으로 비밀로 유지되었다. 포드의 평균 제품 개발기간은 기존의 7년에서 4년으로 단축되어 미국 내 경쟁업체보다 훨씬 앞서게 되었고, 제품 개발기간이 가장 빠르다는 일본의 혼다(Honda) 사와 비슷한 수준이 되었다. 이를 통해 연간 12억 달러의 제품 개발비용을 절감하게 되었고, 협업을 통한 제품개발로 제품의 품질도 50%가량 향상되었다.

사례 5 :
삼성전자 GSBN 구축 사례

삼성전자는 24개의 생산법인과 36개의 판매법인·20개의 지점을 갖추고 있는 글로벌 기업이다. 삼성전자는 글로벌 경영의 효율성 제고를 위해 현재 7개의 해외 지역별 총괄체제를 운영하며, 지역별로 차별화된 연구개발과 마케팅 및 서비스를 시행하고 있다. 세계 경영체제의 효율적 운영을 뒷받침하기 위한 전략의 일환으로, 삼성전자는 2001년에 전 해외법인을 통합 운영하기 위한 ERP를 도입했고, 2002년에는 해외법인과 본사 간의 거래 자동화를 위한 월드와이드 트레이딩 네트워크(WTN; Worldwide Trading Network)를 구축했다. 그러나 ERP와 WTN 인프라만으로는 정보공유에 한계가 있어 협력사 간 협업(Collaboration)이 어려웠다. 이에 삼성전자는 협업지향적인 글로벌 조직을 갖추기 위해, 해외법인은 물론 해외 거래선까지 협업 프로세스를 정착시켜, 대규모 글로벌 무역 프로세스 기반을 다지는 GSBN 구축에 착수했다.

그 결과 삼성전자는 GSBN(Global Samsung Business Network)이라는, 서울 본사와 해외 지사는 물론 해외 협력업체들과 실시간으로 신제품 정보와 구매계획을 공유하고, 제품도착 예정일·마케팅 비용 정산 및 통관 등의 업무도 하나의 통합 사이트에서 원스톱으로 처리할 수 있게 하는 포털 시스템을 개발하였다. 이를 통해 삼성전자는 판매 경쟁력 강화를 통한 제품 판매 이익증대는 물론, 리드 타임 단축과 중복업무 최소화를 통한 원가절감 효과를 기대하고 있다.

GSBN 구현에는 마이크로소프트의 BizTalk Server · Commerce Server · Contents Management System이 사용됐다. BizTalk Server는 본사 · 해외 판매법인 및 거래선의 ERP 또는 PSI(구매 · 판매 · 재고) 시스템을 GSBN에 연동시키기 위한 인터페이스이며, CMS(Contents Management System)[78]는 본사에서 제공하는 제품과 마케팅 관련 정보를 GSBN에 연동하여 채널과의 정보공유를 위해서, Commerce Server는 ERP나 PSI 시스템을 갖추지 못한 소규모 판매 거래선과의 정보공유 및 업무 프로세스 통합을 위해서 적용됐다.

삼성전자는 특히 이 시스템의 활용으로 해외 유통재고 등의 파악과 관리가 가능해져, 본사 주도의 생산 및 판매계획 수립이 가능해졌다. 해외 현지법인을 하나로 연결하는 GSBN은 삼성전자의 해외 판매법인과 각 지역별 해외 거래선들을 '시스템 투 시스템' 방식으로 연계하여, 구매 · 판매 · 재고 · 운송 · 결제 등을 일목요연하게 파악함으로써, 고객과 시장의 요구에 신속히 대응할 수 있도록 해주는 통합 네트워크다. 삼성전자는 온 · 오프라인상의 비즈니스 프로세스를 감안한 개발 및 테스트 과정을 거쳐 이 시스템을 개통한데 이어, 4개 해외 지점 및 법인(쿠알라룸푸르 지점 · 두바이 판매법인 · 파나마 판매법인 · 오스트리아 마케팅법인)에 시범 적용하고 있다.

GSBN 구축은 삼성전자의 '디지털 e컴퍼니 구축'을 위한 최종단계, 선진화된 운영 시스템의 완성을 의미한다. 삼성전자는 지난 2001년 e컴퍼니 구축의 기반작업으로 전 세계 모든 법인에 전사적 자원관리(ERP)를 도입했으며, 지난해에는 세계 최초로 전 세계를 커

---

78. CMS(Contents Management System) e-비즈니스에 포함되는 모든 콘텐츠를 생성, 보관, 관리하는 일련의 작업과 과정

버리지로 하는 WTN을 구축함으로써 해외 모든 법인 간의 거래 프로세스를 자동화했다. GSBN도 이의 연장선상에서 이뤄지는 디지털 e컴퍼니의 완성단계로, 해외지점 및 법인에 이어 거래선까지 통합 프로세스를 확대 적용해, 대규모 글로벌 실시간 무역 네크워크 기반을 마련한 것이다.

GSBN 구축의 RTE 효과로, 삼성전자의 국제 거래선들은 웹기반인 GSBN에 접속해 신속한 신제품 정보검색 · 거래선 차원의 구매계획 전달 그리고 구매계획에 대한 본사의 생산능력 및 구매가능 여부 체크 등이 실시간으로 가능해져, 생산계획 및 공급일정 등의 실시간 파악과 불필요한 관리비용 절감으로 업무 효율성을 극대화할 수 있을 것으로 기대된다. 삼성전자의 자체 평가 역시 납기 준수 · 리드 타임 단축 · 수요예측 정확도 향상 · 재고 감소 등 해외시장 경쟁력 강화 차원에서의 도약은 물론 시장과 거래선의 현지 유통재고

〈그림 4-2〉 삼성전자 GSBN 사이트

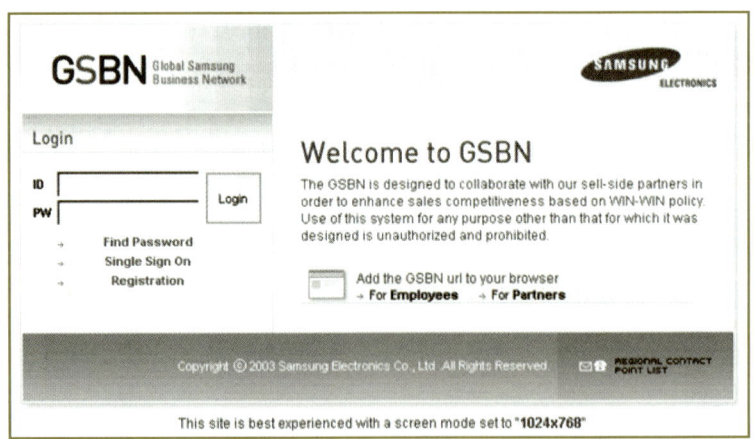

출처 : 삼성 GSBN, www.samsunggsbn.com

상황을 신속하게 시스템적으로 확인할 수 있는 체제를 마련했다는 점에서 큰 의미를 두고 있다.

삼성전자는 향후 전 세계 14개 지점에 GSBN 구축을 완료할 계획이며, 이내 모든 법인으로 이를 확대 적용한다는 목표를 세워놓고 있다. 해외지점 및 법인의 ERP 및 WTN 구축이 전 세계에 삼성전자 고속도로망을 마련한 것이라고 한다면, GSBN의 완성은 국도와 국도를 통하는 모든 실질적 콘텐츠의 통합·관리를 의미한다. GSBN 구축으로 삼성전자는 해외 협력업체의 효과적인 관리가 가능해지고, 협력업체들도 본사로부터 다양한 정보를 실시간으로 입수할 수 있어, 경영혁신을 통한 RTE화에 한 걸음 다가갔다고 할 수 있다.[33]

사례 6 :
월마트의 물류관리

월마트는 구매 및 물류 부문에서 RTE의 핵심요소인 프로세스 개선 및 정보기술의 적극적 도입을 통해 프로세스 사이클을 단축하였다. 이를 통해 얻은 비용절감 효과로 Everyday Low Price 정책으로 시장 지배력을 강화하는 데 성공하였다.

월마트가 고객의 요구를 만족시킬 수 있었던 것은 물류 시스템에 기인한다. 'Cross-Docking'이라고 하는 시스템은 재고를 최소한으로 하면서 지속적으로 물건을 재보충한다. 물건이 운반되어 창고에 공급되면, 창고에 도착한 상품은 재포장되어 분류되고, 재고로 보관되지 않고 점포로 바로 배송된다. 상품이 창고에 머무르는 시간이 극히 짧아 상품을 한 적하장에서 다른 적하장으로 옮기는 데 최대 48시간 이상은 소요되지 않는다. 또한 각각의 상품들은 3가지 형태로 분류하여 시간관리를 하고 있는데, Fast Moving Item의 경우 즉시배송, Distributed Item의 경우 24시간 내 공급, Staple Item의 경우 48시간 내 공급의 원칙을 세워두고 있다.

월마트는 취급상품의 85%가량을 그들의 배송센터를 거쳐 유통시키는 방법을 통해 업계 평균보다 2~3% 낮은 원가를 유지할 수 있었고, 이것이 Every Day Low Price 정책을 가능하게 한 근본이다. Cross-Docking 시스템을 원활히 수행하기 위하여 월마트는 전통적인 투자수익률 기준으로는 도저히 정상이라 여길 수 없을 정도의 막대한 전략적 투자를 다양한 상호연결 지원체제에 집중했다. 예를 들어 Cross-Docking 시스템하에서 주문이 들어와 운송되고 분류되어 이행되는 과정이 실시간에 이루어지려면, 모든 점포의 각 판매대와 월마트의 물류센터 그리고 공급자 간에 지속적인 실시간 접촉이 이루어져야 했다. 판매현장에서 수집되는 자료를 당일에 직접 4천여 공급자에 전송하기 위해 월마트는 회사 전용의 위성통신 체제를 운영하기 시작했다. 통신위성을 통해 1천9백여 개의 할인점·4백40여 개의 샘즈클럽(Sams Club)·4백30여 개의 슈퍼센터(Supercenter) 등의 체인망과 41개의 배송 센터 및 본사를 연결한다. 뿐만 아니라 통신위성을 통해 상품을 수송하는 1만8천 대의 트레일러의 움직임을 추적, 몇 시몇 분에 점포에 도착할 것인지를 정확하게 파악한다. 이러한 월마트의 성공은 Cross-Docking 시스템을 바탕으로 한 효율적인 물류 시스템을 이용한 저비용 원가구조라 할 수 있다.

월마트는 배송센터 외에도 POS와 위성통신망에도 엄청난 투자를 했다. 1983년 휴즈와 공동으로 위성을 쏘아 올리고, 1987년까지 위성통신망을 구축했다. 그리고 1988년 말에는 모든 점포에 POS 레지스터(register)의 도입을 완료했다. 월마트는 이러한 기반 시스템을 구축하는 데 7억 달러 이상을 투자한 것으로 알려지고 있다.

월마트의 POS 시스템 도입 사례를 통해 '고객의 대기시간을 단축시키자'는 월마트의 고객중심적 RTE 노력을 엿볼 수 있다. 월마트는 종래 금전등록기를 사용할 때보다 제품의 계산처리를, 즉 소비자가 물건을 선택한 후 가격계산에 소요되는 시간을 30%가량 단축시킬 수 있었다고 한다. 상점에서 물건이 팔리는 시점에서 모든 정보가 처리될 수 있도록 한 POS 시스템의 기본 취지를 이행하기 위해서는 제품의 많은 정보가 스캐너에 의해 처리되어야 한다. 즉 제품이 팔리는 시기와 제품의 특성 등이 스캐너에 의해 처리된 후 이 데이터를 가지고 주문과정이 자동적으로 이루어지면, 제품의 진열 등이 효과적으로 이루어질 수 있는 것이다.

실시간으로 수집된 자료를 어떻게 활용할 것인지가 중요하다고 여겨 프로그램 개발에도 주안점을 두고 있다. POS 데이터를 가지고 보다 효율적인 업무활동이 이루어질 것이라 판단하면 즉각 모든 상점에 이를 활용하는 조직의 민첩성까지 갖추고 있다. 단지 시스템 도입 차원에 그치기 쉬운 폐단을 잘 극복하고 있는 것이다. 월마트는 POS 시스템을 구축하여 주요 취급 품목인 3천2백여 제품에 대한 각 점포 판매실적을 벤튼빌(Bentonville) 본사 컴퓨터로 1시간마다 취합할 수 있었다. 이 데이터는 본사에서 그치는 것이 아니라 제조업체에도 바로 전송된다. 전송된 데이터를 가지고 제조업체들은 각 배송센터에서 필요한 공급량을 미리 예측할 수 있으며, 이를 통해 즉시 납입이 가능하게 된다. 이로써 월마트 각 배송센터에서는 재고 부담 없이 제조업체에서 납입한 상품을 도착 즉시 점포별로 분류해 필요한 양만큼 공급할 수 있게 된 것이다.

고객이 '원하는 제품'을 '원하는 시점'에서 즉시 구입할 수 있도록 하기 위해서는 QR(Quick Response) 시스템의 구축이 필요하다. RTE 사이클론 모델의 '수요에서 서비스까지'의 사이클에 직접적으로 해당되는 사항이다. 일반적으로 판매자는 제품이 어느 정도 팔릴 것인가를 예측하여 제품을 진열하고 나머지는 창고에 쌓아두게 된다. 그러나 판매자의 예측과는 달리 어떤 제품은 품귀현상이 일어나고 어떤 제품은 팔리지 않아 재고 부담만 안게 되는 경우가 있다. 실제로 이를 근본적으로 개선시킬 수 있는 방법은 제품 조달이 실시간에 가깝게 이루어져, 소비자가 원하는 제품이 없을 경우 즉시 보충될 수 있게 하면 된다. 이것이 QR 시스템의 기본 목적이라고도 할 수 있다. QR 시스템을 구축하기 위해서는 그 기반구조가 튼튼해야 한다. 소비자의 구매 상황을 실시간으로 점검해야 함은 물론이거니와 생산자에게 주문을 내는 활동 등도 실시간으로 연결되어 있어야 한다. 정보의 실시간 연결 이외에도 제품이 상점에 배달되는 유통 시스템까지 정비되지 않으면 안 된다. 위성통신망의 활용과 POS 시스템의 구축을 통해 월마트는 보다 신속한 물류 시스템을 구축할 수 있었다.

월마트는 초기 발주량은 총 수요량의 50~80% 정도로 하향 조정하고 실제 수요가 이루어질 때 추가 발주가 이루어지도록 하고 있다. 이렇게 하면 수요예측을 잘못해서 발생하는 재고량을 대폭 줄일 수 있다. QR 시스템의 구축으로 초기 발주시점 또한 보다 늦출 수 있는 장점이 있다. 기존에는 보통 초기 발주가 시즌의 4~6개월 전에 이루어졌으나, 월마트는 QR 시스템을 구축하여 시즌 20일 전으로 획기적인 개선을 이루고 있다. 초기 발주가 나중에 이루어질수록 수요변화에 대한 예측이 보다 정확해진다는 장점을 가질 수 있다.

이상의 개선 활동과 프로젝트를 통해 월마트는 사업상의 지연요소를 대부분 제거하고, 기업이 접하는 외부 이벤트에 대한 실시간 모니터링 체계를 구축하여 경쟁우위를 갖추게 되었다. 월마트는 RTE 노력을 기업 전체가 아닌 자신들의 핵심 경쟁력이라고 할 수 있는 구매 및 물류 부문을 중심으로 추진하였으며, 단순히 정보기술의 도입만을 목표로 한 것이 아니라 우선 프로세스상의 문제점을 개선하고 효율적으로 이를 지원하기 위해 정보기술을 도입하였다는 데 의의가 있다.

사례 7 :
브라질 RTE 지급 시스템

전 세계적으로 금융서비스 기업은 시간의 장벽을 뛰어넘기 위해 최신의 정보기술을 미리 습득하고 적용시켜 오고 있다. 시간과 관련된 문제를 해결하기 위해 대부분의 금융서비스 기업은 운영 프로세스의 효율성을 최적화하기 위해 노력해왔지만, 몇몇은 고객수요에 관련된 가치중심적 활동의 지연시간을 줄이는 데 초점을 맞추었다. 나라마다 고려해야 할 정치적 · 사회적 · 경제적 요인이 다르고 이러한 요인들로 발생된 금융문제들은 시간의 단축만이 유일한 해결방안으로 떠오르고 있다. 브라질의 경우, 금융서비스 기업이 인플레이션을 감당하기 위한 자동화 프로세스 업무에 뛰어들었고, BCB(Brazilian Central Bank)는 외환부채 사태 기간 동안 이를 관리하기 위한 외환거래 업무자동화 프로세스 시스템을 필요로 하였다.

인터넷 시대의 기술은 효율성뿐 아니라 효과성을 가져다줄 수 있는 변화를 위한 프로세스 개선을 가능하게 하였다. 특히 가트너의 RTE의 사이클론 개념은 이러한 변화를 줄 수 있는 유용한 접근방법이라고 할 수 있다. 은행업무 · 브로커 · 외환거래 지급업무를 다룰 수 있는 브라질 지급 시스템(SPB)에 적용된 최근의 변화는 실시간 지급환경을 향한 전국적인, 그리고 산업적인 시스템의 좋은 예로 꼽힐 수 있다. 경영 프로세스와 문화를 변화시키는 데 사용된 정보기술은 더 안전하고, 더 유동적이고, 금융정책에 잘 맞는 환경을 제공하는 금융 시스템의 완성된 모습을 보여주었다.

지급 시스템은 현금뿐 아니라 개인 · 기업 · 금융기관의 자산의 이전을 가능하게 만드는 규칙 · 도구 · 절차의 집합이다. BCB는 브라질의 지급 및 결산 시스템을 책임지고 있다. 그리고 브라질 지급 시스템은 각기 다른 시간제약과 담보조건을 다루어야 한다. 과거에는 은행계좌가 하루 정산이 끝났을 때 고갈되었을 경우, BCB는 두 가지 중 하나의 선택을 했다. 하나는 BCB가 신용위험을 안고 자금조달을 제공하는 것이고, 다른 하나는 모든 거래를 중지시키고 수신 측 은행에 부담시키는 것인데, 이때는 수신은행이 유동성 위험을 갖게 된다. 해당 계좌를 보호하지 않는 의사결정은 전체 시스템의 가치사슬 상에 존재하는 다른 참여자에게 위험도를 높이게 되는데, 결국 이러한 위험은 주로 시간지연 문제와 공식적인 신용도의 저하를 발생하게 된다고 볼 수 있다.

SPB는 이러한 문제를 해결하기 위하여 두 가지 핵심적인 기능을 시스템에 첨가하였다. 하나는 거래정산을 BCB가 실시간으로 운영되게 하여 하루 안에 발생하는 유동성 문제를 해결하는 기능이고, 또 다른 기능은 은행 간 청산기관(Interbank Clearing House)을 만들어 모든 청산업무를 하루 안에 가능하게 하는 것이다. 새로운 변화를 준 SPB는 BCB와 브라질 내의 은행과 청산기관들을 연결하여 지급에 관련된 가치사슬에 속해 있는 기업과 개인 모두에게 긍정적인 영향을 주게 되었다.

2002년 4월에 업무를 시작한 SPB는 그 당시 1만8천 건의 전자거래 업무를 소화해내었고, 2003년 1월까지 340%의 거래량 증가와, 거래 금액 규모가 102% 증가하는 성과를 얻었다. 지원 시스템에 관련된 기술은 TCP/IP · XML · 전자인증 등의 인터넷 · 텔레커뮤니케이션 표준이 기반이 되었고, 이러한 표준은 BCB의 주도와 참가자들의 협업에 의해 성공적으로 정착될 수 있었다.

SPB는 가트너 사이클론 모델의 애플리케이션 모델이 될 수 있다.

① 특정 위험 환경에 반응하여 정보기술을 사용하여 사이클 타임을 줄인 것은 '위협에서 대응까지'.

② 경영활동 모니터링을 위한 정보 사용은 '결과에서 반응까지'.

③ 자원과 자산의 배분은 '요구사항에서 자원배분까지'.

④ 고객서비스 만족은 '수요에서 서비스까지'.

1) '위협에서 대응까지' 의 사이클론에 대한 효과

SPB가 시작되기 전, BCB는 금융기관에 의한 부도 이벤트에서 모든 신용위험을 감수하였다. 일정 금액을 초과하는 거래에 대한 실시간거래 프로세스는 개인의 위험을 민영부문의 위험으로 옮기는 전략으로, 가장 큰 단일 채무자의 파산을 시스템이 감당할 수 있게 만들었다. 결국 정보기술과 지적자산은 브라질 경제에서 주요 투자자들의 매입을 유도하는데 큰 영향을 주게 되었다.

2) '결과에서 반응까지' 사이클론에 대한 효과

은행간 현금흐름에 관한 정보는 BCB가 금융 시스템을 효율적으로 모니터링하는 데 도움을 주었다. 향상된 정보흐름으로 가능해진 실시간 결산은 금융업체들의 도산을 방지하는 데만 목적이 있었던 것이 아니라 '도미노 부도 사태'를 막고 BCB와 브라질 경제를 보호하기 위해서였다. 돈의 흐름을 지속적으로 모니터링하여 BCB는 금융정책 이슈들에 신속히 반응하고, 유동성 문제를 해결할 수 있었다. 실시간 정보의 활용은 금융업체들에도 비슷하게 도움을 주어 자사의 포트폴리오의 최적화를 가능하게 하였다.

3) '요구사항에서 자원배분까지', '수요에서 서비스까지' 사이클론 효과

SPB에 의해서 관리되는 지급처리의 사이클 감소는 다른 사이클의 감소를 가능하게 하였다. 자원배분·자산사용·정보제공·계획 및 실제 수용에 대한 대응 프로세스 사이클 시간이 현저하게 단축되었다. 영향을 받은 지급 프로세스는 대부분 고부가가치 성격을 가졌고, 시간과 관련된 이득은 기업부문 전체에 많은 영향을 주었다.

서류기반의 지급방식이 만연한 시장에서 RTE SPB는 은행으로 하여금 새로운 현금관리·신용 및 위험도 관리서비스의 기회를 모든 규모의 기업에게 제공하였다. 이러한 기회는 브라질보다 더 안정적인 경제를 가지고 있는 사회에 더 많은 이득을 줄 것으로 추측된다. 분(分)을 다투며 인플레이션으로 인해 외환가치가 떨어지는 브라질의 경제에서는 지급 가치사슬에서의 시간지연의 영향을 줄일 수 있는 방법은 분명히 모든 집단에게 구원의 빛이 된다.

브라질의 지급 시스템은 고부가가치 거래를 위한 RTE 전략을 통해서 주요 경제목표를 달성하였다. 그러나 아직 지급 체인의 총체적인 전자거래의 구현은 도전 과제로 남아 있다. SPB는 분명히 경영 프로세스가 사회적인 관습보다 더 신속히 변화할 수 있다는 것과 가치가 낮고 규모가 큰 거래보다는 가치가 높고 중요도가 높은 거래의 시간단축이 용이하다는 것을 보여주었다. 그렇지만 전반적인 사회의 지급 시스템에 이를 적용하려면 낮은 거래비용보다는 더 구미가 당기는 기능을 제공하여 더 많은 참여자를 이끌어내야 할 것이다.

브라질의 전국적인 금융 시스템이 가치가 높은 거래 프로세스의 실시간화를 이끌어내면서 BCB는 RTE의 개발에 영향을 미치는 핵심적인 이슈에서 전략적 리더십을 창출하였다. 대응하기 위해 필요한 시간·중재 또는 해결 그리고 중요 유동성 사태가 바로 그것이다.[34]

사례 8 :
Cisco의 실시간 웹캐스팅

웹캐스팅 기술은 다수의 청중을 대상으로 신속하고 강력한 통신 채널을 제공하여 기업이 RTE를 구현하는 데 핵심적인 부문이 될 수 있다. 이와 같은 웹캐스팅의 역할은 RTE 사이클론 모델의 '관리' 단계의 활동에 중요하게 적용될 수 있다. Cisco 사는 자사의 인터넷 방송국 격인 Cisco TV를 통한 웹캐스팅을 사용하여 전 세계의 조직원들과 효율적으로 통신하며 신속히 경쟁 위험요소를 파악하고 전략적 목표를 일치시키고 있다.

Cisco는 전략적 개발 그리고 기업 안전에 대한 내용을 실시간으로 전 세계의 조직원들과 통신할 필요가 있었다. 경영층은 기업의 문화와 가치를 미국 본사 내의 조직뿐 아니라 멀리 떨어진 지역 특히 새롭게 진출한 해외 지점과 공유하기를 원했다.

Cisco의 웹캐스팅을 통한 RTE 목표
① 경영층의 메시지를 적시(Just in Time) 웹캐스팅을 통하여 전 세계의 조직원의 컴퓨터로 전송할 수 있을 것.
② 중간관리자들이 자신들의 VOD 메시지를 신속히 제작하고 배포할 수 있는 셀프서비스 도구를 개발하는 것.

이를 위한 첫 번째 접근 단계는 먼저 내부 웹캐스팅이 가능하도록 네트워크가 충분히 오디오와 비디오 스트리밍을 위한 데이터 전송폭을 지원하게 하는 것이었다. Cisco는 이 분야에서 다행히 최고의 기술력을 보유하고 있고, 비용도 줄일 수 있었지만, 구현 자체는 그리 특별한 것이 아니었다. 실시간 웹캐스팅을 지원하려면 IP Multicast를 라우터와 스위치에 가능하게 만들어야 하는데, 이미 많은 기업이 이 프로토콜을 지원하는 라우터와 스위치를 사용하고 있었으므로 최소의 비용만을 들이고 IP Multicast를 가능하게 하였다. 단지 IP Multicast 프로토콜을 지원하지 않는 네트워크를 가지고 있는 기업에게만 많은 비용이 필요했던 것이다. 실시간 방송뿐 아니라 과거 VOD를 저장하고 이를 다시 시청할 수 있게 만드는 ECDN(Enterprise Contents Delivery Networks)[79]을 구현하였다.

조직원들이 직접 웹캐스팅을 제작하고 배포할 수 있게 하기 위해 Cisco는 3만 달러 규모의 촬영 장비와 인코딩 기술을 갖춘 종합 스튜디오를 구축하였다. 비용이 많이 소요된 이유는 Cisco의 스튜디오는 일반 TV 방송국을 방불케 할 정도로 프로 수준의 카메라·조명·음향 시설을 갖추어놓았기 때문이다. 영국에는 다소 저렴한 비용을 들여 스튜디오를 만들었고 그 외의 규모가 작은 지역의 나라에서는 스튜디오를 빌리는 방법을 선택하였다.

총 14개의 조직원들이 스스로 웹캐스팅을 할 수 있는 제작소를 건설하고 관련기술 공급자와 계약을 맺었다. 총 4개의 솔루션이 필요했고 각각 1만5천 달러의 계약을 맺어, 조직원은 장비를 사용하는 방법과 자신의 웹캐스트를 생성할 시간 계획을 짰다. 마이크로소프트의 파워포인트를 활용하여 플러그인 기능을 통해 조직원들은 자신의 집에서도 웹캐스팅을 제작할 수 있게 하였다. 그리고 시스템은 어떤 종류의 비디오 포맷이라도 웹캐스팅이 가능하게 만들어,

---

79. **ECDN(Enterprise Contents Delivery Networks)** 콘텐츠를 빨리, 안정적으로 제공하는 기술

시간 · 장소 · 형식의 제약 없이 Cisco의 조직원이라면 웹캐스팅을 제작하고 전송할 수 있게 하였다.

Cisco의 셀프서비스 웹캐스팅의 투자 결과, '위협에서 대응까지'의 사이클론에 해당하는 사이클 타임이 줄어들었다. 예를 들어 경쟁자가 중대한 발표를 하면 Cisco의 제품 관리자가 몇 시간 내에 자신이 제작한 웹캐스팅을 통해 전 세계의 Cisco 영업인력에게 전달할 수 있게 된 것이다. 이렇게 신속한 대응은 자신이 직접 웹캐스팅을 쉽게 제작하여 지연시간을 최대한 줄이고 비디오 및 오디오 스트리밍이 가능한 네트워크를 통해 전 세계의 조직원들에게 전송할 수 있었기 때문이다.

Cisco의 인사조직 담당자는 새로운 인력이 조직에 들어와 문화를 알고 일을 배워서 적응할 때까지 걸리는 시간도 웹캐스팅의 도움으로 전략적으로, 그리고 문화적으로 신속히 진행할 수 있게 되었다. 가트너의 '목표에서 조직화까지'의 사이클론 관련 활동의 결과라고 할 수 있다. 예를 들어 2002년에 Cisco는 5개 회사를 인수하였고, 이들 조직원들의 웹캐스팅을 크게 장려하여 통합과정에서 신속히, 그리고 무리 없이 Cisco에 흡수될 수 있도록 했다. Cisco는 이러한 기능을 인수 합병 시 성공적인 통합을 위한 핵심 역량이라고 생각하고, 웹캐스팅이 매우 중요한 역할을 한다고 믿는다.

이제 웹캐스팅을 통한 통신은 Cisco의 문화가 되었다. 셀프서비스 기능은 매달 30건에서 50건의 웹캐스팅 VOD 숫자에서 지금은 4백 건에서 5백 건으로 증가하였다. 기업 전체로 생방송되는 웹캐스트는 매달 40건에서 50건 정도가 가능하다. 화질의 품질을 결정짓는 대역폭은 900Kbps에서 네트워크 사정이 안 좋은 곳은 14.4Kbps

까지 존재한다.

　비용 측면에서도 자체 웹캐스팅 시스템을 이용하여 이득을 볼 수 있었다. 자사의 시스템이 존재하지 않을 때 평균 2만 달러의 정도의 비용이 웹캐스팅에 소요되었으나, 지금은 비용이 4분의 1 이하 수준으로 낮아진 것이다. 그리고 지속적인 투자로 통합적인 관리가 이루어지고 웹캐스팅의 품질수준 역시 향상되었다. [35]

사례 9 :
국내외 전자정부 추진 사례

　정보기술의 발전에 기반한 디지털 환경의 도래는 영리를 목적으로 하는 기업뿐 아니라 정부조직과 공공기관에 있어서도 기회와 위험으로 다가오고 있다. 현대의 정보기술 환경은 정부 공공조직의 활동을 구성하고 있는 고객(민원인) · 공급업체(민간 기업체) · 조직 구성원 · 외부 파트너와의 관계를 새롭게 변화시키고 있기 때문이다. 1993년 미국에서 클린턴 정부가 집권하면서 전자정부를 구현하기 위한 개혁이 처음 도입된 이후, 세계의 각국들은 정보통신 기술을 행정에 적극적으로 도입하여 전자정부 구현을 추진하고 있다.

　우리나라의 경우, 전자정부의 조기 구현을 위하여 2001년도에 '전자정부특별위원회'가 설치되어, 국민지향적 민원 서비스 혁신 (G4C) · 재정 통합관리 · 전자조달 등 11개 핵심적 전략과제를 선정하여 추진하였다. 이 과제들은 다음과 같이 크게 3개 분야로 구성되었다. RTE 사이클론 모델의 시각에서 보면, 국내 전자정부의 현황

〈표 4-1〉 해외 전자정부 추진사업 사례

국가	과제명	과제 내용
미국	Government Computer-based Patient Record(GCPR) Framework Project	재향군인의 의료기록 전달체계 일원화, Transportable Computer-based Patient Record(TCPR) 관리, 의료 기록(병력 · 알레르기 · 면역기록) 관리
	에너지부 주도의 통신 종합 계획(TELIS: Telecom Integrator Service) ('97)	에너지부를 포함하여 정부 전체의 통신 및 네트워크 설비의 조달을 일체화하기 위한 시스템
	Joint Electronic Commerce Program Office(JECP)	구매물품 및 용역계약 방식 혁신, 종이 없는 계약 실현, 전자적 대금지급, Central Contractor Registration(CCR) 실시, Electronic Data Access(EDA) 실현
	U.S First Government	Official Gateway for Citizen, Business, Government
	전자정부 구축 수단으로서의 Smart 카드('97~'99)	업계의 방식과 표준에 적합한 개방형 시스템 구성에 기반한 카드 시스템 구축 민간 또는 정부 서비스에 접속하는 데 상호호환이 되는 카드 시스템 구축 재정 및 행정 등 다목적 기능을 지원하는 카드 시스템 구축
	공공부문의 Smart 카드 프로그램('97~'99)	총무처 : 신분증명 · 접속 · 기타 부가가치 서비스를 제공하기 위하여 Common Access ID Program 조달 예정 재무부 : 금융관리사무국(FMS)의 Plastic Card Network 금융관리사무국 : 예산관리국(OMB) · 총무처 · 국방부 · 국세청 등과 협력하여 1998년에 정부간 수금 및 지급을 위해 USA(Uncle Sam Acquisition) 카드를 시범 운영할 계획
싱가포르	원스톱 행정 서비스 구축	정부기관 간의 정보를 공유할 목적으로 토지 · 인구 · 시설물 등의 DB를 중점적으로 개발. 인구 DB는 원스톱 주소변경 서비스를 은행과 같은 민간부문에 대해서도 동시에 변경 처리할 수 있게 함 세금에 대한 전자적인 제출 시스템, 모든 대학에 대한 온라인 등록, 구직자와 고용주들을 위한 온라인 고용 서비스 등 132개 업무가 온라인으로 서비스 중

국가	과제명	과제 내용
	PS(Public Service)-Online 프로젝트('99)	e-시민센터와 PS-Online 프로젝트를 추진(ICA,1999) e-시민센터 (www.ecitizen.gov.sg) 서비스는 싱가포르 e-정부 구현의 일환으로 가상공간에서 국민들이 가장 많이 필요로 하는 정부의 서비스를 전자적으로 제공하고 있는 포털
일본	경제 산업성의 정책정보 시스템 구축	경제 정책 결정에 필요한 다양한 정보 제공
영국	영국 전자정부 국민포털 사이트('00)	각종 정보들을 국민들의 '일상사(Life episode)'별로 재구성, '속성 검색(Quick Find)', 실시간 정부소식 제공, '시민광장(Citizen Space)', '장애자용 페이지(Easy Access pages)'
	United Kingdom Online Government	5개 타깃 부문: health, education, labor, social welfare and finance
	전자정부의 기반구조	각 부처 및 기관 간 상호운영이 가능한 통신기반 구조의 구축. 현재 중앙정부 내에서 운영되고 있는 정부 인트라넷(GSI)의 성공적인 운용이 필수
	업무흐름 관리 시스템	업무흐름 관리 시스템(Work flow management system)을 통해 성과측정·서류검색·업무분장·모니터링·감사 등 그룹 업무 가능
	전자자산 매핑 시스템(e-PIMS)	정부 현대화 백서에 대한 대응으로 각 부처 소유의 건물/토지/점유 시설물의 소재 위치와 개요를 DB화
	정부 게이드웨이 (e-GIF)	각 부처 기관들이 연간 수행하는 50억 건 이상의 업무를 온라인으로 처리할 수 있게 하기 위해, 정부 게이트웨이라는 단일 창구 기능을 수행하는 웹사이트로 미들웨어 기능을 제공, 개별 부처의 백 오피스 시스템과 프런트 오피스 애플리케이션 중간에 위치하여, 개인이나 기업이 전자업무 처리에 필요한 등록을 마치고 나면, 동일한 신분증명으로 게이트웨이에 연결된 어느 부처와도 업무처리가 가능토록 함
호주	Centrelink ('97)	세무국의 세금환급 시스템·정부 구직검색 서비스·정부, 기업 간 거래·사업자등록·온라인 정부조달 등 4백여 개 업무 개발 및 시범 운영

국가	과제명	과제 내용
호주	고객지향적 포털 사이트 개설	고객지향적인 관점에서 정부 온라인 자원에 대한 접근 개선을 목표로 정부 온라인 포털 수립 전략을 확정하고 구축
	AGLS(Australian Government Locator Service)	정부 온라인 자원의 소재 위치를 밝혀, 인터넷 사용자들이 자원의 소재 위치를 쉽게 파악할 수 있게 하는 메타데이터 구현. 인터넷상의 정부 서비스 검색과 접근을 용이하게 할 뿐만 아니라 종종 오프라인 자원을 기술하는 데 활용

은 아직까지는 '운영' 계층을 구성하는 4개 사이클론 및 기반 인프라 도입 단계에 주력하고 있음을 알 수 있다.

① 행정 서비스의 실질적 이용자인 민원인의 입장에서 정보 시스템이 구축되거나 프로세스를 설계하고자 하는 서비스 혁신사업 분야이다. 이는 민간기업에서 이 같은 문제를 해결하기 위하여 고객맞춤 서비스의 개발과 고객에서부터 비롯되는 서비스의 설계 및 이를 지원할 수 있도록 조직경계를 넘어서는 프로세스의 구현과 정보시스템의 설계에 노력을 기울이고 있는 점과 일관된 것이다.

② 기존 정보시스템이 IT를 통해 창출될 수 있는 새로운 업무 프로세스의 이점을 살림으로써 행정 생산성을 제고하고자 하였다. 기존 업무 프로세스의 전부 혹은 일부분을 그대로 전산화하기보다는, 효율적이고 성과지향적인 새 업무 프로세스를 설계하고 정보시스템으로 이 프로세스 수행을 뒷받침한다는 것이다.

③ 부처별·조직별로 추진된 정부 공공부문의 정보화 사업에 다수의 기업이 참여함으로써 수많은 표준의 난립을 극복하기 위

한 기반구축 사업이다. 한 부처에서 생성되고 공유되는 정보가
유사 업무나 관련 업무를 수행하는 타 부처에서 활용되지 못하
는 통합의 문제를 해결하기 위함이다.

현재 추진 중인 31대 과제에서 한걸음 더 높은 계층의 실시간 정
보가 실현되기를 기대한다. [36)]

〈표 4-2〉 대한민국 전자정부 분야별 11대 중점과제

분야	사업과제	책임부서
국민과 기업에 대한 서비스 혁신사업	● 단일창구를 통한 민원업무 혁신 – 주민 · 자동차 등 5대 국가 주요 DB 공동 활용체계 구축 – 정부대표 전자민원실 구축	행정자치부 정보통신부 기획예산처
	● 4대 사회보험 정보시스템 연계 구축 – 4대 사회보험 간 통합고지 · 신상정보 연계관리 · 보험관련 통합검색 서비스 제공 등	보건복지부 노동부
	● 정부 통합 전자조달 시스템 구축 – 업체등록 · 입찰 · 계약 · 대금지급 등 모든 조달절차 온라인화 및 단일 조달창구 구축	기획예산처 정보통신부
	● 인터넷을 통한 종합 국세 서비스 제공 – 인터넷기반의 세무행정 서비스	국세청 재정경제부
행정의 생산성 제고사업	● 국가 재정정보 시스템 구축 – 복식부기 · 발생주의 회계제도 기반의 정보시스템 구축 – 재정관련 기관별 시스템 간 정보공유/연계체계 구축	재정경제부 기획예산처
	● 시/군/구 행정 종합 정보화	행정자치부 서울시

분야	사업과제	책임부서
행정의 생산성 제고사업	● 전국 단위의 교육행정 정보시스템 구축 – 학교/교육청/교육부를 연계하는 학사 및 교육행정 자료의 온라인 유통체계 구축	교육인적자원부 재정경제부
	● 표준 인사관리 시스템 구축 – 종이 없는 인사행정 구현 및 전 공무원 인사정보 DB화를 통한 인사정책의 적실성(的實性) 향상	중앙인사위
	● 전자결재 및 전자문서 유통 정착 – 정부 문서업무의 전산화 및 실시간 공문서 유통체계 구축	행정자치부
전자정부 기반구축 사업	● 전자관인 시스템 구축 및 전자서명 시스템 확산 – 범정부적 전자인증 시스템 구축 및 확산	행정자치부 정보통신부
	● 범정부적 통합 전산환경의 단계적 구축 – 부처별로 운영되는 전산실의 공동운영 시스템 구축	행정자치부 정보통신부 기획예산처

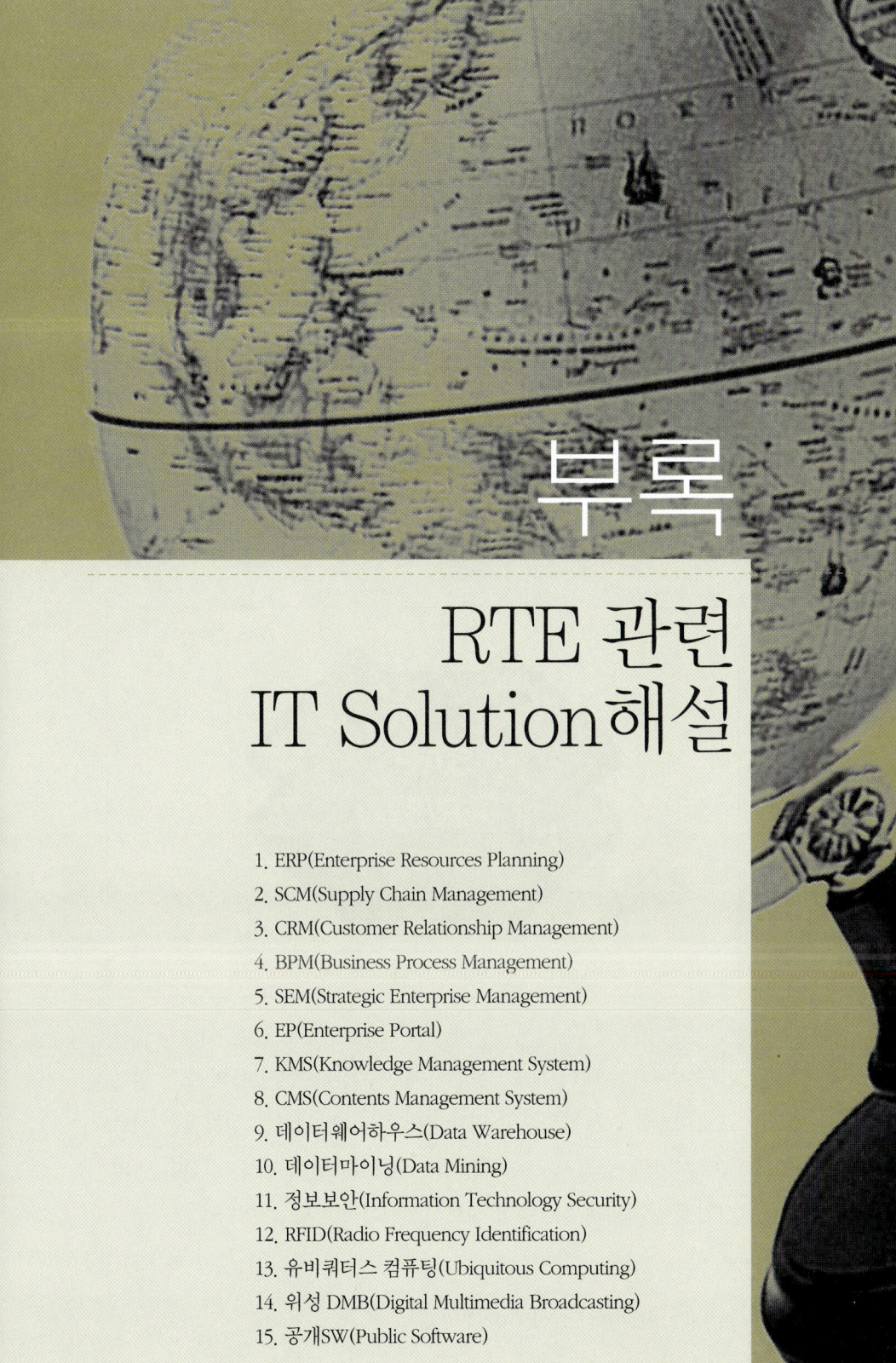

부록

RTE 관련
IT Solution 해설

1. ERP(Enterprise Resources Planning)
2. SCM(Supply Chain Management)
3. CRM(Customer Relationship Management)
4. BPM(Business Process Management)
5. SEM(Strategic Enterprise Management)
6. EP(Enterprise Portal)
7. KMS(Knowledge Management System)
8. CMS(Contents Management System)
9. 데이터웨어하우스(Data Warehouse)
10. 데이터마이닝(Data Mining)
11. 정보보안(Information Technology Security)
12. RFID(Radio Frequency Identification)
13. 유비쿼터스 컴퓨팅(Ubiquitous Computing)
14. 위성 DMB(Digital Multimedia Broadcasting)
15. 공개SW(Public Software)

1. ERP (Enterprise Resources Planning)

(1) ERP의 개요

ERP(Enterprise Resources Planning)는 구매·생산·물류·판매·회계 등의 기업경영 활동 전반에 걸친 업무를 통합하여 경영자원을 최적화한다는 개념으로, 기업의 모든 자원을 체계적으로 계획·활용하는 것이라고 볼 수 있으며, '전사적 자원관리'라고도 한다.

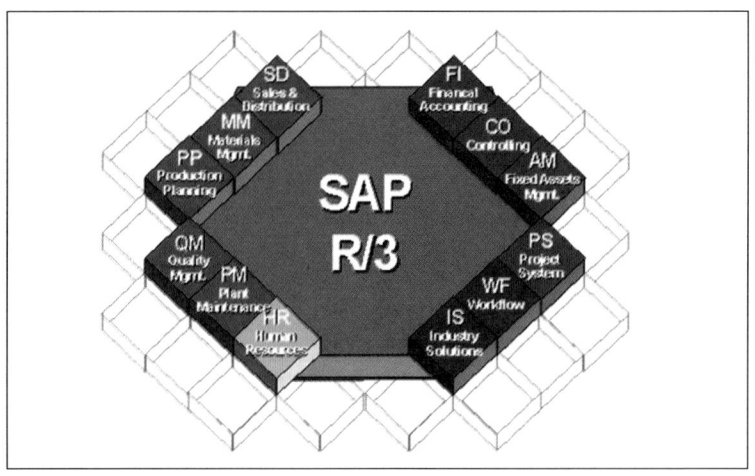

출처 : SAP ERP module

ERP는 기업 내의 제조·물류·재무·회계·인사 등의 모든 업무 프로세스들을 통합적으로 연계 관리하고, 발생하는 정보들을 서로 공유시키며, 궁극적으로 이를 통한 새로운 정보 생성 및 신속한 의사결정을 지원해주는 통합 정보시스템이라고 할 수 있다.

ERP의 활용으로 프로세스 표준화 · 정보/물류/설비의 통합 · 기업 내적/외적 연계 그리고 각종 정보의 실시간 공급 및 분석이 가능하게 되어, 성과 및 효율 향상에 기여함으로써 기업의 목적을 달성하게 한다. 또한 단순한 패키지 도입으로 끝나는 것이 아니라 오히려 업무 전반에 걸친 통합 시스템으로써의 기업 내 정보 인프라를 새롭게 함에 따라 기업환경의 변화를 수용하는 노력과 의지가 필수적이다.

(2) ERP의 구성요소

1) 재무 관리

기업의 회계처리 영역으로 생산 및 판매영역과 연계되어 실시간으로 모든 회계 처리가 회계 원장에 반영되며 재무라는 창(窓)을 통해 보는 각종 경영분석 기능을 제공한다. 이 기능을 통해 적절한 자금의 관리 및 운영이 가능하다.

2) 자재 관리

판매 · 생산 · 유통 등과 연계하여 소요되는 자재 조달 및 운영 계획 등에 관한 업무처리 영역으로, 적정시점에 생산공정에 자재를 투입하기 위한 각종 수급계획 및 예측자료를 관리하고 자재조달과 관련된 재무회계 모듈과의 연계처리로 실시간으로 원장에 반영되는 처리들로 구성되어 있다.

3) 생산 관리

생산공정과 관련하여 생산계획 및 생산능력 판단 등 생산정보를 판매 관리 · 자재 관리 등과 연계하여 관리함으로써 생산과 연계된 각종 자재 및 판매계획 등에 대한 수립을 지원한다. 원가분석을 위한 통합자료를 제공함으로써 효율적인 자원 관리를 통하여 기업의 이윤을 극대화할 수 있도록 지원한다.

4) 유통 관리

제품의 주문 및 수송 등 유통에 관한 업무처리 영역으로, 제품의 입출고와 재고를 판매 및 영업 등과 연계시켜 관리하고 이를 종합적인 생산계획과 연계하는 등 물류 전반에 관한 정보 관리체제를 구축함으로써 적정한 자원 관리를 가능하게 해준다.

5) 인사 관리

채용·배치·급여·교육 관리 등 인력자원 관리와 관련된 기능을 수행한다.

6) 영업 관리

기업 영업력 강화를 지원하고 영업 업무를 생산 활동에 반영시키기 위한 각종 업무 처리를 지원하는 모듈로 영업 활동 및 주문 정보를 생산 계획으로 연계시키고 회계처리 내역을 재무 관리에 실시간으로 반영함으로써 조직 전반에 걸친 생산과 영업의 체계적인 관리를 지원한다.

(3) 기대효과

1) 정보의 실시간 통합처리

ERP 시스템을 도입하게 되면 기업 내의 영업·생산·구매·자재·회계 등 모든 조직과 업무가 IT로 통합되어 실시간으로 모든 정보를 통합 처리할 수 있게 된다.

2) 선진 프로세스 적용 가능

ERP 시스템을 도입하게 되면 ERP 패키지 내에 포함되어 있는 베스트 프랙티스(Best Practices)라는 선진 프로세스를 회사 내에 적용시킬 수 있어 BPR(Business Process Reengineering; 업무흐름 재설계)을 자동적으로 수행한 결과를 가져온다.

3) 시스템 확장성 용이

ERP 시스템을 도입하게 되면 복잡 다양해져가는 시대에 정보시스템의 충분한 확장성을 보장받을 수 있어, 중·장기적인 관점에서 비용을 절약하는 효과를 가져온다.

(4) 성공사례

삼성전자 ERP 구축 사례

■ 구축 목적

글로벌 ERP 체제를 구축함으로써, ① 사내의 부서 간 협업체제 강화 및 ② 정보관리 시스템에 의한 효율적 글로벌 비즈니스 운영과 ③ 프로세스 표준화를 통한 신속한 의사결정 시스템을 확보하려 하였다.

■ 구축 기간

1994년~2002년

■ 구축 개요

- 1994년부터 PI Master Plan 수립 및 시범적용이 시작되었다. ERP 시범추진을 위해서 국내의 냉장고 사업부 및 국내 영업부문을 대상으로 ERP 적용이 시작되었고, 특히 전사 자재코드 통합 및 전사 표준 프로세스 수립이 진행되었다.

- 그 이후 전 사업장으로 ERP의 적용이 확산되기 시작하였다. 적용 사업장은 국내 18개·해외 12개로서, 모델/제품 코드의 표준화·전사 통합구매 시스템이 적용되었으며, 더불어 상품개발 부문에 PDM 추진이 동시에 시작되었다.

- 1998년에 모든 국내사업장의 ERP 적용이 완료되었다. 24개 국내사업장에 ERP가 적용 완료되었으며, 동시에 SCM 추진 및 재무관련 코드 재정비가 추진되었다.

- 2000년부터는 해외법인에 본격적으로 ERP 적용이 시작되어 결국 ERP 적용사업장은 국내 24개·해외 54개사가 되었으며, 추가적으로 인사모듈(HR)을 해외법인에 적용하였다. 또한 CRM의 시범적용이 시작되었다.

- 현재는 리얼타임 경영정보체제 구축을 위하여, ERP와 CRM·PDM 연계가 진행되고 있다.

■ 구축 내용

- 1993년 1월 전자 4개 부문(가전, 통신, 컴퓨터, 반도체) 통합에 따

라, 프로세스 혁신 Master Plan과 전략정보 시스템 계획을 수립하였고, 이를 지원하기 위한 SAP R/3 패키지를 선정하여 Roll Out 방식으로 추진하였다.

- 특히, 해외법인의 대형 부실·경쟁력 상실·실질적 부도상태 등 총체적인 위기의 근본원인이 시스템 및 프로세스 기본에 충실치 못한 데 기인한다고 생각하여, '선(先) 시스템·후(後) 프로세스'라는 경영관리 방침에 따라, 해외법인에 ERP를 조기 적용하게 되었다.

- 효과적인 구축을 위해 시범 사업부에 우선 ERP를 시범 적용하였고, 이후에 전사로 확산하였다. 동시에 공통의 Guideline 및 Template를 제공하였으며, SAP R/3의 10개(MM, PP, FI, AM, CO, WM, QM, PM, WF, HR)의 모듈이 사용되었다.

■ 구축 성과

구분		구축 전	구축 후
정량적	주문 출하 리드타임	11일(국내)	3일(국내)
	재고일수	73일(국내)	35일(국내)
	납기 응답시간	3일(국내) 7일(해외)	즉시
	법인 결산 소요일	13일	4일
	글로벌 연결결산	매년 1회 3개월	매월 1회 6일
정성적	주요 프로세스 및 관리체계 변화	-월 단위 관리체계 -물류·재무 이원화 -전사 기준정보 각 사업장별 관리	-주 단위 관리체계 -물류·재무 동기화 -전사기준 정보의 표준화·통합 관리

볼보건설기계 코리아 ERP 구축사례

■ 구축 목적

재고감축 · 운영비 절감 · 공급비용을 절감함으로써, 제품 개발시간을 단축하고, 제품 및 서비스 품질을 획기적으로 개선하기 위함이다.

■ 구축 기간

1998년 4월~2001년 1월

■ 구축 개요

- 1단계 : 1998년 4월부터 1999년 8월까지 시스템 교체를 중심으로 진행되었다. 볼보건설기계 코리아는 기존 시스템을 mySAP 솔루션으로 교체하기로 하고, 회계 · 수주 · 제조 영역에 단일 빅뱅 구현 방식으로 진행하였다. 동시에 관련 트랜잭션 데이터 · 계획 대비 재무실적 · 핵심 성과지표 등을 모니터링하기 위해, SAP 비즈니스 인포메이션 웨어하우스(SAP BW)를 사용하였다.

- 2단계 : 1999년 9월부터 2001년 1월까지 업무 프로세스 재설계를 추진하였다. 이 기간 동안 볼보건설기계 코리아는 SAP 애플리케이션 기반이 지원하는 업무 프로세스를 통해 일관성을 보장받고, 미래의 혁신을 위한 플랫폼을 제공받도록 제반 업무 프로세스를 재설계했다. 또한 일정계획 프로세스(제품군 및 제품 사양별)를 구현하고 관련 ATP(Available-To-Promise) 프로세스도 구축하였다.

■ 구축 내용

- 생산현장 관리(SFC) 통합

제조현황에 대한 실시간 가시성 확보 · 라인 운영 관리능력 강화 · 생산실적 데이터의 전자집계 등을 위해 이 회사는 생산현장 관리시스템을 mySAP 자동차 산업 솔루션과 통합하였다. 이를 통해 데이터 정확도 증대와 재고 감소 효과를 달성하였다.

- 부품 개발

SAP 시스템을 공급업체와 통합함으로써 부품개발 프로세스를 재설계했다. 볼보건설기계 코리아는 이제 인터넷을 통해 공급업체에 견적을 요청하고 서류 없이 분석·협상·승인 등을 수행할 수 있게 되었다.

- 대외 협업 및 e-비즈니스 프로세스

3백50여 개 국내 및 해외 업체 및 공급업체를 대상으로 협업 프로세스를 구현하였다. 시스템은 구매 발주서·송장·납품서 등의 교환을 처리하고, 제품 및 부품 도면검색을 용이하게 하며, 예측·조립 계획·품질 데이터·기타 정보의 기업 간 교환을 실현하였다. 결과적으로 볼보건설기계 코리아는 고객서비스 측면에서 큰 개선효과를 달성하였다. 예컨대 국내외 딜러가 이제는 전자부품 카탈로그와 웹 지원형 프로세스에 액세스할 수 있게 되어 볼보건설기계 코리아는 고객을 대상으로 더욱 효율적인 서비스를 제공할 수 있게 되었다.

- 프로세스 혁신 및 변화 관리

볼보건설기계 코리아는 업무 프로세스 혁신에 초점을 두는 방안을 선택하였다. 프로세스 설계는 정적인 과정이 아니라 사업과 지원 시스템 모두 시장 요구사항에 따라 변화·발전을 지속해야 한다는 사실을 인식하고 있었다. 앞으로 볼보건설기계 코리아는 수요예측 개선, 제조 유통망 계획 등의 분야에 mySAP 공급망관리 기능을 이용해 업무 프로세스를 지속 발전시킬 계획이다.

■ 구축 성과

수주/출하 리드타임을 43% 단축하였고, 부품개발 소요시간을 26일에서 17일로 단축하였으며, 동시에 재고수준을 53% 수준으로 감축하는 성과를 이루었다.

KT ERP 구축사례

■ 구축 목적

KT는 민영화 기반을 완성하는 사업의 일환으로, 그동안 개별 시스템으로 운용되어왔거나 수작업으로 수행해왔던 재무·부동산·구매·물류 및 공사 시설 분야의 업무를 혁신하고 통합하여 처리할 수 있는 경영혁신 툴로써 ERP를 선택하였다.

■ 구축 기간

2002년 6월~2003년 9월

■ 구축 개요

- KT의 고민은 국내 최대 규모 사용자 3만8천 명, 공급사 7천6백 개 업체가 사용할 수 있으며 업무 프로세스 개선·윤리경영·조직문화 변혁 등을 동시에 강력하게 일괄 구축하는 빅뱅 방식의 ERP 구축 솔루션을 찾는 데 있었다.

- KT는 먼저 솔루션별 장단점·시장 점유율·구축 및 운영비용 등을 종합적으로 엄격하게 평가한 후 최종적으로 오라클을 선택하였다.

- 이렇게 도입된 오라클(Oracle) ERP를 기반으로 시스템을 구축하면서 KT는 동시에 SSC(Shared Services Center)를 구축하여 조직과 업무 프로세스를 정비하고 전국에 산재한 기관에서 따로 수행해왔던 회계·물류 및 부동산 등의 지원성 업무를 한곳에서 집중해서 처리할 수 있게 함으로써 ERP 도입효과를 극대화시키고 인력과 업무처리의 효율성을 동시에 기할 수 있게 되었다.

■ 구축 내용

- KT ERP 프로젝트는 코드표준화를 통하여 흩어진 정보가 통합되고 공유되도록 하였다. 기존에 부문별로 상이한 코드체계를 사용하던 것을 새로 도입한 표준코드(물품코드·위치코드)를 통해 관련정보를 통합하여 관리할 수 있게 되었다. 아울러 효과적인 코드 관리를 위해 CIS라는 코드 정보시스템도 함께 구축하였다.

- 모든 경영지원 분야 시스템을 빅뱅 형태로 일괄 구축하여 3만8천 명이 사용할 수 있는 국내 최대 규모를 자랑하는 KT ERP 구축에는 EAI 솔루션 도입을 통하여 시스템 간 연동업무를 용이하게 관리할 수 있도

록 함으로써 시스템 통합성을 제고하였으며, 웹 방식의 통합인증체계를 적용하여 보안성과 편리성을 증진시켰다.

- 이외에도 KT는 종이로 관리되던 부동산 도면을 CAD화하고 위치코드를 표준화하여 시설 관리와 효과적으로 연계하였다. Oracle PLM(Product Lifecycle Management) 솔루션을 통해 외부업체들로부터 들어온 제안서·공사도면을 일괄적으로 하나의 뷰어로 통합해 활용할 수 있게 했다. 또한 Cadview-3D를 도입해 각종 도면자료들을 온라인에 올릴 수 있도록 하여 외주업체로부터 온 공사도면·서류문서를 체계적으로 관리하고 공유함으로써 업무 효율성을 향상시켰다.

■ 구축 성과

- KT는 ERP 구축으로 재무·물류·공사·시설 등 전 부문에서 발생하는 비용을 당일에 반영하고, 수익은 추정 매출액을 조기 반영하여 익월 5일까지 재무정보를 제공함으로써 신속한 경영 의사결정이 가능하도록 기반을 구축했다.

- 이와 함께 전자조달 시스템은 사용자의 업무 생산성을 향상시키고, e-비즈니스 기반의 구매방식으로 전환하여 7천6백 개 공급사와의 효과적인 협업이 이루어지도록 하였다. 바코드 기반의 실물자산 추적관리로 실물자산을 투명하게 관리할 수 있게 되었다. 또한 공사정보의 체계적인 관리와 그 활용을 위하여 공사관련 정보를 표준화하고, 업무를 시스템화하여 관리능력을 향상시켰다. 구매와 지출 분야에 전면 도입한 전자결재는 비효율적인 문서나 증빙관리 업무를 획기적으로 감소시켜 생산성에도 기여하게 되었다.

- 결과적으로 KT는 ERP 구축으로 구매 리드타임을 45일에서 17일로 단축시키고, 15일 걸리던 결산정보를 5일로 신속하게 제공하고, 투자 재고자산의 회전율을 연간 6회에서 10회로 높이고, 전자구매를 통하여 원가를 절감하고, 실물과 장부를 99% 일치시키고, 재무인력의 25%를 재배치하는 등 프로세스 혁신에 놀라운 성과를 기대하고 있다. 이를 통해 앞으로 5년간 약 2천7백억 원의 기업가치 증가를 내다보고 있다.

포스코 ERP 고성능 서버 구축 사례

■ 구축 목적

세계 최고의 철강기업을 지향하는 포스코의 프로세스 혁신 프로젝트를 성공적으로 수행하기 위해 대규모 프로젝트를 소화해낼 고성능·고가용성의 상용 서버를 도입하려 하였다.

■ 구축 기간

2000년 11월~2001년 6월

■ 구축 개요

- 대규모 ERP DB 시스템을 구축하고, 데이터웨어하우스 등 다양한 시스템 도입뿐 아니라, 대규모 데이터 인터페이스를 시도하였다.

■ 구축 내용

- 포스코의 수퍼돔 도입은 지난 1999년부터 2년 반 동안 말 그대로 전사적으로 추진해온 경영혁신 프로젝트인 PI(Process Innovation) 작업의 일환이었다.

- 수퍼돔으로써도 포스코 사례는 세계 최초의 실제적용 측면에서 본격적인 대규모의 검증 프로젝트였다고 할 수 있다. 포스코는 대외 고객을 지향하는 업무 위주의 접근방식으로 오라클 ERP를 최적 지원 플랫폼으로 선택했고, 유닉스를 채택하였다.

- 제조 분야에서도 전자·화학 등 부품조립이나 원료결합의 성격이 강한 분야는 비교적 쉽게 지원할 수 있지만, 철강은 조립 분야처럼 프로세스가 간단하지 않기 때문에 시스템 선택에서 고민이 깊어질 수밖에 없었다.

- 포스코의 ERP는 40여 개에 이르는 ERP 전체 모듈을 다 사용할 정도로 대규모이다. 당연히 트랜잭션도 엄청나다. 업무 크기를 따져서 용량을 산정했을 때 당시 상용화된 기종에는 적합한 시스템이 없다는 판단이었다. 포스코는 ERP DB를 분할할 것인가, 아니면 대용량 서버를 도입할 것인가 하는 방법론을 놓고도 고민했다. 하지만 ERP를 분할할 경우 손실이 커서 결국 PI를 추진하는 의미가 줄어들 수밖에 없을

것으로 판단했다. 이제 각 시스템의 데이터 항목을 통일하고 동일한 시각과 기준 등 전사적 통합 인프라를 갖추어야 할 필요성이 제기됐던 것이다.

- 2단계에 걸쳐 운영 테스트를 하고 이후 종합 테스트를 거쳤다. 현업 직원들이 직극직으로 참여, 실제로는 병행 가동과 마찬가지 상황이었다. 데이터 이행 역시 몇 차례 연습을 통해 데이터 정합성을 거의 100% 까지 끌어올렸던 것이다.

- 업무 부하 테스트도 함께 이루어졌다. 그 과정에서 시스템 증설이 뒤따랐다. 비슷한 시기에 시스템을 가동했던 몇몇 기업들이 가동 이후에 증설하느라 소동을 빚었던 것에 비해 포스코는 무모한 듯 보이지만 탄탄하게 단계를 밟는 방식을 선택했던 것이다.

■ 구축 성과
- 가동 이전에 자체 개발해 사용하던 MIS에 비해 비즈니스 측면의 개선 효과는 뛰어났다. 과거 6일 걸리던 월 결산이 단 하루 만에 처리 가능해졌고, 제품납기 역시 과거 20~30일에서 14일(열연 제품 기준) 정도로 단축됐다.

- 아울러 그동안 ERP의 사각지대였던 중공업 · 철강업을 비롯하여 공기업 등에서 ERP 도입이 늘어나면서 경쟁관계에 있는 기업들도 ERP 도입이 가속화하고 있다는 점을 들 수 있다. 대표적인 예가 '포스코 효과'라고 불리는 철강업과 중공업 분야의 ERP 도입이다. 포스코 효과란, 세계적인 ERP 성공사례로 평가받고 있는 포스코 케이스에 자극받은 철강업 및 중공업 분야 대기업들이 2003년부터 포스코와 비슷한 방식과 내용으로 관련 프로젝트를 추진하기 시작한 것을 일컫는 말이다.

2. SCM(Supply Chain Management)

(1) SCM의 개요

SCM(Supply Chain Management, 공급망 관리)이란, 기업이 제품 생산을 위하여 원재료의 수급에서 고객에게 제품을 전달하기까지의 공급망에서 일어나는 구매/조달·생산·영업·물류·재고 관리 등의 정보흐름을 최적화하여 효율성을 극대화하기 위한 시스템으로 정의된다.

SCM이란 원료 공급업체(Supplier)에서부터 고객(Customer)에 이르는 공급망(Supply Chain)의 정보(Information)·자재(Material)·현금(Cash)을 통합 관리하는 전략적인 기법이며, SCM 솔루션은 정보기술을 기반으로 이 과정을 자동화·효율화한다. SCM 솔루션은 경영전략 및 기법과 정보기술의 결합체라고 할 수 있으며, 일반적으로 리엔지니어링 이후 SCM 도입이 진행되는 것도 이 때문이다.

일반화된 공급망

출처 : 앤더슨컨설팅

(2) SCM의 구성요소

SCM은 수요기획 · 제조기획 및 일정관리 · 공급기획 · 운송기획의 4가지 핵심 기능으로 구성되지만 SCM은 공급망의 범위가 광범위하고 다양한 기능 및 정보가 관련되어 있는 만큼 한 기능에 특화된 제품이 사용되기도 한다.

1) 수요기획(Demand Planning)

수요기획은 공급망의 각 과정과 각종 채널을 통해 수집된 정보를 분석한 예측 결과에 기반한 서비스와 제품에 대한 수요를 예측하는 과정이다. 고객의 요구를 정확히 예측하는 것은 수요에 대한 불확실성을 감소시킬 뿐만 아니라 고객에게 보다 양질의 서비스를 제공할 수 있도록 해준다.

2) 제조기획 및 일정관리(Manufacturing Planning and Scheduling)

제조기획 및 일정관리 기능은 생산 능력을 감안한 제조 일정을 최적화하는 과정이다. 이 기능은 생산과 관련된 기존 정보시스템인 MRP(Material Requirements Planning) 및 CRP(Capacity Requirements Planning)와 결합하여 최적화된 생산 계획을 제시한다.

3) 공급기획(Supply Planning)

공급기획은 재고와 운송 자원에 기반하여 고객의 수요를 충족시키기 위한 프로세스로, 재고 물량 보충과 창고 관리 등의 기능을 포함하고 있는 DRP(Distribution Requirements Planning) 기능을 포함하고 있기도 한다.

4) 운송기획(Transportation Planning)

운송기획은 배송날짜·교통 상태·운송업체 상태 등과 같은 제한 요건을 감안하여 물건의 선적·배송 등과 같은 일정을 최적화하는 기능이다.

(3) 기대효과

SCM의 기대 효과는 일반적으로 물류비용 절감·고객만족·시장 변화에 대한 대응력 확보·구매비용 절감·생산 효율화 등을 들 수 있다.

1) 재고량의 감소

SCM 도입은 재고량을 획기적으로 감소시켜준다. 공급망 주기는 20~25% 정도 단축 가능하며, 응답 시간은 25%에서 최대 50%까지 감소 가능하다. 즉 결과적으로 재고와 재고 관리를 위한 비용 절감이 가능하게 된다. 그 결과 상품의 소비자 판매 가격을 낮출 수 있고 동시에 기업의 상품 마진을 높일 수 있다.

2) 소비자의 니즈 파악

소비자의 신속한 소비 성향을 파악함으로써 소비자 기호와 니즈(Needs)를 충족시킬 수 있는 신상품 개발이 가능하다. 유통업체와 제조업체가 모두 수용할 수 있는 브랜드 개발이 가능해 카테고리의 성장이나 수익 증가를 기대할 수 있게 된다.

3) 간접비용의 감소 및 생산 효율화

종래에는 매번 원자재를 구매할 때마다 공급가격·납품시기·결제조건·납품 및 검품 등의 과정을 거치면서 수많은 서류를 작성해야 했고 매 과정마다 결재업무가 뒤따라 많은 시간과 비용이 소모되었다. SCM을 도입하면 구매나 판매에 있어 불가피했던 수작업 서류업무가 없어져 간접비용을 크게 줄일 수 있다.

SCM 도입 효과

정량적 효과	외형적인 업무 운영 효율화에 의한 비용절감	직접 인원 생산성 향상	5~10%
		간접 인원 생산성 향상	20~30%
		간접 인원 증가 요인 억제	10~20%
	공급망 및 고객서비스 분야의 개선	자재비용 감소	5% 이상
		재고자산 감소	20~80%
		생산 사이클 타임 단축	30~60%
		생산량 증가	10~15%
		구매 사이클 타임 단축	50% 이상
		전체 제 경비 감소	40% 이상
	전산비용 절감	도입비용의 절감	50~70%
		관리비용의 절감	60%
정성적 효과	– 작업 지연시간의 단축 – 철저한 납기 관리 및 영업 관리로 고객 만족도 향상 – 비표준적인 수작업 처리로 인한 업무의 오류 제거 – 계획 기능 강화로 재고 감소 – 발주업체와 협력업체의 신속한 교류로 인한 협력업체의 재고 감소		

출처 : 한국유통정보센터

(4) 성공사례

존슨&존슨의 SCM 도입 성공사례

존슨&존슨은 1990년대 중반 SCM을 도입하면서 미국 내 물류 거점을 12개에서 3개로 대폭 축소하고 발주에서 납품까지의 시간을 획기적으로 단축하고 재고 비용도 크게 줄이는 효과를 얻었다.

존슨&존슨은 SCM 도입 이전, 생활용품 등 3개 사업 부문이 별도의 구매/발송 시스템을 운영했다. 상품 흐름 정보도 사업 부문별로 관리되었고 부문 간 정보공유는 부분적으로만 이루어졌다. 그러나 12개였던 물류 거점을 3개로 통합함과 동시에 사업 부문 간 벽도 무너뜨렸다.

정보를 공유하고 부문별로 흩어진 구매/발주 시스템과 고객의 수주 정보를 공유하고 사업 부문별 수주 정보도 통합했다.

이와 같은 SCM 도입을 통해 물류센터 가동률은 30~70% 이상 높아졌으며 중복 발주나 중복 보유는 급감했다. 수주에서 납품에 이르는 시간도 단축되고 고객의 수주 부담과 상품 재고도 줄일 수 있게 되면서 고객서비스도 향상됐다.

한편 양판점이나 백화점과 같은 공급망상의 대형 고객과는 EDI를 구축해 고객의 정보시스템과의 통합을 추진했다. 예를 들어 고객이 필요한 물품을 존슨&존슨의 EDI에 입력하면 그 즉시 존슨&존슨의 모든 사업부에서 고객의 주문을 인식하고 납기일에 납품을 하는 것이다.

시스코의 SCM 도입 성공사례

공급망 전체를 가능한 한 완전히 디지털화하고 비즈니스 모델을 재설계하여 성공한 가장 모범 사례로 꼽히는 회사가 바로 시스코이다.

시스코는 1992년 제품 정보와 제품 지원 서비스를 제공하는 CCO(Cisco Connection Online) 서비스를 개시했다. 당시에는 단순한 카탈로그 수준이었지만 1996년부터는 본격적으로 이 사이트를 통해 상품 주문을 접수하기 시작했다.

CCO는 일종의 웹 EDI 방식으로 대리점과 기업 사용자가 직접 CCO 사이트에 접속한다. 주요 기능으로는 판매 기능 외에 주문 상황을 확인할 수 있는 'Order States Agent'가 있어 발주 후 발주 제품의 생산과 배송 상황에 대한 정보를 고객에게 제공하고 있다.

한편 고객확보 · 고객서비스의 일환으로 대규모 판매 대리점과 대규모 통신 사업자와 같은 초우량 고객에게는 전용 발주 시스템을 구축할 수 있는 게이트웨이를 제공하고 있다.

시스코의 SCM 도입 효과

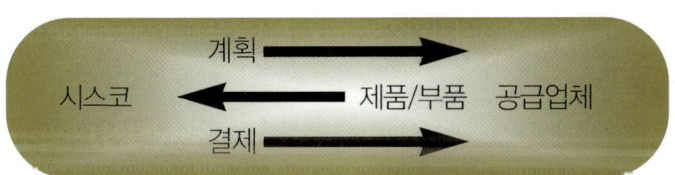

항목	도입효과	내용
부품비용	2,150만달러 삭감	결제가 빨라짐으로써 공급업체의 Cash Flow 개선
직접인원	620만달러 절감	
간접인원	900만달러 절감	사람 손에 의한 주문 업무의 최소화
합계	3,670만달러 절감 효과	EFT(Electronic Funds Transfer) 사용

출처 : 한다준이치, 와타야히로시(2000), 《IT 매니지먼트》

시스코는 CCO 도입을 통해 시스코의 고객들이 수많은 종류의 제품 중에서 상품을 선택하고 주문서를 작성하는 비용을 줄여 고객 편의성을 도모함과 동시에 도입 이전에 40%에 달하던 제품 구성에 관한 주문 실수를 없애고 영업직이 주문서를 작성하는 대신 고객과의 접촉 시간을 늘려 리드타임을 단축시키는 효과를 얻었다.

　　이전에는 네트워크 장비 도입 시 가장 큰 문제인 각 장비 간 호환성에 대한 문제가 빈번했고 이를 처리할 네트워크 기술자가 많이 필요했다. CCO 도입 이후에는 웹을 통해 이와 같은 사용자 문의사항에 접수, 응답함으로써 1천여 명의 관련 인력을 축소하는 효과를 얻을 수 있었다.

세계적인 기업들의 SCM 도입 성공 요인		
업종	**기업**	**성공요인**
제조	Benetton	– 재고를 줄이기 위한 신속 공급체계(QR)와 전략적 연계 – 글로벌 물류 정보 시스템 – 자동화된 물류센터 – 포장 단위의 표준화에 의한 제품 관리 – 자회사(Benlog)를 활용한 복합 운송체제
	Caterpillar	– 고객과의 긴밀한 관계 유지(주문/부품 공급 시스템) – 우수한 물류체제(물류 기능 강화, 효과적 재고 방법, 전산처리에 의한 투자) – 제품 지원 기능(전 세계적 정보 연결망 구축)

	P&G	– 공급 채널의 효율성과 서비스 개선
		– 물류망 내의 비효율성 인식 → 공급망 내의 불필요한 프로세스
		  개선 및 고객 가치 증대
		– 생필품 산업의 특성 인식(생필품 산업 전체의 효율성 증대)
		– 통합 공급망 관리의 중요성 인식 → EDI에 기반을 둔 CRP
		  (Continuous Replenishment Program)와 ECR(Efficient Consumer
		  Response) 등의 도입 및 활용을 통한 고객 만족의 극대화(공급망의
		  재설계)

유통/ 물류	Wal-Mart	– 인간/현장 중심적인 경영철학 → 고객 욕구 파악 – 완벽한 정보 시스템의 구축을 통한 물류 시스템의 활용(Cross- Docking, QR, POS, 전문 운송 시스템의 구축) – 공급자(P&G)와의 파트너십을 통한 상호 정보공유
	Fedex	– 경영환경 변화에 대한 최고 경영층의 인식 – Hub & Spoke 개념, 시스템 구축을 위한 과감한 투자 – 물류 시스템에 대한 종업원의 교육 훈련 강화 – 고객 반응 조사에 의한 시행착오의 최소화 – 유통업체(Laura Ashley)와의 전략적 제휴
	Seven- Eleven	– 소비자 욕구의 신속한 파악과 신속한 상품 구색의 변화 – 무재고 추구로 면적당 판매액 극대화 – 첨단 기술의 활용/도매상과 제조업체의 조직화 – VAN을 통한 온라인 네트워크 연결, 가입점별 데이터의 분석과 가공(POS) – 종합 점포 정보 시스템(EOS: Electronic Ordering System) – 고객에 의한 공급업자의 재편성(푸시 방식 → 풀 방식)
첨단 산업	Dell	– 수요 충족 프로세스(DFP) → 고객의 욕구 반영(직접 판매 방식) → 공 급 리드타임 단축과 고객만족도 증가 – 생산을 제외한 다른 부분에 대한 아웃소싱 전략 – 고객지원 서비스 제공(전화, 인터넷, 현장, 평생 기술지원 프로그램)
	Xerox	– 파트너십(JIT 구매에서 공급자와 통합 공급망 구축) – 고객의 욕구에 부합되는 제품과 서비스 제공
	HP	– 공급 네트워크 변화를 통한 Mass Customization의 실현 – 주문 생산 방식(Built-to-Order)의 실시 – 근본적인 문제 해결을 위한 전담팀 구성

출처 : 이혜원(2000), 《우리나라 기업의 SCM 도입 사례연구》

삼성전기 SCM 시스템

■ 구축 기간
  2003년 7월~ 2004년 1월(2차 오픈 2월)

■ 도입 제품
  EXE의 EXceed Visibility

■ 구축 효과
  ● 물류 부문의 평가체계가 구축되면서 글로벌 포워더 · 3PL과의 협업관계 개선
  ● SCM의 최적화를 위한 향상된 전략 수립 기능
  ● 글로벌 SCM 체계의 가속화로 장기적 공급 계획에 대한 신뢰성 확보

■ 향후 계획
  ● 공급망 전반에 걸쳐 프로세스 관리하는 시스템으로 확장
  ● 물류체계 강화를 위한 장기 마스터플랜 및 실행 계획에 발맞춰 물류 효율화
  ● e-비즈니스 기반의 물류 포털 구축

    삼성전기는 글로벌 경영체제 확립을 위한 공급망(Supply Chain)의 가시성(Visibility)과 신속성(Velocity)을 확보하는 것이 판매 · 원재료 · 구매 · 제조 · 물류 등을 동기화(Synchronization)하는데 도움을 줄 뿐 아니라 고객에 대한 대응 능력을 높이고 새로운 서비스를 제공할 수 있을 것으로 판단, SCM 프로젝트를 시작하게 됐다.
    글로벌 경영을 하는 다국적 기업들이 다양한 물류기업이나 협력업체들과 협업이 필요하게 되면서 가시성을 확보하는 것이 물류기업 중에서 포워더 기업 · 3PL 기업의 핵심 서비스로 인식되면서 중요성이 점점 증가하고 있는 상황에 따른 것이다. 더욱이 삼성전기의 프로젝트는 물류기업이 아니면서도 글로벌 경영을 하는 대표적인 전자부품 제조업체가 가시성을 구현하기 위해 프로젝트를 시작했다는 점에서 업계의 주목을 받았다.

이처럼 SCM 프로젝트를 통해 삼성전기는 21세기 디지털 경영환경 내에서 기업활동에 대한 글로벌 네트워크의 표준화 및 최적화를 이뤄 제품에 대한 재고와 주문의 가시성을 제공하여 의사결정의 신뢰성과 효율성을 높여줄 것으로 판단했다.

또한 고객서비스 수준의 향상을 통한 매출 증대와 리드타임의 감소 및 재고 관리 비용절감 등의 효과를 거둘 수 있을 것으로 기대하고 EXE의 가시성 솔루션인 'EXceed Visibility'를 도입하게 되었다.

■ 비즈니스 프로세스 통합 · 최적화

이번 프로젝트는 삼성전기 해외법인을 대상으로 2003년 7월에 본격적으로 프로젝트를 시작해 2004년 1월과 2월에 각각 1차 · 2차 오픈을 하게 됐다.

특히 삼성전기는 '글로벌 물류 가시성 확보'를 위해 공급망상에 존재하는 거점들로부터 수집된 정보를 기반으로, 재고(Inventory), 주문(Order) 및 활동(Task/Event)에 대한 추적성(Tracking)과 비즈니스 프로세스의 상호 연속적인 통합과 최적화를 확보함으로써 KPI 분석 및 의사결정을 지원할 수 있는 Visibility 구축을 추진하게 되었다.

이를 기반으로 글로벌 물류이동에 대한 가시성 확보 및 상품의 주문/운송/선적 정보 및 납품일시 트래킹 · 글로벌 포워더와 전략적 운영 · 출하계획과 수배송 계획의 연동 · 물류/SCM KPI 수립 · 물류비용 분석 · 세부항목 재정립 등을 글로벌 가시성 구축 과제로 선정, 추진하게 됐다.

삼성전기는 이미 SCM을 도입했기 때문에 전 법인의 주문 현황을 통합적으로 관리할 수 있었고 SCP(Supply Chain Planning, 공급계획)가 제공하는 수요예측 정보를 기반으로 주 단위 생산과 공급계획을 생성하고 변경할 수 있지만 제품의 특성상 생산 및 납품까지의 리드타임이 길고 많은 변수로 인해 계획변동이 많았다.

이에 가시성 솔루션을 도입해 신규 · 변경 · 납기일별 주문 정보를 실시간으로 제공하고, 계획 대비 매출 실적 정보의 연결 · 최초 납기 약속일 대비 차질이 예상되는 주문 건에 대한 사전 알림 · 법인 간 이동 경로에 대한 맵을 제공할 수 있게 됐다. 또 최초 공급계획과 최근 계획을 지속적으로 대비할 수 있는 가시성을 확보할 수 있게 됐다. 또한 삼성전기는 이번 시스템 구축으로 전 법인의 원자재 및 완제품 재고현황을 확인할 수 있게 됐다.

특히 이동 중(In-Transit) 재고에 대해 송장(Invoice)과 연결하여 이동 중 현황을 보여줄 수 있게 됐고, 외자 원자재에 대해서도 PO(Purchase Order) 잔량·PO 확정량·입고 예정으로 구분하게 됐다. 아울러 법인 간 이동 및 매입·매출에 의한 인바운드·아웃바운드 물류 이동에 대해 각 트래킹 구간별 실적을 확인하고 모든 법인의 송장 원장과 패킹 리스트 출력이 가능하도록 지원하는 송장 가시성도 확보하게 됐다.

이 밖에도 수요예측 정확도·납기 준수율·생산 준수율·수요예측 정시입력률 등 SCM·SCP의 조기 정착을 위한 핵심 성과지표를 선정하고 주간 단위로 평가하여 물류비·협력업체 관리(거래실적·정보제공)·법인 간 물동량 등 물류실행단의 성과 측정을 지원할 수 있는 체계를 마련했다. 또 공급계획(SCP) 대비 생산 차질 및 납기지연이 예상되는 주문에 대해 담당자에게 해당 주문 내역을 메일 또는 웹 포털을 통해 통보할 수 있는 시스템이 마련됐다.

3. CRM(Customer Relationship Management)

(1) CRM의 개요

CRM(Customer Relationship Management, 고객관계 관리)은 고객의 행동양식에 대한 이해를 바탕으로 기업경영의 질을 높이기 위한 전략 조직 프로세스 및 기술상의 변화과정을 의미하며, 여기에는 마케팅·판매·고객서비스 등이 포함된다. CRM의 구현은 고객관련 활동들과 연계된 조직·업무 프로세스 및 정보기술 인프라의 고객 가치 중심으로의 재편을 의미한다.

CRM은 고객에 대한 정보를 수집하고 수집된 정보를 효과적으로 활용하여 '신규고객 획득 → 우수고객 유지 → 고객가치 증진 → 잠재고객 활성화 → 평생 고객화'와 같은 사이클을 통하여 고객을 적극적으로 관리하고 유지하며 고객의 가치를 극대화시키기 위한 기업 마케팅 전략의 일환이다.

■ 기업 정보시스템에서의 CRM

CRM 시스템은 기업의 기타 정보시스템과 통합되어야 효과적으로 활용 가능하다. 회사의 기본적인 정보 인프라를 제공하는 ERP 시스템의 영업 부문 및 생산계획 부문과 데이터웨어하우스를 이용하고 통합하여 판매 관련 정보를 제공하고 고객의 수요 관리 정보를 제공해야 한다.

또한 기업의 로지스틱스 관련 부문을 관리하는 SCM 시스템과 인터페이스하여 고객에게 제품 또는 서비스가 효과적으로 유통되도록 시스템이 설계되어야 한다. 이 두 시스템 외에도 고객 정보와 관련이 있는 시스템이 기업에 존재한다면 그 시스템들과의 통합도 고려되어야 한다.

CRM 시스템 구성요소

백엔드	CRM 툴			프론트엔드	
ERP	분석 도구	지식 관리자	채널 관리자	콜센터	고객
	DSS	고객정보 저장소	로직 저장소	웹사이트	
SCM	계획 도구	콘텐츠 관리자	캠페인 관리자	POS	

데이터 웨어하우스

출처 : ETRI(2001), 〈CRM 구성요소〉, 《주간기술동향》, vol. 1001

(2) CRM의 특성

1) 기업자산으로써의 고객의 인식

CRM은 기업가치가 고객으로부터 나온다는 기본 인식에 기초하고 있다. CRM은 고객을 기업자산으로 인식하고 고객의 이익을 생각하는 고객중심적 접근으로 고객가치를 극대화함으로써 기업가치를 제고할 수 있다는 사고의 틀을 바탕으로 하고 있다. 기업과 고객 모두에게 이득이 되는 윈-윈(Win-Win)을 위한 실천적인 사고이다.

과거의 시장점유율에 중점을 둔 전략은 고객은 많아지지만 고객의 요구를 반영하기가 힘들어져서 고객의 충성도를 확보하는 데 어려움이 생기게 된다. 과거의 이런 전략은 고객중심적 접근에 의한 서비스를 행하는 것보다 고객에 대한 관심도가 떨어지게 된다. 따라서 시장점유율 중점기업은 고객중심적인 기업이 나타났을 때 경쟁에서 밀려날 수밖에 없다.

2) 전사적 변화

CRM의 성공적인 수행을 위한 전사적인 변화가 뒤따라야 한다. CRM은 단순히 기업 정보시스템의 보강이 아니라 경영전략·조직·생산·유통 채널상에서 사고와 행동의 변화를 의미하고, 정보시스템은 이를 실현하기 위한 중요한 수단이다.

3) 지속적 프로세스

CRM은 또한 지속적인 프로세스이다. CRM은 1회성 프로젝트로 완성되는 것이 아니라 지속적이고 자동화된 프로세스를 이용하여 고객정보의 변화·시장과 경쟁 환경의 변화를 파악하여 장기적인 고객 관계를 구축하기 위한 지속적인 프로세스이다. 고객과의 일 대 일 관계 개선에서 시작하여 고객의 정보를 통합하고 커뮤니케이션을 강화하여 궁극적으로 고객의 이탈을 막고 고객유지를 강화하는 것이다.

(3) 기대효과

1) 신규 고객 확보와 고객 수 증대

고객 수 증대는 잠재적 고객에 대해 일 대 일로 접근하여 신규 고객화하거나 기존 고객의 권유를 통하여 실현할 수 있다. 또한 고객 수를 늘리기 위해서는 적극적으로 고객을 확보하는 활동도 필요하지만, 기존의 고객을 잃지 않고 잘 관리하는 활동도 중요하다.

2) 고객 평생 가치(LTV; Life Time Value) 제고

고객 평생 가치라는 것은 고객 한 사람이 죽을 때까지 자사의 상품만을 구매한다고 했을 때의 매출액 혹은 이익을 의미한다. 원래 고객 평생 가치는 비용을 차감한 순이익적인 개념이나, 계산의 편의상 매출액으로 대신하기도 한다.

3) 고객 확보 비용 감소

첫째, CRM은 수익 창출의 패러다임을 고객의 양적 증대가 아니라 질적 성장으로 보므로, 과다한 경품이나 광고를 통한 신규 고객의 확보를 자제하게 된다. 둘째, 이메일이나 제휴 마케팅과 같은 방법으로 고객에게 일 대 일로 접근하게 되므로 불특정 다수를 대상으로 광고하는 것에 비해 비용이 감소된다. 셋째, 데이터 분석을 통해 우량 성향을 지닌 잠재 고객을 찾아내므로 마케팅 자원의 낭비를 예방할 수 있다.

4) 고객 유지비용 감소

CRM은 모든 고객이 평등하지는 않다는 생각에서 출발한다. 따라서 수익성이 낮은 고객의 유지비용을 절감하게 됨으로써 매출액당 유지비용이 낮아지게 된다.

5) CRM을 통한 신규 사업 진출

이전의 신규 사업 진출이라면 기존 사업과 기술, 혹은 생산공정의 연관성이 있는 사업에 수평적으로 진출하거나, 산업의 계열화를 축으로 수직적으로 진출하는 것이 대부분이었다. 그러나 CRM을 통한 신규 사업 진출은 고객의 로열티 및 고객의 니즈에 기반을 둔다.

(4) 전통적 CRM과 eCRM

	전통적 CRM	e-CRM
영역	고객서비스 등 오프라인 중심 기업(Sales+Service+Marketing)	e-비즈니스 기업 (eSales+eService+eMarketing)
주요 접점	콜센터 · 영업사원 · 오프라인 중심	온라인(인터넷) 중심
판매관련 요소	전화판매+판매자동화	전자상거래(B2B, B2C)
서비스관련 요소	기술지원+현장 서비스	온라인 서비스, 이메일 관리
마케팅 관련 요소	캠페인 관리+분석 도구	eMarketing+개인화 된 서비스
데이터 수집	영업사원의 방문, DM, 구매 데이터 등 복수의 분산된 채널	웹기반의 단일 통합 채널(웹로그, 이메일, 웹콜센터, 구매 데이터 등의 통합)
데이터 분석	고전적 통계기법, 데이터 마이닝	실시간 고객성향 분석, OLAP, 고객 행동패턴 분석
데이터 활용	마케팅 캠페인, 영업 강화, CTI, 프로모션	원투원 마케팅, 웹사이트 개인화, 실시간 추천 시스템
비용	높은 인건비로 인해 고객 관리 비용이 상대적으로 높음	초기 IT 도입비용이 높은 반면 지속적인 관리 유지비용이 낮음
시간 · 공간 적 범위	제한된 시간, 지역적 한계 존재	지역 · 시간적 제약 탈피

(5) 성공사례

스위스 에어라인 항공사

■ 기업개요
- 직원 : 6만8천 명, 60여 개국에 지사보유
- 주요 매출 지역 : 스위스, 영국, 미국
- 매출 : 연간 약 4백80억 달러, 이익 33억 달러(1999년 기준)

■ CRM 도입 비즈니스 요구사항
- 다채널 지원·모바일·콜센터·전자상거래·브로커 등에 폭 넓고 광범위한 정보 제공
- 기존의 마케팅·영업·서비스 프로세스 지원
- 24시간·주 7일 가동 시스템
- 대용량 데이터 및 대량의 사용자 지원
- 여러 사업부 지원
- 다양한 언어 및 화폐의 인터페이스 지원
- 전 세계적으로 동시 구축
- 사용자 수 총 7천 명·동시 사용자 1천 명 지원
- 기존 시스템과의 완벽한 통합

■ CRM 데이터의 특성 – 데이터 입력
- 1단계: 고객 기본 정보를 입력 관리하는 데이터로 주민번호, 생년월일·주소·전화번호·나이·결혼 여부·가족 수·직업·소득·이메일 등을 분류하여 입력 관리
- 2단계: 거래 정보 관리를 위해 고객 번호, 거래 상품·수익성·현 거래 내용 및 상태, 거래 이력·잔고 등을 입력 관리
- 3단계: 주요 거래 채널·사용 빈도·고객 선호도·불만 내용·고객 위험 등을 입력 관리

■ 고객 관리 모델
예상고객에 대한 동기부여(Motivation)·신규고객 확보(Acquisition)·

기존 고객에 대한 동기부여(Motivation) · 고객 유지(Retention)가 순환적으로 운영됨

고객 관계 전략의 주요 활동 흐름

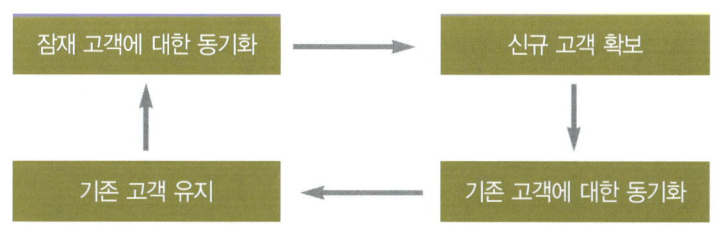

■ CRM 도입 효과
스위스 에어라인 항공사가 CRM을 구축하여 활용함으로써 나타난 가시적인 효과는 다음과 같이 요약할 수 있다.
- 30여 개의 고객 DB 통합
- 새로운 클레임(Claim) 시스템 도입을 통한 고객 유지율 증가
- 평균 전화 통화 시간의 40% 단축
- 교차 판매(Cross Selling)의 기회 증대
- 전 세계에 흩어져 있는 유사 관리 시스템의 통합을 통한 차별적 고객 관리 실현

월 마트

■ 월 마트 개요

　월 마트는 전 세계에서 가장 큰 유통업체로써 가장 많은 고객을 확보하고 있으면서 각 고객에게 각각의 만족을 충족시켜주는 원투원 서비스를 하고 있는 업체이다. 월 마트는 다음의 4가지 전략을 모토로 하고 있다.

- Every Day Low Price
- Low Cost Operation
- 고객만족
- 사원만족

　가장 저렴한 비용으로 구매를 하여 가장 싼 가격으로 제품을 공급함으로써 고객만족과 사원만족을 동시에 실현한다는 것이다.

■ 데이터웨어하우스 기반의 CRM 시스템

　이러한 월마트의 모토를 가능하게 하는 중요한 요인 중 하나는 월마트가 전 세계에서 가장 큰 데이터웨어하우스를 운용하고 있고, 통신위성을 이용한 전 점포의 획기적인 네트워크와 시스템을 구축하고 있다는 것이다. 또한 보다 정확한 고도의 고객 분석을 위해서 고객의 구매이력 상세 데이터를 가지고 분석한 결과라고도 할 수 있다.

　월마트의 전 CIO인 랜디 모트(Randy Mott)는 "요약된 정보와 평균화된 정보를 가지고 내리는 의사결정은 기업에 평균적인 결과만을 가져다줄 수밖에 없으며, 결국 통합 데이터웨어하우스에 기반을 두지 않은 평균적인 의사결정 순환은 치열한 경쟁 시장에서의 자연적인 도태를 의미한다. 즉 데이터웨어하우스의 도입 및 의사결정을 위한 활용을 극대화해야 한다"고 말한 바 있다.

　이러한 데이터웨어하우스 기반의 CRM 시스템은 판매 분석 · 회계 분석 · 재고 분석 등 회사 전반의 모든 부분의 데이터가 저장되어 점포별 · 개인별 · 부서별 · 지역별 등 모든 영역의 분석이 가능하다.

　이러한 CRM 시스템을 기반으로 월마트는 고객에게 양질의 상품을 제공하고, 고객이 원하는 때와 장소에 경쟁업체보다 유리한 가격으로, 절대적인 고객의 신뢰와 평가를 이끌어냄으로써 세계 최고의 유통업체로써 자리 잡을 수 있었던 것이다.

■ 시장바구니 분석 (Market Basket Analysis)

  월마트에서 재고 상품의 효율화를 위해 분석한 사례를 살펴보면 우선 마켓 바스켓 분석을 들 수 있다. 고객의 장바구니에 무엇이 들었는지를 기존의 고객정보와 구매 이력정보를 포함하여 분석하고 관련상품 분석·최적의 상품 분류 예측·고객의 구매동향 분석 및 예측 등을 한다. 다음으로 최적의 선반 관리를 위한 타깃·선반·재고 분석을 들수 있다. 상품 판매 기록의 이력과 선반 스페이스 분석 툴을 이용하여 바이어·점포 매니저·공급자가 공동으로 개별 점포 특유의 최적 선반 관리를 설정한다.

■ 세일즈 프로파일 예측 시스템

  패턴 인식기술의 채용으로 발주에 필요한 모든 요소를 파악한다. 데이터웨어하우스를 통해 POS·재고·재무 데이터·배송 중의 상품 데이터·반품 데이터·마켓 통계 데이터·공급 일정 등의 데이터로부터, 계절별·점포별 경향 분석을 하고 있으며 재고 관리와 소비자에 대한 학습 능력을 강화하고 있다.

  이를 통하여 개개의 상품과 개개의 점포별로 판매 프로필을 결정하며 65주간 10만 단품 데이터로부터 점포별 필요량을 예측한다. 가장 중요한 것은 4천 개의 점포에 개별로 특징을 부여하는 일이다. 또한 외부 데이터로 연방 국세조사·기타 조사기관의 데이터·자동차 등록 데이터·라이프스타일 조사 데이터 등 바이어·공급자·외부 조사기관에 의한 공동 분석 작업을 통하여 잠재 고객 분석·지역 내 시장 점유율 분석·경쟁 분석 등으로 지역 마케팅·타깃 마케팅의 능력을 향상시킨다.

■ 시사점

  기업이 실패를 범하는 원인은 상세 데이터 속에 숨겨져 있다. 상세 데이터를 이해하는 것에 의해 우리는 기회를 잡을 수 있고, 또한 기회를 최대화할 수 있다. 이 무제한의 상세 데이터를 분석하는 것에 의해 끝없는 가능성을 추구할 수 있다.

전문가들은 "요약된 데이터나 평균 데이터는 도움이 되지 않는 타협의 산물이다. 정보 집약의 경우 그것은 비즈니스 실태를 반영하고 있지 않은, 이용할 수 없는 것이라는 것을 금방 알 수 있을 것이다"라고 말하면서 데이터웨어하우스 기반의 CRM 시스템의 필요성을 강조하고 있다.

4. BPM (Business Process Management)

(1) BPM의 개요

BPM(Business Process Management, 비즈니스 프로세스 관리)는 확장된 기업의 프로세스를 자동화하고, 통합하고, 최적화하기 위해 설계된 새로운 세대의 기술을 일컫는 말이다.

이는 1990년대의 워크플로와 비즈니스 프로세스 리엔지니어링 기술과 비슷한 특성을 가지고 있지만, BPM은 새로운 IT의 목표, 비즈니스 가치, 새로운 기술적 하부구조에 기반한 것이다.

국내에 BPM 도입이 가속화 양상을 보이기 시작한 것은 2004년부터이다. 물론 그 이전에도 일부 기업에서 관심을 보이고 핵심 업무에 도입하는 사례가 여럿 있었으나 전체 시장이라는 측면에서는 미미한 수준이었다. 현재는 은행·보험·카드 등 금융권을 중심으로 확산되고 있으며 제조 분야의 직간접 업무에 전반적인 도입이 이루어지고 있는 중이다.

해외의 경우 미국과 호주·영국 등을 중심으로 BPM의 도입이 확산되기 시작한 지 비교적 오랜 시간이 지났다. 이들 나라에서는 초기 금융권을 중심으로 확산되었으며 근래에는 업종에 상관없이 핵심 업무에 도입되고 있는 추세다.

가트너 그룹은 기업들이 이미 BPM 도입 성과에 매우 만족하고 있으며 앞으로 빠른 시일 내에 대기업의 최소 90% 이상이 BPM을

기업 내 신경망시스템(Enterprise Nervous System)에 도입할 것이라고
전망하고 있다.

(2) BPM의 특성

1) 보이지 않는 프로세스를 보이게 한다

기업 내에서 혹은 기업 간 일어나는 업무 활동들은 시작부터 끝까
지 어떤 과정을 거쳐서, 현재 무엇이 진행되고 있는지, 어떠한 문제
가 있는지, 누가 어느 작업을 하고 있는지 한눈에 파악할 수가 없다.
그러나 BPM을 도입하면 프로세스를 가시화(Visualize)함으로써 프로
세스를 파악하고 개선할 수 있게 된다. 일례로 특정 팀의 관리자가
자신의 팀원들이 현재 수행하고 있는 일과 해당 업무의 상태를 실시
간으로 한곳에서 파악하는 것이 가능해진다.

2) 최대한 자동화 가능한 것을 자동화한다

먼저 프로세스를 기준으로 사람과 사람이 수행하는 의사소통을
자동화하고, 자료와 업무의 배분(Routing)을 자동화하며, 자동화 가
능한 업무 처리를 최대한 자동화한다. 자동화를 통해 업무처리 오
류를 줄일 수 있으며 업무처리 과정 중에 흔히 발생할 수 있는 유휴
시간을 최소화한다. 자동화는 결과적으로 생산성 향상에 기여한다.

3) 업무를 중심으로 통합된 시스템 환경을 제공한다

기업 내에는 무수히 많은 정보시스템과 자료가 존재하고 업무수행
중 이 시스템과 자료를 활용해야 한다. 해당 정보시스템들은 각기 다
른 기술환경에서 동작하지만 하나의 업무수행 중 동시에 활용해야

하는 경우가 많다. BPM에서는 특정업무의 수행을 위해 요구되는 모든 도구와 정보시스템의 특정 화면을 한곳에서 처리할 수 있는 통합 업무 환경을 제공한다. 따라서 업무수행 중 필요한 모든 작업을 쉽고 빠르고 편리하게 빠뜨리는 것 없이 처리할 수 있도록 지원한다.

4) 프로세스 처리 이력을 통한 측정을 지원한다

BPM은 비즈니스 목표에 따라 측정을 위한 지표를 설계하고 프로세스 처리 이력을 토대로 설계된 지표값을 측정함으로써 개선방안을 도출하도록 지원한다. 기업 내 혹은 기업 간에 일어나는 업무 활동을 측정하는 일은 무엇보다도 중요하다. 측정하면 문제가 무엇인지 인식할 수 있고 개선할 수 있다.

5) 변화된 프로세스를 쉽게 적용할 수 있도록 지원한다

과거에도 BPR(Business Process Reengineering)이라는 개념이 존재했으며 많은 기업에서 프로세스 혁신을 시도해왔다. 그러나 그 결과가 성공적이었던 사례는 극히 미미하다. BPR의 가장 큰 장애요인으로는 변화된 프로세스를 조직에 적용하는 것 자체에 대한 어려움을 들 수 있다. 반면 BPM은 개선된 프로세스대로 수행할 수 있도록 제어해줌으로써 업무처리 방식의 변경이 미치는 혼선을 최소화한다. 실제로 혹자는 BPR을 수행한 뒤 변화된 프로세스에 BPM을 도입하는 경우가 가장 이상적이라고 말한다.

6) 경영환경의 변화에 따라 수반되는 업무처리 방식과 규칙의 변화에 적은 비용으로 유연하게 적응할 수 있도록 해준다

시장 상황 · 고객의 요구 · 경쟁기업과의 관계 등 경영환경이 변화하면, 업무를 처리하는 방식과 규칙, 즉 프로세스가 변화해야 한다.

(3) BPM과 BPR의 차이점

BPM은 BPR(Business Process Reengineering) 이후의 지속적인 프로세스 관리를 의미한다.

기존의 많은 기업들은 BPR로 프로세스의 혁신을 시도해왔다. 하지만 BPR은 말 그대로 'Reengineering', 즉 프로세스를 재정립하는 것이다. 때문에 BPR 이후의 관리 부재로 인해 많은 기업들은 업무에 혼선을 빚는 경우가 발생했다.

BPM은 'Reengineering' 이후의 프로세스를 제대로 수행할 수 있도록 제어해줌으로써 업무처리 방식의 변경이 미치는 혼선을 최소화한다. 뿐만 아니라 프로세스 정보를 별도로 분리함으로써 변화에 민첩하게 대응할 수 있도록 해준다. 프로세스가 제대로 실행되게 강제함으로써 그 프로세스의 실행과정을 분석하고 개선 · 관리하는 것이다.

(4) 기대효과

1) 프로세스에 대한 가시성 및 제어의 확보

프로세스의 발견 · 설계 · 적용 · 최적화 · 분석 등의 프로세스 라이프사이클에 대한 관리, 통제를 통하여 프로세스에 대한 Visibility의 확보

2) 비즈니스에 대한 대응력 향상

BPM은 비즈니스 환경이 변화함에 따라 이에 따른 프로세스의 변

화 및 대응 능력을 향상시킴으로써 경쟁력을 강화할 수 있는 핵심 비즈니스 Enabler

3) 프로세스의 Intelligence 향상

비즈니스 프로세스의 가치를 직접적으로 측정하고 관리 가능하게 함으로써 프로세스의 성능 · 성과 향상에 기여함

4) 시스템의 통합성 향상

기존의 애플리케이션 · 데이터베이스 · 패키지 솔루션 등을 BPMS 에 통합함으로써 시스템의 통합 및 IT투자 활용성 향상

(5) 성공사례

제일은행

■ BPM의 도입으로 운영비용 절감과 리스크 감소

제일은행은 여신 운용 시스템에 핸디소프트 BPM을 도입했다. 여신 업무란 흔히 말하는 가계대출 업무라고 할 수 있다. 이러한 담보대출 업무에서 가장 중요한 것은 담보에 대한 심사 업무다. 보통 SF(Sales Force)의 재량에 따라 심사의 수위와 기한이 결정된다. 때문에 그의 노련함과 숙련도에 따라 업무 리스크가 많이 발생했었다. 또한 많은 서류와 프로세스의 중복 등으로 업무 효율성이 낮았다.

제일은행은 여신 운용 시스템에 BPM을 도입, 복잡한 업무 프로세스를 재정립하고 자동화를 통해 업무 리스크를 줄였다. 담당자의 노련함과 숙련도에 의지하던 업무는 표준화된 프로세스를 통해 리스크의 감소는 물론 업무처리 속도의 향상 또한 가져오게 되었다.

■ 인식의 차이

제일은행의 BPM 솔루션 도입이 쉽지만은 않았다. 초기에는 지점장들의 반발이 컸다고 한다. 기존의 심사 업무는 지점장 소관이었으며 표준화, 정형화된 프로세스의 정립은 그들에게는 밥그릇을 빼앗기는 일로 생각되었던 것이다. 때문에 제일은행 BPM 도입 부분의 주요 과제는 이들의 권한 이동에 대한 인식의 차이를 이끌어내는 것이었다.

실제 현재 은행 지점장들의 업무는 기존의 심사 업무에서 떠나 있다. 하지만 그들의 할 일이 없어진 것이 아니라, 원래 본업이었던 영업(Sales), 즉 '고객 응대'에 충실할 수 있게 되어 '고객 서비스 질의 향상'을 가져오게 된 것이다.

■ 사람을 위한 관리 도구로 사용

제일은행은 핸디소프트 BPM의 도입으로 업무 생산성이나, 리스크의 수치상 분석이 가능해졌다. 때문에 감시와 견제 또한 가능하다. 하지만 업무 생산성의 평균치를 올리는 것에 도구를 이용해야지 그것을 감시를 위해 사용하는 것은 바람직하지 않다. 또한 BPM의 도입이 전부가 아니라 사람과 프로세스가 같이 움직여야 한다. 시스템의 도입도 중요하지만 사람이 더 중요하다. 그만큼 투명화·공개화·표준화·생산성 향상도 중요하지만 '사람'의 소중함을 간과해서는 안 된다는 것이다.

■ 지속적인 개선

　제일은행은 BPM 도입 이후 업무의 정확성과 숙련도 향상·업무 생산성의 향상 등 전반적인 성과 향상 단계에 있으며, 표준공수의 개념 도입·자동화와 리스크 감소로 고객서비스가 향상되는 결과를 보이고 있다.

　하지만 BPM은 지속적인 관리와 개선을 필요로 한다. 때문에 제일은행뿐만 아니라 외부 관련 업체들의 BPM 도입과 개선을 요구하고 있으며, 지속적인 개선작업이 뒤따라야 할 것이다.

■ 주택담보 대출 업무 프로세스 관리

　제일은행의 여신운용 시스템의 주택담보 대출업무 프로세스를 살펴보자. BPM 도입 후 고객의 상담에서 시작해 서류심사·담보취득·기표·사후관리 등의 업무 프로세스가 정립되어 있다.

　사람의 개입을 필요로 하는 심사 부분에는 지능형 모델을 도입, 60~70%가 표준화된 시스템으로 자동 심사되어 심사역의 리스크를 줄였다. 또한 이러한 심사 업무는 중앙집중처리센터에서 집중 처리하게 했다. 중앙집중처리센터에는 여신 심사팀 20명·여신 운용팀 80명의 인력이 배치되어 있다. 이는 BPM 도입 이전 4백 개 지점마다 2명씩 배치되어 있던 심사 인력의 감소뿐 아니라, 업무의 숙련도에 따른 업무의 리스크를 줄이고, 처리속도의 향상을 가져왔다. 수치상 1인당 생산성 향상과 건당 업무처리 비용의 감소를 가져오게 된 것이다.

　결론적으로 제일은행은 BPM 도입으로 기존 열흘 정도 걸리던 주택담보 대출업무의 기한을 절반 이상 줄이게 되었다. 이는 나아가 고객서비스 질을 향상시켰다.

하이닉스반도체, BPM 기반의 법제 업무관리 시스템 구축

■ 개발 기간
- 시스템 작업 기간 : 2004년 5월 18일~8월 2일
- 시스템 오픈 시기 : 2004년 7월 1일 법제 업무관리 시스템 시범 운영을 시작, 8월 2일 법제 업무관리 시스템 정식 오픈
- 시스템 완성을 위한 소요 인원 : 14명 내외

하이닉스반도체는 오프라인 중심의 업무 프로세스로는 급변하는 기업 대외 환경 변화에 능동적으로 대응하기 힘들다고 판단, 전사적인 법제 업무 프로세스를 재정립하고자 했다.

하이닉스반도체 법제 업무관리 시스템 구축 프로젝트는 지속적인 업무 프로세스 개선을 위한 방법론을 확보하면서 통일성 있고 체계적인 시스템을 구축해 법제 업무 프로세스를 좀더 효과적으로 관리하고자 한데서 시작됐다.

하이닉스반도체는 ▶기존 오프라인에서 이루어졌던 법제 업무의 온라인화 ▶계약서 등 법제 관련 서류의 전산화를 통한 영구보존으로 자료 손실 예방 ▶법제 업무 온라인화를 통해 관련 업무를 체계적이고 효율적으로 관리한다는 목표 아래 프로젝트에 들어갔다.

하이닉스반도체가 이번 프로젝트를 통해 얻으려고 했던 기대는 크게 3가지로 나눌 수 있다. 오프라인 작업들의 시스템화·업무처리 시간(Delivery Time) 감소와 생산성(Productivity) 향상·서류 영구 보존으로 데이터 손실의 최소화 등이 그것이다.

■ 오프라인 작업들의 시스템 처리 가능
계약 원본의 이미지 파일 변환을 통한 자료의 통합 관리뿐만 아니라, 각 사이트에서 실시간으로 데이터 액세스 및 검토 요청된 사항의 진행 사항을 조회할 수 있는 프로세스 모니터링이 가능해졌다. 이러한 법제 업무 통합 서비스의 활용은 사용자의 이해도 증가, 위험 요소를 최소화하는 효과를 가져왔으며 계약 원본 및 법무자료 조회 시간을

20% 이상 절감할 것으로 예상했다.

■ 업무 처리 시간 감소/ 생산성 향상

계약 검토 요청에서부터 담당자의 요청 접수 및 처리까지의 전반적인 프로세스가 자동화되어 업무처리 시간이 기존에 비해 30% 정도 감소할 것으로 예상했다. 또한 프로세스가 자동화로 바뀜에 따라 관련 담당자라면 어디서든지 데이터에 액세스할 수 있어, 팀원 및 팀 간의 원활한 커뮤니케이션으로 생산성 향상을 기대할 수 있다.

■ 서류 영구 보존 가능으로 데이터 손실의 최소화

이미지 시스템의 도입으로 서류의 영구보존이 가능해졌으며, 각 부서별 산발적으로 존재하던 서류들을 한곳에서 취합, 통일성 있는 관리가 가능해져 서류 손실을 최소화할 것으로 기대했다. 한편, 현 업무 담당자의 변경에도 불구하고 자료가 시스템에 보존됨에 따라 업무 효율성이 증대한다는 점에도 기대를 가지고 있었다.

■ 미라콤 BPM 솔루션으로 선택

이번 프로젝트를 수행하기 위해, 하이닉스반도체는 웹기반의 개발과 BPM 솔루션을 활용한 시스템 구축 방법론을 검토했다. 또한 프로세스를 변경할 때 탄력적 적용이 용이하며, 어댑터나 브리지(Bridge)를 통한 애플리케이션 간 인터페이스가 가능하고, 각각의 컴포넌트 활용을 통해 구축 기간을 단축할 수 있는 BPM 솔루션을 선정해 시스템을 구축키로 했다.

하이닉스반도체 IT기획팀의 서윤석 과장은 "워크플로 기반과 EAI 기반으로 양분되는 BPM 솔루션은 각각의 장단점이 있었다"면서 "미라콤아이앤씨의 경우, 워크플로 기반의 다른 BPM 업체들보다 업무 단위의 프로세스 모델링이 약한 편이었으나, 자체적으로 리얼웹과의 기술적 제휴로 단점을 보완하고자 했다"면서 "무엇보다도 미라콤의 BPM 솔루션에는 EAI 컴포넌트가 내장되어 있어 기간 시스템 및 여러 애플리케이션 인터페이스 통합이 용이했기 때문에 우선적으로 고려하게 됐다"고 선정 이유를 밝혔다. 또한 변경 프로세스 적용과 BPM 시범 적용이 용이한 점도 선택 요인에 포함됐다고 전했다.

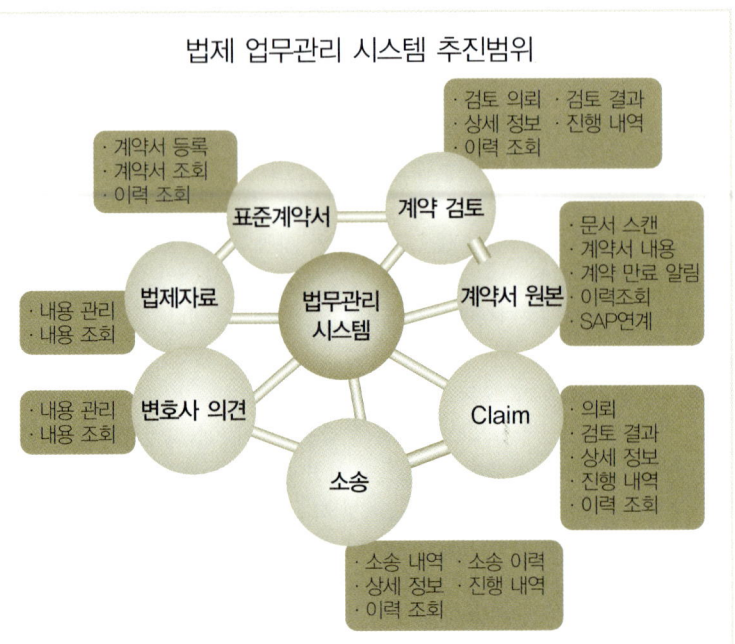

법제 업무관리 시스템 추진범위

- 계약서 등록
- 계약서 조회
- 이력 조회

표준계약서

- 검토 의뢰 · 검토 결과
- 상세 정보 · 진행 내역
- 이력 조회

계약 검토

- 내용 관리
- 내용 조회

법제자료

법무관리
시스템

계약서 원본

- 문서 스캔
- 계약서 내용
- 계약 만료 알림
- 이력조회
- SAP연계

- 내용 관리
- 내용 조회

변호사 의견

Claim

- 의뢰
- 검토 결과
- 상세 정보
- 진행 내역
- 이력 조회

소송

- 소송 내역 · 소송 이력
- 상세 정보 · 진행 내역
- 이력 조회

■ 시스템 구축을 위한 TFT 구성

하이닉스반도체 현업(법제팀)은 TFT 구성 전부터 정형/비정형화된 계약 프로세스의 재정립 및 시스템 구축을 위한 개선 항목과 콘텐츠 준비를 해왔으며, IT기획은 현업의 요구 사항을 만족할 수 있는 베스트 솔루션 선정을 위한 BMT 등 만반의 준비 작업을 진행했다.

TFT가 구성되고 프로젝트를 시작하면서 TFT 팀원들은 시스템 구축을 위한 비상체계에 돌입해, 그룹별 임무(Role)를 수행하는 한편, 구축 완료 모듈에 대해서는 TFT 전원의 테스트 및 검증 단계(Quality Assurance)를 거침으로써 시스템의 완성도를 높일 수 있었다.

■ 시스템 구축 효과

① 유저 인터페이스 측면

업무지원 요청 시 시스템을 통한 사용자 편의성을 제공하고, 현업에서 요청한 사항에 대한 업무 진척도를 실시간으로 모니터링할 수 있다는 점이다. 또한 표준계약서 활용을 통한 시간 절감 및 위험 요소 최소화와 법무 업무 통합 서비스를 통한 사용자의 이해도 증가를 가져왔다.

② 업무 시간 단축 및 생산성 측면

담당자 배치로 책임 서비스가 가능해졌으며 팀원/팀 간의 원활한 커뮤니케이션이 이루어지게 됐다.

③ 프로세스 측면

정형/비정형 계약 프로세스 정립으로 계약 검토 요청으로부터 담당자 접수/처리 프로세스가 한눈에 들어옴에 따라 현업에서 요청한 서류에 대해 처리 시간이 감소하게 됐다. 또한 계약 원본의 전자파일 변환을 통해 통합적으로 관리할 수 있게 됐고 기간 시스템 인터페이스를 통해 실시간 액세스가 가능해져 계약 원본 및 법무 자료조회 시간이 감소됐고 계약(Contract)·클레임Claim)·소송의 유사 프로세스에 대한 대응력이 향상됐다.

5. SEM (Strategic Enterprise Management)

(1) SEM의 개요

> SEM(Strategic Enterprise Management, 전략적 기업경영)은 최고경영자들이 기업의 경영 정보를 보다 정확하게 파악하게 하고, 그들로 하여금 주주 또는 투자자들의 가치를 극대화시키는 가치중심경영을 전사적으로 구현할 수 있게 해주는, 통합 분석용 애플리케이션 제품 툴과 프로세스를 말한다.

즉, 기업의 각종 경영 정보를 정확히 분석하고 문제점을 도출해 해결함으로써 기업경영의 효율을 유지할 수 있도록 지원하며 기업 구조 전반에 걸쳐 전사적 정보를 통합해 실시간으로 보여주기 때문에 고위 경영진은 기업의 가치를 평가하고 향상시킬 수 있게 되는 것이다. 따라서 SEM의 핵심은 기업경영 정보의 명확한 분석 및 인식에 있다.

밸런스 스코어카드(BSC) · 활동원가(ABC) · 가치분석(VBM) 시스템 등이 여기에 속하고, 통합분석 애플리케이션으로 지칭되는 SEM은 원래 기업의 회계 · 재무 · 예산 · 자원 · 인사 · 노무 등 의사결정지원을 위한 기업 관련 정보의 자동화를 의미하며 비즈니스 관리 및 의사결정 솔루션을 포함하고 있다.

(2) SEM의 구성요소

SEM은 다음 3가지의 경영기법을 기반으로 기업의 전략을 지원하고 운영계획 및 예산을 편성하며, 이에 따른 성과관리·보상제도 및 기업의 가치를 보고하는 일련의 프로세스를 통합하는 기능을 갖추고 있다.

1) 가치중심경영(VBM; Value Based Management)

기업의 가장 기본이 되는 목적을 주주와 투자자들에게 최고의 경제적 가치를 창조하는 데 두고 이를 각종 기업 자원 활용의 의사결정 및 평가에 반영하는 가치중심경영이 있다.

2) ABC/ABM(Activity Based Costing/Activity Based Management)

갈수록 복잡해지는 원가관리체계를 실제 활동에 근거를 두어 좀 더 정확한 원가를 측정하고 프로세스 관련 활동과 원가대상에 대한 성과를 측정하는 ABC/ABM이 있다.

3) 밸런스 스코어카드(BSC; Balanced Scorecard)

기업의 성과관리체계를 단순한 재무적 관점의 평가에서 벗어나 4가지의 핵심적인 관점들(재무·고객·내부 프로세스 및 조직학습)을 균형 있게 측정하고 관리함으로써 서로의 인과관계까지를 관리하고자 하는 밸런스 스코어카드가 있다.

(3) 기대효과

1) ABM의 기대효과

원가 배분 시 인과관계에 따라 배분될 수 있게 원가 유발 요인을 규명하여 그 배부 기준으로 삼는 것이다. 활동에 대한 정보를 제공하고, 원가를 유발시키는 원인의 규명으로 인한 정확한 원가계산 도출 · 정확한 원가를 토대로 한 전략적 의사결정 및 마케팅 정책의 BSC 연계로 더욱 강력한 성과평가 정보를 제공한다.

2) BSC의 기대효과

사업 단위의 사명과 전략들을 구체적인 목표와 측정 지표들로 변환시키는 것이다. 경영관리 프로세스의 향상을 통해 주기적이고 체계적인 기업 전략 점검, 전체조직 내에 전략을 전달하여 직원들의 의식과 행동의 변화를 통한 부서와 개개인의 목표를 전략에 정렬, 전략에 대하여 학습하고 개선하게 하는 피드백을 제공하여 무형자산에 대한 경영진 인식을 강화시키고 기업 내부 프로세스와 고객 서비스 및 제품의 개선이 주는 재무적 성과에 대한 원인을 명확히 규명하고 전략적인 목표들을 장기적인 타깃들과 연간 예산에 연결시킨다.

3) VBM의 기대효과

VBM은 기본적으로 각 사업 단위별 · 제품별 또는 고객군별 가치창출을 측정하여 가치창출 사업과 가치소멸 사업의 객관적 평가를 실시한 후 미래의 투자 및 자원분배에 대한 결정을 할 수 있게 하는 것이다. 이를 통해 기업가치의 증대, 사업 구조조정 및 한계 사업 철폐 등의 기업 전략의 판단 기준 제공 · 현금유동성과 자본효율성 제고 · M&A를 통한 사업집중화 전략 결정에 대한 판단기준 제공 및 수익성 위주의 전략집단 선정 및 미래가치 잠재성 분석이 가능하도록 근거를 제공한다.

(4) 성공사례

하나은행

눈에 보이지 않는 제품판매에 대한 활동원가를 분석해내는 것은 상당히 어려운 작업이다. 특히 금융권의 경우 원가가 높은 상품과 낮은 상품의 수익성이 같다면 원가가 낮은 상품을 유지해야 한다. 또한 같은 계좌수나 수탁고를 가지고 있는 고객이 있다면 원가가 낮고 수익성이 높은 고객의 손을 들어줘야 한다. 그러나 서로 다른 간접비가 얽혀 있는 은행상품의 경우 이러한 원가를 분석하는 것은 쉬운 일이 아니다.

■ 하나은행 ABM 도입

자금량을 기준으로 원가를 분석했던 은행에 최근 ABC(Activity Based Costing)에 의한 원가계산 방법이 확산되고 있다.

하나은행은 금융권에서는 드물게 ABM을 도입해 운영하고 있는 기업이다. 지난 1998년 ABM을 구축하고 상품·지점·고객별로 활동원가를 산출해 적용하고 있는 하나은행은 이를 통해 1백9억 원의 비용을 절감하는 등 눈에 띄는 성과를 보이고 있다. SIS라는 커다란 CRM 프로젝트 속에 녹아 있는 ABM은 고객을 원가기준으로 가려낼 수 있도록 도와준다.

■ 요소별 활동원가

하나은행은 28가지 원가기준(급여가중 인원·단순 인원·처리 건수·평균 잔고·계좌 수 등)을 세우고 창구거래 등 업무처리 시, 즉 신규·입금·지급해지 조회 등의 업무를 처리하는 데 걸리는 시간을 분석했다.

하나은행이 활동시간 분석을 위해 나눈 업무만 3백여 개, 여기에는 창구직원뿐만 아니라 서무직원, 본부직원의 활동까지 원가로 처리돼 상품에 포함된다. 하나은행은 원가분석을 통해 직원의 업무를 효율적으로 재배치하고 인력 운영을 유연하게 함으로써 69억 원을 절약했으며 고객채널(CD기·전화·창구·인터넷 등)의 적절한 배치로 40억 원의 비용을 절감했다.

■ 지점은 하나의 기업이다

ABM을 적용하면서 독립채산제를 실시한 하나은행은 각 지점을 하나의 사업자로 정의했다. 즉 각 지점별·인원별로 산출되는 원가를 분석했다. 또한 인건비·물품비·임대료·감가상각비 등 비용을 계산하고 물품비·임대료·본부 부서에서 이들을 지원하는 활동원가도 함께 처리했다. 본부 부서에 있는 자금부·신탁부·영업부의 모든 업무를 활동원가로 분석했다.

원가동인을 80여 개로 나눠 시간별로 분류한 뒤 지점별 원가와 수익률은 많게는 5배 이상 차이가 나는 곳이 나왔다. 이에 따라 지점의 인력을 최소한으로 줄였으며 어느 지점의 어떤 부분에서 비용이 많이 드는지 알 수 있게 됐다. 또한 이 데이터를 직원들이 공유함으로써 원가에 대한 의식을 높이는 데 일조했다.

■ 수익성이 전부는 아니다

최적화된 CRM 구현에 있어 우수고객에 대한 적절한 프로모션은 가장 기초적인 사항이다. 그러나 수익성이 높은 상품의 원가가 기준치보다 높다면 이는 문제가 될 수 있다. 가장 원가가 낮고 비용 대비 수익이 가장 높은 채널이 무엇인지에 대한 분석이 필요하다는 것이다.

상품에 대한 체계적인 원가분석이 있어야 성공적인 CRM도 가능하다. 수익률이 높은 상품이 당연히 기업에게 이익이 된다. 그러나 그에 대한 비용이 정확하게 얼마나 드는지는 파악하고 있어야 한다. ABM은 우수고객을 관리함에 있어 1인당 수익성을 파악하고 기여도에 따라서 적절한 대응을 가능하게 한다. 수탁고가 높다고 해서 무조건 우수고객이 아니다. 그 고객을 은행에서 유지하기 위한 원가가 얼마나 드는가가 더 중요하다.

모 은행의 경우 1백만 원 이하의 예금잔고를 가지고 있는 고객에게는 이자를 지급하지 않는 등 CRM 확산 이후 은행 서비스가 우수고객에게만 집중되는 현상이 나타났다. 그러나 은행이 고객을 바라보는 시각이 하나은행과 같이 활동원가 기준 위주로 폭이 넓어진다면 고객은 자신이 자주 이용하는 채널에 따라 적절한 서비스를 선택할 수 있을 것이다.

6. EP (Enterprise Portal)

(1) EP의 개요

EP(Enterprise Portal)란 경영자·종업원·공급사·파트너·고객 등이 유무선 방식의 웹인터페이스를 통하여, Single Sign-On 방식으로 기업 내·외의 정보와 가치사슬 내의 프로세스 및 트랜잭션에 접근함으로써, 목적에 맞는 업무를 처리할 수 있도록 해주는 정보시스템을 말한다.

EP는 기업의 정보(Information)와 시스템(System) 그리고 프로세스(Process)에 대하여 단일의 창(Window)을 제공하며, EIP(Enterprise Information Portal)와 EAI(Enterprise Application Integration) 솔루션이 결합된 모습으로 구현된다.

EP는 EIP라는 용어에서 프로세스 포털(Process Portal)의 개념이 더해지면서 EIP 개념이 확장되어 나온 용어이다.

1) EP의 다양한 정의

"Enterprise Information Portal은 기업 내부와 외부정보를 통합하여 이용자가 단일 게이트웨이(Gateway)를 통해 중요한 의사결정을 내리는 데 필요한 맞춤정보를 제공할 수 있게 해주는 애플리케이션이다." (Merrill Lynch, 1998)

"정보 및 콘텐츠 제공을 주목적으로 하는 1세대 포털(Portal)로부터, 기업 내의 애플리케이션 및 데이터를 통합하는 2세대 포털, 프

로세스 통합을 기반으로 사용자별 최적의 워크플레이스를 제공하는 3세대 포털." (Gartner, 2001)

"EP는 비즈니스 커뮤니티를 지원하며, 통합된 커뮤니케이션 경로 하의 콘텐츠 · 프로세스를 통합하는 것." (Forrester, 2002)

2) EP의 등장

EP가 급부상하게 된 것은 지난 수년간 기업들이 다양한 인트라넷 · 그룹웨어 · ERP · CRM · SCM 등을 도입한 결과, 오히려 정보의 범람을 불러 업무의 효율성을 떨어뜨렸기 때문이다.

이에 따라 여러 가지 복잡한 기업용 애플리케이션과 정보 자원을 통합, 사용자 요구에 맞게 서비스함으로써 편의성과 업무 생산성을 높일 수 있는 EP가 빠르게 확산되고 있는 것이다.

(2) EP의 분류

1) Publishing Portal

다양한 관심사를 가진 대규모의 커뮤니티를 대상으로 한 포털로써 온라인서치(Online Search)와 특정 쌍방향 서비스를 제외하면 커스터마이제이션(Customization)이 상대적으로 적은 전형적인 브로드캐스팅(Broadcasting) 모델을 따른다.

2) Commercial Portal

다양한 커뮤니티에 특정 영역의 콘텐츠를 제공하는 포털로써 오늘날 가장 일반적인 형태의 온라인 커뮤니티 포털이다. 커스터마이즈 된 유저 인터페이스(User Interface)를 제공하기는 하지만 광범위한 이용자를 대상으로 상당히 단순한 형태의 콘텐츠를 제공하는 모델이다.

3) Personal Portal

특정 개인을 위해 특별히 필터링된 정보를 제공하는 모델이다.

상대적으로 좁은 영역의 콘텐츠를 제공하지만 특정 이용자를 위해 보다 더 개인화된 정보서비스를 제공한다.

4) Corporate Portal

상대적으로 좁은 범위의 이용자에게 풍부한 콘텐츠를 제공하는 모델이다. 이러한 포털들은 보통 기업 단위의 인트라넷 애플리케이션으로 구축된다.

(3) EP의 주요기능

1) Aggregation

내부 및 외부 소스로부터 애플리케이션 · 콘텐츠 서비스 · 전자상거래를 시스템으로 수집하는 기능으로써 이러한 자원은 기업뉴스 · HR 정보 · 산업뉴스 · 주식 시세 등과 함께 ERP · CRM · BI(Business Intelligence) · Legacy 시스템 · 데이터베이스와 같은 타 시스템과 통합할 수 있는 윈도우 등을 포함한다.

2) Customization

관리자가 인터페이스 · 회사로고 · 색상체계 그리고 다른 외관 요소들을 완벽하게 커스터마이즈할 수 있는 기능으로써 이러한 기능을 이용하여 특정 이용자나 그룹에게 가장 적합한 자원만을 지정해서 별도의 출발점을 만들어줄 수 있다.

3) Personalization

Consumer Portal에서 제공하는 서비스와 유사하게 이용자가 직접 자신의 포털을 개인화시킬 수 있는 기능으로써 자신의 포털 페이지에 자신이 선택한 기능과 개인 링크에 관련된 애플리케이션과 자원들을 덧붙일 수 있다.

4) Intranet

회사 종업원으로 하여금 업무에 집중하면서 생산성을 높일 수 있도록 뉴스·주식정보·날씨와 같은 외부 정보와 내부 자원을 결합하여 제공하는 신디케이션(syndication) 서비스로써 B2E Portal이 여기에 해당한다.

5) Extranet

회사와 고객 및 공급자를 포함한 모든 외부 이해관계자 간의 정보흐름과 거래처리를 용이하게 해주는 기능으로써 개인화 서비스를 통해 파트너와 고객이 자신의 구미에 맞는 정보를 검색하고 접근할 수 있다. 적용업무와 상황에 따라 B2B·B2C·B2G Portal로 구현된다.

(4) 기대효과

개인화된 EP는 다양한 계층의 사용자들에게 각각의 니즈(Needs)와 목적을 만족시켜줄 수 있는 도구를 제공한다.

구 분	기 대 효 과
CEO	e-Biz 촉진으로 경영 혁신 가속화 EP를 통한 전략적 정보통합으로 경영목표 달성
CIO	e-Biz 정책의 리더로서 EP에 의한 IT 통합 추진 변화하는 고객 니즈에 신속한 서비스 제공 포털에 대한 체계적 평가 및 관리 용이
관리자	프로세스 혁신 및 통합을 통한 업무 생산성 향상 e-비즈니스에 맞는 선진 업무 프로세스 확립
End-User	업무 표준화 및 합리화를 통한 효율성 증대 포털 Workplace의 제공으로 업무 생산성 향상 One-Stop 작업을 통해 고부가가치 업무에 집중
비즈니스파트너	EP를 통한 비즈니스 파트너'간 긴밀한 관계 구축 포털을 통한 신속한 업무 처리 수행

(5) 성공사례

EP를 도입한 기업조사 (Delphi Group, 2000)

- DuPont & Co는 판매 및 마케팅 담당 부서에 적용된 Sequoia Software 사의 XML Portal Server에 기반한 포털로 6천6백만 달러를 절감할 수 있을 것으로 예상하고 있다.

- 대형 사무용품 판매업체인 Office Depot의 경우 내부망에 설치된 웹 애플리케이션을 이용하여 교육훈련비를 90% 이상 절감하는 효과를 올렸다.

- Siemens는 전국에 분산되어 있는 7천여 명 임직원들이 웹기반의 근태관리 시스템을 이용하도록 함으로써 연간 50만 달러의 비용 절감 효과를 기대하고 있다.

- 인력 아웃소싱업체인 Hewitt Associates는 IBM Enterprise Information Portal을 구축한 후 매년 8백만 달러를 절감하고 고객대응 서비스를 75% 이상 신속하게 제공할 수 있게 되었다.

- General Electric Appliances는 6천 명의 관리자들이 포털을 각자의 업무에 맞게 사용할 수 있을 것으로 기대하고 있다.

- Staples Inc는 전 세계 4만6천 명 종업원 중 1단계로 약 1만 명을 대상으로 포털을 적용하고 있다.

- 온라인 증권회사인 Charles Schwab은 Viador의 포털을 이용하여 3백 개가 넘는 펀드회사의 관리자들로 하여금 매일 펀드의 판매액과 운용결과에 대한 리포트를 다운로드 받거나 보고서를 생성할 수 있는 시스템을 구축하였다.

- 세계적인 소프트웨어 회사인 Autodesk는 Epicentric의 포털 제품을 이용하여 CAD 산업에 특화된 뉴스 및 정보, 상품 카탈로그, 프

로젝트 등에 대한 정보를 타깃 고객의 요구에 맞게 개인화해서 제공하는 웹사이트를 구축하였다. 이 사이트는 월 1백만 회가 넘는 페이지뷰를 기록하는 등 가장 큰 CAD Portal로 성장하였다.

● Sprint PCS는 Viador의 E-portal Suite를 구축하여 1만 명 이상의 관리자를 상대로 서비스함으로써 업무시간 절약뿐 아니라 1997년 이후 2배로 늘어난 업무량 증가에 대응할 수 있었던 것으로 나타났다.

LG화재 EIP 구축으로 전사적 지식경영 인프라 확보

■ 프로젝트 추진 배경

기존 시스템의 문제점을 해결하면서 동시에 차세대 비즈니스 환경을 위한 IT기반 마련을 위해 EIP 프로젝트 추진이 필요했다. 이 프로젝트는 전사적 차원에서 표준화를 기반으로 한 시스템 통합과 LG화재 임직원 및 영업설계사 모두를 대상으로 정보 공유 및 활용에 있어 사용자 일체감을 주는 것이 목표였다. 사용자 일체감이란 기술적 차원이 아닌 문화적 차원의 문제다. LG화재 임직원과 영업설계사 간에 정보 격차가 없는 한가족이라는 일체감을 주어 LG화재가 추구하는 경영목표 및 이념에 부합하는 시스템을 마련하는 것도 이번 프로젝트 추진의 배경 중 빼놓을 수 없는 부분이다.

■ 방카슈랑스 시대를 대비한 지식 경영 체제 확보가 시급

1959년 범한해상보험주식회사로 출발해 43년이 지난 현재 명실상부한 국내 보험업계의 대표 브랜드로 성장한 LG화재해상보험(이하 LG화재)이 종합금융 서비스 회사로 거듭나기 위한 초석 다지기에 나섰다. 'VISION 2010'이라는 경영목표를 향해 단계적인 수순을 밟고 있는 LG화재의 금융그룹화 전략의 핵심은 업계 최고 수준의 '고객 신뢰 확보'와 'IT자산과 인력 운영 효율성의 극대화'이다. 이를 위한 첫 번째 과제로 LG화재가 추진한 프로젝트는 바로 EIP 구축을 통한 차세대 지식 경영 기반 확보. 지난 4월 LG화재는 차세대 사업 성장을 위한 첫 번째 과제인 EIP 프로젝트를 성공리에 마쳤다. LG화재의 EIP 구축 사례를 통해 LG화재가 자사의 비전 달성에 얼마만큼 가까이 다가섰는지 알아본다.

2003년 금융권의 최대 화두는 단연 은행과 보험사의 겸업화 허용을 뜻하는 방카슈랑스. 이에 따라 은행에서 생명 보험·연금 보험 및 기타 저축성/보장성 보험 상품 판매가 가능해졌다. 물론 보험회사에서도 예금이나 대출과 같은 은행 상품 판매가 가능하다. 방카슈랑스가 등장하게 된 배경은 개인 저축 성향의 변화·복합 금융 상품에 대한 소비자의 수요 증대·금융 산업의 수익성 저하와 경쟁 증대 등 다양한 요인에 기인한다.

현재 국내의 경우 방카슈랑스 도입이 3단계로 나뉘어 추진되고 있다. 이 중 보험업과 은행의 상품 판매 제한이 없어지는 3단계는 2007년 4월 이후로 계획되어 있다. 이에 따라 금융권에서는 금융종합지주회사 체제로 사업 전략을 수정하기 위해 발 빠른 행보를 보이고 있다.

국내 굴지의 보험회사인 LG화재 역시 방카슈랑스 시대에 대비해 경영 체질 개선을 위한 작업을 수행하고 있다. 이 중 LG화재가 가장 먼저 완료한 작업은 IT인프라 재정비. 방카슈랑스 시대를 대비한 LG화재의 전략적 핵심이 인력과 IT자산 운용 효율성 강화이기 때문이다. EIP 프로젝트 완료 이전의 LG화재 IT인프라는 기간계 시스템과 각종 단위 업무 시스템이 개별적으로 운영되는 환경이었다. 이에 따라 진정한 지식경영을 체질화하기 위해서는 시스템적인 한계가 있었다.

김형직 LG화재 IT추진팀 팀장은 "지식경영을 위한 최우선 과제라 할 수 있는 커뮤니케이션과 협업 측면에서 볼 때 기존 메일 중심의 그룹웨어 환경은 경영 메시지 전달이나 지식공유에 제약이 많았다. 특히 각 시스템에 산재한 지식 자산에 임직원이나 영업설계사가 접근하기 위해서는 시스템별로 다른 인증체제 때문에 사용자들의 정보 접근은 물론 회사 차원에서 정보 전달 및 관리가 어려웠다"고 기존 환경의 문제점을 설명한다.

■ 마이크로소프트의 닷넷과 서버 솔루션 중심으로 EIP 구축

LG화재 EIP는 범위와 깊이에서 다른 금융업체에서 추진한 프로젝트와 차별화된다. 범위의 경우 LG화재의 EIP는 KMS · 그룹웨어 · 포털 · SSO · 메일 · 메신저 서비스 등 거의 전 지식 경영 관련 솔루션 적용을 위해 각 분야 전문 솔루션 벤더 6개 사가 참여하였다. 이를 운영하기 위한 인프라로 윈도우 2000 어드밴스드 서버 · Microsoft SQL 2000IIS 5.0 등의 서버와 MSCS(Microsoft Clustering Service) · COM+닷넷 프레임워크 등의 마이크로소프트 기술이 활용되었다.

이 같은 인프라를 기반으로 2003년 보험권 최대 규모라 할 수 있는 기간계 시스템과 EIP의 통합 작업으로 깊이를 더해 프론트엔드와 백엔드 간의 서비스 통합을 이룰 수 있게 되었다.

이번 프로젝트의 백미는 기간계 시스템과 EIP의 서비스 통합과 사용

자 인증 및 정보 통합. 기간계 시스템 통합을 위해 EIP 서비스 모듈과 기간계 시스템 정보를 연계하기 위한 인터페이스 개발에 이번 프로젝트의 무게를 두었다. 이와 함께 1만5천 명에 달하는 사용자 처리를 위해 Microsoft host integration server를 통해 트랜잭션을 안정적으로 처리할 수 있도록 전체 시스템을 구성하였다.

각 서비스 간의 사용자 인증 시스템의 경우 기존에 각 단위 업무 시스템별로 사용자 인증을 달리했던 것과 달리 KMS · 그룹웨어 · 메일 등의 단위 EIP 서비스에 인증 모듈을 적용하고 기간계 시스템의 인증체계와의 통합을 위한 추가 개발 작업으로 통합 SSO 환경을 구축했다.

그리고 전사적인 사용자 정보 관리는 AD(Active Directory) 기술로 설계하였다. 유사 프로젝트를 진행한 다른 업체와의 차별성은 바로 기간계 시스템과의 SSO 인증 관련 정보 동기화 부분. 일반적으로 사용자 정보 수정 시 EIP와 메인프레임 간의 사용자 정보 관리체계는 대부분 단방향이다. 한쪽에서 정보 수정이 일어날 때 다른 쪽에서 수작업으로 정보 갱신을 해야 한다는 것. 이와 달리 LG화재의 경우 양방향성을 확보하기 위해 메인프레임 내 인증 처리 모듈 분석 작업을 거쳐 정보 동기화가 가능하도록 개발하였다. 이 밖에 서비스의 안정성 및 가용성 보장을 위해 Microsoft SQL server와 exchange server의 경우 MSCS를 통해 클러스터로 구성하였다.

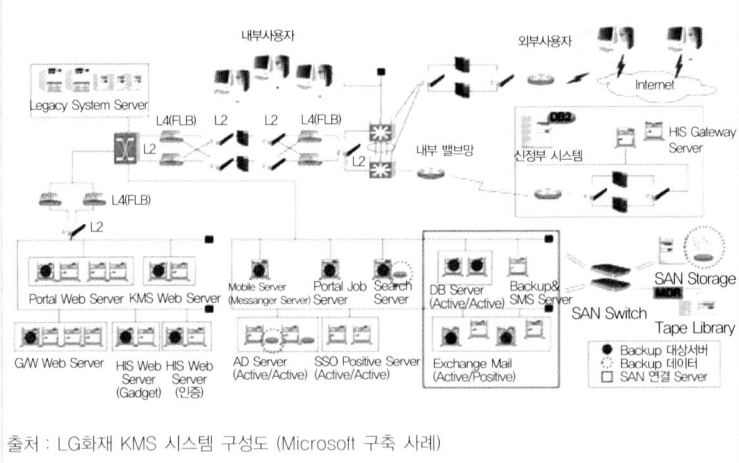

출처 : LG화재 KMS 시스템 구성도 (Microsoft 구축 사례)

서비스 측면에서 볼 때 이번 프로젝트는 모바일 메신저 등 다양한 커뮤니케이션 지원과 함께 개인화 기능 부분 구현에 높은 점수를 줄 수 있다.

이 중 개인화 부분의 경우 각 사용자별로 개인 페이지 구성을 통해 정보 이용의 편의성 및 효율성을 극대화하였음은 물론 고객 정보와 같은 민감한 정보 이용에 관해서는 SSO와 연계해 차등적인 정책을 운영하여 편의성과 보안성을 모두 만족시킬 수 있도록 구성했다.

■ 지식 경영을 위한 기반 마련

EIP 구축을 통해 LG화재가 기대하고 있는 효과는 조직 구성원들 간의 능동적인 커뮤니케이션과 협업을 통한 개별 인적 자원과 조직의 경쟁력 향상이다. 가시적인 효과는 관리 비용의 절감과 인력 및 정보 관리의 복잡도는 낮아지고 효율성은 높아졌다는 것. 물론 이보다 더 중요한 것은 무형의 효과다.

최명식 과장은 'EIP 구축 후 SSO 및 통합 검색을 통한 각종 정보 획득 및 분석을 위한 조직원의 업무 시간 로스율이 줄어든 것과 직원·영업설계사·관계사 간의 유기적인 업무 흐름이 가능해져 생산성이 보다 향상된 것'을 대표적인 무형의 효과로 설명했다.

EIP 활용의 주체인 조직원들의 반응도 기대 이상. EIP에 대한 내부 설문조사 결과, 전체 응답자의 87%가 EIP의 효용성 및 효과에 만족한다고 응답했다.

LG화재 IT추진팀은 이 같은 사용자들의 반응에 만족하지 않고 지속적인 서비스 재평가를 통해 기능적인 면과 서비스적인 면을 수정 보완해 기술적인 완성도뿐만이 아닌 조직 구성원의 자발적 참여를 유도하기 위한 문화적 완성도를 높이는 작업을 추진 중이다.

이와 함께 IT인프라도 점진적으로 고도화한다는 계획. 그리고 EIP를 통해 점차 다양해지고 복잡해질 콘텐츠 관리를 위해 CMS·EDMS와 같은 솔루션을 추가로 도입하여 LG화재의 기업 비전인 'VISION 2010' 달성을 위한 초석을 마련할 계획이다.

■ 향후 계획 방향

　EIP는 한번에 모든 것이 완료되는 프로젝트가 아니다. 기술적인 완성도 못지않게 문화적인 부분도 중요하다.

　2003년 4월 사이트 오픈 이후 지금까지 IT추진팀은 사용자들의 편의 개선을 위해 UI에 대한 수정 보완 작업을 해왔다. 그리고 내부 설문조사를 시행한 결과, 87%의 응답자가 만족하고 13%가 만족하지 않고 있음을 알게 되었다. 87%의 만족도는 매우 높은 수치이다. 하지만 IT추진팀 입장에서 볼 때 13%라는 숫자가 더 의미가 크다. EIP가 조직의 문화 자체를 변화시키는 데는 대략 1~2년이 걸린다. 이를 앞당기기 위해서는 13%에 대한 철저한 분석과 현재 서비스에 대한 재평가 작업이 지속적으로 이루어져야 하기 때문이다.

7. KMS (Knowledge Management System)

(1) KMS의 개요

> KMS(Knowledge Management System, 지식경영)이란 기업의
> 정보자산을 정의·수집·검색·공유 및 평가하기 위한 경영
> 방법론이다. 이러한 정보자산은 데이터베이스·문서·업무
> 규정 및 절차뿐만 아니라 직원들이 머릿속에 담고 있는 전문
> 지식이나 경험들까지도 포함하는 것이다(가트너).
>
> 지식관리 시스템(KMS)이란, 조직 내의 인적자원들이 축적
> 하고 있는 개별적인 지식을 체계화하여 공유함으로써 기업
> 경쟁력을 향상시키기 위한 기업 정보시스템이다.

산업 사회에서 지식 사회로 발전하면서 기업 경영을 지식이라는
관점에서 접근하고 조직 내에서 발생하는 각종 유·무형 지식을 정
보시스템을 통해 효율적으로 관리함으로써 지식의 축적과 활용을
촉진하기 위한 시스템이다.

최근에는 그룹웨어와 KMS를 명확히 구분 짓기 어려운 경우가 많다.

(2) KMS의 구성요소

지식경영에서 궁극적으로 추구하는 것은 조직의 혁신과 업무 대
응력 향상·생산성과 조직원 능력의 향상을 통한 경쟁력 강화이며,
사람과 문화·제도 및 조직·정보시스템을 지식경영의 필수 구성
요소로 구분하고 있다.

국내 KMS의 진화과정 및 특징

단계(시기)	핵심 특징	세부 특징
1단계 ('96~'98)	EDMS(전자문서) 위주 접근	– 폴더와 문서 중심 – 내부 문서를 지식으로 인식 – 문서 정보의 축적에 초점
2단계 ('99~'01)	그룹웨어, 검색엔진 기능 통합	– 비정형 지식 수집 고려 – 통합 패키지형 제품(지식관리 · 게시판 · 메일 · 결재 통합) – 자체 방법론 체계화 시작
3단계 ('02~현재)	협업형 모델 /포털화	– 다양한 비정형 지식 수집 고려 – 다양한 시스템의 통합 고려 – 포털 · 무선 지원 · 개인화 – CoP(Community of Practices) · e러닝 등의 지원 – 독자 방법론의 적용 시작

출처 : 전종홍 외(2003), 《시맨틱 웹 기술을 적용한 지식관리 시스템 아키텍처에 관한 연구》

이 가운데 가장 중요한 것은 지식경영 프로세스에서 매개역할을 수행하는 사람, 즉 지식근로자이다. 모든 구성원들은 지식근로자가 되어야 하며, 이를 위해서는 지식공유와 지식창조가 우선시 되는 문화가 정착되어야 한다.

지식경영을 통해 조직 내 새로운 아이디어가 자유롭게 활성화되고 공유되어 조직이 거대한 학습조직으로 변모하는 조직의 혁신을 이루어야 할 것이며, 조직원들이 필요한 지식을 필요한 시기에 획득 가능하게 함으로써 고객 요구에 더 신속하게 대처하는 업무 대응력 향상을 기해야 할 것이다.

지식경영의 구성 및 목적

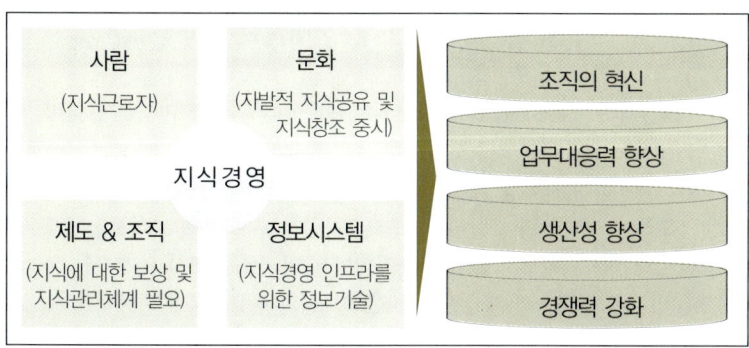

출처 : 《대은경제리뷰》 2003

(3) 기대효과

1) 재사용 가능한 지식의 적시제공에 따른 업무 생산성 향상.

2) 부가가치 창출의 잠재력을 가진 지식축적에 따른 지식의 자산화.

3) 업무 등과 관련된 전략 정보의 제공에 따른 조직의 역량 강화.

4) 축적된 지식을 바탕으로 한 고품질 서비스 제공에 따른 경쟁력 강화.

지식경영의 기대효과

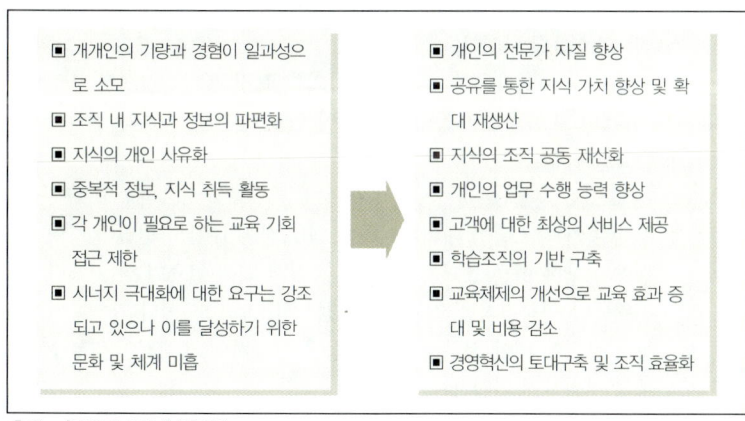

출처 : 《대은경제리뷰》(2003)

(4) 성공사례

스칸디아 그룹(Skandia Group)은 스웨덴에 본부를 두고 있는 글로벌 금융그룹으로, 세계 최초로 기업의 지적자본을 정의하고 이를 경영에 적극 활용하여 지식경영을 완성한 대표적 기업으로 꼽히고 있다.

직원 수가 1만 명에 달하며 1855년 창립 이후 북유럽 보험시장에서 높은 점유율을 확보하고 있는 스칸디아는 미국을 포함한 10개국의 은행 및 투자 딜러들과 제휴관계를 맺고 보험과 금융상품을 판매하는 다국적기업이다.

스칸디아가 지적자본을 중시하게 된 것은 금융보험업을 둘러싼 경영환경의 급속한 변화 때문이었다. 1980년대 말 세계 금융보험업은 자연재해의 증가와 급격한 경기변동으로 상품 포트폴리오를 얼마나 유연하게 운용하느냐에 따라 수익이 급변하게 되었다. 또한 금융보험업에 대한 규제철폐(Deregulation)로 세계 각국에서 신규사업을 전개할 수 있는 기회가 주어지게 되었다.

이러한 상황은 본격적인 방카슈랑스 시대를 맞은 국내의 금융환경과 유사하다고 할 수 있다. 스칸디아는 이러한 변화에 즉각적으로 대응할 수 있는 유연한 조직 구축의 필요성을 인식하고 조직 내부의 혁신 능력, 고객과의 밀접한 관계 등이 무엇보다 절실하게 되었다.

그러나 혁신능력·고객관계는 재무적인 지표로는 표현할 수 없었기 때문에 새로운 개념이 필요하였으며, 스칸디아만의 독특한 경영전략 시스템을 구축하게 되었다.

이 시스템에는 시장동향 정보와 자사의 전략적 위치·경쟁사 프로파일·고객의 포트폴리오 등이 축적되어 있고 새로운 정보가 수시로 업데이트 된다.

① 자체 평가 시스템인 내비게이터 모델도 함께 내장되어 있어 경영전략 실행에 따른 효과를 분석할 수 있게 되어 있으며, 여기에다 직원들의 의사결정을 지원할 수 있는 시스템(DSS)이나 가계·자동차 보험에 대한 전문가 시스템 등을 구축하여 체계적인 업무수행을 지원하게 되었다.

② 고객 리스크 관리에 대한 검토사항을 데이터베이스화해 계약기간을 단축하고 행정 소요시간을 줄여 운영비를 절감하였으며, 반면 고객 접촉 및 문제해결을 위한 시간을 늘려나갔다. 리스크 필터(Risk Filter)라 불리는 이 DB는 직원이나 딜러가 고객의 리스크에 대해 어떤 정보를 미리 검토해야 할지를 결정하는 데 큰 도움이 되었다.

③ 지식의 공유 차원에서 방대한 양의 사내 베스트 프랙티스(Best Practices)를 완성하였다. 스칸디아는 이를 인트라넷에 축적하고 공유하고 있어 직원들은 업무 방법이나 고객서비스와 관련하여 의문점이 있을 때는 세계 어느 곳에 있든지 제약 없이 축적된 지식과 노하우를 언제든지 꺼내볼 수 있다. 꼭 필요한 때에 필요한 만큼 효과적으로 실시하는 맞춤형(Customized) 교육과 업무지원이 이루어지는 것이다.

④ 고객과의 관계를 밀접하게 유지하기 위하여 주요 고객사에 자사가 개발한 회계 프로그램을 제공하고 있다. 고객 자산관리 시스템과 보험료 및 세금계산 프로그램이나 현금관리 프로그램 등이 주요 제공 프로그램이다. 이를 통하여 고객의 충성도(Loyalty)를 높이는 것은 물론 자사의 서비스 업무 프로세스의 개선점을 찾는 데 큰 도움을 얻고 있다.

이외에도 스칸디아의 인터넷 홈페이지를 열어보면 다른 기업의 홈페이지에서는 보기 힘든 항목을 찾아볼 수 있는데, 바로 지적자본(Intellectual Capital)이다. 물론 재무적인 의미의 자본이 아니라 기업 내부의 지식을 자본으로 표현한 것이다. 1994년 스칸디아는 세계 최초로 기업의 지적자본을 정의하고 관련 정보를 주주들에게 공개한 것이다.

SK주식회사 - KM, 지식재창출 단계로 신사업 진출

■ 시스템 개발 목적
- SK주식회사 내에서 발생하는 지식을 정리, 체계화해 현장에 적용하고 새로운 사업 기회를 창출할 수 있도록 지원
- 업무 처리와 동시에 지식 축적이 가능한 시스템 지원
- 지식 업무(Brain Engagement)를 극대화하고 지식근로자 상호 간 원활한 커뮤니케이션 지원
- 지식근로자 간 지식 공유 및 상호 협조를 통한 업무 효율성 향상
- 검증된 지식을 제공해 지식 근로자의 업무 수준을 향상하고 새로운 가치를 구현할 수 있도록 지원

■ 개발 기간
- 1999년 4월 5일~1999년 11월 21일 : 1차 선도 프로젝트 대상 영역 개발(윤활유 사업부, 울산 CLX)
- 1999년 11월 22일~2000년 10월 31일 : 2차 전사 프로젝트 실시
- 2000년 11월 1일~2000년 12월 31일 : 시스템 안정화 및 유지

■ OK SK, 지식관리 OK!

SK주식회사의 지식관리에 관한 성공담은 많은 기업들이 본보기로 삼는 대표적인 사례다. 특히 지식관리 시스템이 각 분야의 부서 팀마다 상이하고 독특한 형태로 발전하고 있다는 점은 사업 영역과 기능이 다양한 대기업과 중견기업들에게 표본으로 삼을 수 있는 좋은 사례임은 분명하다.

하지만 이들의 성공 사례를 무턱대고 따라 하다간 낭패 보기 십상이다. 20년간 지속되어온 이들만의 독특한 경영기법과 기업 문화까지 따라 할 수는 없기 때문이다. 여기에서는 각각의 지식관리가 어떠한 공통분모를 갖고 있는지에 대해서 살펴보자.

■ 사내 커뮤니티에서 결정한 KMS 도입

"그동안 우리가 무식 경영을 해왔다는 소리인가".

이는 1999년 KMS 도입을 최종 승인할 당시 SK주식회사 김한경 사장

이 한 말이다. 최고경영자가 최종 승인을 하는 것이지만 KMS 도입을 실질적으로 결정한 것은 사장실을 주축으로 한 중견 과장급및 초임 부장급 10여 명이 모여 결성한 지식경영연구회라는 커뮤니티였다.

도입을 원하는 주체가 누구였느냐는 점이 중요한 것은 KMS를 성공적으로 이끌 수 있었던 원인 중 하나이기 때문이다. 일선 현장의 소리를 누구보다도 잘 알고, 실무에서 무엇이 필요한지 아는 이들이 지식관리에 대한 필요성을 먼저 깨닫고 철저한 공부 끝에 내린 결정이어서 초기 실행 과정에 자발적인 참여를 이끌어낼 수 있었고 CoP(Community of Practices)를 성공적으로 운영하는 데 동력원이 됐다고 볼 수 있다.

■ 각 부서마다 다른 도입 이유와 목적

SK주식회사가 지식관리 시스템을 도입한 이유와 목적을 보면 각각의 부서 팀마다 제각기 다르다.

■ SK주식회사의 KMS 도입 과정

SK주식회사는 사업 영역과 기능이 매우 다양한 기업 환경을 갖고 있어 일부 조직에 먼저 적용해보고 그 경험을 반영해 전사로 확산하는 것이 바람직하다는 결론을 내리고 1999년 선도 프로젝트를 우선 실행에 옮겼다.

40여 년간의 운전 경험과 기술 노하우가 축적되어 있는 생산 부문의 울산 CLX와 소규모이지만 사업 관련 마케팅, 제품 생산, 개발 등 각 부서 간 긴밀한 협업이 필요한 윤활유 사업부를 대상으로 선도 프로젝트가 추진됐다. 이때 울산 CLX 분야는 전문가 학습 조직인 CoP와 핵심 지식 확보 및 활용을 위한 지식 DB를 중심으로 운영됐으며 윤활유 사업부는 업무 수행 과정에서 창출되는 모든 지식의 창출과 공유 활용이 KM 시스템을 통해 이루어지도록 업무 프로세스를 개선했다.

하지만 선도 프로젝트가 처음부터 잘 운영된 것은 아니었다. 구성원들이 지식관리를 업무와 분리된 또 하나의 일거리 정도로밖에 인식하지 않아 적극적인 등록을 하지 않으니 등록 자료가 부족했고 그 조회율 또한 저조할 수밖에 없었다.

실패 원인을 규명한 결과 CoP의 분류 체계가 획일적이고 불편해서 자료를 체계적으로 등록하고 활용하기가 어려웠다는 점이 드러났다.

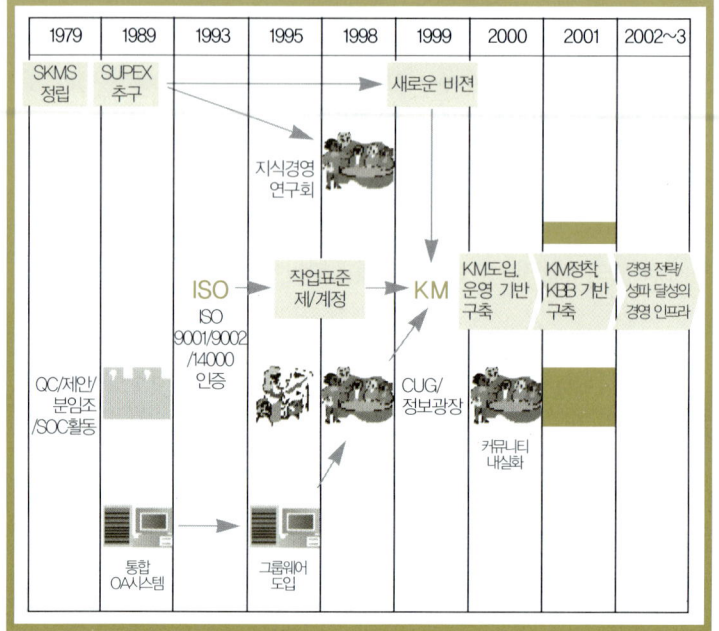

1979	1989	1993	1995	1998	1999	2000	2001	2002~3

SKMS
정립

SUPEX
추구

새로운 비전

지식경영
연구회

ISO

ISO
9001/9002
/14000
인증

작업표준
제/계정

KM

KM도입,
운영 기반
구축

KM정착
KBB 기반
구축

경영 전략/
성과 달성의
경영 인프라

QC/제안/
분임조
/SOC활동

CUG/
정보광장

커뮤니티
내실화

통합
OA시스템

그룹웨어
도입

출처 : SK 지식경영 추진 경과

또한 각 운영자의 체계적인 관리 및 홍보 마인드가 부족했으며 참여 구성원들의 관심 역시 미비했다는 결론이 나왔다. 이러한 선도 프로젝트의 실패 사례가 전사 도입에 있어서는 오히려 좋은 약이 됐다.

2000년 상반기에는 에너지 사업·화학 사업·R&D 등 기존 핵심 사업에, 하반기에는 OK 캐쉬백·사업 개발 등 신규 사업과 법인 조직에 KM 시스템을 구축해 2001년 10월까지 전사적인 KMS 구축이 완료됐다.

■ 지식 재창출을 통한 신사업 분야 진출

SK주식회사가 전사적 KMS를 본격적으로 운영한 것은 2001년 1월. 이 회사는 2001년 11월, 지식경영에 관한 성공 사례집을 내부적으로 발표하는 등 직원들의 높은 참여도와 지식관리의 빠른 성숙도를 보였다. 현재는 지식관리의 최종 목표인 지식 재창출을 통한 새로운 사업 진출과 수익 창출 단계까지 이르렀다.

SK주식회사가 내부적으로 지식경영의 성과를 공유하기 위해 2001년 말에 지식경영 실천 사례를 공모했는데 이때 총 4백30여 건이 응모했고, 이를 분석한 결과 각 조직에서 직간접적으로 경영 성과에 기여한 금액이 2천4백50억 원 정도로 집계됐다.

이러한 성과에 기여한 것으로는 CoP 활동·K-DB 지식 활용·솔루션 팩을 통한 지식사업화 순으로 나타났다. 또한 무형의 성과로는 최상의 업무 지식 축적 및 활용을 통한 업무 생산성 향상·학습 조직을 통한 역량 강화·토론 문화의 활성화를 통한 아이디어 발굴·초보자의 학습 속도 향상·전문가 부재 및 이직 시 공백 최소화 등의 순이라고 밝혔다.

특히 솔루션 팩 개발 및 활용 성과 부문에서 SK주식회사는 지식 사업 수행 및 내부 업무 효율 향상을 위한 솔루션 팩 60여 개를 개발했다. 이를 기반으로 새로운 수익원 창출과 업무 효율 향상이 이루어지도록 활용하고 있다. 수치적인 성과로는 생산기술 서비스를 통해서만 2001년 3백57억 원, 2002년 7백50억 원의 새로운 수익을 창출한 바 있다.

■ 솔루션 팩을 이용한 수익창출 예
- 정유/석유화학 O&M 기술 Consulting 서비스 : 가나 TOR·대만 Formosa·쿠웨이트 등 미국·중국·일본·유럽·동남아 지역에 프로모션 중
- Business Alliance : 벤더 및 파트너와의 전략적 제휴 시 보유 역량을 활용해 수익 창출(Olefin Tube 운영 기술 V-Project 등)
- 상품개발 지식 패키지 : 신제품 개발 프로젝트 시 창출된 지식 패키지화
- 전사적 경영기법 전파: SUPEX 일처리 5단계 솔루션 팩, 전략과제 수행의 산출물 패키지(PSM, OPI 등)

■ 지식 경영 마인드, 20년 전부터?
이 회사는 20년 전부터 SK 고유의 경영관리체계인 SKMS(SK Management System)를 위한 경영 도구로 SUPEX(Super Excellent, 인간의 능력으로 도달할 수 있는 최대한의 수준) 추구법을 지향해오고 있

SK주식회사 지식관리 시스템 구성도

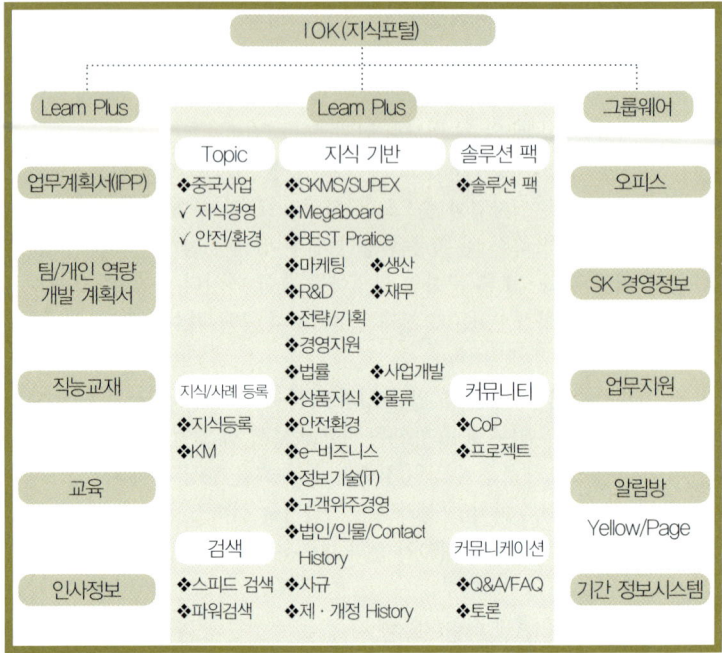

IOK(지식포털)			
Leam Plus	**Leam Plus**		**그룹웨어**

Leam Plus

업무계획서(IPP)

팀/개인 역량
개발 계획서

직능교재

교육

인사정보

Leam Plus

Topic
❖중국사업
✓ 지식경영
✓ 안전/환경

지식 기반
❖SKMS/SUPEX
❖Megaboard
❖BEST Pratice
❖마케팅   ❖생산
❖R&D   ❖재무
❖전략/기획
❖경영지원
❖법률   ❖사업개발
❖상품지식 ❖물류
❖안전환경
❖e-비즈니스
❖정보기술(IT)
❖고객위주경영
❖법인/인물/Contact
  History

솔루션 팩
❖솔루션 팩

지식/사례 등록
❖지식등록
❖KM

커뮤니티
❖CoP
❖프로젝트

검색
❖스피드 검색 ❖사규
❖파워검색 ❖제·개정 History

커뮤니케이션
❖Q&A/FAQ
❖토론

그룹웨어

오피스

SK 경영정보

업무지원

알림방
Yellow/Page

기간 정보시스템

출처 : SK주식회사 지식관리 시스템 구성도

다. 이를 통해 업무의 합리적인 수행 방법과 더불어 지식 경영과 협업을 기업 경쟁력의 핵심 원천으로 강조해왔다. 20여 년간 이어져 내려온 SK주식회사의 경영철학은 임직원들에게 지식관리 시스템이 도입되기 전부터 지식 경영에 대한 마인드를 심어주고 있었던 것이다.

■ 지식관리 성공의 열쇠, CoP

전사적인 KMS 구축이라고 하지만 SK주식회사 KMS는 각 사업 분야의 부서팀마다 전혀 새로운 KMS가 운영되고 있다고 하는 편이 나을 것이다. 부서마다 전혀 다른 형식과 성격으로 운영되는 KMS는 발전 과정과 성공 요인도 제각기 다르다는 것을 알 수 있었다.

SK주식회사 각 부서에서 얘기하는 지식관리의 성공 요소들을 종합해보면, ▶팀마다의 비전 수립과 목표 및 합리적인 추진 전략 ▶효과적인 지식의 분류체계 ▶경영층의 추진 의지 ▶팀장의 적극적인 관심과 도움 ▶중간자 계층 중심의 변화 선도 조직 운영 ▶구성원들의 마음가짐과 인식 ▶적절한 중간 점검 ▶업무와 지식관리의 일치 ▶오프라인 학습조직 운영 등으로 요약된다.

■ 다양한 요구에 대처할 수 있는 시스템

SK주식회사의 지식 경영 모델은 지식을 지식 축적·지식 DB·솔루션 팩의 3단계로 구분해 관리하는 것이었다. 지식관리 시스템상의 성공요인을 따지면 각 부서의 독특한 업무 환경과 처한 상황에 따른 다양한 요구에 대처할 수 있는 유연한 시스템이 큰 공헌을 했다고 볼 수 있다.

그러나 시스템상에서는 KMS 구축의 초점을 사용자 편의성에 두다 보니 사용자의 요구 사항에 대해서 많은 부분을 개발했고 당연히 시스템 자체가 계속적으로 복잡해졌다는 점이 문제로 지적됐다. 이 문제를 해결하기 위해 2001년부터 지속적인 업무 분석, 설문조사 결과를 토대로 2002년부터 2003년 초까지 시스템을 간단하게 만드는 작업을 진행했다. 이를 통해 현재는 초기 시스템보다 훨씬 간단해졌다는 게 직원들의 평이다. 또한 시스템 구축 당시 이 회사는 철저한 사전 준비 과정을 거친 까닭에 컨설팅이 필요 없었다는 점도 특징이다.

■ 경영 전략과 연계가 가능토록 노력

현재 SK주식회사는 지식 경영이 회사의 비전 달성 및 경영전략과 연계되어 회사가 성장하는 데 원동력이 될 수 있도록 추진하고 있다.

이를 위해 ▶각 조직의 임원 및 팀장이 충분히 리더십을 발휘할 수 있도록 지원하고 ▶사업 분야의 경영전략 달성을 위한 핵심 역량·핵심지식을 중심으로 낭비와 오류가 없게 콘텐츠를 관리하고 ▶변화가 빠른 시대에 창의적인 조직 문화, 특히 학습 문화가 정착될 수 있도록 CoP 활동을 장려하고 ▶경쟁력이 있고 사업 수행 모델이 정리된 지식은 지속적으로 지식기반 사업화가 가능하도록 솔루션 팩 개발에 힘쓰고 있다.

SK주식회사 측은 기업용 포털 시스템 구축에 대해서는 고개를 가로젓는다. 듀퐁·라이더·액센추어 등 선진 기업들의 탐방 이후 포털 시스템 구축만이 포털이 아니라는 결론에 이르렀다는 것. 임직원 각각의 개인화와 싱글사인온·데이터 연동과 통합을 제공해주는 그 자체가 포털이라고 판단, SK주식회사만의 포털을 개발하기로 했다. 2001년에 웹 전환을 시행한 것도 포털화를 위한 선제 조건이었다. 현재는 ERP 중 인사(HR) 모듈과의 연동이 가능하며 앞으로 전 모듈과의 연동을 고려하고 있다.

기존 사례를 보면 최고경영진의 도입 의지가 무엇보다도 중요하다는 점을 지속적으로 말해왔다. 하지만 성공 여부는 부서장이나 팀장의 역할이 무엇보다도 중요하다고 이번 SK주식회사의 사례는 말하고 있다. 또한 문제점 발생 시 이를 대하는 전체 임직원들의 자세도 중요한 요소다. 적극적이고 능동적으로 해결 방안을 찾아가는 과정이야말로 지식관리의 성공 요소가 된다.

LG투자증권

현재 국내 증권업계를 대표하는 대형 증권사로써 국내외 고객에게 종합금융 서비스를 제공하고 있는 LG투자증권은 1969년 한보증권으로 출발해 현재 국내 금융시장의 발전과 더불어 성장해왔다.

유가증권의 자기매매와 위탁매매·중개·인수·매출·수익증권 판매 등의 증권업을 영위하고 있는 LG투자증권은 1백11개의 국내 지점과 10개의 영업소를 운영하고 있으며 런던·뉴욕·홍콩에 3개의 해외 현지 법인과 중국 상하이에 사무소를 두고 있다.

금융권 중에서 증권사의 IT시스템 도입은 은행과 보험 업계에 비해 항상 한발 앞서 나간다. LG투자증권 IT기획팀 박조현 차장은 "판매 채널의 고객 거래 옵션이나 과거 오프라인에서 이뤄지던 거래들이 최근 60~80% 온라인 매체를 통해 움직이고 있다. 증권사의 IT시스템은 지원 도구가 아니라 상품이고 서비스 자체"라고 설명했다.

LG투자증권은 IT시스템의 안정화로 국제적 경쟁력을 갖춘 대형 종합 증권회사가 되기 위해 안으로는 지식경영 시스템을 구축하고, 밖으로는 고객과의 거리를 좁히기 위한 HTS를 강화하는 등 제2 도약기를 위한 IT투자를 진행 중이다.

LG투자증권은 2000년까지만 해도 LG소프트의 '오피스월드'를 그룹웨어로 사용하고 있었다. 하지만 기업 규모가 커지고 업무 효율성에 대한 요구가 높아지면서 전자우편과 게시판 등 일부 제한적인 기능만 제공했던 기존 시스템에 대한 교체 요구가 꾸준히 제기됐다.

오피스월드는 제품 구조상 확장성이 떨어져 새로운 수요와 기능을 수용하기에는 한계가 있었던 것. 또한 사내의 증권 정보 교류를 위해 전사적으로 지식 기반 경영을 추진하기로 해 새로운 시스템 구축이 절실했다.

이에 LG투자증권은 컨설팅 업체와 공동으로 지식경영 프로젝트를 추진하기로 결정하고 KMS 마스터플랜을 수립했다. LG투자증권 인터넷개발팀 곽영진 팀장은 "KMS 도입을 통해 사내·외 정보와 지식을 공유하고 고객 정보를 사내 지식으로 축적하는 등 지식의 저장과 활용을 토대로 기업의 경쟁력을 확보하고자 했다"고 설명했다.

■ 지식의 통합은 지적자산의 확충

　LG투자증권은 KMS 마스터플랜 수립과 그룹웨어 인프라 개발을 동시에 진행, 프로젝트 효과를 극대화하고 일관된 사업 추진으로 투자 위험을 피하고자 했다. 따라서 이 프로젝트에서는 기존의 메일과 게시판 기능뿐만 아니라 전자결재 · EDMS · 지식 공유 · e-러닝 등 전사적인 업무 환경 개선을 목표로 구체적인 전략을 시행하게 했다.

　IBM의 로터스 노츠 제품을 선정한 LG투자증권은 2000년 8월부터 3단계에 걸쳐 프로젝트를 완성했다. 지식경영 체계 도입과 정착화 · 지식경영 확산과 충실화 · 자율적 지식경영 전개와 성숙화를 목표로 진행된 이 프로젝트는 2003년까지 직원들에게 지식경영의 취지 이해와 활용을 숙지시킨다는 계획 아래 추진됐다.

　먼저 1단계에서는 지식분류체계를 중심으로 기존의 지식들을 순차적으로 확보하고 이를 시스템으로 구현해 업무에 정착시키는 데 주력했다. 이어진 2단계에서는 확보된 지식을 바탕으로 한 신규 지식 창출과 등재에 초점을 맞춰 진행했다. 이를 위해 지식경영 성과가 인사 평가와 조직 평가에 반영되도록 하며, 우수자에게 포상과 교육의 기회를 제공했다. 최종 단계에서는 우수 업무 지식과 회사의 공식적인 지식을 자산화하고 자발적인 참여를 확대해 지식이 업무에 적극 반영되도록 구성했다.

　KMS에서 제공하는 기능에는 전자게시판과 메일 · e-러닝 · 전자결재 · EDMS · EIS(Executive Information System) · 기타 단위 시스템 등이 있다. 이 중 전자게시판과 메일은 KMS의 기반 시스템으로써 KMS 내에 포함돼 있는 단위 시스템 중에서 가장 많이 사용되고 있다. 또한 KMS 내 e-러닝 시스템은 시 · 공간적 제약을 극복하고 실시간 학습을 가능하게 해주는 중요한 채널로 효용도가 높다. 특히 CEO를 비롯한 임원 정보 시스템이 KMS 내에 구현돼 경영진들은 경쟁력 현황 · 영업 실적 · 손익 실적 · 리스크 현황 등을 매일 열람하고 의사 결정에 활용하고 있다.

　이런 과정을 거쳐 구축된 KMS의 전체 사용자는 3천33명으로 일일 로그인 사용자는 2천9백1명, 일일 로그인 횟수는 6천9백45회를 기록할 정도로 활발하게 사용되고 있다.

곽영진 팀장은 "KMS 구축으로 정보 검색 시간을 절감했고 분산돼 있던 지적 자산의 통합으로 지식 관리의 효율성이 증대됐다. 또한 의사 결정에 필요한 충분한 지식 정보를 제공해 의사 결정 과정이 단축되는 등 효과가 크다"고 평가했다.

■ 고객과 지식 공유로 증권 전문 고객 양성
이렇듯 사내 정보 교류를 위해 도입한 것이 KMS라면 LG투자증권은 고객과의 커뮤니케이션을 위해 HTS(Home Trading System)를 강화했다. LG투자증권의 HTS 브랜드인 ifLG를 강화해 기존에 고객용과 직원용으로 이원화해 서비스했던 HTS를 단일 시스템으로 통합함으로써 운영의 효율성을 제고하고 변화하는 고객의 요구를 적극 수용하도록 했다.

LG투자증권은 더욱 다양한 차트 정보를 추가하고 선물옵션 투자자를 위한 전문 시스템을 구축하며, 시스템 팁과 관심 종목 등을 고객과 직원들이 서로 주고받을 수 있도록 메신저 툴을 HTS 내에 탑재하는 등 다양한 고객 욕구를 충족해 현재 좋은 반응을 얻고 있다.

ifLG트레이닝팀의 현동식 차장은 "HTS를 통해 실시간으로 정보를 요구·수용하는 고객들이 많아짐에 따라 고객들의 전문성이 점점 더 강화되고 있다. 따라서 고객층이 초보 투자가부터 전업 투자자들까지 다양해지고 있어 앞으로 고객을 세부적으로 분류하고 개개인의 성향에 따른 콘텐츠 개발에 주력할 예정"이라고 말했다.

향후 LG투자증권은 전사적인 기업포털 구축에 역점을 둘 계획이다. 다양한 종류의 지식을 찾을 수 있는 창구 역할을 할 지식 포털(Knowledge Portal)에 대해 LG투자증권은 단순한 인터페이스 통합에서 모든 애플리케이션을 통합하는 플랫폼 단위의 통합 도입을 적극 검토하고 있다.

증권 매매 서비스 환경은 현재보다 더욱 복잡하고 경쟁이 심화될 게 자명하다. 이에 따라 각종 투자기법도 다양해지고 고도화될 가능성이 크다. LG투자증권은 금융상품 사업과 투자은행 사업에서의 핵심 능력을 강화해 수익원을 다양화하기 위한 방법을 모색할 계획이다.

매매 시스템을 통해 제공하는 콘텐츠를 고도화하고 투자에 수반되

는 위험 관리를 강화하며, 온라인 매매 상품을 다양화하는 방향으로
시스템을 개선해 고객 확보에 주력하겠다는 것이다.

8. CMS (Contents Management System)

(1) CMS의 개요

CMS(Contents Management System)는 e-비즈니스에 포함되는 모든 콘텐츠를 생성·보관·관리하는 일련의 작업(Task)과 과정(Process)이다. 일반적으로는 '기업 내에 존재하는 다양한 포맷의 콘텐츠인 문서·이미지·동영상·소리 등을 제작·출판·관리하는 솔루션으로, 보통 콘텐츠 생성·출판·배포·보관 등으로 정리되는 콘텐츠 라이프스타일 전체를 관리하는 것'으로 규정된다.

1) CMS와 KMS

실제 CMS에서 말하는 콘텐츠는 KMS에서 지칭하는 Knowledge와 유사하다. KMS는 배포 대상이 주로 기업 내부 관계자에 한정된 반면, CMS는 기업 내 관계자는 물론 거래업체·일반 고객 등으로 기업 외부까지 포괄하고 있는 것이 차이점이다.

2) CMS의 도입

국내에 처음으로 CMS가 소개된 것은 지난 1999년 말경으로 당시에는 단지 방대한 콘텐츠에 대한 관리를 해주는 개념으로 받아들였다. 이후 국내 IT시장의 호황과 함께 해외 CMS 전문 업체들이 합세하면서 시장이 열리기 시작했다.

CMS 시장의 세부 그룹은 웹콘텐츠 관리(Web Contents Management) · 문서 관리(Document Management) · e-Commerce 관리 · 변경/코드 관리(SCM ; Software Change/Source Code Management) · 디지털 자산 관리(DAM ; Digital Assets Management)의 5가지로 나눠볼 수 있다.

(2) CMS의 역할

일반적으로 콘텐츠는 일련의 생명주기, 즉 생산 · 수정 · 승인 · 출판 · 보관 · 분배 · 제거를 따라 진화한다. 관리자는 이러한 생명주기에 따라 반복되는 작업을 해야 하지만 수동으로 관리하기에 너무 많은 양이라면 문제가 발생하게 된다. 당연히 비효율적이며 일관성이 결여되고 체계적이지도 못하다.

이러한 문제점을 극복하기 위해서 콘텐츠 관리의 상당부분을 자동으로 전담해주는 시스템의 필요성이 대두되었다. CMS는 현재 그 자체 기능뿐만 아니라 고객관리(CRM)와 콘텐츠 분석의 근간이 되는 필수불가결한 요소로 자리매김하고 있다.

1) 외부 업체의 콘텐츠 작성 툴 지원

콘텐츠를 자체 제작하거나 외부로부터 수집하는 생성 단계에서는 자체 콘텐츠 작성 툴을 제공하거나 드림위버(Dreamweaver)와 같은 외부 업체의 콘텐츠 작성 툴을 지원하고, 업체 내 · 외부의 콘텐츠를 통합하는 기능을 제공한다.

2) 콘텐츠 관리 기능

콘텐츠 관리 단계에서는 워크플로와 비즈니스 프로세스를 반영하여 콘텐츠를 관리하는 것뿐만 아니라 버전 관리 · 사용자 권한 관리 · 편집 · 콘텐츠 분류 · 검색 기능 등을 제공한다.

3) 개인화된 콘텐츠 제공

배포하는 단계에서는 사용자의 선호도와 권한별로 개인화된 콘텐츠를 제공하는 기능을 제공한다.

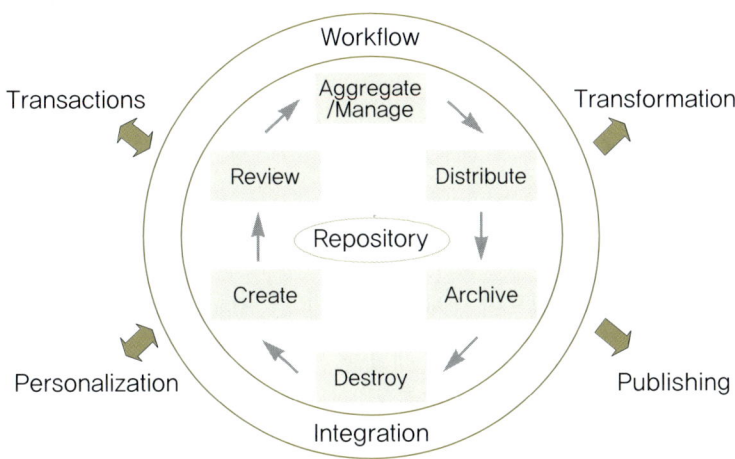

출처 : 가트너(콘텐츠 관리 라이프사이클)

(3) 기대효과

1) 시장변화에 대응 고속화
2) 콘텐츠의 유지비용 절감
3) 업체간 콘텐츠 교류를 통한 새로운 수익모델 창출 가능
4) 콘텐츠의 품질 향상
5) 개인화된 고객 서비스 제공 가능

9. 데이터웨어하우스(Data Warehouse)

(1) 데이터웨어하우스의 개요

> DW(Data Warehouse, 데이터웨어하우스)란 사용자의 의사결정에 도움을 주기 위해 다양한 운영 시스템에서 추출·변환·통합되고 요약된 데이터베이스를 말한다.

데이터웨어하우스는 1980년대 중반 IBM이 자사 하드웨어를 판매하기 위해 처음으로 도입했던 개념으로, IBM은 인포메이션 웨어하우스(Information Warehouse)라는 용어를 사용하였다. 이후 이 개념은 많은 하드웨어와 소프트웨어 및 툴 공급 업체들에 의해 이론적·현실적으로 성장하였으며, 1980년대 후반 인몬(Inmon)이 데이터 접근 전략으로 데이터웨어하우스 개념을 사용함으로써 많은 관심을 모으기 시작했다.

데이터웨어하우스의 목적은 데이터에 기반한 의사결정이 막연한 감이나 불완전한 데이터에 의존하는 대신 통합된 데이터를 바탕으로 사실에 근거하여 이루어질 수 있도록 한다.

데이터웨어하우스의 구축을 통해 자료를 적절한 의사결정을 위한 기본 자료로 활용하며 상황변화에 따른 신속한 의사결정이 필요하고 대량의 운용 데이터가 발생하는 분야에서 과거 및 현재의 데이터 분석을 통해 시장변화와 미래 예측까지도 가능하게 할 수 있다.

(2) 데이터웨어하우스의 구성요소

데이터웨어하우스는 원시 데이터 계층·데이터웨어하우스 계층·클라이언트 계층으로 구성되며 데이터의 추출·저장·조회 등의 활동을 한다.

1) 원시 데이터 계층

기존 메인 프레임 애플리케이션·클라이언트 애플리케이션·외부 데이터 소스를 포함한 수많은 소스들로 구성되며 데이터는 이들 소스로부터 추출되어 변환 및 표준화 과정을 거쳐 데이터웨어하우스로 적재된다.

2) 데이터웨어하우스 계층

데이터웨어하우스 계층은 의사결정을 지원하기 위한 주제 중심적·통합적·시계열적 데이터의 집합으로써 사용자의 요구에 따라서 대량의 데이터가 축적된 인프라를 만들어놓고 실제 활용은 최종 사용자에게 맡기는 계층이다.

3) 클라이언트 계층

사용자들이 정보를 액세스하고 분석할 수 있는 수단으로 데이터웨어하우스에 대한 별도의 지식이 없이도 통합된 데이터의 결과치를 볼 수 있도록 한 계층이다.

(3) 데이터마트

　데이터마트(Data Mart)는 전사적인 데이터의 부분 집합 격으로 특정 사용자나 대상(종종 LOB, 즉 Line of Business라고 함)에게 가치가 있는 데이터들을 포함하는 작은 웨어하우스(Warehouse)이다.

　이들 데이터는 주로 사용자들 그룹 내의 데이터를 중심으로 필요시 다른 부서나 그룹의 데이터를 가져오고 외부의 정보를 포함하기도 한다.

데이터웨어하우스와 데이터마트의 차이점

	데이터웨어하우스	데이터마트
목표	잠재적인 모든 유형의 질의에 대처	특화된 분석지원
특성	데이터 저장고	모델링 도구, 연산 엔진
질의 유형	읽기	읽기/쓰기
응답 속도	질의 유형에 따라 가변적	일관성, 신속성
내용	과거, 현재	과거, 현재, 미래
자료구조	비정규화, 평면적	다차원적, 계층적
데이터량	초대량, 매우 상세	대량, 상세
구축기간	수개월~수년	수주일~수개월

(4) 데이터웨어하우스의 특징

1) 주제지향성(Subject Oriented)

데이터웨어하우스 내의 데이터는 일상적인 트랜잭션을 처리하는

데이터마이닝, 데이터웨어하우스, OLAP, DSS(의사결정 시스템) 비교

Data Mining
✓ 데이터로부터 개념적인 지식 추출
✓ 분류, 군집, 연관, 예측
✓ 예상치 못했던 지식의 발견
✓ 기계학습의 방법론 사용

DSS

Data Warehouse
(효율적인 데이터마이닝의 출발점)
✓ 정제된 데이터
✓ 표준화된 데이터
✓ 다양한 데이터 소스의 통합
✓ 데이터마이닝의 선결조건

Online Analytic Processing
✓ Query의 한계 극복
✓ 다차원적인 질의
✓ 정보 요구자가 DW에 직접 접근
✓ 사용자 요구 관점에서의 자료 요약

프로세스 중심 시스템의 데이터와 달리 일정한 주제별 구성을 필요로 한다. 예를 들어 보험회사의 경우 프로세스 중심의 시스템으로는 자동차 보험·생명보험·개인연금보험' 등이 해당되지만, 이들의 주제영역을 보면 고객·약관·청구 등이 될 수 있다.

2) 통합성(Integrated)

데이터웨어하우스 내의 데이터는 사용자의 요구에 맞게 표준화 및 통합화 과정을 거쳐 일관된 정보를 제공해야 한다. 예를 들어, 기존의 애플리케이션 중심의 환경에서는 남자와 여자를 남/여·Male/Female·1/0 등으로 다양하게 적용할 수 있으나 데이터 웨어하우스에서는 이들을 통합할 필요가 있다(예, 남자와 여자는 '남' 과 '여' 로 통합).

3) 비휘발성(Non-volatile)

데이터웨어하우스는 오직 두 가지 오퍼레이션(operation)을 갖게 되는데, 하나는 데이터를 로딩(loading)하는 것이고, 다른 하나는 데이터를 읽는 것, 즉 액세스(access)하는 것이다.

이를 달리 표현하면 데이터웨어하우스에 일단 데이터가 로딩되면 읽기 전용으로 존재한다는 것이다. 따라서, 데이터웨어하우스의 데이터는 운영 시스템(Operational System)에서 수시 발생되는 갱신이나 삭제 등이 적용되지 않는다.

4) 시계열성(Time Variant)

운영 시스템의 데이터는 액세스하는 순간에 정확해야만 의미가 있게 된다. 그러나, 데이터웨어하우스의 데이터는 일정한 시간 동안의 데이터를 대변하는 것으로 '스냅 샷(Snap Shot)'과 같다고 할 수 있다. 따라서 데이터 구조상에 '시간'이 아주 중요한 요소로 작용한다. 이와 같은 이유에서라도 데이터웨어하우스의 데이터에는 수시적인 갱신이나 변경이 발생할 수 없다.

(5) 기대효과

1) 신속한 응답성

운영 시스템을 보호하고 사용자 질의에 신속한 응답 성능을 제공할 수 있다.

2) 효율적인 데이터 사용

여러 시스템에 산재된 데이터들이 웨어하우스로 취합되고 통합되

므로 사용자는 자신들이 필요로 하는 데이터가 어디에 있는지 신경
쓰지 않고 필요한 데이터를 쉽게 가져다 쓸 수 있다.

3) 양질의 데이터 사용

데이터는 웨어하우스로 옮겨오기 전에 정제 및 검증과정을 거치
게 되며, 따라서 사용자는 양질의 데이터를 사용할 수 있다.

(6) 성공사례

가치와 스피드경영을 위한 정보시스템 구축(LG화학 사례)

■ 경영 패러다임 변화와 정보시스템의 역할

　최근 경영 패러다임이 성장 및 외형 중심에서 사업가치와 자금흐름 중심으로 변하고 있어 기업정보 인프라도 새로운 경영에 맞추어 데이터웨어하우스 구축을 중심으로 한 스피드 경영 지원시스템을 중심으로 변화되고 있으며 LG화학의 시스템도 이를 지향하여 구축하였다.

■ 스피드경영을 지원하는 데이터웨어하우스 시스템

　데이터웨어하우스는 기업의 의사결정을 효과적으로 지원하기 위해 개별 시스템으로 분산되어 있는 데이터를 추출, 변환 통합하여 전략적으로 모아놓은 것으로 기업 내에서 일어나는 모든 단계의 의사결정 절차를 지원한다.

■ 데이터웨어하우스 구축 단계

　1단계 : 데이터 추출 → 2단계 : 데이터 저장 → 3단계 : 데이터 사용 단계
- LG화학의 데이터웨어하우스 구축
- * 기간 시스템 : 매출·매출채권·제조원가·재고·차입금·금융·투자 및 예산·인원 및 인건비·보조부 정보·요약 재무정보
- 총 10개의 기간 시스템으로부터 제공되는 정보를 이용하여 현황 실적·분석·시뮬레이션·사용자 가공의 4가지 형태의 정보로 재분류하여 제공함으로써 사용자가 원하는 데이터를 빠르게 분석 가공할 수 있도록 하고 있다.

■ 데이터웨어하우스 구축의 효과

　시스템별 통합 정보 DB 제공으로 화면상에서 사용자가 원하는 데이터를 직접 검색 가공하게 하여 정보취득 시간과 정보제공 과정을 획기적으로 단축하는 정보제공·전달체계를 구축하였으며 다차원 분석 및 기간 대비 정보 등 의사결정에 도움이 되는 정보를 제공하여 심사 분석 기능을 강화하고 회사 전체의 관리 수준을 한 단계 높일 수 있었다.

또한 화면 중심의 정보 제공으로 전산 보고서의 발행 및 배송 업무를 대폭적으로 감축시켜 업무 생산성 향상과 사용자 가공 환경으로 업무 형태를 개선하였다.

10. 데이터마이닝(Data Mining)

(1) 데이터마이닝의 개요

데이터마이닝(Data Mining)이란 자동화되고 지능을 갖춘 데이터베이스 분석기법으로, 1990년대 초반부터 지식발견(KDD; Knowledge Discovery In Databases)·정보발견(Information Discovery)·정보수확(Information Harvesting) 등의 이름으로도 소개되어왔는데, 일반적으로 '대량의 데이터로부터 새롭고 의미 있는 정보를 추출하여 의사결정에 활용하는 작업'이라 정의된다.

용어에 '채굴하다'라는 의미의 'Mining'을 포함시킨 이유는 데이터로부터 정보를 찾아내는 작업이 마치 금이나 다이아몬드를 발견하기 전에 수많은 양의 흙과 잡석들을 파헤치고 제거하는 것과 유사하다는 데에 기인한다.

제품에 붙어 있는 바코드로 관리되는 판매자료·인공위성의 관측에서 얻어진 자료·세금의 관리를 위해 정부에서 유지하는 정보·공장의 가동에서 얻어진 각종 데이터·기업 활동에서 얻어지는 기록들과 같은 수많은 형태의 방대한 데이터에서 그 각각의 목적에 도움이 될 수 있는 유용한 지식을 추출하는 것이다.

1) 데이터마이닝의 다양한 정의들

① 기업이 보유하고 있는 대용량의 데이터에서 통계적 방법이나 모

델링 기법과 같은 패턴인식 기술을 이용하여 기존에 발견되지
않고 숨겨져 있던 의미 있는 데이터 사이의 관계(Gartner Group).
② 매우 큰 데이터베이스로부터 사전에 알려지지 않은, 유용한 정
보를 추출하는 지식 발견 방법(META Group).

2) 데이터마이닝의 배경

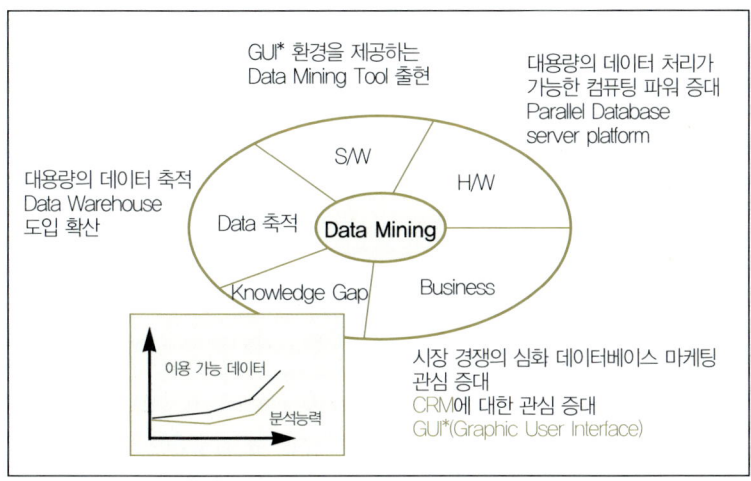

(2) 데이터마이닝 작업 유형

데이터마이닝을 통해 도출되는 정보의 종류는 다양하나 대표적인
종류는 다음과 같다.

1) 연관규칙

연관규칙이란 데이터 안에 존재하는 항목 간의 종속관계를 찾아
내는 작업이며, 마케팅에서는 손님의 장바구니에 들어 있는 품목
간의 관계를 알아본다는 의미에서 장바구니 분석(market basket

analysis)이라고 한다.

'어떤 상품들이 함께 잘 팔리나?', 'A제품을 구입한 고객에게 어떤 제품을 함께 팔 수 있을까?' 등과 같이 한 항목을 알 경우 다른 항목을 예측할 수 있다면, 이들의 관계는 종속관계가 존재한다.

일반적으로 연관규칙은 제품이나 서비스의 교차판매(Cross Selling)·매장진열(Display)·첨부우편(Attached Mailings)·사기적발 (Fraud Detection) 등의 다양한 분야에 활용된다.

2) 연속규칙

연속규칙이란 연관규칙에 시간관련 정보가 포함된 형태이다. 예를 들어 '새 냉장고를 구입한 고객 중 한 달 이내에 새 오븐을 구입하는 경향이 많다' 와 같이 시간성에 순차적으로 나타나는 사건이나 거래의 종속관계를 의미한다. 즉 연속규칙에는 시간의 흐름이 있기 때문에 연관규칙에 비해 더 구체적이며, 목표(target) 마케팅이나 일 대 일 (one-to-one) 마케팅에 바로 활용할 수 있다. 그러나 연속규칙을 찾기 위해서는 데이터에 거래일이나 거래품목 이외에도 고객의 구매 이력 (history) 속성이 반드시 필요하다는 조건이 만족되어야 한다.

3) 분류규칙

분류는 데이터마이닝에서 가장 많이 사용되는 작업으로 분류값이 포함된 과거의 데이터로부터 분류별 특성을 찾아내어 분류모형을 만들고, 이를 토대로 새로운 레코드의 분류값을 예측하는 것을 의미한다.

예를 들어 신용카드 회사의 고객 신용평가 모형이 있다 하자. 이

회사에서는 지금까지의 거래를 토대로 고객들의 신용을 '우수·보통·불량' 으로 분류했다. '불량' 평가를 받은 고객층의 특성 중 한 명이 '25~30세가량의 미혼남으로 월 평균 수입이 2백만 원 이하인 고객' 이라면, 신규 카드 가입자들의 신용평가 시 이러한 규칙을 활용함으로써 보다 객관적인 의사결정을 유도할 수 있다.

4) 데이터군집화

군집화란 레코드들을 유사한 특성을 지닌 몇 개의 소그룹으로 분할하는 작업을 뜻한다. 작업의 특성이 분류작업과 흡사하다고 생각할 수 있으나, 분석하고자 하는 데이터에 부류가 포함되어 있지 않다는 점에서 차이가 있으며, 다른 데이터마이닝 작업을 위한 선행 작업으로써의 역할을 수행하는 경우가 많다.

예를 들어 어떤 백화점에서 지금까지 고객의 최근 구매경력·구매빈도·구매액 등을 기준으로 고객을 VIP고객·우수고객·일반고객으로 분류하여 관리하였다. 그러나 이벤트나 프로모션 대상을 선정하는 데 있어 현재의 고객 부류는 너무나 추상적이고 고객의 개인별 특성을 고려하지 못하고 있어 활용도가 낮다. 고객의 구매이력뿐만 아니라 인류통계학적 데이터·라이프스타일 데이터 그리고 지불유형 등의 다양한 데이터에 군집화 기법을 이용하여 예를 들어 몇 개의 군집을 나눌 수 있다.

- 소득이 2백만 원 이상이고, 자녀가 없으며, 연령이 30대.
- 교육 수준이 높으며, 자녀는 모두 출가했고, 연평균 구매액이 2백만~3백만 원 정도.

이 같은 군집 고객들의 특성을 파악할 수 있다면, 적어도 이 군집

에 속한 고객들에게 어린이 의류나 장난감 카탈로그를 발송하는 우
(愚)는 피할 수 있다.

(3) 기대효과 및 응용분야

1) 기대효과

① 데이터마이닝을 통한 정보들은 효과적인 광고전략 개발이나
상품배치 · 목표고객 선정 · 프로세스의 개선 등에 활용됨으로
써 전체적인 비즈니스 효율 향상과 비용절감을 꾀할 수 있다.

② 데이터마이닝에서 발굴되는 정보를 통해 기업은 선점효과를
누릴 수 있는 경우가 많다. 즉 먼저 그 정보를 확보하여 활용함
으로써 고객을 모으고 서비스를 제공하는데 유리한 유치를 확
보하게 되는 것이다.

2) 응용분야 및 적용사례

분야	적용사례
소매/ 마케팅	· 고객의 구매 패턴과 선호도 발견 · DM(Direct Mail)에 응답할 가능성이 높은 고객 예측 · 제품/서비스 교차 판매 · 판매실적에 영향을 미치는 요소 발견 · 고객 분류, 그룹별 특성 발견 · 광고 · 프로모션 · 이벤트의 효과 측정
은행/카드	· 신용카드 도용 패턴 추적 · 이탈 예상고객 선정 및 특성 분석 · 우수고객 선정 및 특성 분석 · 서비스별 홍보 대상 고객 선정 · 신용평가 모형 개발 · 주식 거래규칙 발견

분야	적용사례
보험	· 고객 분류를 통한 보험료 가격 정책 수립 · 보험료 청구 사기 패턴 추적 · 클래임 처리시간에 영향을 미치는 요소 발견
통신	· 장거리 전화/무선 전화의 부정한 이용 패턴 추적 · 이탈 예상고객 선정 및 특성 분석 · 서비스 간의 연관관계 발견 · 우수고객 선정 및 특성 분석
제조	· 최종 생산품의 품질에 영향을 미치는 요인 발견 · 경쟁사의 입찰액 예측 · 제품의 수요 예측 · 대리점 여신평가 모형개발
유통	· 매장 진열 전략 수립 · 상품 카탈로그 디자인 · 상품 교차 판매
의료	· 환자의 질병 진단이나 질병의 징후 분석 · 환자의 특성에 따른 의약품의 부작용 분석

11. 정보보안 (Information Technology Security)

(1) 정보보안의 개요

정보보안이란 외부로부터의 불법적인 침입을 막아서 컴퓨터 시스템을 보호하기 위한 방법을 의미한다.

1) 개념정리

① 인터넷 망의 연결로 인해 외부로부터의 접근이 가능해져서 정보 유출이 자주 일어나므로 이를 방지해야 한다.

② 바이러스의 감염으로 인해 시스템이 손상되지 않도록 보호해야 한다.

③ 홈쇼핑이나 홈뱅킹으로 인한 개인의 비밀번호나 신상 명세 등이 유출되지 않도록 해야 한다.

2) 보안 등급

① 미국의 NCSC(National Computer Security Center, 전미 컴퓨터 보안센터)에서 컴퓨터 보안의 중요성과 보안 강도에 따라 등급 (A/B3/B2/B1/C2/C1/D1)을 나눠놓은 것이다.

② 우리나라에서는 '정보화 촉진 기본법'에 의거해 한국정보보호센터에서 정보통신망 침입 차단 시스템의 보안 등급 인증제도를 실시하여 등급(K1~K7)을 나눠놓고 있다.

(2) 정보보안 기능

1) 무결성 (Integrity)

사용권한이 있는 사람이 변경할 수 있도록 한다:

2) 인증성 (Authentication)

시스템에 접근하는 사용자의 신원을 확인하는 절차로 ID와 비밀번호를 확인하는 절차가 해당된다.

3) 기밀성 (Confidentiality)

특정 보안체계를 이용하여 전달되는 정보를 제3자가 읽지 못하도록 비밀성을 유지하는 기능이다.

4) 접근 통제 (Access Control)

시스템의 자원에 대한 허가되지 않은 접근을 방지하는 것이다.

5) 부인봉쇄 (Non-Repudiation)

데이터의 송수신 여부를 확인하는 기능으로 송수신자가 데이터를 송수신한 사실을 부인하지 못하도록 한다.

(3) 정보보안 기술

1) 방화벽(Firewall)

방화벽이란, 불법적인 외부 침입으로부터 시스템을 보호하기 위한 하드웨어와 소프트웨어를 총칭한다.

① 내부에 들어오는 IP는 필터링하여 접근을 막을 수 있다.

② 역추적 기능을 이용하여 네트워크의 흔적을 찾을 수 있다.

③ 내부에서 일어나는 해킹에는 보호될 수 없다.

2) 암호화(Encryption)

암호화란 데이터의 보안을 위해 키 값이나 알고리즘 변조를 이용해 데이터를 변조하는 작업으로, 데이터의 변환이 일정한 규칙에 따라 이루어진다.

① 암호 키를 이용해서 정보를 바로 해독할 수 없도록 변환하는 것으로 특정인만 해독할 수 있다.

② 자료의 기밀성(Confidentiality)을 보장한다.

③ 일반적으로 암호화는 키(Key)를 사용해서 암호 자료를 생성한다.

④ 암호화에 필요한 구성 요소 : 자료를 암호화하는 키 · 암호화된 자료를 원래 자료로 복원시키는 키.

(4) 인터넷 보안 기술

1) 침입차단 시스템

통상 방화벽이라 불리는 침입차단 시스템은 인터넷과 같은 외부 네트워크에 연결된 내부 네트워크를 외부의 불법적인 사용자의 침입으로부터 안전하게 보호하기 위한 정책을 비롯하여 이를 지원하는 하드웨어 및 소프트웨어를 총칭한다.

2) 가상 사설망

가상 사설망은 기업의 네트워크를 구성할 때 전용 임대 회선 대신 공중망을 사설망처럼 사용하여 직접 운용 관리하는 것이다. 최근에는 기업들이 비즈니스 비용 절감을 위한 수단으로 활용하고 있으며, 아웃소싱 시장의 활성화와 함께 인트라넷에서 엑스트라넷으로 기업의 상거래 전략이 확대되고, 기존 기업 사설망과 인터넷의 통합화 요구가 거세지면서 VPN(Virtual Private Network)을 활용하는 기업이 늘어나고 있다.

3) 침입탐지 시스템

각각의 패킷에 대한 분석을 할 수 없는 방화벽과는 달리 침입탐지 시스템은 네트워크 패킷을 분석하고 이러한 패킷 중 해킹의 징후를 띠고 있는 것을 발견할 경우 관리자에게 경보 메일 송신·공격 세부 사항 로깅 또는 접속 단절 등 여러 가지 다양한 대응 옵션을 제공하며 대부분의 침입과 공격을 탐지할 수 있는 시스템이다.

4) 취약성 분석 시스템

취약성 분석 시스템이란 시스템에 존재하는 알려진 버그나 공격에 이용될 수 있는 취약성을 진단하는 프로그램이다. 시스템상의 버그나 취약성은 악의적인 공격자에 의해서 언제든지 악용되어 정상적인 서비스를 제공하지 못하도록 시스템을 다운시키거나 시스템에 침입하기 위한 발판으로 사용되므로 시스템 내의 중요한 정보들을 훼손 또는 도용당할 수 있다.

5) 컴퓨터 바이러스 백신

컴퓨터 바이러스는 시스템 또는 네트워크에 침입하여 컴퓨터 프로그램이나 실행 가능한 부분을 변형시켜 시스템을 파괴하고 작업을 지연시키는 등 정상적인 작동을 방해한다.

　대표적인 컴퓨터 바이러스 백신 소프트웨어 제품으로 안철수연구소의 V3 · 하우리의 바이로봇 · 뉴테크웨이브 사의 바이러스체이스 · Network Associates의 McAfee Virus Defense · Symantec의 Norton AntiVirus · Trend Micro의 InterScan이 있다.

정보보호기술 발전전망

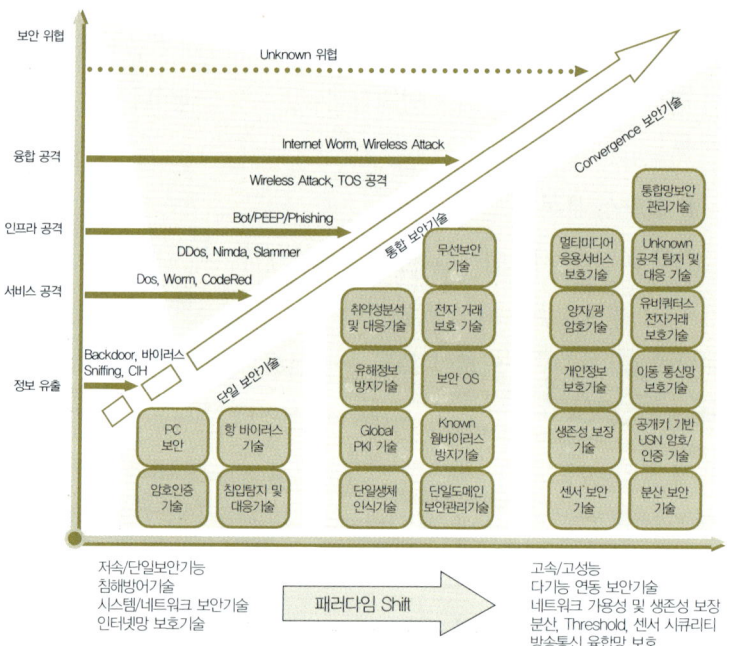

출처 : 한국정보통신연구원, 2004.11

12. RFID (Radio Frequency Identification)

(1) RFID의 개념

RFID(Radio Frequency IDentification)는 제품에 붙이는 태그 (Tag)에 생산·유통·보관·소비의 전 과정에 대한 정보를 담고, 자체 안테나를 갖추고 있으며, 리더(Reader)로 하여금 이 정보를 읽고, 인공위성이나 이동통신망과 연계하여 정보 시스템과 통합하여 사용되는 활동 또는 칩을 말한다.

MIT Auto ID센터에서는 RFID를 'the internet of things'이라고 정 의하고 있다. 이는 인터넷이나 또는 유사한 네트워크를 통하여 태 그가 부착된 아이템을 원거리에서 실시간으로 감지하는 것을 의미 한다. Accenture 통신/하이테크 연구소에 따르면 RFID는 초소형 프 로세서·메모리·안테나 등이 포함되어 있는 실리콘 기반의 전자 인식 태그로 무선으로 배터리 없이도 읽고 쓸 수 있으며 값싸게 만 들 수 있는 특징을 가진다고 정의하고 있다. 이에 반해, CNET Japan 에서는 물리적인 IC칩에 ID 정보를 저장하여 무선으로 읽어낼 수 있도록 하는 기술로 정의하고 있다.

국내의 경우, 정보통신부는 U-센서 네트워크 서비스로써 RFID를 정의하고 있는데, 이는 '사물에 전자태그를 부착하고 각 사물의 정 보를 수집/가공함으로써 개체 간 정보교환·측위·원격처리·관리 등의 서비스를 제공하는 것'으로 정의하고 있으며, 산업자원부는 RFID에 대해 '제품에 부착된 칩의 정보를 주파수를 이용해 읽고 쓸 수 있는 무선 주파수 인식으로 사람·상품·차량 등을 비 접촉으로 인식하는 기술'로 정의하고 있다.

(2) RFID의 구성요소

　RFID의 시스템은 아래 그림과 같이 크게 안테나가 포함된 리더기 (reader)·무선자원을 송/수신 할 수 있는 안테나·정보를 저장하고 프로토콜로 데이터를 교환하는 태그·서버 및 네트워크 등으로 구성된다. 각 부분의 기능으로는 리더기는 RFID 태그에 읽기와 쓰기가 가능하도록 하는 장치이고, 안테나는 정의된 주파수와 프로토콜로 태그에 저장된 데이터를 교환하도록 구성되는 장치이며, 태그는 데이터를 저장하는 RFID의 핵심기능을 담당한다.

RFID 시스템 구성요소

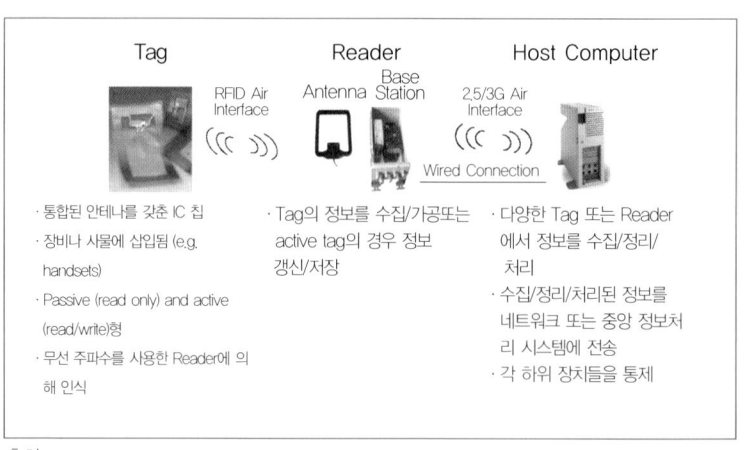

출처 : Accenture

(3) RFID 태그의 종류

1) Active형 특징

① 전원 공급의 유무에 따라 전원을 필요로 한다.

② 리더기의 필요전력을 줄이고 리더와의 인식거리를 멀리 할 수 있는 장점이 있다.

③ 전원공급장치를 필요로 하기 때문에 작동 시간의 제한을 받으며 Passive형에 비해 고가인 단점이 있다.

2) Passive형 특징

① 내부나 외부로부터 직접적인 전원의 공급 없이 리더기의 전자기장에 의해 작동된다.

② Passive형은 Active형에 비해 매우 가볍고, 가격도 저렴하면서 반영구적으로 사용이 가능하다.

③ 인식거리가 짧고, 리더기에서 더 많은 전력을 소모한다는 단점이 있다.

(4) 향후 발전방향

1) 기능적 측면

기능적 측면에 있어 현재 가장 널리 검토되고 있는 방식은 Passive 형태의 RFID 칩으로, 고정된 개체 인식 코드 획득 수준에 머무르고 있으나 2010년 이후에는 주변환경 인지 기능·개체 간 통신 기능·상황 인지 정보처리 능력 등이 부가될 것으로 보여 유비쿼터스 센서로써의 역할이 보다 확대될 전망이다.

2) 비용적 측면

비용적 측면에 있어, 전자태그가 소형화·지능화하는 데 비해, 가격은 수 백원대로 저가화가 실행될 조짐을 보이고 있어 물류·유통 분야뿐만 아니라 동물관리·환경·재해예방·의료관리·식품 관리 등 실생활에서 활용이 확대될 전망이다.

RFID-Chip의 발전단계

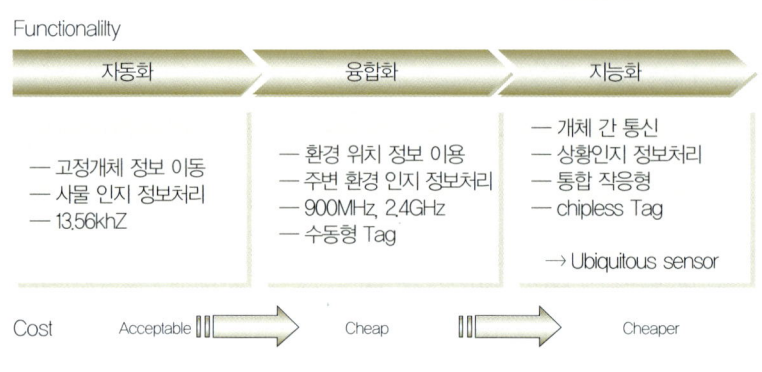

출처 : 정보통신정책연구원(2004), 《RFID 확산 추진현황 및 전망》

RFID 적용분야 예시

구분	분야	주요 내용	비고
건강 관리/ 식품	제약	– 시각장애인을 위하여 약품용기에 처방·투약방법·경고 등의 정보를 넣은 RFID 태그 부착	미 FDA 권고
	건강 관리	– 위·변조 방지와 시설 이용을 위한 식별 수단 제공 알츠하이머 환자 수용시설 및 의학품/의학용 소모품에 부착	

구분	분야	주요 내용	비고
신원 확인 / 보안	놀이공원/ 이벤트	– 방문자에게 RFID 칩이 내장된 팔찌나 ID 태그 부착, 위치 추적 및 미아 방지, 그룹 간 위치 확인 서비스, 지급수단	
	도서관/ 비디오 대여점	– 책과 비디오 테이프에 부착, Check-in 및 Check-out 관리, 도난 방지	
	보안	– 개인 ID 태그로 활용, 변조 방지 신분 확인 및 출입 통제, 추적 대상 또는 도난 방지 대상이 되는 어떤 물건에도 부착 가능	
	접객업	– 자동 지불 수단 및 출입 통제 수단	
물류/ 유통	제조업	– 부품에 부착, TQM 및 부품 조달(JIT)에 활용	
	물류 관리	– 팔레트 · 화물 · 반환용 컨테이너 등에 부착, 비용절감 및 배송정보 제공, CRM 데이터 수집	Walmart 사례
	비현금 지불	– 주유기타 비현금 지급 소요 시 자동 계산	Exxon- mobile, McDonald
	소매업	– 상품 검색 및 진열 장소 검색, 재고 관리, 도난 방지	
	선적/수령	– 팔레트 또는 컨테이너, 각 상품에 부착, 선적 과정 단축 및 포장시간 단축	
	창고업	– 개별 화물 조사 및 자동 보고서 작성, 오류 발생 저하 및 노동력 절감	
	수송 관리	– 자동 통행료 징수	
금융업	비현금 지불	– 주유 기타 비현금 지급 소요 시 자동 계산	Exxon- mobile, McDonald
SI	RFID 도입	– RFID의 비즈니스 영역에의 도입	Accenture, SAP
군사	상황 인지	– RFID를 이용하여 적군동향 감시 및 기타 기능 수행	Dust

13. 유비쿼터스 컴퓨팅(Ubiquitous Computing)

(1) 유비쿼터스의 개념

■ Ubiquitous의 언어적 의미

라틴어에서 유래된 것으로, '도처에 있다', '언제 어디서나 존재한다' 라는 의미로 사용된다. 일반적으로 물·공기처럼 도처에 편재해 있는 자연자원이나, 종교적으로는 신이 언제 어디서나 시공을 초월하여 존재한다는 것을 상징할 때 사용된다.

■ Ubiquitous Computing의 기본개념

다종다양한 컴퓨터가 현실세계의 사물과 환경 속으로 스며들어 상호 연결되어 언제·어디서나 이용할 수 있는 인간·사물·정보 간의 최적 컴퓨팅 환경을 이른다.

※ Physical World(Everyday Object)+People+Information+Tiny Computer(센서)+NFC(Near Field Communication)+Pervasive Network(Wireless+Mobile+Line Network)

유비쿼터스 개념은 지난 1988년 제록스 팰러앨토연구소(PARC)의 마크 와이저(Mark Weiser)가 처음 제시한 '유비쿼터스 컴퓨팅'이 그 효시다. 정보통신 분야에서는 이것을 'Ubiquitous Computing'이나 'Ubiquitous network'처럼 유비쿼터스화 되고 있는 새로운 IT환경 또는 IT패러다임의 의미로 받아들이고 있는 것이다.

유비쿼터스 컴퓨팅도 역순으로 해석을 하면, '컴퓨팅의 편재'로 해석할 수 있다. 즉 어딘가에도 컴퓨터 파워가 차 있다는 의미이다. 한편, '유비쿼터스'의 좀 더 분명한 의미는 모든 곳에 존재한다는 뜻이다. 그래서 앞의 '어딘가'는 컴퓨터가 존재할 수 있는 모든 곳으로 이해해도 무방하다.

두 공간에 대한 컴퓨터의 편재

출처 : ETRI (2003), 《유비쿼터스 프로젝트와 IT 메가 트렌드》

오늘날의 과학기술로 컴퓨터의 파워를 존재하게 할 수 있는 곳을 크게 나누어보면 전자공간(Cyber Space)과 실세계(Real World)가 있다. 따라서 유비쿼터스 컴퓨팅은 전자공간상에서의 가상 컴퓨팅(메일 서버·웹 서버·데이터베이스 서버 등과 같은 인터넷기반 서버의 이용)과 실세계의 리얼 컴퓨팅(마이크로 컴퓨터·휴대 단말·센서·MEMS 등과 같은 인터넷·비인터넷 클라이언트의 이용)으로 구성되는 것으로 볼 수 있다. 컴퓨팅 파워를 구성하는 두 공간의 구조를 살펴보면 유선·무선·근거리 무선을 매개로 하는 통신상의 서버 컴퓨팅(가상 컴퓨팅의 실체)과 클라이언트 컴퓨팅(리얼 컴퓨팅의 주체)이 공존하고 있다.

(2) 유비쿼터스의 주요 특징

1) 네트워크에 연결(Connection)되지 않은 컴퓨터는 유비쿼터스 컴퓨팅이 아니다

2) Calm Technology(평소에 그 존재를 인식하지 않아도 되는 기술)로써 눈에 보이지 않는다(Invisible)

3) 가상공간이 아닌 현실 세계의 어디서나 컴퓨터의 사용이 가능해야 한다(Embodied Virtuality)

4) 사용자 상황(장소·ID·장치·시간·온도·명암·날씨 등)에 따라 서비스가 변해야 한다

(3) 유비쿼터스 컴퓨팅 기술

1) 이머징 기술의 유비쿼터스 컴퓨팅적 의미

유비쿼터스 컴퓨팅에 있어 주요한 키워드인 컴퓨터·네트워크·인간 그리고 응용을 중심으로, 현존하거나 이머징 기술들 중에 유비쿼터스 컴퓨팅에 활용 가능하며 주요한 역할이 가능한 기술들은 아래 표와 같다. 이들 기술은 이미 상용화되었거나 기술적으로 상용화 가능한 수준에 도달하여 유비쿼터스 컴퓨팅에 있어 큰 영향을

미칠 것으로 추정된다.

유비쿼터스 컴퓨팅에 적용 가능한 현존 기술

유비쿼터스 컴퓨팅 분야	현존기술 및 이머징기술	유비쿼터스적 기술 진화
컴퓨터	– 마이크로 컴퓨터 칩 – 나노·병렬 등 고집적 기술 – 개인인증 및 보안기술	소형/내장형/비가시화 기술
네크워크	– 네트워킹(IPv6) – 장치접속 기술(Grid 관련)	Seamless 접속기술
인간	– 수동, 능동형 센서 기술 – 근거리무선기술(블루투스· RF I/F 등)	인간과 사물 간 지능형 직접 인터페이스 기술
응용	– P2P/Grid 기술 – WWW·Java·Wap·XML	망기반 복합응용/미들웨어 기술

출처 : ETRI(2003), 《유비쿼터스 프로젝트와 IT 메가 트랜드》

2) 유비쿼터스 4대 기술 5대 프로젝트

HP의 쿨타운 프로젝트

쿨타운(Cool Town)은 HP가 모바일 기기·이동성·네트워킹·웹을 연동하는 기술의 미래 모습을 제시하기 위해 세운 전시 공간이다.

이 프로젝트는 모바일 컴퓨팅의 미래에 관한 HP의 비전을 보이기 위해 처음 시작됐으며 HP 연구소(HP랩)의 인터넷·모바일 시스템 연구실에서 추진됐다. 따라서 쿨타운은 ID나 URL 등의 개별 정보를 발산하는 전자태그(RFID)·내장형 웹서버·인터넷 인프라 등을 통해 개인이 이동하는 곳 어디서나 그곳의 디지털 기기들이 제공하는 웹서비스를 PDA·휴대폰 등의 장치에 연결시키는 컴퓨팅 모델과 시나리오로 구성된다. 이러한 PDA나 휴대폰은 RFID·블루투스 등 근거리 무선 통신 수단을 통해 RFID 등이 발신하는 신호를 읽을 수 있다.

HP 쿨타운은 근거리 무선통신과 웹서비스 기술들의 결합이 일상적 비즈니스 업무를 어떻게 변화시킬 수 있는지를 생생하게 보여준다. 또 e서비스의 상용화로 인한 혜택을 일상생활에서 체험할 수 있도록 해준다. 쿨타운은 싱가포르 외에도 미국 뉴저지주와 메릴랜드주 · 캐나다 토론토 · 스위스 제네바 · 영국 런던 등에 설치돼 있으며 유비쿼터스 비전의 상용화를 위한 아이디어와 기술을 공유하는 것이 목적이다.

MS의 이지리빙 프로젝트

MS 연구소는 유비쿼터스 컴퓨팅 기술과 구조를 가진 이지리빙(Easy Living)이라 부르는 시제품을 구현하였다.

이지리빙 시스템은 데모를 통하여 상황인식과 위치감지 컴퓨팅 그리고 분산 컴퓨팅 · 이동 · 무선 컴퓨팅을 통해 유비쿼터스 컴퓨팅에 대한 많은 가능성을 보여주고 있다.

이지리빙 시스템은 하나의 시제품으로 아직 실험실 밖에서 적용할 수 있는 소프트웨어는 아니다. 그러나, 이지리빙은 장차 일상생활에 적용할 유비쿼터스 컴퓨팅에 대한 연구로 다음 내용을 포함하고 있다.

- 건물과 실내의 사람들과 물체들에 대한 위치 관계를 나타낼 수 있는 기하학적 모델링 시스템
- 자동적 행위를 유발하거나 행위에 대한 관계를 규명하는 기하학적 모델과 사물에 대한 정보를 저장하는 SQL DBMS를 기반으로 하는 월드 모델 시스템
- 이동 컴퓨터는 다른 컴퓨터를 제어하는 소프트웨어를 내장하고 있기 때문에, 사용자는 이동 컴퓨터상에서 개인 정보를 조작하거나 실내의 다른 사람과 정보를 공유하거나 혹은 실내의 다른 컴퓨터를 제어할 수 있다.

UCB의 스마트 먼지

　UC 버클리에서 수행하는 스마트 먼지(Smart Dust) 프로젝트의 명칭은 '지능형 먼지'를 의미한다. 여기서 '지능형 먼지'는 자동센서나 컴퓨팅, 그리고 통신 시스템 기능을 통합하여 미세한 크기의 티끌 속에 넣고 이들을 광범위한 센서 네트워크로 연결시킬 수 있는가에 대한 가능성 여부를 연구하는 것이다.

　스마트 먼지 시스템의 크기를 어느 정도로 작게 해야 하는지에 대한 연구가 스마트 먼지 프로젝트의 기본적인 목표 중의 하나이다. 스마트 먼지 프로젝트가 추구하는 주요 연구 내용은 다음과 같은 것들이다.
- 무인 비행물체나 대포 등 방위용 네트워크에 배치
- 회전기계의 수명을 감시, 작은 동물이나 곤충의 움직임 추적
- 삶에 영향을 주는 환경상태의 감시
- 가상 키보드의 구현
- 상품의 질 측정
- 지능적 사무실 환경 구축
- 장애자들을 위한 인터페이스 제공

MIT 오토ID 센터의 차세대 바코드

　MIT 오토ID(Auto-ID) 센터는 인간과 컴퓨터의 조화를 통하여 제품을 제조·구입·판매하는 모든 공급망에 대변혁을 가져오고자 하는 비전을 제시하였다.

　그래서 1999년 10월에 미국 MIT 대학을 본원으로 하고, 영국 케임브리지 대학과 호주 아델라이더 대학·일본 게이오 대학·중국의 푸단 대학·스위스 USG/ETH를 자매연구소로 하여 차세대 네트워크 구조에 적합한 오토ID 기술과 오토ID를 전제로 하는 네트워크 기술의 연구, 첨단 정보공간상에서의 오토ID에 대한 연구를 수행하고 있다.

　자매 연구소들은 각국의 고유 환경과 관습, 그리고 지역화에 대한

오토ID에 관한 문제들을 연구한다. 정보 공간과 오토ID에 대한 기술 분야의 구체적인 연구 내용은 제품에 대한 네이밍(Naming)과 ID인 전자제품 코드(ePC; Electronic Product Code) 관리방법 · ePC 리더(Reader) 등 관련 시스템의 글로벌 분산배치 방안 · 메타 데이터 태그 · 분산관리 기구를 연구한다.

오토ID와 관련된 기술에 대한 연구로는 IPv6와 이동 네트워크, 그리고 실공간 사이의 인터넷 연구 · 조립형 컴퓨터 기술 연구 · 무선 태그와 기존 바코드에 대한 연구 · 차세대 유통 시스템 등에 대한 연구를 추진하고 있다. 이러한 연구 결과는 오토ID의 표준화 활동을 위한 자료와 오토ID의 보급, 그리고 새로운 협력업체와 연구단체의 참가 추진을 위하여 지속적으로 활용되고 있다.

사라지는 컴퓨터 프로젝트 : 스마트 사물(Smart-Its)

'사라지는 컴퓨팅 계획'의 일부인 스마트 사물(Smart-Its) 프로젝트는 편재하는 스마트한 인공물을 만들어 무선 네트워킹으로 수많은 인공물들을 연결시키고 정보교환이 가능하도록 하여 부가가치를 창출하는 것이다. 즉, 이 프로젝트의 목적은 지각할 수 있는 능력과 변화를 감지하고 통신을 할 수 있는 기능을 통합한 작은 인공물들의 플랫폼을 증가시키는 것이다. 네트워크상에서 특정 사물(Entity)들에 접근하는 전통적인 방법은 사물이 가지고 있는 유일한 주소를 이용하는 것이다.

유비쿼터스 컴퓨팅과 함께 대두된 또 다른 기술로는 일시적으로 인공물의 접속을 지원하는 블루투스나 적외선과 같은 근거리 무선통신 기술이 있다. 이러한 근거리 무선통신 기술을 기반으로 하는 이동식 컴퓨팅 환경에서의 컴퓨팅 연결은 서로가 접속 가능한 범위 내에서 스스로 상대방을 발견할 수 있는 방법이 요구된다.

(4) 유비쿼터스에 대한 각국의 전략

구분	미국	EU	일본	싱가포르	한국
표현 방식	Ubiqitous Computing, Pervasive Computing	Disappearing Computing, Ambient Computing	Ubiqitous Network	Pervasive Infra	Ubiqitous Appliance
서비스 유형	자율형 컴퓨팅 장치에 의한 서비스	정보 인공물에 의한 자율적 협업	소형칩, 스마트 카드, 컨텍스트 로밍에 의한 장소무관 네트워크 접속	무선랜, 이동전화, 브로드밴드 인터넷을 연결하는 통합망 구축	근거리 무선통신으로 자기조직화 기능을 가진, 네트워크 콘텐츠 소비용 분산 정보가전
집중 개발 분야	컴퓨터 장치 (Computer Devices)	일상적 사물 (Everyday objects)	네트워크 (Network)	국가정보 인프라 (Infra)	가전 (Appliance)

출처 : 이성국, 김완석(2003), 《세계 각국의 유비쿼터스 컴퓨팅 전략》

14. 위성 DMB(Digital Multimedia Broadcasting)

(1) 위성 DMB의 개념

> 위성 DMB 서비스는 기본적으로 위성을 통해 CD 수준의 음질로 오디오 방송을 제공하는 DAB(Digital Audio Broadcasting) 서비스에서 출발하여, 비디오 방송·교통 정보·날씨 정보 등 다양한 멀티미디어 콘텐츠를 이동 중에도 시청할 수 있도록 하는 서비스이다.

특히, 위성 DMB는 한국에서 세계 최초로 이동 방송 시장에서 멀티미디어 서비스를 가능하도록 하는 표준을 추구하고 있으며, 이동 통신망을 리턴패스(Return Path)로 이용할 경우 양방향 서비스도 가능한 통신·방송융합 서비스이다.

(2) 위성 DMB의 구성

1) 위성
이동방송 송수신에 적합하도록 제작된 위성 DMB만을 위한 방송 전용 위성이다.

2) 방송 프로그램 공급자
프로그램 제공자가 위성 DMB 방송센터에 콘텐츠를 제공한다.

3) 위성 DMB 센터
위성 DMB 방송센터에서 위성으로 콘텐츠 정보를 송출한다.

4) 음영(陰影)지역 중계기

중계기(Gapfiller)란 방송시청을 보다 원활하게 하기 위하여 추가적으로 설치하는 방송 장비이며, 도심 속의 건물 등으로 인한 음영지역에서는 중계기를 통해 휴대용 단말기로 콘텐츠를 즐길 수 있다.

5) 단말기

휴대전화 겸용 수신기 · 차량용 단말기 · 전용 단말기 등이 있으며, 방송센터로부터 받은 정보를 이동용 단말기를 통해서 볼 수 있다.

(3) 위성 서비스 종류

① 제공 가능한 응용 서비스로는 디지털 방송 시스템을 통해 실시간으로 교통정보를 제공하는 TPEG(Transport Protocol Expert Group) 서비스.
② 위성을 이용해 3지점을 측정하여 차량이나 사람의 위치를 파악하는 GPS 서비스.
③ 휴대용이나 차량용 DMB 수신기에 전달되는 CD 수준의 오디오 신호를 MP3 플레이어와 연계시켜 언제든지 음악을 들을 수 있게 하는 MP3 서비스.
④ JPEG(Joint Photographic Coding Expert Group) 등의 정지된 이미지를 보내는 일종의 슬라이드쇼 서비스.
⑤ BWS(Broadcasting Website) 서비스.
  현재의 위성 DMB 채널 편성은 비디오 7개 · 오디오 20개 · 데이터 3채널로 운영되고 있다(2005년 5월 기준).

1) 오디오 채널 운용방안

장르	세부 채널	운용 방안
순수 음악	최신 가요, 최신 발표 가요, 올드 히트 가요, 최신 팝, 올드 히트 팝, 새드 송, 러브송, 핫비츠, 명반/명아티스트, 재즈/뉴에이지, 클래식/웰빙 음악, 공개 앨범, 히트 차트	24시간 무광고 논스톱 음악채널 1개 사업자가 전 채널 운용
버라이어티	뉴스/정보, 영어회화, 영어 엔터테인먼트, 연예오락/스포츠, 코미디, 오디오북/드라마, 벨소리	24시간 1채널(단, 영어회화는 16시간 1채널), 채널당 1개 사업자, 사업자당 복수채널 선정 가능
DJ 음악	스타 DJ, 마니아, 3040, 브랜드, 아마추어 DJ, 라이브뮤직	24시간 1채널, 채널당 1개 사업자, 사업자당 복수채널 선정 가능

2) 비디오 채널안

교육 · 드라마 · 보도 · 스포츠 · 게임 · 음악 · 영화 · MBC · SBS · KBS1 · KBS2(지상파 재송신 가정)

유사 서비스와의 서비스 매력도 분석

	지상파DMB	위성DMB	위성방송	지상파 방송	케이블
서비스 요금	◎	△	○	◎	○
서비스 품질	◎	△	○	◎	○
콘텐츠 다양성	△	○	◎	△	◎
서비스 속도	△	○	◎	◎	◎
상호 작용성	△	△	×	×	×
이동성	◎	◎	×	×	×
커버리지	○	◎	◎	△	△
단말기 소형화	◎	◎	△	△	△

*참고 : ◎, ○, △, ×는 비교우위의 순서임

출처 : 한국정보통신기술협회(2004.8), 《위성 DMB 서비스 및 시장전망》

15. 공개 SW(Public Software)

(1) 공개 SW의 개념

> 공개 SW는 무료로 소스코드를 개방하는 동시에, 소스코드
> 를 누구나 자유롭게 개작(改作)할 수 있으며, 나아가 개작된
> 소프트웨어를 재배포할 수 있도록 허용된 소프트웨어를 일
> 컫는다.

공개 SW는 누구라도 소스코드를 읽을 수 있고, 사용자가 능력이
있다면 각종 버그의 수정은 물론, 그것을 개조하여 기능을 추가할
수 있는 등, 누구나 그 SW의 개발에 참여할 수 있다.

따라서 공개 SW는 SW의 소스코드에 접근할 수 있는 권리·프로
그램을 개선할 수 있는 권리, 프로그램을 복제하여 배포할 수 있는
권리를 개발자에게 보장한다.

소프트웨어(SW)의 분류

구분	소스코드 접근 및 개선 불가	소스코드 접근 및 개선 가능
유료	상업용 SW (Window시리즈, MS-Office 등)	자유 SW(3D Kit, Aria 등) 공개 SW(리눅스, 아파치 등)
무료	셰어웨어, 프리웨어 (Winzip, RealAudio)	

(2) 공개 SW의 특징

1) 자유 배포(Free Distribution)

특정한 SW의 라이선스에는 해당 SW의 일부나 전부가 다수의 프

로그램으로 구성되는 배포판의 일부로 포함되어 재배포되지 못하도록 배포나 판매상의 제한을 설정할 수 없다. 또한, 이러한 종류의 배포 판에 대한 판매나 양도에 있어서 별도의 라이선스 비용을 징수할 수 없다.

2) 소스코드 공개(Source Code Open)

프로그램 저작물에는 반드시 소스코드가 포함되어야 하며, 컴파일된 형태뿐만 아니라 소스코드의 배포 또한 허용되어야 한다.

3) 2차적 저작물(Derived Works)

라이선스에는 프로그램 원저작물의 개작이나 이를 이용한 2차적 프로그램의 창작이 허용되어야 하며, 이러한 파생적 프로그램들은 최초의 프로그램이 갖고 있던 라이선스의 규정과 동일한 조건하에서 재배포될 수 있어야 한다.

4) 소스코드 수정 제한(Integrity of The Author's Source Code)

컴파일 과정을 통해서 프로그램을 개작할 목적으로 소스 코드와 업데이트 파일을 함께 배포할 경우에는, 정상적인 컴파일을 보장하기 위해서 라이선스 안에 소스코드의 수정을 제한하는 항목을 추가할 수 있다.

5) 개인이나 단체에 대한 차별 금지(No Discrimination Against Persons or Groups)

라이선스는 모든 개인과 단체에 대해서 동일한 기준으로 적용되어야 한다.

6) 사용 분야에 대한 제한 금지(No Discimination Against Fields of Endeavor)

라이선스 안에 특정한 분야에 종사하는 사람에 대한 프로그램 사용상의 제한을 설정할 수 없다.

7) 라이선스의 배포(Distribution of License)

프로그램에 대한 권리는 반복되는 배포에 따른 별도의 라이선스 승인이나 양도 과정 없이도 프로그램을 배포 받은 모든 사람에게 동일하게 적용된다.

8) 라이선스 적용상의 동일성 유지(License must not be specific to a product)

프로그램에 대한 권리는 반복되는 배포 과정에서 특정한 배포판에 포함되어 있는 상태로만 유효하지 않고, 모든 배포 단계에서 동일한 효력을 갖는다.

9) 다른 라이선스의 포괄적 수용(License must not contaminate other software)

라이선스에 오픈 소스 소프트웨어와 함께 배포되는 소프트웨어에 대한 제한을 설정해서는 안 된다.

한중일 3국의 공개 SW 분야 비교

구분	강 점	약 점
한국	세계 최고의 초고속 인터넷 인프라 보유 세계 최고의 CDMA 이동통신 기술 보유 임베디드 리눅스 기술력 보유	자본력과 잠재적 시장규모가 작은 편임
중국	방대한 잠재적 시장 보유 공개 SW에 대한 정부의 적극적인 자세	IT 핵심기술과 상용화 기술 낙후
일본	전자제품 및 제조업 기반이 견실하고 인지도가 높음 자본력이 비교적 풍부	전자 및 전통산업에 국제화된 IT 접목 미비로 경쟁력 약화 우려

1) 미츠코시 유타카(2005), 《세계 일류기업들이 채택한 BCG의 6가지 성공전략》, 이지북

2) 조영빈(1997), 〈스피드 경영〉, 《CEO Information》 제81호, 삼성경제연구소

3) 박희정(1996), 〈시나리오 경영이란〉, 《CEO Information》 제40호, 삼성경제연구소

4) William H. and Gates, III.(1999), 《Business @ the Speed of Thought Using a Digital Nervous System》, Warner Books, NY, USA

5) Rozwell, C.(2001), 《Real Time Takes Time: Reshaping Attitudes and Behaviors》, Gartner

6) Buytendijk, F.(2002), 〈Managing the Real-Time Enterprise〉, In Gartner Symposium ITXPO

7) Flint, D.(2001), 《Creating a Real-Time Enterprise Needs Change Management》, Gartner

8) Raskino, M., Kyte, A., Flint, D. and Drobik, A. (2002), 《The RTE 'Cyclones' Model Changes the View》, Gartner

9) Flint, D.(2002), 《Real-Time 'Cyclones' Sweep Up in Time》, Gartner

10) Flint, D.(2003), 《Ways to Speed Up Projects in the Real-Time Enterprise》, Gartner

11) Gold-Bernstein, B.(2003), 《Ten Critical Success Factors For The Real-Time Enterprise》, ebiz

12) Raskino, M.(2002), 《Nine Key Principles of the Real-Time Enterprise》, Gartner

13) MacDonald, N.(2002), 〈Real-Time Enterprise Business Strategies〉, Gartner Symposium ITXPO 2002

14) Schulte, R.(2002), 〈Real-Time Enterprise Architecture〉, In Gartner Symposium ITXPO

15) Dreyfuss, C.(2002), 《Real-Time Process Management: Rules Before Actions》, Gartner

16) Natis, Y. and Schulte, R.(2002), 《The RTE: Service-Oriented Architecture in Action》, Gartner

17) Natis, Y.(2004), 〈Service-Oriented Architecture: Composite Applications, Web

Services and Multichannel Applications〉, In Gartner Symposium ITXPO

18) Schulte, R.(2002), 〈Real-Time Enterprise Architecture〉, In Gartner Symposium ITXPO

19) Andrews, W.(2003), 《Web Services offer path to Real-Time Enterprise Benefits》, Gartner

20) Gaussman, B.(2004), 〈Business Activity Monitoring: a Real-World View〉 In Gartner Symposium ITXPO 2004

21) Gaussman, B.(2003), 〈Business Activity Monitoring: BAM Architecture〉, In Gartner Symposium ITXPO

22) Sinur, J.(2004), 〈Surviving in the BPM Vendor Jungle〉, In Gartner Symposium ITXPO

23) Zrimsek, B., Geishecker, L. and Genovese, Y. (2002), 《RTE need ERP II and other applications》, Gartner

24) 김성희, 장기진(2004), 《전자상거래.com》, 청람

25) Woods, J. and Jimenez, M.(2002), "Balance Optimization and Synchronization focused SCM", Gartner

26) W. Janowski(2002.9.24), Gartner research Note

27) K. Harris(2002.9.26), Gartner Research Note

28) IBM BCS(2003), 〈IBM BCS의 SRM 컨설팅 사례〉, i2 세미나

29) Spencer, C. and Reilly, B. (2001), 《SRM: Why does it matter?》, Gartner

30) ZDNET Korea(2004), 《복잡해진 IT 환경, 돌파구는 통합》, 테크업데이트

31) Smith, S. and Woods, J.(2004), 〈RFID at the brink transforming retail and SCM〉, In Gartner Symposium ITXPO

32) 이명환(2004), 《고효율 자율경영을 위한 시스템 경영》, 한국기업문화연구소

33) 전자신문(2003.06.25), 〈삼성전자의 무역포털〉

34) Kun, M.(2003), 《Brazil RTE Payment System》, Gartner

35) Orans, L.(2003), 《Cisco's Real-Time Webcasts Deliver Competitive Advantage》, Gartner

36) 김성희 외(2003), 《전자정부의 새로운 추진방향》, KAIST KeGRC 전자정부

본문에 언급한 내용 중 의도하지 않은 출처 누락이 있을 수 있습니다.
이에 대한 의견이나 지적을 편집부로 알려주시면 검토하여 반영토록 하겠습니다.

■ 저자 약력

이 명 환(李明煥)

1967. 2. 서울대학교 상과대학 졸업
1982. 8. 美 노스웨스턴 캘로그경영대학원 최고경영자과정 수료
1997. 2. 서울대학교 Global CEO 과정 수료
1998. 2. 한국과학기술원 최고정보경영자과정(AIM) 수료
1977. 5. 삼성중공업 조선사업본부 자재부장
1980. 6. 삼성전자 종합기획조정실장
1985. 6. 삼성비서실 인사 및 정보시스템 담당 상무
1988. 2. 삼성코닝 관리본부장 전무 · 경영총괄 부사장
1991.12. 삼성SDS 대표이사
1995. 1. 효성생활산업 대표이사
1999. 7. 인천국제공항철도 사장
2001. 7. 주식회사 동부 대표이사
2004. 9. 동부정보기술 대표이사(겸)
1991.   표준 행동 지침 《이럴땐 어떻게》, 21세기북스
          표준 관리 지침 《함께 성장하는 리더》
          표준 경영 지침《 초일류기업으로 성장 · 발전하는길》
1997.   인사 관리 지침 《신바람 인사관리》, 21세기북스
1997.   사풍 관리 지침 《신바람 기업문화》, 21세기북스
2004.   《고효율 자율경영을 위한 시스템경영》, 한국기업문화연구소

김 홍 기(金弘基)

1969. 2. 서울대학교 상과대학 졸업
1997. 2. 서강대학교 경영대학원 졸업
1971. 7. 중소기업은행 조사역
1978. 4. 제일모직 기획실장
1989. 3. 삼성전자 전산 담당 이사
1993.12. 삼성SDS 전자SM사업부장 상무
1995.12. 삼성SDS SM본부장 전무
1997. 1. 삼성SDS SI본부장 전무
1998.12. 삼성SDS 대표이사 부사장
2001. 3. 삼성SDS 대표이사 사장
2003. 1. 삼성SDS 고문
2005. 2. 동부정보기술 대표이사
2004.   《디지털 인재의 조건》, 21세기북스

김 성 희(金聖曦)

1973. 2. 서울대학교 공과대학 졸업
1978.12. 美 미주리 콜롬비아대(Univ. of Missouri-Columbia) 산업공학 석사
1983. 2. 美 스탠포드대(Stanford Univ.) 경영정보학 박사
1985. 6. ~ 1986. 2. 미시간대(Univ. of Michigan) 경영대학 객원교수
1989. 8. ~ 1990. 7. 獨 하겐/보쿰대 경영대학 객원교수
1983. 3. ~ 현재   KAIST 테크노경영대학원 경영공학 교수
1996. 6. ~ 2000. 3. 국가정보화 추진 위원회 자문위원
2000. 4. ~ 2001. 6. KAIST 테크노경영대학원 원장
1988.   《의사결정론 분석 및 응용》, 영지문화사
1992.   《신규사업의 전략과 실무》, 아오출판
        《컴퓨터와 의료정보-병원의료정보 시스템》, 하이테크
1993.   《결정이 결정한다-합리적 의사결정과정》, 법영사
1994.   《정보기술과 의사결정》, 영지문화사
        《다이내믹 리엔지니어링》, 한국경제신문사
        《의사결정분석 및 응용》, 영지문화사
        《보건정보와 PC 활용》, 수문사
1996.   《Encyclopedia of Microcomputers》
2000.   《인터넷과 전자상거래》, 무역경영사
2001.   《e-business 원론》, 무역경영사
        《전자상거래 관리사 운영 및 관리》, 전자거래진흥원
2003.   《전자상거래 이해》, 무역경영사
2004.   《전자상거래.com》, 청람

박 상 진(朴祥鎭)

1989. 5. 美 웨스턴 일리노이대학교 공대 졸업
1990.12. 美 웨스턴 일리노이대학교 공대 석사
1993.12. 美 아이오와 주립대학교 산업기술공학 박사
1994. 2. 삼성SDS CIM사업부 과장
1995.11. 삼성그룹 그룹정보전략팀 책임
2000. 1. 삼성SDS 인터넷사업부 e사업추진팀장
2000. 3. 삼성SDS 벤처사업부장
2002. 1. 삼성SDS 콘텐츠사업부장
2003. 6. 주식회사 동부 IT전략담당 상무
1990.   Managing materials flow at NTN-BOWER Corporation by using a computer simulation as a short-term tool
1993.   Analysis of time-gap distributions by utilizing the statistical process control concept